Frank Festa (Hg.)

H. P. Lovecrafts Necronomicon

H. P. LOVECRAFT

UND ANDERE AUTOREN

H. P. LOVECRAFTS NECRONOMICON

Herausgegeben von
Frank Festa

FESTA

Eine Festa Originalausgabe
1. Auflage April 2018

Titelbild: Bob Eggleton

ISBN 978-3-86552-324-2
eBook 978-3-86552-325-9

INHALT

Und dennoch hast du mich einst
mit einem Buch vergiftet.

Oskar Wilde: *Das Bildnis des Dorian Gray*

DAS NECRONOMICON: TATSACHEN ÜBER EINE ERFINDUNG

Der US-amerikanische Autor H.P. Lovecraft lebte von 1890 bis 1937, und in diesem kurzen, von finanziellen Nöten geprägten Leben schrieb er einige unheimliche Erzählungen, in denen er ein ganz eigenes »Kosmisches Grauen« heraufbeschwor. Weil diese Geschichten nur in Amateurzeitungen und Groschenheften erschienen, blieb die Leserschaft begrenzt. Erst nach seinem Tod fanden seine Werke mehr und mehr Bewunderer und wurden in viele Sprachen übersetzt. Inzwischen gilt Lovecraft als der wichtigste fantastische Schriftsteller des 20. Jahrhunderts und sein Einfluss auf die moderne Kunst ist gewaltig.

Das *Necronomicon* ist neben dem Cthulhu-Mythos seine berühmteste Erfindung. Lovecraft erwähnte dieses schwarzmagische Ritualbuch in diversen Geschichten, zum ersten Mal 1922 in ›The Hound‹. Er machte aber stets nur Andeutungen zum gefährlichen Inhalt. Der Verfasser des Buches soll Abdul Alhazred gewesen sein, ein Araber, der im Wahnsinn endete.

Es dauerte nicht lange, bis das *Necronomicon* seinen ganz eigenen Mythos entwickelte. Einige andere Autoren erwähnten das Buch in ihren Horrorgeschichten, oft in einer Aufzählung realer Titel über Dämonologie und Hexenwerk, so als würde es tatsächlich existieren.

Lovecrafts Illusion war so gut, dass die Leser nicht akzeptieren wollten, dass es sich um eine Erfindung handelt. Sie machten sich auf die Suche nach dem »verbotenen Werk«. Natürlich kamen irgendwann clevere Geschäftemacher auf die Idee, Fälschungen des *Necronomicon* auf den Markt zu bringen. Aber es wäre nicht verwunderlich, wenn eines Tages ein echtes Exemplar ausgegraben wird!

Es wird immer Gläubige geben, für die das *Necronomicon* real ist, und jene, die es für einen literarischen Scherz halten. Doch dass dieses verfluchte Buch eine finstere Macht auf unsere Welt ausübt, ist unbestreitbar.

Es ist nicht tot, was ewig liegt,
und in fremder Zeit wird selbst der Tod besiegt.
Abdul Alhazred

H. P. Lovecraft

DER HUND

In meinen gequälten Ohren hallt unaufhörlich ein albtraumhaftes Schwirren und Flattern wider, und das altersschwache, ferne Bellen eines riesenhaften Hundes. Es ist kein Traum - und ich befürchte, es ist noch nicht einmal Wahnsinn -, denn es hat sich bereits zu vieles ereignet, als dass ich diese gnädigen Zweifel noch in Betracht ziehen könnte.

St. John ist ein zerfleischter Leichnam. Nur ich weiß, weshalb, und dieses Wissens wegen werde ich mir sehr bald eine Kugel in den Kopf schießen, da ich Angst davor habe, in derselben Weise zerfetzt zu werden. Durch dunkle, unendliche Korridore grausiger Fantasien hetzt der schwarze, gestaltlose Peiniger, der mich in den Selbstmord treibt.

Möge der Himmel uns die Narretei und Morbidität verzeihen, die uns beiden ein so ungeheuerliches Schicksal eingehandelt hat! Der Banalitäten einer prosaischen Welt müde, wo selbst die Wonnen der romantischen Träumerei und des Abenteuers schnell von einem schalen Geschmack begleitet werden, waren St. John und ich begeistert jeder ästhetischen und intellektuellen Bewegung gefolgt, die uns einen Ausweg aus unserer niederschmetternden Langeweile verhieß. Wir kannten bereits all die Rätsel der Symbolisten und die Ekstasen der Präraffaeliten, doch war jede neue Stimmung allzu rasch ausgekostet und ihre ablenkende Neuartigkeit und ihr Reiz erschöpft.

Einzig die finstere Philosophie der Dekadenzautoren vermochte uns noch zu helfen, und dies auch nur, wenn wir den Grad und die teuflische Würze unserer Beschäftigung nach und nach erhöhten. Baudelaire und Huysmans verloren schon bald ihre erregenden Reize, bis uns zu guter Letzt nur noch die direkteren Anregungen absonderlicher eigener Erfahrungen und Abenteuer blieben. Dieses fürchterliche emotionale Bedürfnis führte uns schließlich auf jenen verabscheuungswürdigen Pfad, den ich selbst in meiner derzeitigen Angst nur voller Scham und Zögern gestehe – ich rede von der scheußlichsten menschlichen Verworfenheit, von der widerwärtigen Praxis der Grabräuberei.

Ich kann weder die Einzelheiten unserer erschütternden Expeditionen enthüllen noch auch nur ansatzweise die schlimmsten der Trophäen aufzählen, die das unbeschreibliche Museum zierten, das wir in dem großen Steinhaus eingerichtet hatten, das wir beide allein und ohne Dienerschaft bewohnten. Unser Museum war ein gotteslästerlicher, unvorstellbarer Ort, an dem wir mit dem satanischen Geschmack nervenkranker Virtuosen einen Kosmos des Grauens und Verfalls arrangiert hatten, um unsere abgestumpften Sinne zu erregen. Es handelte sich um ein geheimes Zimmer, tief, tief unter der Erde, wo riesige, geflügelte Dämonen aus Basalt und Onyx aus ihren weit offenen, grinsenden Mäulern sonderbar grünes und orangefarbenes Licht ausspien und wo verborgene Luftröhren die Reihen der roten Körper aus dem Leichenhaus, die wir Hand in Hand in dichte schwarze Vorhänge gewoben hatten, in einen kaleidoskopischen Totentanz versetzten. Durch diese Röhren ließen wir zudem die Gerüche ausströmen, nach denen es unsere Gemütslagen gelüstete; mal der Duft bleicher Grablilien, ein andermal der narkotische Weihrauch erdachter Sarkophage von toten Königen des Orients, und manchmal – wie es mich bei der Erinnerung schaudert! – der fürchterliche, seelenzerfressende Gestank eines geöffneten Grabes.

An den Wänden dieses abstoßenden Raumes standen antike Mumiensärge, die sich mit herrlichen, wie lebendig aussehenden Leichen abwechselten, die von kunstfertigen Präparatoren ausgestopft und balsamiert worden waren, sowie Grabsteine von den ältesten Friedhöfen der Welt. Vereinzelte Nischen enthielten Schädel aller Formen und konservierte Köpfe in verschiedenen Stufen der Verwesung. Man fand dort die fauligen, kahlen Häupter von Edelmännern und die frischen, strahlend goldhaarigen Köpfchen jüngst begrabener Kinder.

Auch Standbilder und Gemälde fanden sich dort, allesamt mit teuflischen Motiven, einige davon von St. John und meiner Wenigkeit ausgeführt. Eine verschlossene Mappe, gebunden in gegerbte Menschenhaut, enthielt besondere unbekannte und unbeschreibliche Zeichnungen, die Gerüchten zufolge von Goya stammten, die er aber nicht zu signieren gewagt hatte. Es gab anstößige Musikinstrumente, Saiteninstrumente sowie Blasinstrumente aus Blech und Holz, auf denen St. John und ich zuweilen Dissonanzen von exquisiter Morbidität und kakodämonischer Grässlichkeit erzeugten. In mehreren verschnörkelten Ebenholzschränkchen ruhte die unglaublichste und unvorstellbarste Grabräuberbeute, die durch menschlichen Übermut und Perversität je zusammengetragen wurde. Vor allem von dieser Beute wage ich nicht zu erzählen – Gott sei Dank hatte ich den Mut, sie zu vernichten, lange bevor mir der Gedanke kam, mich selbst zu vernichten!

Die Raubzüge, auf denen wir unsere unsäglichen Schätze gesammelt hatten, waren vom künstlerischen Gesichtspunkt stets unvergessliche Abenteuer gewesen. Wir waren ja keine vulgären Grabschänder, sondern arbeiteten nur unter bestimmten Bedingungen, die an Stimmung, Landschaft, Umgebung, Wetter, Jahreszeit und Mondlicht gebunden waren. Dieser Zeitvertreib bedeutete uns die feinsinnigste Form ästhetischen Ausdrucks und wir widmeten uns den Einzelheiten sehr gewissenhaft und sachlich. Eine unpassende Stunde, ein störender Lichteffekt oder eine unbeholfene Behandlung des feuchten Erdreichs machten nahezu unausweichlich den rauschhaften Kitzel zunichte, der die Exhumierung eines unheimlichen, grinsenden Geheimnisses aus der Erde begleitete. Wir waren fieberhaft und unersättlich bei unserer Suche nach neuartigen Kulissen und anrüchigen Umständen – dabei war St. John stets der Führer, und er war es auch, der uns schließlich zu der höhnischen, verfluchten Stelle führte, die uns unser grauenhaftes und unausweichliches Verhängnis brachte.

Welch boshaftes Geschick lockte uns bloß auf jenen schrecklichen holländischen Friedhof? Ich glaube, es waren die finsteren Gerüchte und Legenden, die Erzählungen über einen, der hier vor fünf Jahrhunderten bestattet worden war, der zu Lebzeiten selbst ein Grabschänder gewesen war und der aus der Ruhestätte eines bedeutenden Mannes etwas Machtvolles geraubt hatte. Ich erinnere mich in diesen letzten Augenblicken an die Umgebung – der fahle Herbstmond über den Gräbern, der lange und furchtbare Schatten warf, die grotesken Bäume, die sich griesgrämig zum verwilderten Gras und den geborstenen Grabplatten herabneigten, die gewaltigen Scharen abnorm riesiger Fledermäuse, die zum Mond hinaufflatterten, die uralte, von Schlingpflanzen umwucherte Kirche, die mit einem kolossalen, gespenstischen Finger in den Himmel wies, die phosphoreszierenden Insekten, die in einer entlegenen Ecke unter den Eiben wie Totenlichter tanzten, die Gerüche von Moder, Vegetation und weniger klaren Ursachen, die sich schwach mit dem nächtlichen Winde mischten, der über ferne Sümpfe und Meere gestrichen war.

Doch am schlimmsten von allem war das altersschwache, tiefe Bellen eines gewaltigen Hundes, den wir nicht sehen konnten. Als wir dieses knappe Bellen hörten, erschauderten wir, denn uns fielen die Erzählungen der Landbevölkerung ein: Der, nach dem wir suchten, war vor Jahrhunderten hier an dieser Stelle aufgefunden worden, zerrissen und zerfleischt von den Krallen und Zähnen einer unbeschreiblichen Bestie.

Ich weiß noch, wie wir die Spaten in die Graberde des Grabschänders tauchten und welchen Reiz uns all dies vermittelte: der Anblick von uns selbst, das Grab, der fahle, beobachtende Mond, die erschreckenden Schatten, die bizarren Bäume, die gewaltigen Fledermäuse, die uralte Kirche, die tanzenden Totenlichter, die üblen Gerüche, der sanft klagende Nachtwind und das merkwürdige, kaum zu hörende, ortlose Bellen, von dem wir nicht einmal sicher waren, ob es tatsächlich zu vernehmen war.

Dann stießen wir auf etwas, das härter war als das feuchte Erdreich, und erblickten einen modrigen Sarg, der von mineralischen Ablagerungen des lange unangetasteten Grundes verkrustet war. Er war unglaublich hart und dick, doch so alt, dass wir ihn schließlich aufstemmten und unsere Augen an dem laben konnten, was er enthielt. Viel, erstaunlich viel war von dem Objekt erhalten geblieben, obschon doch 500 Jahre verstrichen waren. Das Gerippe war zwar stellenweise von den Kiefern des Wesens zermalmt, das den Mann getötet hatte, hielt aber mit überraschender Festigkeit zusammen, und wir ergötzten uns an dem makellosen, weißen Schädel mit den langen, kräftigen Zähnen und den augenlosen Höhlen, in denen einst ein Leichenhausfieber gleich dem unsrigen geglüht hatte.

Im Sarg lag ein Amulett mit sonderbaren, exotischen Mustern. Der Ruhende hatte es offensichtlich um den Hals getragen. Es stellte die eigenartig vereinfachte Figur eines kauernden, geflügelten Hundes oder einer Sphinx mit halb hündischem Gesicht dar. Es war in altorientalischer Manier auf exzellente Weise aus einem kleinen grünen Jadestein geschnitten. Der Gesichtsausdruck war überaus abstoßend, deutete im selben Moment Tod, Blutdurst und Boshaftigkeit an. Der untere Teil trug eine Inschrift in Schriftzeichen, die weder St. John noch ich zu deuten vermochten, und auf der Rückseite war, als wäre es das Siegel seines Schöpfers, ein grotesker, außergewöhnlicher Totenschädel eingraviert.

Sobald wir dieses Amulett erblickt hatten, wussten wir, dass es uns gehören musste, dass die uns zustehende Beute aus dem jahrhundertealten Grab allein dieser Schatz würde sein müssen. Wir wollten es besitzen, obwohl es uns sehr fremdartig vorkam – jedoch, als wir es genauer betrachteten, erkannten wir nach und nach, dass es uns nicht ganz unbekannt war. Zwar stand es in der Tat fernab von aller Kunst und Literatur, die geistig normale und ausgeglichene Leser kennen, doch wir erkannten darin das Symbol wieder, das in dem verbotenen Buch *Necronomicon* des verrückten Arabers Abdul Alhazred umschrieben wird: das grässliche Seelenzeichen der verbotenen, leichenfressenden Sekte im unzugänglichen Leng in Zentralasien. Nur allzu gut kannten wir die düsteren Zeilen, die der alte arabische Dämonologe niedergeschrieben hatte. Zeilen, von denen er schrieb, sie seien abgeleitet von obskuren übernatürlichen Offenbarungen der Seelen jener, die sich an den Toten vergingen und an ihnen fraßen.

Wir ergriffen das grüne Jadeobjekt, warfen einen letzten Blick auf das ausgebleichte, blinde Antlitz seines Besitzers und richteten das Grab wieder so her, wie wir es vorgefunden hatten. Als wir eilig die abscheuliche Stätte hinter uns ließen, das gestohlene Amulett in St. Johns Tasche, glaubten wir zu sehen, wie die Fledermäuse in geschlossener Formation zu der Erde hinabflogen, die wir eben erst zugeschaufelt hatten, als suchten sie dort nach irgendeiner verfluchten und unheiligen Nahrung. Doch der Herbstmond schien nur schwach und fahl, deshalb waren wir uns dessen nicht sicher.

Auch am folgenden Tag, als wir die Niederlande auf einem Schiff verließen und unserer Heimat entgegenfuhren, glaubten wir das leise, ferne Bellen eines übergroßen Hundes in der Ferne zu hören. Aber der Herbstwind klagte traurig und matt, deshalb waren wir uns dessen nicht sicher.

Keine Woche war seit unserer Rückkehr nach England verstrichen, als sonderbare Geschehnisse sich ereigneten. Wir lebten wie Einsiedler, ohne Freunde, allein und ohne Dienstpersonal in ein paar Räumen eines alten Landhauses in einem öden und verlassenen Moor und nur selten klopfte ein Besucher an unser Tor. Nun jedoch wurden wir in den Nächten von regelmäßigen tastenden Geräuschen gestört, nicht nur an den Türen, sondern auch an den Fenstern, in den oberen wie in den unteren Etagen. Einmal glaubten wir, ein großer, dunkler Körper verdunkle das Fenster der Bibliothek, als der Mond darauf schien, und ein andermal glaubten wir, in der Nähe ein schwirrendes, flatterndes Geräusch zu hören. Bei keinem dieser Geschehnisse brachte eine Nachforschung etwas zutage, und wir schrieben die Vorfälle nun allmählich unserer Einbildungskraft zu, die in unseren Ohren das greisenhafte, entfernte Bellen widerhallen ließ, das wir auf dem holländischen Friedhof zu hören vermeint hatten.

Das Jadeamulett ruhte jetzt in einer Nische unseres Museums und manchmal zündeten wir davor eine Kerze mit seltsamem Duft an. Wir lasen oft in Alhazreds *Necronomicon* über seine Eigenschaften und den Zusammenhang zwischen den Geisterseelen und dem Gegenstand, der es symbolisierte, und das Gelesene verstörte uns tief.

Dann kam das Grauen.

In der Nacht des 24. September hörte ich, wie jemand an der Tür meines Zimmers klopfte. Da ich davon ausging, es sei St. John, bat ich ihn herein, doch zur Antwort erklang bloß ein schrilles Gelächter. Niemand befand sich im Korridor. Als ich St. John aus dem Schlaf riss, versicherte er, von all dem nichts zu wissen, und zeigte sich ebenso besorgt wie ich. In dieser Nacht wurde uns das gebrechliche, ferne Bellen über dem Moor zu einer schrecklichen Gewissheit.

Vier Tage später, wir hielten uns gerade im verborgenen Museum auf, hörten wir ein leises, vorsichtiges Kratzen an der einzigen Tür, die zu der geheimen Treppe in der Bibliothek führte. Unser Bestürzen hatte nun doppelten Anlass, denn neben unserer Angst vor dem Unbekannten hatten wir stets Furcht davor gehabt, unsere grausige Sammlung könnte entdeckt werden. Wir löschten alle Lichter, näherten uns der Tür und stießen sie schlagartig auf. Daraufhin verspürten wir einen unerklärlichen Luftzug und hörten eine wie im Rückzug begriffene, sonderbare Mischung aus Rascheln, Kichern und deutlich hörbarem Plappern. Ob wir nun wahnsinnig waren, träumten oder bei klarem Verstand – wir versuchten das gar nicht erst einzuordnen. Nur eines war uns klar, und diese Erkenntnis löste in uns die schwärzesten Befürchtungen aus: Das scheinbar körperlose Geplapper war ohne jeden Zweifel *in niederländischer Sprache* geschwatzt worden.

Danach lebten wir in wachsender Angst und Faszination. Meistens klammerten wir uns an die Theorie, dass wir beide aufgrund unseres Lebens voll unnatürlichen Nervenkitzels den Verstand verloren, doch zuweilen behagte es uns, uns als die Opfer eines kriechenden und abscheulichen Verhängnisses zu dramatisieren. Bizarre Ereignisse traten nun zu häufig auf, um sie zu zählen. Unser einsames Haus war allem Anschein nach von Leben erfüllt, von der Anwesenheit eines bösartigen Wesens, dessen Art wir nicht zu bestimmen vermochten, und jede Nacht brandete jenes dämonische Gebell über das windgepeitschte Moor, immer lauter und lauter.

Am 29. Oktober entdeckten wir in der weichen Erde unter dem Fenster der Bibliothek eine Reihe von Fußspuren, die unmöglich zu beschreiben sind. Sie waren ebenso verwirrend wie die Massen der großen Fledermäuse, die das alte Landhaus in bislang ungekannter und stetig wachsender Zahl heimsuchten.

Am 18. November erreichte das Grauen einen Höhepunkt, als St. John, der nach Anbruch der Dunkelheit vom trostlosen Bahnhof aus nach Hause ging, von einer entsetzlichen, fleischfressenden Kreatur gepackt und in Stücke gerissen wurde. Seine Schreie drangen bis ins Haus, und ich kam gerade noch rechtzeitig zu dem grausigen Schauplatz, um ein Flügelschwirren zu hören und ein unbestimmbares Etwas zu sehen, das sich einer schwarzen Wolke gleich vor dem aufgehenden Mond abhob.

Mein Freund lag im Sterben. Ich sprach ihn an, doch er vermochte keine zusammenhängenden Sätze mehr zu äußern. Nur eines flüsterte er noch: »Das Amulett – dieses verdammte Ding –«

Dann lag dort nur noch eine leblose Masse zerfetzten Fleisches.

In der nächsten Mitternachtsstunde bestattete ich ihn in einem unserer verwilderten Gärten und murmelte über seinem Leichnam eines der teuflischen Rituale, die er im Leben so geliebt hatte. Kaum hatte ich den letzten dämonischen Satz gesprochen, da hörte ich von fern übers Moor das schwache Bellen eines riesigen Hundes. Der Mond schien, doch wagte ich nicht hinaufzuschauen. Und als ich im trüben Moor einen enormen, nebelartigen Schatten sah, der von einem Hügel zum andern huschte, schloss ich die Augen und warf mich bäuchlings auf den Boden. Als ich mich zitternd wieder erhob, ich weiß nicht, wie viele Stunden später, wankte ich ins Haus und flüsterte vor dem grünen Jadeamulett in seinem Schrein ein schockierendes Gebet.

Da ich mich nicht traute, alleine in dem alten Haus im Moor zu bleiben, reiste ich am nächsten Tag nach London – das Amulett nahm ich mit, nachdem ich den Rest der unheiligen Sammlung des Museums zum Teil verbrannt und vergraben hatte. Doch drei Nächte darauf hörte ich das Bellen wieder, und keine Woche war vergangen, da fühlte ich mich in der Dunkelheit in einem fort von seltsamen Augen beobachtet. Als ich eines Abends an der Victoria Embankment entlangschlenderte, weil ich dringend frische Luft benötigte, sah ich, wie ein schwarzer Umriss eine der Reflexionen der Laternen auf dem Wasser verdunkelte. Ein Wind, stärker als der übliche Nachtwind, griff nach mir, und ich wusste, dass ich das Los von St. John über kurz oder lang teilen würde.

Am nächsten Tag verpackte ich das grüne Jadeamulett sorgfältig und nahm ein Schiff in die Niederlande.

Ich wusste nicht, welche Gnade mir zuteilwürde, wenn ich diesen Gegenstand seinem stummen, schlafenden Besitzer zurückgab, doch ich hatte das Gefühl, jeden auch nur ansatzweise logischen Schritt versuchen zu müssen. Was dieser Hund war und weshalb er mich verfolgte – das waren noch unklare Fragen, doch das Bellen hatte ich zum ersten Mal auf jenem uralten Friedhof vernommen, und alle darauffolgenden Ereignisse, einschließlich des letzten Flüsterns des sterbenden St. John, hatten den Fluch mit dem Diebstahl in Zusammenhang gebracht. Dementsprechend versank ich in den tiefsten Abgründen der Verzweiflung, als ich in einer Gaststätte in Rotterdam bemerkte, dass mein einziges Mittel zur Rettung von Dieben geraubt worden war.

Das Gebell war an diesem Abend laut, und am nächsten Morgen las ich von einer unbeschreiblichen Tat im anrüchigsten Viertel der Stadt. Der Pöbel war in Aufruhr, hatte sich doch ein so blutiger Mord in einem Mietshause ereignet, der selbst die schlimmsten Verbrechen in dieser Gegend verblassen ließ. In einer schäbigen Diebeshöhle war eine ganze Familie von etwas Unbekanntem in Stücke gerissen worden, das keine Spuren hinterlassen hatte, und die Menschen in der Nachbarschaft hatten die ganze Nacht hindurch einen leisen, tiefen, unaufhörlichen Laut gehört, wie von einem riesigen Hund.

So stand ich zuletzt wieder auf dem Unheil bringenden Friedhof. Der bleiche Wintermond warf scheußliche Schatten und die entlaubten Bäume neigten sich mürrisch zum vertrockneten, eisbedeckten Gras und den geborstenen Grabplatten hinab und die von Ranken umschlungene Kirche wies mit höhnischem Finger zum unfreundlichen Himmel. Der Nachtwind heulte wie toll über den gefrorenen Sümpfen und den eisigen Meeren herüber. Das

Bellen klang nun sehr schwach und es verstummte vollständig, als ich mich dem alten Grab näherte, das ich einst geschändet hatte. Eine außerordentlich große Horde von Fledermäusen wurde aufgescheucht, die neugierig um das Grab herumflatterten.

Ich weiß nicht, weshalb ich dorthin ging. Vielleicht wollte ich beten oder das stille, weiße Ding, das darin lag, wie irre um Entschuldigung anflehen. Was immer auch der Grund gewesen sein mag, ich fiel über das halb gefrorene Erdreich mit einer Verzweiflung her, die teils aus mir selbst kam, teils aus einem mächtigen Willen außerhalb meiner selbst.

Die Ausgrabung war wesentlich einfacher als erwartet, obgleich ich einmal eine sonderbare Unterbrechung erlebte, als ein abgezehrter Aasgeier aus dem kalten Himmel herabstürzte und hysterisch in die Graberde hackte, bis ich ihn mit einem Schlag meines Spatens tötete. Endlich erreichte ich den modernden Sarg und entfernte den feuchten, salpetrigen Deckel. Dies ist die letzte vernünftige Handlung, die ich ausgeübt habe.

Denn in diesem uralten Sarg, umgeben von einer dichten, albtraumhaften Gefolgschaft gewaltiger, sehniger, schlafender Fledermäuse, lag das knöcherne Ding, das von meinem Freund und mir beraubt worden war. Doch es war nicht mehr sauber und reglos, so wie wir es damals gesehen hatten, sondern bedeckt mit geronnenem Blut und Fetzen von fremdem Fleisch und Haar. Aus glühenden Augenhöhlen und mit scharfen, blutverkrusteten Reißzähnen starrte es mich voll verdorbenem Hohn an, denn es wusste um mein unausweichliches Ende. Und als aus diesem grinsenden Kiefer ein tiefes, sardonisches Bellen wie von einem Hund drang und ich sah, dass es in seiner blutig schmutzigen Klaue das vermisste, verhängnisvolle

Amulett aus grüner Jade hielt, da schrie ich nur noch und rannte wie ein Irrsinniger davon, und meine Schreie lösten sich bald in hysterischem Gelächter auf.

Wahnsinn reitet auf dem Sternenwind … Klauen und Zähne, die sich über Jahrhunderte an Leichen geschliffen haben … der triefende Tod inmitten eines Gelages von Fledermäusen aus den nachtschwarzen Ruinen der begrabenen Tempel des Belial … Nun, da das Bellen der toten, entfleischten Monstrosität lauter und lauter wird und das verstohlene Schwirren und Flattern der verfluchten Lederschwingen näher und näher kommt, will ich mithilfe meines Revolvers das Vergessen suchen, das meine einzige Zuflucht vor dem Unbekannten und Unfassbaren ist.

Frank Belknap Long

DIE WELTRAUMFRESSER

Das Kreuz ist kein passives Hilfsmittel. Es beschützt jene, die reinen Herzens sind, und erschien häufig über unseren Sabbaten am Himmel, um Verwirrung zu stiften und die Mächte der Finsternis zu vertreiben.

– John Dee, Necronomicon

1

Das Grauen gelangte in einem undurchdringlichen Nebel nach Partridgeville.

Den ganzen Nachmittag über zogen dichte Schwaden vom Meer heran und wallten und waberten um die Farm herum, bis das Zimmer, in dem wir saßen, von Feuchtigkeit beschlagen war. Der Nebel drang spiralförmig unter der Tür hindurch und liebkoste mit seinen langen, feuchten Fingern meine Haare, bis sie tropften. Eine zähe, tauähnliche Nässe bedeckte die quadratischen Fensterscheiben. Die Luft war stickig und klamm und unvorstellbar kalt.

Ich betrachtete meinen Freund mit düsterem Blick. Er hatte dem Fenster den Rücken zugewandt und schrieb wie ein Besessener. Ein großer, schlanker Mann, leicht gebückt, mit abnorm breiten Schultern, dessen Gesicht sich im Profil eindrucksvoll darbot. Er besaß eine extrem breite Stirn, eine lange Nase und ein leicht vorstehendes Kinn – ein markantes, sinnliches Antlitz, das auf einen höchst fantasievollen Charakter hindeutete, den die Natur mittels eines skeptischen und wahrhaft überragenden Intellekts im Zaum hielt.

Mein Freund verfasste Kurzgeschichten. Er schrieb ausschließlich zu seinem eigenen Vergnügen, dem zeitgenössischen literarischen Geschmack zum Trotz, und seine Erzählungen waren ungewöhnlich. Poe hätte seine wahre Freude daran gehabt; Hawthorne hätte seine Freude daran gehabt; ebenso Ambrose Bierce oder Villiers de l'Isle-Adam.

Es handelte sich um Studien über abnorme Menschen, abnorme Bestien, abnorme Pflanzen. Er schrieb über entlegene Regionen der Fantasie und des Grauens. Die Farben, Geräusche und Gerüche, die er heraufbeschwor, sah, hörte oder roch man niemals auf der vertrauten Seite des Mondes. Er ließ seine Figuren vor beängstigenden Kulissen auftreten. Sie pirschten durch dichte und einsame Wälder, über zerklüftete Gebirge, schlichen die Treppen uralter Häuser hinab und lungerten verstohlen zwischen den morschen Pfosten verfaulender, in Dunkelheit getauchter Anlegestellen.

Eine seiner Geschichten, *Das Haus des Wurms,* veranlasste den jungen Studenten einer Universität im Mittleren Westen dazu, Zuflucht in einem großen, roten Backsteingebäude zu suchen, wo er vor aller Augen auf dem Boden saß und mit lautester Stimme brüllte: »Sehet, meine Liebste ist schöner als alle Lilien unter den Lilien im Liliengarten.« Eine andere, *Die Schänder,* brachte ihm exakt 110 entrüstete Leserbriefe ein, als sie in der *Partridgeville Gazette* erschien.

Während ich ihn so betrachtete, hörte er plötzlich auf zu schreiben und schüttelte den Kopf. »Ich kann es nicht«, verkündete er. »Ich müsste eine neue Sprache erfinden.

Und doch kann ich das Wesen emotional, intuitiv erfassen, wenn man so will. Wenn ich es nur irgendwie in einem Satz beschreiben könnte – seinen seltsam kriechenden, körperlosen Geist!«

»Ist es ein neues Grauen?«

Er schüttelte den Kopf. »Für mich ist es nicht neu. Ich kenne und spüre es schon seit Jahren – ein Grauen, das alles übersteigt, was dein prosaisches Gehirn sich ausmalen könnte.«

»Vielen Dank«, entgegnete ich sarkastisch.

»Alle menschlichen Gehirne sind im Grunde prosaisch«, führte er weiter aus. »Ich wollte dich mit meiner Bemerkung nicht beleidigen. Die schattenhaften Schrecken, die hinter und über ihnen lauern, sind geheimnisvoll und schrecklich. Unsere zierlichen Gehirne – was wissen sie schon von vampirgleichen Wesenheiten, die in höheren Dimensionen als unserer eigenen auf Beute warten oder gar jenseits unseres Universums der Sterne? Manchmal glaube ich, sie hausen in unseren Köpfen, und unsere Gehirne erspüren sie, doch sobald sie ihre Tentakel ausstrecken und uns sondieren oder erkunden, überkommt uns der tobende Wahnsinn.« Er bedachte mich jetzt mit einem gleichmütigen Blick.

»Aber du kannst so einen Unsinn doch nicht allen Ernstes glauben!«, rief ich aus.

»Natürlich nicht!« Er schüttelte den Kopf und lachte. »Du weißt genau, ich bin viel zu sehr Skeptiker, um überhaupt an etwas zu glauben. Ich habe lediglich umrissen, wie ein Dichter auf das Universum reagiert. Wenn man schaurige Geschichten schreiben und ein wahrhaftiges Gefühl des Grauens erzeugen will, dann muss man an alles glauben – wirklich *alles.* Damit meine ich das Grauen, das *jede Faser* des Kosmos durchdringt, das *allgegenwärtig* ist.

Man muss daran glauben, dass Geschöpfe in den Weiten des Weltalls existieren, die herabstoßen und sich mit einer Bösartigkeit an uns heften können, welche uns vollkommen zu zerstören vermag – unsere Körper wie auch unseren Verstand.«

»Aber diese Wesen aus dem All – wie soll man sie beschreiben, wenn man ihre Gestalt nicht kennt, oder ihre Farbe und Größe?«

»Es ist so gut wie unmöglich, sie zu beschreiben. Eben das habe ich ja versucht – und bin daran gescheitert. Eines Tages vielleicht – doch ich bezweifle, dass es sich jemals bewerkstelligen lässt. Aber ein Künstler kann zumindest umschreiben, andeuten …«

»Was andeuten?«, fragte ich ein wenig verwirrt.

»Ein Grauen andeuten, das ganz und gar unirdischen Ursprungs ist; das sich auf eine Art und Weise bemerkbar macht, für die es auf der Erde keine Entsprechung gibt.«

Ich war nach wie vor ein wenig aus der Fassung. Er lächelte mich ergeben an und führte seine Theorie weiter aus.

»Selbst den besten Geschichten um Geheimnisse und Schrecken«, sagte er, »haftet etwas Prosaisches an. Die alte Mrs. Radcliffe und ihre verborgenen Grüfte und blutenden Gespenster etwa; Maturin mit seinen allegorischen und schurkischen Helden in der Tradition von Faust und den feurigen Flammen aus dem Schlund der Hölle; Edgar Allan Poes blutüberströmte Leichen, schwarze Katzen, verräterische Herzen und verwesende Valdemars.

Oder denk an Hawthorne und seine amüsante Besessenheit von den Problemen und Schrecken, die aus den Sünden der Menschen geboren werden – als hätten die Sünden der Menschen irgendeine Bedeutung für eine kalte und bösartige Intelligenz jenseits der Sterne. Dann hätten wir noch die modernen Meister – Algernon Blackwood, der uns zu einem Fest der höchsten Götter lädt oder eine alte Frau mit Hasenscharte vorführt, die vor einem Ouija-Brett sitzt und verschmutzte Karten befingert, vielleicht auch einen absurden Nimbus von Ektoplasma, der aus einem Dummerchen von Hellseherin herausquillt.

Nicht zu vergessen Bram Stoker mit seinen Vampiren und Werwölfen, die letztlich nichts anderes als konventionelle Mythen sind, die Überbleibsel mittelalterlicher Volkslegenden. Oder Wells mit seinen pseudowissenschaftlichen Buhmännern, Fischmenschen auf dem Meeresgrund und Damen im Mond. Und natürlich die hundertundein Idioten, die unablässig Gespenstergeschichten für die Magazine herunterschreiben – welchen Beitrag haben die schon zur Literatur des Unheiligen geleistet?

Bestehen wir nicht aus Fleisch und Blut? Insofern ist es nur logisch, dass wir abgestoßen und entsetzt reagieren, wenn wir beides im Zustand von Fäulnis und Verwesung präsentiert bekommen, wenn die Würmer darin herumkriechen. Logisch, dass eine Geschichte über einen Leichnam uns Nervenkitzel beschert und mit Angst, Entsetzen und Abscheu erfüllt. Jeder Narr kann diese Emotionen in uns wecken – Poe hat es sich mit seinen Lady Ushers und zersetzenden Valdemars wirklich einfach gemacht. Er spricht lediglich einfache, natürliche, nachvollziehbare Emotionen an. Die Reaktionen seiner Leser stellen die unvermeidliche Konsequenz dar.

Sind wir nicht die Nachfahren von Barbaren? Hausten wir nicht einst, der Gnade von reißenden Bestien ausgeliefert, in dichten und gefährlichen Wäldern? Daher ist es unvermeidlich, dass wir zusammenzucken und schlottern, wenn uns in der Literatur finstere Schatten aus der menschlichen Vergangenheit begegnen. Harpyien und Vampire und

Werwölfe – was sind sie anderes als übertriebene Darstellungen der großen Fledermäuse, Vögel und wilden Hunde, die unsere Vorfahren bedrängten und peinigten?

Es ist kinderleicht, mit solchen Mitteln Furcht zu erzeugen. Menschen mit Flammen am Höllentor zu erschrecken, weil sie heiß sind und die Haut versengen und verkohlen – wer kennt schließlich kein Feuer und hat nicht wahnsinnige Angst davor? Tödliche Hiebe, alles verzehrende Brände, Schatten, die uns eine Gänsehaut bescheren, weil ihre Substanz garstig in den schwarzen Tunneln unserer ererbten Erinnerungen lauert. Oh, ich habe sie so satt, die Schriftsteller, die versuchen, uns mit derlei lächerlich offensichtlichen und trivialen Spukbildern in Angst und Schrecken zu versetzen.«

Aufrichtige Entrüstung funkelte in seinen Augen.

»Nehmen wir an, es gäbe einen größeren Schrecken! Nehmen wir an, bösartige Geschöpfe aus einem anderen Universum würden versuchen, in unseren Lebensraum einzudringen! Und wenn wir sie nun nicht sehen könnten? Sie nicht fühlen könnten? Vielleicht weil ihre Farbe auf der Erde nicht bekannt ist oder sie, anders gesagt, über ein *Erscheinungsbild* verfügen, das frei von Farbe ist?

Angenommen, sie wiesen eine auf der Erde unbekannte Form auf? Wären vier-, fünf- oder gar sechsdimensional? Ach, nehmen wir ruhig an, sie wären hundertdimensional oder sind frei von jeder Dimension und existieren dennoch! Was könnten wir in einem solchen Fall tun?

Sie würden für uns nicht existieren? Doch, sie würden für uns existieren, sobald sie uns Schmerzen zufügen. Mag sein, dass es sich dabei nicht um Hitze oder Kälte oder jedwede andere Pein, die wir kennen, handelt. Sondern um gänzlich neue Qualen. Angenommen, sie würden diese nicht über unsere Nerven erfahrbar machen, stattdessen unsere Gehirne auf eine neue und unbekannte Art beeinflussen? Sich auf eine neue und fremde und unaussprechliche Art und Weise bemerkbar machen? Was könnten wir schon tun? Uns wären die Hände gebunden. Man kann nicht gegen etwas vorgehen, das man nicht sieht oder spürt. Man kann sich nicht gegen das Tausenddimensionale wehren. *Angenommen, sie fräßen sich durch den Weltraum einen Weg zu uns!*«

Jetzt sprach er mit einer emotionalen Intensität, welche die Skepsis Lügen strafte, die er noch vor wenigen Augenblicken heraufbeschworen hatte.

»Das sind die Dinge, über die ich zu schreiben versucht habe. Ich wollte diese Wesen aus einem anderen Universum, jenseits von Zeit und Raum, für meine Leser vor ihrem geistigen Auge zum Leben erwecken und spürbar machen. Ich hätte mich mit Leichtigkeit in Andeutungen oder vage Umschreibungen flüchten können – jeder Narr besitzt diese Fähigkeit –, aber mir schwebte eine umfassende Beschreibung vor. Mit Worten eine Farbe definieren, die keine ist, eine Form, die keine Form aufweist!

Ein begnadeter Mathematiker müsste sich vielleicht nicht auf solche Andeutungen beschränken. Er könnte sich seltsamen Kurven und Winkeln in einem ungestümen Wahn der Berechnung annähern und sie ansatzweise begreifen. Es wäre absurd zu behaupten, dass die Mathematik die vierte Dimension noch nicht entdeckt hat. Die gelehrten Geister haben sie häufig erblickt, sich ihr häufig genähert, sie häufig erfasst, vermochten es bislang jedoch nicht, sie anderen zu veranschaulichen. Ich kenne einen Mathematiker, der schwört, dass er einst bei einem wilden Gedankenflug am schwer zugänglichen Firmament der Differenzialrechnung die sechste Dimension zu Gesicht bekommen hat.

Bedauerlicherweise bin ich kein Mathematiker. Ich bin lediglich ein armer Tor von einem kreativen Künstler. Daher vermag ich diese Wesen aus den Tiefen des Weltalls überhaupt nicht zu erfassen.«

Jemand pochte lautstark an die Tür. Ich ging durchs Zimmer und schob den Riegel zurück. »Was wollen Sie?«, erkundigte ich mich. »Was ist los?«

»Verzeihung, dass ich Sie störe, Frank«, hörte ich eine vertraute Stimme, »aber ich muss mit jemandem reden.«

Ich erkannte das schmale, blasse Gesicht meines unmittelbaren Nachbarn und trat augenblicklich beiseite. »Kommen Sie rein«, forderte ich ihn auf. »Bitte kommen Sie rein. Howard und ich unterhalten uns gerade über Gespenster, und was wir dabei heraufbeschworen haben, ist nicht eben eine angenehme Gesellschaft. Vielleicht vermögen Sie die Stimmung etwas aufzuhellen.«

Ich bezeichnete Howards Schrecken als *Gespenster*, da ich meinen intellektuell eher schlichten Nachbarn nicht schockieren wollte. Henry Wells war ungeheuer groß und breit. Als er in den Raum trat, schien er einen Teil der Nacht mit hereinzubringen.

Er ließ sich auf das Sofa fallen und bedachte uns mit ängstlichen Blicken. Howard legte die Kurzgeschichte weg, die er gelesen hatte, nahm die Brille ab, putzte sie und runzelte dabei die Stirn. Er tolerierte meinen einfach gestrickten Nachbarn mehr oder weniger. Wir schwiegen rund eine Minute, dann ergriffen wir fast gleichzeitig das Wort. »Eine schreckliche Nacht!« »Grauenhaft, nicht?« »Schlimm!«

Henry Wells runzelte die Stirn. »Heute Nacht«, sagte er, »hatte ich einen – einen merkwürdigen Unfall. Ich trieb Hortense durch den Mulligan Wood …«

»Hortense?«, unterbrach ihn Howard.

»Sein Pferd«, erklärte ich ungeduldig. »Sie kamen aus Brewster zurück, nicht wahr, Henry?«

»Von Brewster, ja«, antwortete er. »Ich rollte zwischen den Bäumen dahin, hielt nach anderen Kutschen Ausschau, die möglicherweise mit zu grellen Lampen aus dem Dunkel auf mich zuhielten, und lauschte den Nebelhörnern in der Bucht. Sie heulten und pfiffen, als plötzlich etwas Nasses auf meinem Kopf landete. ›Regen‹, dachte ich. ›Hoffentlich bleiben die Vorräte trocken.‹

Ich drehte mich um und vergewisserte mich, dass Butter und Mehl sorgfältig abgedeckt waren, da schnellte etwas Weiches, wie ein Schwamm, vom Boden des Wagens empor und landete in meinem Gesicht. Ich griff danach und bekam es mit den Fingern zu fassen.

Es fühlte sich wie Gallert in meiner Hand an. Ich drückte es zusammen, da quoll Feuchtigkeit heraus und lief mir über die Handgelenke. Es war nicht so dunkel, dass ich es nicht gesehen hätte. Komisch, wie klar man Einzelheiten im Nebel erkennen kann – es ist, als würde er die Nacht heller machen. Eine Art Leuchten lag in der Luft. Keine Ahnung, vielleicht lag es auch gar nicht am Nebel.

Die Bäume zeichneten sich jedenfalls überdeutlich ab. Man sah sie völlig klar. Wie schon gesagt, ich betrachtete das seltsame Ding, und was meinen Sie, wie es aussah? Wie ein Stück rohe Leber. Oder Kalbshirn. Jetzt, wo ich darüber nachdenke, doch mehr wie Kalbshirn. Es gab Rillen, und in roher Leber findet man keine Rillen. Normalerweise ist Leber so glatt wie Glas.

Für mich war es ein schrecklicher Augenblick. ›Da oben hockt jemand auf den Bäumen‹, dachte ich. Ein Tramp, ein Verrückter oder ein Narr, und er hat Leber gegessen. Mein Karren hat ihm Angst eingejagt und da hat er sie fallen lassen – ein Stück davon. Ich kann mich nicht irren.

Als ich Brewster verließ, hatte ich keine Leber auf dem Wagen.

Ich schaute auf. Sie wissen ja, wie hoch die Bäume im Mulligan Wood wachsen. An klaren Tagen gelingt es einem vom Waldweg aus bei manchen nicht, die Krone zu erspähen. Und Sie wissen auch, wie verwachsen und unheimlich einige dieser Bäume wirken.

Komisch, ich habe sie immer mit alten Männern verglichen – große alte Männer, wissen Sie? Hochgewachsen und missgebildet und durch und durch böse. Mir schien immer, als hätten sie Schabernack im Sinn. Bäume, die so dicht und knorrig zusammenwachsen, haben stets etwas Beunruhigendes an sich.

Ich schaute auf.

Zuerst bemerkte ich nichts außer den hohen Bäumen, weiß und feucht vom Nebel, und darüber einen dichten, weißlichen Dunst, der die Sterne verbarg. Und dann schoss plötzlich etwas Langes und Weißes blitzschnell am Stamm eines Baumes herunter.

Es lief so flink am Baumstamm herab, dass ich es nicht genau erkennen konnte. Davon abgesehen war es so dünn, dass es ohnehin nicht viel zu sehen gab. Aber es ähnelte einem Arm. Einem langen, blassen und sehr dünnen Arm. Aber natürlich war es keiner. Wer hätte je von einem Arm gehört, der so groß wie ein Baum ist?

Ich weiß auch nicht, weshalb ich es mit einem Arm verglich, denn an sich handelte es sich um wenig mehr als eine dünne Linie – so wie ein Draht oder die Saite einer Violine. Ich bin mir nicht einmal sicher, ob ich es wirklich gesehen habe. Vielleicht habe ich es mir nur eingebildet. Ich kann auch nicht mit Sicherheit behaupten, dass es tatsächlich so dünn wie eine Saite war. Aber es hatte eine Hand. Oder doch nicht? Wenn ich daran denke, wird mir ganz schwindelig im Kopf. Wissen Sie, es bewegte sich so schnell, dass ich es gar nicht genau erkennen konnte.

Aber es vermittelte mir den Eindruck, als würde es nach etwas suchen, das es verloren hatte. Einen Moment schien die Hand über der Straße ausgestreckt zu sein, dann löste sie sich von dem Baum und kam auf meinen Karren zu. Es sah aus, als würde eine riesige weiße Hand auf den Fingern laufen, aber mit einem langen Arm daran, der so weit in die Höhe ragte, dass er den Nebel berührte, wenn nicht gar die Sterne.

Ich schrie entsetzt auf und schlug Hortense mit dem Zügel, aber der Gaul brauchte keine gesonderte Aufforderung. Er setzte sich in Bewegung, noch ehe ich die Leber oder das Kalbshirn, oder was immer es war, auf die Straße werfen konnte. Hortense galoppierte so schnell, dass sie fast den Wagen umkippte, aber ich zog die Zügel nicht. Lieber wäre ich mit gebrochenen Rippen am Straßenrand gelandet, als mich von einer langen weißen Hand erwürgen zu lassen.

Wir hatten den Wald fast hinter uns gelassen, und ich wagte zaghaft wieder zu atmen, als mein Gehirn plötzlich kalt wurde. Ich kann nicht anders beschreiben, was geschah. Mein Gehirn wurde kalt wie Eis in meinem Kopf. Ich kann Ihnen versichern, dass ich Todesangst bekam.

Glauben Sie aber nicht, mir wäre die Fähigkeit zum klaren Denken abhandengekommen. Ich bekam alles, was um mich herum vorging, ganz deutlich mit, nur mein Gehirn war so kalt, dass ich vor Schmerzen schrie. Haben Sie jemals ein Stück Eis zwei oder drei Minuten lang in der Hand gehalten? Das brannte, richtig? Eis brennt schlimmer als Feuer. Also, mein Gehirn fühlte sich an, als hätte es stundenlang auf Eis gelegen. Ein Ofen brannte in meinem Kopf, aber es war ein kalter Ofen. Er loderte mit unerträglicher Kälte.

Vielleicht hätte ich dankbar sein sollen, dass die Schmerzen nicht lange anhielten. Nach rund zehn Minuten ließen sie nach, und zu Hause angekommen war ich davon überzeugt, dass das Erlebnis keine bleibenden Schäden hinterlassen hatte. Ich ging davon aus, dass es mir wieder uneingeschränkt gut ging, bis ich in den Spiegel sah und das Loch in meinem Kopf erblickte.«

Henry Wells beugte sich nach vorn und strich das Haar von der rechten Schläfe zurück.

»Hier ist die Wunde«, sagte er. »Was halten Sie davon?« Er klopfte mit dem Finger auf eine kleine, runde Öffnung seitlich an seinem Kopf. »Sieht wie ein Einschussloch aus«, fuhr er fort, »aber es floss kein Blut und man kann ziemlich weit hineinsehen. Es ist, als würde sie durch meinen halben Kopf gehen. Eigentlich dürfte ich gar nicht mehr am Leben sein.«

Howard war aufgestanden und musterte meinen Nachbarn mit wütendem, vorwurfsvollem Blick.

»Warum haben Sie uns belogen?«, brüllte er. »Warum haben Sie uns diese absurde Geschichte erzählt? Eine lange Hand! Sie waren betrunken, Mann. Betrunken – und doch ist Ihnen etwas gelungen, das zu bewerkstelligen ich Blut und Wasser geschwitzt habe. Hätte ich meine Leser dieses Grauen spüren, nur für einen Moment selbst erleben lassen können, dieses Grauen im Wald, das Sie beschrieben haben, dann würde ich zu den Unsterblichen gehören – ich wäre größer als Poe, bedeutender als Hawthorne. Und Sie – ein tollpatschiger, betrunkener Lügner …«

Ich sprang mit einem erbosten Ausruf auf die Füße.

»Er lügt nicht«, erklärte ich. »Auf ihn wurde geschossen – jemand hat ihm in den Kopf geschossen. Sieh dir die Verletzung an. Mein Gott, du hast kein Recht, ihn derart zu beleidigen!«

Howards Zorn verrauchte, das Feuer in seinen Augen erlosch. »Verzeih mir«, bat er. »Du kannst dir gar nicht vorstellen, wie sehr ich mir wünsche, diesen höchsten aller Schrecken einzufangen und zu Papier zu bringen, und ihm ist es so mühelos gelungen. Hätte er mich vorgewarnt, dass er so etwas beschreiben würde, hätte ich mir Notizen gemacht, aber er weiß natürlich gar nicht, dass er ein Künstler ist. Eine versehentliche *tour de force* ist ihm da gelungen; ich bin sicher, er würde es kein zweites Mal schaffen. Es tut mir leid, dass ich so explodiert bin – ich entschuldige mich. Soll ich einen Arzt holen gehen? Das ist *wirklich* eine schlimme Verletzung.«

Mein Nachbar schüttelte den Kopf. »Ich will keinen Arzt«, meinte er. »Ich war schon bei einem. Ich habe keine Kugel im Kopf – dieses Loch stammt nicht von einer Kugel. Als der Arzt keine Erklärung dafür fand, lachte ich ihn aus. Ich hasse Ärzte; und ich habe nichts übrig für Narren, die mich einen Lügner nennen. Ich habe nichts übrig für Leute, die mir keinen Glauben schenken, wenn ich ihnen erzähle, dass ich ein langes weißes Ding in aller Deutlichkeit die Bäume herunterkommen sah.«

Aber Howard untersuchte die Verletzung der Entrüstung meines Nachbarn zum Trotz. »Sie stammt von etwas Rundem und Scharfem«, stellte er fest. »Es ist seltsam, aber das Fleisch wirkt nicht zerrissen. Ein Messer oder eine Kugel hätte das Fleisch zerfetzt und einen unregelmäßigen Rand hinterlassen.«

Ich nickte und bückte mich gerade, um die Wunde ebenfalls in Augenschein zu nehmen, als Wells kreischte und die Hände vor den Kopf schlug. »Ah-h-h!«, krächzte er. »Sie ist wieder da – diese grässliche, grässliche Kälte.«

Howard sah ihn an. »Erwarten Sie ja nicht, dass ich Ihnen diesen Unsinn glaube!«, rief er verächtlich aus.

Aber Wells hielt sich den Kopf und hüpfte wie im Delirium oder unter großen Qualen im Zimmer herum. »Ich ertrage es nicht!«, kreischte er. »Es friert mir das Gehirn ein. Das ist keine gewöhnliche Kälte. Nein. O Gott! Niemand hat je so etwas verspürt. Es beißt, es versengt, es zerfrisst. Es ist wie Säure.«

In dem Versuch, ihn zu beruhigen, legte ich ihm eine Hand auf die Schulter, doch er stieß mich beiseite und rannte zur Tür.

»Ich muss hier raus«, schrie er. »Das Ding braucht Platz. Mein Kopf vermag es nicht zu fassen. Es will die Nacht – die weite Nacht. Es möchte sich in der Nacht suhlen.«

Er riss die Tür auf und verschwand im Nebel. Howard wischte sich mit einem Ärmel seiner Jacke die Stirn ab und ließ sich auf den Sessel fallen.

»Verrückt«, murmelte er. »Ein tragischer Fall von manisch-depressiver Psychose. Wer hätte das geahnt? Die Geschichte, die er uns erzählt hat, war gar keine bewusste Kunst. Es handelte sich schlicht und ergreifend um ein Albtraumgespinst, das sich das Hirn eines Verrückten vorgegaukelt hat.«

»Ja«, sagte ich, »aber wie erklärst du dir das Loch in seinem Schädel?«

»Ach, das!« Howard zuckte die Schultern. »Hatte er vermutlich immer schon. Wahrscheinlich ein Geburtsfehler.«

»Unsinn«, widersprach ich. »Der Mann hatte vorher kein Loch im Kopf. Ich persönlich bin der Meinung, es wurde auf ihn geschossen. Man müsste etwas unternehmen. Er benötigt medizinische Versorgung. Ich denke, ich rufe Dr. Smith an.«

»Es wäre nutzlos, sich einzumischen«, meinte Howard. »Das Loch stammt *nicht* von einer Kugel. Ich gebe dir den Rat, ihn bis morgen zu vergessen. Sein Wahn mag von vorübergehender Dauer sein und abklingen; und dann würde er uns Vorwürfe machen, dass wir uns eingemischt haben. Wenn er morgen immer noch emotional verstört ist, wenn er wieder hier reinstürmt und versucht, Ärger zu machen, dann kannst du die zuständigen Behörden informieren. Hat er sich in der Vergangenheit schon einmal merkwürdig dir gegenüber benommen?«

»Nein«, überlegte ich. »Er war immer ganz normal. Ich denke aber, ich befolge deinen Rat und warte ab. Ich wünschte nur, ich könnte mir das Loch in seinem Kopf erklären.«

»Die Geschichte, die er erzählte, interessiert mich weitaus mehr«, erwiderte Howard. »Ich werde sie aufschreiben, bevor ich sie vergesse. Natürlich kann ich das Grauen nicht so plastisch schildern wie er, aber vielleicht gelingt es mir zumindest teilweise, die Natur des Fremdartigen und Beunruhigenden abzubilden.«

Er schraubte den Füllfederhalter auf und bedeckte ein Blatt Papier mit wunderlichen Sätzen.

Ich erschauerte und schloss die Tür.

Mehrere Minuten herrschte Stille, abgesehen von seiner Feder, die über den Bogen kratzte. Mehrere Minuten Schweigen – und dann fing das Schreien an. Oder war es eher ein Wimmern?

Wir hörten es durch die geschlossene Tür, hörten es über das Heulen der Nebelhörner und die Brandung der Wellen von Mulligan's Beach hinweg. Es übertönte die Millionen nächtlicher Geräusche, die uns zuvor erschreckten und deprimierten, während wir in dem von Nebel umflorten und einsamen Haus saßen und uns unterhielten. Wir hörten es so deutlich, dass wir einen Moment lang dachten, es würde unmittelbar vor dem Haus ertönen. Wieder und wieder erscholl es – lange, gellende Schreie, in denen wir schließlich das Element der Entfernung erkannten. Langsam dämmerte uns, dass die Schreie aus großer Distanz herüberklangen, möglicherweise aus dem Mulligan Wood.

»Eine gequälte Seele«, murmelte Howard. »Eine arme, verwunschene Seele im Würgegriff des Grauens, von dem ich dir erzählt habe – dem Grauen, das ich schon seit Jahren kenne und empfinde.«

Er erhob sich unsicher. Seine Augen glänzten und er atmete schwer.

Ich packte ihn an den Schultern und schüttelte ihn. »Du solltest dich nicht in dieser Weise mit deinen Geschichten identifizieren«, ermahnte ich ihn. »Ein armer Kerl leidet Not. Ich weiß nicht, was passiert ist. Vielleicht ist ein Schiff gesunken. Ich ziehe mir einen Regenmantel an und gehe nachschauen, was das alles zu bedeuten hat. Es könnte sein, dass man uns braucht.«

»Es *könnte* sein, dass man uns braucht«, wiederholte Howard langsam. »Es könnte wahrlich sein, dass man uns braucht. Mit einem einzigen Opfer dürfte es sich kaum zufriedengeben. Stell dir nur die weite Reise durch den Raum vor, den Durst und schrecklichen Hunger, den es verspürt haben muss! Es wäre lächerlich zu glauben, dass es sich mit einem einzigen Opfer zufriedengibt!«

Dann vollzog sich eine abrupte Veränderung bei ihm. Das Licht in seinen Augen erlosch, seine Stimme bebte nicht mehr so stark.

Er zuckte zusammen.

»Verzeih mir«, sagte er. »Du musst denken, dass ich genauso verrückt bin wie der Tölpel, der vor Kurzem hier gewesen ist. Aber ich kann nicht anders, ich identifiziere mich beim Schreiben mit meinen Figuren. Ich hatte etwas sehr Böses beschrieben, und diese Schreie – na ja, das waren genau die Schreie, die ein Mensch von sich geben würde, wenn – wenn …«

»Ich verstehe«, unterbrach ich ihn, »aber wir haben jetzt keine Zeit, darüber zu diskutieren. Da draußen befindet sich ein bedauernswerter Bursche« – ich machte eine unbestimmte Geste zur Tür – »der mit dem Rücken zur Wand steht. Er kämpft gegen etwas – ich weiß nicht, worum es sich genau handelt. Aber eines steht fest: Wir müssen ihm helfen.«

»Natürlich, natürlich«, pflichtete er bei und folgte mir in die Küche.

Ohne ein weiteres Wort nahm ich einen Regenmantel vom Haken und drückte ihn meinem Freund in die Hand. Dazu eine große Gummihaube.

»Zieh das so schnell an, wie du kannst«, mahnte ich ihn zur Eile. »Der Bursche braucht dringend unsere Hilfe.«

Ich hatte mir selbst einen Regenmantel genommen und kämpfte mich in die widerspenstigen Ärmel hinein. Unmittelbar darauf stapften Howard und ich durch den Nebel.

Der Nebel glich einem Lebewesen. Mit langen Fingern schlug er uns erbarmungslos ins Gesicht. Er wallte um unsere Leiber und kroch grau und spiralförmig von unseren Köpfen zum Boden. Er wich vor uns zurück, bedrängte uns im nächsten Moment und hüllte uns ein.

Vage erkannten wir die Lichter weniger abgelegener Farmen vor uns. Hinter uns erklang das Rauschen des Meeres, zu dem die Nebelhörner mit ihren Klagelauten einen unablässigen Chor beisteuerten. Howard hatte den Kragen des Regenmantels bis über die Ohren hochgeschlagen. Nässe perlte von seiner markanten Nase ab. Eine grimmige Entschlossenheit war in seine Augen getreten, sein Mund wirkte verkniffen.

Mehrere Minuten schritten wir schweigend dahin. Erst als wir uns dem Mulligan Wood näherten, ergriff er das Wort.

»Wenn nötig«, verkündete er, »dringen wir in den Wald ein.«

Ich nickte. »Es gibt keinen Grund, weshalb wir den Wald nicht betreten sollten«, entgegnete ich. »Er ist nicht besonders groß.«

»Man käme also schnell wieder heraus?«

»Man käme gewiss sehr schnell wieder heraus. Mein Gott, hast du das gerade gehört?«

Die Schreie waren schrecklich laut geworden.

»Er leidet«, erkannte Howard. »Er leidet ganz furchtbar. Glaubst du – glaubst du, es könnte unser verrückter Freund sein?«

Er sprach damit eine Frage aus, die ich mir insgeheim schon seit geraumer Zeit stellte.

»Das wäre denkbar«, meinte ich. »Aber wir müssen eingreifen, wenn er wirklich geistesgestört ist. Ich wünschte, wir hätten einige der Nachbarn mitgebracht.«

»Warum, in Gottes Namen, hast du daran nicht früher gedacht?«, brüllte Howard mich an. »Vielleicht erfordert es ein Dutzend kräftiger Männer, ihn zu bändigen.« Er betrachtete die hohen Bäume, die vor uns aufragten; ich glaube nicht, dass er auch nur einen Gedanken an Henry Wells verschwendete.

»Das ist der Mulligan Wood«, kündigte ich an. Ich schluckte, so sehr schlug mir das Herz in der Brust. »Es ist kein großer Wald«, fügte ich idiotischerweise erneut hinzu.

»Mein Gott!« Aus dem Nebel ertönte die Stimme eines Menschen im höchsten Extremmaß der Schmerzen. »Sie fressen mein Gehirn! Mein Gott!«

In diesem Augenblick verspürte ich tödliche Angst, ich könnte ebenso verrückt werden wie der Mann im Wald. Ich packte Howard am Arm.

»Kehren wir um«, brüllte ich. »Kehren wir augenblicklich um. Wir waren Narren, überhaupt herzukommen. Hier lauert nichts als Wahnsinn und Leid, möglicherweise sogar der Tod.«

»Mag sein«, erklärte Howard, »aber wir gehen trotzdem weiter.«

Sein Gesicht unter der tropfenden Regenhaube wirkte aschfahl, seine Augen glichen schmalen blauen Schlitzen.

»Na gut«, erwiderte ich grimmig. »Gehen wir weiter.«

Langsam schritten wir unter den Bäumen dahin. Sie ragten über uns auf und der dichte Nebel verzerrte sie so sehr, dass es einem so vorkam, als würden sie sich an uns heranschleichen. Nebelschwaden hingen von ihren verwachsenen Ästen herab. Sagte ich Schwaden? Schlangen wäre treffender – zuckende Schlangen mit giftigen Zungen und garstigen Augen. Durch wallende Nebelschleier nahmen wir die schuppigen, ungeschlachten Stämme der Bäume wahr, die – jeder einzelne – den missgebildeten Leibern böser alter Männer glichen. Lediglich der kümmerliche Lichtstrahl meiner elektrischen Taschenlampe bewahrte uns vor ihren bösen Absichten.

Weiter schritten wir durch die dichten Nebelbänke, derweil die Schreie mit jeder Sekunde lauter wurden. Kurz darauf verstanden wir Bruchstücke von Sätzen und hysterisches Gebrüll, das in ein lang gezogenes Wimmern überging. »Kälter und kälter … sie fressen mein Gehirn auf. Kälter! Ah-h-h!«

Howard hielt mich am Arm fest. »Wir suchen ihn«, beschloss er. »Jetzt können wir nicht mehr umkehren.«

Als wir ihn schließlich fanden, lag er auf der Seite. Er

hielt die Hände an den Kopf gepresst und hatte den Körper wie ein Klappmesser gekrümmt – die Knie waren so stark angewinkelt, dass sie fast seine Brust berührten. Er war verstummt. Wir bückten uns und schüttelten ihn, doch er gab keinen Laut von sich.

»Ist er tot?«, brachte ich krächzend hervor. Ich wollte nur noch umkehren und fliehen. Die Bäume schienen jetzt sehr nahe zu sein.

»Ich weiß nicht«, gestand Howard. »Ich weiß nicht. Ich hoffe, dass er tot ist.«

Ich sah, wie er niederkniete und die Hand unter das Hemd des armen Teufels schob. Einen Augenblick lang glich sein Gesicht einer Maske. Dann stand er hastig auf und schüttelte den Kopf.

»Er lebt«, beschied er. »Wir müssen ihm schnellstens trockene Sachen anziehen.«

Ich half meinem Freund dabei. Gemeinsam hoben wir die zusammengekrümmte Gestalt vom Boden hoch und trugen ihn zwischen den Bäumen dahin. Zweimal stolperten wir und wären um ein Haar gefallen. Dornenranken zerrissen unsere Kleidung. Die Sträucher gebärdeten sich wie gemeine kleine Hände, die unter der boshaften Ägide der hoch aufgeschossenen Gehölze nach uns griffen. Ohne Sterne, die uns leiteten, ohne ein Licht, abgesehen von der kleinen Taschenlampe, die immer trüber blitzte, erkämpften wir uns den Weg aus dem Mulligan Wood hinaus.

Das Dröhnen begann erst, als wir den Wald bereits hinter uns gelassen hatten. Anfangs hörten wir es kaum, so leise klang es, als würden gigantische Maschinen tief im Inneren der Erde brummen. Doch während wir mit unserer Last weiterstolperten, wurde es allmählich so laut, dass wir es nicht länger ignorieren konnten.

»Was ist das?«, murmelte Howard, und ich erkannte durch die Nebelschwaden, dass sein Gesicht eine grünliche Färbung angenommen hatte.

»Ich weiß es nicht«, murmelte ich. »Vermutlich etwas Grässliches. So etwas habe ich noch nie gehört. Kannst du nicht schneller gehen?«

Bisher hatten wir gegen vertraute Schrecken gekämpft, doch etwas wie das Dröhnen und Summen, das hinter uns aufbrandete, hatte ich auf Erden noch nie vernommen. Von Grauen gepackt stieß ich einen spitzen Schrei aus. »Schneller, Howard, schneller! Um Himmels willen, machen wir, dass wir hier wegkommen!«

Meine Worte waren noch nicht ganz verklungen, da ging ein jähes Zucken durch den Mann, den wir trugen, und ein Schwall kaum verständlichen Gestammels kam über die rissigen Lippen: »Ich ging zwischen den Bäumen dahin und blickte auf. Ich sah die Kronen nicht. Ich blickte auf, dann senkte ich den Blick wieder, und plötzlich landete dieses Ding auf meinen Schultern. Es bestand nur aus Beinen – langen, kriechenden Beinen. Es ging direkt in meinen Kopf. Ich wollte weg von den Bäumen, konnte es aber nicht. Ich war allein im Wald, mit diesem Ding auf meinem Rücken und in meinem Kopf.

Als ich fliehen wollte, da griffen die Bäume nach mir und brachten mich ins Straucheln. Es bohrte ein Loch, damit es hineinkam. Es will mein Gehirn. Heute hat es ein Loch gemacht, und jetzt ist es in den Schädel gekrochen und saugt und saugt und saugt. Es ist kalt wie Eis und es macht ein Geräusch wie eine große summende Fliege. Aber es ist keine Fliege. Und es ist keine Hand. Ich habe mich geirrt, als ich es eine Hand nannte. Man kann es nicht sehen. Ich hätte es weder gesehen noch gespürt, wenn es nicht durch das gebohrte Loch in mich eingedrungen wäre. Man sieht es beinahe, man spürt es beinahe, und das bedeutet, dass es sich zum Eindringen bereit macht.«

»Können Sie gehen, Wells? Können Sie aus eigener Kraft laufen?«

Howard setzte Wells ab. Ich hörte ihn abgehackt atmen, während er sich bemühte, den Regenmantel abzustreifen.

»Ich glaube, ja«, schluchzte Wells. »Aber das spielt keine Rolle mehr. Jetzt hat es mich. Lassen Sie mich liegen und retten Sie sich selbst.«

»Wir müssen fliehen!«, rief ich.

»Dies ist unsere einzige Chance«, rief Howard. »Wells, Sie folgen uns. Folgen uns, haben Sie verstanden? Die brennen Ihnen das Gehirn aus, wenn die Sie erwischen. Wir laufen jetzt los, Mann. Hören Sie? Folgen Sie uns!«

Und er verschwand im Nebel. Wells befreite sich und heftete sich wie ein Mann in Trance an unsere Fersen. Ich verspürte ein schrecklicheres Grauen als den Tod. Das Geräusch erklang jetzt beängstigend laut. Es tönte direkt in meinen Ohren, und doch konnte ich mich kurzzeitig nicht bewegen. Die Nebelwand verdichtete sich zunehmend.

»Frank wird sich verirren!« Das war die Stimme von Wells, die er zu einem verzweifelten Kreischen erhob.

»Wir kehren um!« Das kam jetzt von Howard. »Es bedeutet den Tod oder Schlimmeres, aber wir können ihn nicht zurücklassen.«

»Geht weiter!«, brüllte ich. »Die kriegen mich nicht! Bringt euch selbst in Sicherheit!«

In meinem verzweifelten Wunsch, zu verhindern, dass sie sich für mich opferten, stürmte ich blindlings vorwärts. Augenblicke später traf ich auf Howard und hielt ihn an den Armen fest.

»Was ist es?«, wollte ich von ihm wissen. »Wovor müssen wir uns fürchten?«

Das Dröhnen schien jetzt allgegenwärtig um uns herum zu existieren, wurde jedoch nicht lauter.

»Komm schnell, sonst sind wir alle verloren!«, drängte er mich panisch weiter. »Sie haben alle Barrieren durchbrochen. Das Summen ist eine Warnung. Wir sind empfänglich – wir wurden gewarnt, aber wenn es noch lauter wird, sind wir verloren. In der Nähe vom Mulligan Wood sind sie stark und hier haben sie sich auch zu erkennen gegeben. Sie experimentieren – tasten sich langsam voran. Später, wenn sie genügend gelernt haben, breiten sie sich aus. Wenn wir nur die Farm erreichen …«

»Das wird uns gelingen!«, verkündete ich, während ich mich durch den Nebel vorantastete.

»Der Himmel stehe uns bei, wenn nicht!«, stöhnte Howard. Er hatte den Regenmantel weggeschleudert. Das durchnässte Hemd klebte ihm tragisch am schlaksigen Körper. Mit langen, ausgreifenden Schritten bewegte er sich durch die Dunkelheit. Weit vor uns hörten wir die Schreie von Henry Wells. Unablässig ertönten die Nebelhörner; unablässig kreiste und wallte der Nebel um uns herum.

Und das Dröhnen dauerte an. Es schien zunächst unvorstellbar, dass wir in der Finsternis den Rückweg zur Farm finden würden. Doch es gelang uns, und wir betraten die rettende Zuflucht mit Ausrufen tiefen Glücks.

»Schließ die Tür!«, forderte Howard.

Ich schloss die Tür.

»Ich glaube, hier sind wir sicher«, meinte er. »Sie haben die Farm noch nicht erreicht.«

»Was ist mit Wells passiert?«, fragte ich keuchend. Dann entdeckte ich die nassen Fußabdrücke, die in die Küche führten.

Howard sah sie ebenfalls. Vorübergehende Erleichterung blitzte in seinen Augen auf.

»Ich bin froh, dass er in Sicherheit ist«, murmelte er. »Ich war schon in Sorge um ihn.«

Dann verfinsterte sich seine Miene. In der Küche brannte kein Licht, kein Laut drang aus der kleinen Kammer.

Wortlos durchschritt Howard das Zimmer und näherte sich dem angrenzenden Dunkel. Ich ließ mich auf einen Stuhl sinken, wischte mir die Feuchtigkeit aus den Augen und strich die Haare zurück, die mir als nasse Strähnen ins Gesicht hingen. So blieb ich einen Moment schwer atmend sitzen, und als die Tür quietschte, zuckte ich zusammen. Doch dann fiel mir Howards Beteuerung ein: »Ich glaube, hier sind wir sicher. Sie haben die Farm noch nicht erreicht.«

Irgendwie vertraute ich Howard. Ihm war bewusst, dass wir von einem unbekannten und namenlosen Grauen angegriffen wurden, und auf widernatürliche Art und Weise schien er dessen Schwächen und Einschränkungen zu kennen.

Ich muss jedoch gestehen, als ich die Schreie aus der Küche hörte, erschütterte das mein Vertrauen in den Freund ein wenig. Ich hörte ein tiefes Knurren – schwer vorstellbar, dass es aus einer menschlichen Kehle stammte –, dann Howards vor Entrüstung schrille Stimme. »Loslassen, sage ich! Haben Sie denn völlig den Verstand verloren? Mann, Mann, wir haben Sie gerettet! Aufhören, sage ich – lassen Sie mein Bein los. Ah-h-h!«

Als Howard ins Zimmer zurücktaumelte, sprang ich auf und stützte ihn. Er war von Kopf bis Fuß blutüberströmt, sein Gesicht kalkweiß.

»Er ist toll und tobsüchtig geworden«, stöhnte er. »Er krabbelte auf Händen und Knien herum wie ein Hund. Fiel über mich her und hätte mich fast getötet. Ich wehrte ihn ab, habe aber schlimme Bisswunden erlitten. Ich schlug ihm ins Gesicht, bis er das Bewusstsein verlor. Möglicherweise habe ich ihn getötet. Er ist ein Tier – ich musste mich vor ihm schützen.«

Ich legte Howard auf das Sofa und kniete an seiner Seite nieder, doch er lehnte jegliche Hilfe ab.

»Kümmere dich nicht um mich!«, befahl er mir. »Rasch, hol ein Seil und fessele ihn. Wenn er wieder zu sich kommt, müssen wir beide um unser Leben bangen.«

Es folgte ein Albtraum. Ich erinnere mich vage, dass ich mit einem Strick in die Küche ging und den armen Wells an einen Stuhl fesselte. Dann wusch ich mich, versorgte notdürftig Howards Verletzungen und entfachte ein Feuer im Kamin. Ich erinnere mich auch, dass ich nach einem Arzt telefonierte. Doch die Ereignisse geraten mir in der Erinnerung ständig durcheinander. Ich vermag mich an nichts mehr deutlich zu entsinnen, bis schließlich ein großer, ernster Mann mit gütigen und mitfühlenden Augen eintraf. Ein Besucher, der so beruhigend auf mich wirkte wie ein Opiat.

Er untersuchte Howard, nickte und versicherte mir, dass die Wunden nicht schwerwiegend seien. Nachdem er Wells examiniert hatte, nickte er nicht. Bedächtig setzte er zu einer Erklärung an. »Seine Pupillen reagieren nicht auf Licht«, sagte er. »Es dürfte eine sofortige Operation erforderlich sein. Offen gesagt: Ich glaube nicht, dass wir sein Leben retten können.«

»Diese Wunde in seinem Kopf, Doktor«, erkundigte ich mich. »Stammt sie von einer Kugel?«

Der Arzt runzelte die Stirn. »Ich stehe vor einem Rätsel«, erklärte er. »Natürlich stammt sie von einer Kugel, aber inzwischen hätte sie sich zumindest teilweise schließen müssen. Die Öffnung führt direkt ins Gehirn hinein. Sie sagen, Sie wissen nichts darüber. Ich glaube Ihnen, denke jedoch, man sollte umgehend die Behörden informieren. Man dürfte jemanden wegen Mordversuchs suchen, es sei denn« – er machte eine Pause – »es sei denn, er hat sich die Verletzung selbst zugefügt. Seltsam, was Sie mir da berichten. Es kommt mir unglaublich vor, dass er stundenlang so herumlaufen konnte. Und die Wunde ist ganz offenkundig versorgt worden. Nicht die Spur von geronnenem Blut.«

Er wanderte langsam auf und ab. »Wir müssen hier operieren – auf der Stelle. Es besteht eine minimale Chance. Glücklicherweise habe ich einige Instrumente dabei. Wir müssen diesen Tisch da frei machen, und ich hoffe, Sie sehen sich in der Lage, mir zu assistieren, indem Sie eine Lampe darüberhalten?«

Ich nickte. »Ich gebe mein Bestes«, versicherte ich.

»Gut!«

Der Arzt begann mit den Vorbereitungen für die Operation, während ich überlegte, ob ich die Polizei verständigen sollte oder nicht.

»Ich bin überzeugt«, äußerte ich schließlich, »dass er sich die Verletzung selbst zugefügt hat. Wells hat sich sonderbar verhalten. Wenn Sie bereit wären, Doktor …«

»Bereit wozu?«

»Wir bewahren Stillschweigen über die Angelegenheit bis nach der Operation. Sollte der arme Kerl überleben, wäre es nicht notwendig, ihn in eine polizeiliche Ermittlung zu verwickeln.«

Der Arzt überlegte. »Na gut«, nickte er. »Wir operieren zuerst und entscheiden hinterher.«

Howard lachte leise auf der Couch. »Die Polizei«, meinte er kichernd. »Was könnte die gegen das Ding im Mulligan Wood schon ausrichten?«

Seine Heiterkeit besaß einen ironischen, ominösen Unterton, der mich beunruhigte. Das Grauen, das wir im

Nebel erlebt hatten, kam mir in Gegenwart des nüchternen, wissenschaftlichen Geistes von Dr. Smith absurd und unmöglich vor. Ich wollte nicht länger daran erinnert werden.

Der Arzt ließ kurz von seinen Instrumenten ab und flüsterte mir etwas ins Ohr: »Ihr Freund hat leichtes Fieber und fantasiert offenbar. Wenn Sie mir ein Glas Wasser bringen, rühre ich ihm ein Beruhigungsmittel an.«

Ich sputete mich, seiner Aufforderung nachzukommen, und kurz darauf schlief Howard tief und fest.

»Wohlan«, sagte der Arzt und reichte mir die Lampe. »Die müssen Sie ruhig halten und bewegen, wie ich es sage.«

Der blasse, bewusstlose Henry Wells lag auf dem Tisch, den der Arzt mit mir zusammen freigeräumt hatte. Ich zitterte wie Espenlaub, wenn ich daran dachte, was mir bevorstand. Ich musste danebenstehen und in das lebendige Gehirn meines Nachbarn blicken, während der Mediziner es gnadenlos freilegte.

Mit flinken, geübten Fingern verabreichte der Arzt ein Anästhetikum. Mich belastete das schreckliche Gefühl, dass wir im Begriff standen, ein Verbrechen zu begehen. Dass Henry Wells unser Vorgehen aufs Äußerste missbilligte und es ihm lieber gewesen wäre, jetzt und hier zu sterben. Es ist schrecklich, das Gehirn eines Menschen zu verstümmeln. Und doch wusste ich, dass das Verhalten von Dr. Smith über jeden Zweifel erhaben war und die Ethik seines Berufs von ihm verlangte, dass er operierte.

»Wir sind bereit«, erklärte er. »Senken Sie die Lampe. Vorsichtig, jetzt!«

Ich beobachtete, wie er mit seinen geschickten Fingern das Skalpell führte. Für eine Sekunde schaute ich hin, doch dann wandte ich jäh den Kopf ab. Was ich in dem kurzen

Moment gesehen hatte, erfüllte mich dermaßen mit Übelkeit, dass ich beinahe ohnmächtig geworden wäre. Es mag Einbildung gewesen sein, aber während ich die Wand anstarrte, hatte ich den Eindruck, als befände sich der Arzt am Rande eines Zusammenbruchs. Er gab keinen Laut von sich, und doch war ich mir sicher, dass er eine grässliche Entdeckung gemacht hatte.

»Senken Sie die Lampe«, bat er. Seine Stimme klang heiser und schien aus den Tiefen seiner Kehle aufzusteigen.

Ich ließ sie etwa zwei Zentimeter absinken, ohne den Kopf zu drehen. Ich erwartete fast, dass er mich zurechtweisen, vielleicht sogar verfluchen würde, doch er blieb so stumm wie der Mann auf dem Tisch. Er bewegte seine Finger, was mir verriet, dass er immer noch emsig am Arbeiten war. Mit flinken und geschickten Bewegungen machte er sich am Schädel von Henry Wells zu schaffen.

Auf einmal bemerkte ich, dass meine Hand zitterte. Ich wollte die Lampe wegstellen, denn ich spürte, dass ich sie nicht mehr lange würde halten können.

»Sind Sie bald fertig?«, stöhnte ich verzweifelt.

»Halten Sie die Lampe ruhig!« Der Arzt bellte den Befehl regelrecht heraus. »Wenn Sie den Lichtkegel noch einmal bewegen, dann … dann nähe ich ihn nicht wieder zu. Mir ist egal, ob sie mich dafür hängen! Ich heile keine Teufel!«

Ich wusste nicht, was ich tun sollte. Ich vermochte kaum noch, die Lampe in die Höhe zu halten, und die Drohung des Arztes machte mir Angst.

»Tun Sie, was Sie können«, beschwor ich ihn hysterisch. »Geben Sie ihm eine Chance, sich den Weg zurück ins Leben zu erkämpfen. Er war ein gütiger und guter Mensch – früher einmal.«

Einen Augenblick herrschte Stille, und ich befürchtete schon, er würde nicht auf mich hören. Fast rechnete ich damit, dass er Skalpell und Tupfer hinwerfen und zur Tür hinaus in den Nebel stürmen würde. Erst als ich hörte, wie er seine Finger wieder bewegte, wurde mir klar, dass er beschlossen hatte, dem Verdammten eine Chance zu geben.

Es war schon nach Mitternacht, als der Arzt verkündete, dass ich die Lampe abstellen könne. Ich drehte mich mit einem Ausruf der Erleichterung um und sah in ein Gesicht, das ich nie wieder vergessen werde. Im Laufe einer Dreiviertelstunde war der Mediziner um zehn Jahre gealtert. Er hatte dunkle Ringe unter den Augen, sein Mund zuckte unbeherrscht.

»Er wird nicht überleben«, prognostizierte er. »In einer Stunde ist er tot. Ich habe sein Gehirn nicht angerührt. Ich konnte nichts tun. Als ich sah, wie es stand, da – da – da nähte ich ihn sofort wieder zu.«

»Was haben Sie gesehen?«, fragte ich halb flüsternd.

Ein Ausdruck unaussprechlicher Furcht stahl sich in die Augen des Arztes. »Ich sah … ich sah …« Seine Stimme brach, er schlotterte am ganzen Körper. »Ich sah … oh, die brennende Schande … das Böse ohne Gestalt, das Formlose …«

Unvermittelt richtete er sich auf und blickte sich panisch um.

»Die kommen hierher und holen ihn!«, rief er aus. »Sie haben ihn mit ihrem Mal gekennzeichnet und werden bestimmt auftauchen, um ihn zu sich zu nehmen. Sie dürfen nicht hierbleiben. Dieses Haus ist der Vernichtung geweiht!«

Ich schaute hilflos zu, wie er seine Tasche und den Hut ergriff und zur Tür lief. Mit weißen, zitternden Fingern öffnete er den Riegel, Augenblicke später zeichnete sich die Silhouette seiner schlanken Gestalt vor einem Rechteck wabernden Nebels ab.

»Vergessen Sie nicht, dass ich Sie gewarnt habe!«, wandte er sich noch einmal zu mir um, dann verschluckte ihn der Nebel.

Howard richtete sich auf und rieb sich die Augen.

»Das war ein gemeiner Trick!«, murmelte er. »Mich absichtlich zu betäuben! Hätte ich gewusst, dass dieses Glas Wasser …«

»Wie fühlst du dich?«, erkundigte ich mich, während ich ihn an den Schultern packte und heftig schüttelte. »Glaubst du, du kannst gehen?«

»Du betäubst mich und fragst mich dann, ob ich gehen kann! Frank, du bist so wankelmütig wie ein Künstler. Was ist denn nur los mit dir?«

Ich zeigte zu der reglosen Gestalt auf dem Tisch. »Der Mulligan Wood ist sicherer«, verkündete ich. »Er gehört jetzt ihnen.«

Howard sprang auf die Füße und zerrte an meinen Armen.

»Was meinst du damit?«, schrie er mich an. »Woher weißt du es?«

»Der Arzt hat sein Gehirn gesehen«, erklärte ich. »Und außerdem etwas, das er nicht beschreiben wollte – oder konnte. Aber er kündigte an, dass sie kommen werden, um ihn zu holen. Und ich glaube ihm aufs Wort.«

»Wir müssen auf der Stelle hier weg!«, brüllte Howard. »Dein Arzt hatte recht. Wir schweben in Todesgefahr. Selbst im Mulligan Wood – aber wir müssen nicht in den Wald zurück. Du hast doch ein Boot!«

»Ich habe ein Boot!«, bestätigte ich, während eine schwache Hoffnung in mir glomm.

»Der Nebel dürfte die tödlichste Bedrohung sein«, meinte Howard grimmig. »Aber selbst der Tod auf See wäre *diesem* Grauen vorzuziehen.«

Es war nicht weit vom Haus bis zur Anlegestelle. Keine Minute später saß Howard am Bug meines Kahns, während ich verzweifelt versuchte, den Motor anzulassen. Die Nebelhörner heulten immer noch, aber im Hafen waren keinerlei Lichter zu sehen. Unsere Sichtweite betrug nicht mehr als 50 Zentimeter. Die weißen Schleier des Nebels ließen sich gerade noch in der Finsternis erkennen, doch jenseits davon erstreckte sich die endlose schwarze, von Schrecken bevölkerte Nacht.

Howard ergriff das Wort. »Irgendwie spüre ich den Tod da draußen«, orakelte er.

»Hier lauert er umso mehr«, entgegnete ich, als der Motor endlich ansprang. »Ich denke aber, ich kann den Felsen ausweichen. Es weht kaum Wind und ich kenne den Hafen gut.«

»Und natürlich können wir uns an den Nebelhörnern orientieren«, murmelte Howard. »Ich finde, wir sollten versuchen, aufs offene Meer zu fahren.«

Ich stimmte zu.

»Das Boot würde keinen Sturm überstehen«, erklärte ich, »aber ich will auf keinen Fall im Hafen bleiben. Wenn wir das Meer erreichen, greift uns möglicherweise ein Schiff auf. Es wäre reine Torheit hierzubleiben, wo sie unser habhaft werden können.«

»Woher willst du wissen, wie weit ihr Einfluss reicht?«, stöhnte Howard. »Was bedeuten schon die Entfernungen auf der Erde für Wesen, die den Weltenraum bereist haben? Sie werden unseren Planeten überrennen. Sie werden uns völlig vernichten.«

»Darüber unterhalten wir uns später«, rief ich über das Aufheulen des Motors hinweg. »Wir entfernen uns so weit wie möglich von ihnen. Vielleicht haben sie noch nicht genügend *gelernt*. Solange sie in ihrem Handeln noch Grenzen kennen, können wir ihnen vielleicht entkommen.«

Wir tuckerten langsam in den Kanal. Das Wasser, das gegen die Hülle plätscherte, übte eine seltsam beruhigende Wirkung auf uns aus. Ich hatte vorgeschlagen, dass Howard das Ruder übernehmen sollte. Jetzt steuerte er das Boot mit ruhiger Hand.

»Halte den Kahn auf Kurs«, rief ich. »Es wird erst gefährlich, wenn wir die Enge erreichen!«

Mehrere Minuten kauerte ich über dem Motor, während Howard schweigend steuerte. Dann wandte er sich plötzlich mit einer freudigen Geste an mich.

»Ich glaube, der Nebel verzieht sich«, sagte er.

Ich blickte in die Dunkelheit vor uns. Sie wirkte tatsächlich nicht mehr ganz so undurchdringlich, und die kreisenden Nebelschwaden, die unablässig ihre Bahnen darin gezogen hatten, wichen substanzlosen Fähnchen. »Halt das Boot gerade«, rief ich. »Das Glück ist uns hold. Wenn sich der Nebel lichtet, können wir die Enge sehen. Du solltest nach dem Leuchtturm von Mulligan Ausschau halten.«

Niemand kann die Freude beschreiben, die uns erfüllte, als wir den Leuchtturm in der Ferne erspähten. Gelbliches Licht fiel auf die Wasseroberfläche und hob klar und deutlich die scharfkantigen Felsen hervor, die beiderseits der Meerenge aufragten.

»Gib mir das Ruder«, forderte ich meinen Freund auf und trat einen Schritt vor. »Das ist die schwierigste Passage, aber jetzt dürften wir sie mit Leichtigkeit überwinden.«

In unserer Aufregung und Freude vergaßen wir fast das Grauen, das wir hinter uns zurückgelassen hatten. Ich stand am Ruder und lächelte zuversichtlich, während wir über das dunkle Wasser dahinglitten. Die Felsen rückten zusehends zusammen, bis ihre enorme Masse fast einen Tunnel über uns zu bilden schien.

»Wir schaffen es ganz bestimmt!«, erklärte ich.

Aber ich erhielt keine Antwort von Howard. Stattdessen hörte ich ihn würgen und röcheln.

»Was ist los?«, fragte ich, drehte mich um und sah, dass er plötzlich von Entsetzen gepackt über dem Motor kauerte. Er wandte mir den Rücken zu, aber ich wusste instinktiv, in welche Richtung er schaute.

Das vage erkennbare Ufer, das wir hinter uns gelassen hatten, leuchtete wie ein feuriger Sonnenuntergang. Der Mulligan Wood stand in Flammen. Feuerzungen loderten von den höchsten Bäumen empor, während dichte Rauchschwaden langsam gen Osten wehten und die wenigen Lichter im Hafen überdeckten.

Doch nicht der Flammen wegen schrie ich aus Angst und Entsetzen auf. Es war wegen des Schemens, der über den Bäumen schwebte. Ein enormer, formloser Umriss, der langsam am Himmel hin und her glitt.

Weiß Gott, ich versuchte mir einzureden, dass ich mir alles nur einbildete. Ich sagte mir, dass der Schemen nichts weiter sei als ein Schatten, den die Flammen warfen, und entsinne mich, dass ich Trost suchend Howards Arm umklammerte.

»Der Wald dürfte völlig zerstört werden«, erkannte ich, »und dieses abscheuliche Ding mit ihm.«

Doch als Howard sich umdrehte und den Kopf schüttelte, da wusste ich, dass dieses formlose Etwas, das über den Bäumen schwebte, mehr als nur ein Schatten war.

»Wenn wir es klar und deutlich erkennen, sind wir verloren!«, warnte er mich mit vor Angst bebender Stimme. »Bete, dass es ohne Form bleibt!«

Es ist älter als die Welt, dachte ich, *älter als sämtliche Religionen. Vor der Morgendämmerung der Zivilisation knieten*

Menschen andächtig davor nieder. In allen Mythologien ist es präsent. Es ist das ursprünglichste Symbol. In fernster Vergangenheit, Tausende und Abertausende Jahre vor unserer Zeit, nutzte man es, um … Eindringlinge abzuwehren. Ich werde den Schemen mit einem gewaltigen und schrecklichen Geheimnis bekämpfen.

Plötzlich wurde ich seltsam ruhig. Ich wusste, dass mir kaum eine Minute blieb, um zu handeln, dass mehr als nur unser Leben auf dem Spiel stand, doch ich verzagte nicht. Besonnen streckte ich die Hand unter den Motor und zog ein Bündel Putzwolle heraus.

»Howard«, sagte ich, »zünde ein Streichholz an. Es ist unsere einzige Hoffnung. Du musst sofort ein Streichholz anzünden.«

Eine scheinbare Ewigkeit lang schaute Howard mich vollkommen verständnislos an. Dann schallte sein Gelächter durch die Nacht.

»Ein Streichholz!«, kreischte er. »Ein Streichholz, um unsere kleinen Gehirne zu wärmen! Ja, ein Streichholz, genau das brauchen wir jetzt!«

»Vertraue mir«, beschwor ich ihn. »Du musst es tun – es ist unsere einzige Hoffnung. Zünde rasch ein Streichholz an.«

»Ich verstehe nicht!« Howard war jetzt ernst, doch seine Stimme bebte.

»Mir ist etwas eingefallen, das uns retten könnte«, erwiderte ich. »Bitte zünde diese Putzwolle für mich an.«

Langsam nickte er. Ich hatte ihm nichts Genaues gesagt, vermutete jedoch, dass er ahnte, was ich vorhatte. Seine Intuition konnte manchmal beängstigen. Mit zitternden Fingern holte er ein Streichholz heraus und riss es an.

»Sei tapfer«, meinte er. »Zeige ihnen, dass du keine Angst hast. Mach das Zeichen deutlich.«

Als die Putzwolle Feuer fing, war der Schemen über den Bäumen bereits erschreckend klar wahrnehmbar.

Ich hob die brennende Putzwolle und beschrieb damit vor meinem Körper hastig eine gerade Linie von der linken zur rechten Schulter. Dann hielt ich sie mir vor die Stirn und führte sie bis zu den Knien hinab.

Im Handumdrehen schnappte sich Howard das brennende Bündel und tat es mir gleich. Er beschrieb zwei Kreuze, eines vor seinem Körper, das andere in die Dunkelheit, wobei er die Fackel auf Armeslänge von sich hielt.

Für einen Moment schloss ich die Augen, sah den Schemen über den Bäumen aber immer noch. Dann verschwammen die Umrisse langsam, wirkten zerfetzt und chaotisch – und als ich die Augen wieder aufschlug, war die Erscheinung am Nachthimmel verschwunden. Ich erblickte nur noch den brennenden Wald und die Schatten der hohen Bäume.

Das Grauen war verschwunden, doch ich bewegte mich nicht. Reglos wie ein Standbild aus Marmor starrte ich über das schwarze Wasser. Dann schien in meinem Kopf etwas zu platzen. Mir wurde so schwindelig, dass ich gegen die Reling taumelte.

Ich wäre ins Wasser gefallen, hätte Howard mich nicht an den Schultern gepackt. »Wir sind gerettet!«, rief er aus. »Wir haben gewonnen.«

»Ich bin froh«, antwortete ich. Aber ich war zu erschöpft, um aufrichtige Freude zu empfinden. Meine Beine gaben unter mir nach, der Kopf sank mir auf die Brust. Alle Impressionen und Geräusche dieser Welt versanken in einer barmherzigen Schwärze.

2

Howard war mit Schreiben beschäftigt, als ich das Zimmer betrat.

»Wie kommst du mit der Story voran?«, erkundigte ich mich.

Einen Augenblick schenkte er meiner Frage keine Beachtung. Dann drehte er sich langsam zu mir um. Seine Blässe und die eingesunkenen Augen wirkten beängstigend.

»Nicht gut«, verriet er schließlich. »Sie stellt mich nicht zufrieden. Einige Probleme habe ich immer noch nicht gelöst. Es ist mir nicht gelungen, das *ganze* Grauen des Wesens im Mulligan Wood plastisch zu schildern.«

Ich setzte mich und zündete eine Zigarette an.

»Ich möchte, dass du mir dieses Grauen erklärst«, bat ich. »Seit drei Wochen warte ich darauf, dass du etwas sagst. Mir ist bekannt, dass du etwas weißt, das du mir verheimlichst. Was war das feuchte, schwammige Ding, das im Wald auf Wells' Kopf landete? Warum haben wir dieses Dröhnen gehört, als wir in den Nebel flohen? Welche Bedeutung hatte der Schemen, der über den Bäumen auftauchte?

Und warum, in Gottes Namen, breitete sich dieses Grauen nicht aus, wie wir befürchteten? Was hat es aufgehalten? Howard, was ist deiner Meinung nach wirklich mit Wells' Gehirn passiert? Ist sein Leichnam zusammen mit der Farm verbrannt oder haben sie ihn ... *geholt?* Und der andere Leichnam, der im Mulligan Wood gefunden wurde – dieses entsetzlich verkohlte, schlaksige Ding mit dem verstümmelten Kopf –, wie erklärst du dir das?« (Zwei Tage nach dem Brand hatte man ein Skelett im Mulligan Wood entdeckt. Ein paar Fetzen verkohlten Fleisches hafteten noch an den Knochen, die Schädeldecke fehlte.)

Es dauerte lange Zeit, bis Howard wieder etwas sagte. Er saß mit gesenktem Kopf da, betastete sein Notizbuch und zitterte am ganzen Körper. Schließlich sah er auf. Ein wildes Feuer leuchtete in seinen Augen, doch seine Lippen waren weiß wie die Wand.

»Ja«, sagte er. »Unterhalten wir uns über das Grauen. Letzte Woche wollte ich nicht davon sprechen. Es schien mir zu grässlich, es in Worte zu kleiden. Aber ich werde erst wieder Frieden finden, wenn ich es geschafft habe. Wenn es mir gelungen ist, dieses grauenhafte, unaussprechliche Ding für meine Leser sichtbar und fühlbar zu machen. Und ich kann erst darüber schreiben, wenn ich ohne den geringsten Zweifel davon überzeugt bin, dass ich es selbst begriffen habe. Vielleicht hilft es mir, darüber zu reden.

Du hast mich gefragt, was das feuchte Ding war, das Wells auf den Kopf fiel. Ich glaube, es war ein menschliches Gehirn – oder die Essenz davon, die durch ein Loch oder Löcher im Kopf eines Menschen herausgesogen wurde. Ich glaube, das grauenhafte Ding hat das Gehirn nach und nach in fast unmerklichen Etappen herausgezogen und dann rekonstruiert. Ich glaube, aus Gründen, die nur ihm allein bekannt sind, benutzte es menschliche Gehirne – vielleicht um daraus zu lernen. Vielleicht hat es auch nur damit gespielt.

Der schwarze, verstümmelte Leichnam im Wald? Das war der Leichnam des ersten Opfers, ein armer Teufel, der sich zwischen den hohen Bäumen verirrte. Ich vermute, dass die Bäume geholfen haben. Ich glaube, das grauenhafte Ding verlieh ihnen ein merkwürdiges Eigenleben. Wie auch immer, der arme Kerl büßte sein Gehirn ein. Das Wesen hat es an sich genommen, damit gespielt und es aus Versehen fallen gelassen. Es landete auf Wells' Kopf. Wells erwähnte doch, dass der lange, dünne und fahle Arm, den er sah, nach etwas suchte, das er fallen gelassen hatte. Natürlich hat Wells den Arm nicht objektiv gesehen. Doch das Grauen, das ohne Form oder Farbe ist, war bereits in sein Gehirn eingedrungen und hatte sich mit menschlichen Gedanken maskiert.

Was das Dröhnen angeht, das wir hörten, und den Schemen, den wir über dem brennenden Wald zu sehen glaubten – das war das grauenhafte Wesen, als es sich bemerkbar machen, sich in unseren Gehirnen einnisten und mit unseren Gedanken maskieren wollte. Fast hätte es uns erwischt. Hätten wir den weißen Arm zu Gesicht bekommen, wären wir verloren gewesen.«

Howard ging zum Fenster. Er zog die Vorhänge zurück, ließ einen Moment den emsigen Hafen und die hohen, weißen Gebäude, die vor dem Mond aufragten, auf sich wirken. Er betrachtete die Silhouette von Manhattan. Direkt unter ihm ragten düster die Klippen von Brooklyn Heights empor.

»Warum haben sie uns nicht erobert?«, rief er aus. »Sie hätten uns mühelos vernichten können. Sie hätten uns vom Angesicht der Erde zu tilgen vermocht – unser Reichtum und unsere Macht hätten nicht vor ihnen bestehen können.«

Ich erschauerte. »Ja … warum hat sich das Grauen nicht ausgebreitet?«, wollte ich wissen.

Howard zuckte die Achseln. »Ich weiß es nicht. Vielleicht erkannten sie, dass menschliche Gehirne zu trivial und absurd, quasi der Mühe nicht wert sind. Vielleicht waren wir nicht unterhaltsam genug für sie. Vielleicht wurden sie unser einfach überdrüssig. Aber es wäre auch denkbar, dass das *Zeichen* sie vernichtet hat – oder in den Weltraum zurückgeschickt. Ich glaube, sie kamen bereits vor Jahrmillionen und wurden von dem Symbol abgeschreckt. Als sie feststellten, dass wir seinen Gebrauch nicht verlernt haben, flohen sie möglicherweise, von Entsetzen gepackt. Gewiss hat es seit drei Wochen keine Manifestation mehr gegeben. Ich denke, sie sind fort.«

»Und Henry Wells?«, fragte ich.

»Nun, sein Leichnam wurde nicht gefunden. Ich denke, dass sie ihn zu sich geholt haben.«

»Und du hast ernsthaft vor, dieser – dieser Obszönität eine Geschichte zu widmen? O mein Gott! Das ganze Ding ist so unglaublich, so unerhört, dass ich es selbst kaum glauben kann. Haben wir nicht alles geträumt? Waren wir wirklich jemals in Partridgeville? Saßen wir in einem uralten Haus und redeten über beängstigende Dinge, während der Nebel um uns herumwallte? Wanderten wir durch diesen unheiligen Wald? Waren die Bäume tatsächlich lebendig, und lief Henry Wells auf Händen und Knien herum wie ein Wolf?«

Howard setzte sich schweigend und krempelte den Ärmel hoch. Er streckte mir den Arm hin. »Kannst du diese Narbe erklären? Das sind die Male der Bestie, die mich angegriffen hat – der menschlichen Bestie, die einmal Henry Wells war. Ein Traum? Ich würde mir diesen Arm sofort am Ellbogen abschneiden, wenn du mich davon überzeugen könntest.«

Ich ging zum Fenster und ließ meine Augen lange Zeit über Manhattan schweifen. *Das,* dachte ich, *ist etwas Substanzielles. Eine absurde Vorstellung, dass irgendetwas es zerstören könnte. Eine absurde Vorstellung, dass das Grauen wirklich so schrecklich war, wie es uns in Partridgeville vorkam. Ich muss Howard überzeugen, dass er nicht darüber schreibt. Wir müssen beide versuchen, das Geschehen zu vergessen.*

Ich ging zu ihm zurück und legte eine Hand auf seine Schulter. »Du willst nicht von deinem Vorhaben ablassen, eine Story darüber zu schreiben?«

»Niemals!« Er sprang mit blitzenden Augen auf die Füße. »Glaubst du, ich würde jetzt aufgeben, wo ich es fast geschafft habe? Ich werde eine Erzählung schreiben, die bis zum innersten Kern des Grauens vordringt, das ohne Form und Substanz ist, aber grässlicher als eine Stadt im Würgegriff der Pest, wenn das Läuten der Glocken vom Ende jeglicher Hoffnung kündet. Ich werde Poe übertreffen. Ich werde alle Meister des Genres übertreffen.«

»Dann übertriff sie und sei verflucht«, fuhr ich ihn wütend an. »Das kann nur in den Wahnsinn führen, aber es wäre vergeblich, mit dir zu streiten. Dein Egoismus ist einfach kolossal.«

Ich drehte mich um und verließ hastig das Zimmer. Als ich die Treppe hinunterging, überlegte ich mir, dass ich mich mit meinen Ängsten vollkommen zum Narren gemacht hatte. Und doch blickte ich furchtsam über die Schulter, als würde ich damit rechnen, dass jeden Moment ein gewaltiger Stein vom Himmel fiel und mich zerquetschte.

Er sollte das Grauen vergessen, dachte ich. *Er sollte es aus seinem Gedächtnis löschen. Wenn er darüber schreibt, verliert er den Verstand.*

Drei Tage vergingen, bis ich Howard wiedersah.

»Herein«, sagte er mit seltsam heiserer Stimme, als ich an seine Tür klopfte.

Ich traf ihn in Morgenmantel und Hausschuhen an und wusste gleich, als ich ihn sah, dass er sich in einer euphorischen Stimmung befand.

»Ich habe triumphiert, Frank!«, rief er aus. »Ich habe die formlose Form beschrieben, die brennende Schande, die die Menschheit nie gesehen hat, die kriechende, substanzlose Obszönität, die uns die Gehirne aussaugt!«

Bevor ich auch nur einen Laut von mir geben konnte, drückte er mir ein umfangreiches Manuskript in die Hand.

»Lies es, Frank«, befahl er. »Setz dich augenblicklich hin und lies es!«

Ich ging zum Fenster und nahm auf dem Sofa Platz. Dort saß ich mit den maschinengeschriebenen Seiten und vergaß alles um mich herum. Ich muss gestehen, dass ich vor Neugier verging. An Howards Fähigkeiten hatte ich nie gezweifelt. Mit Worten vermochte er wahre Wunder zu wirken. Der Odem des Unbekannten strich stets über seine Seiten, und Wesenheiten, die die Erde passiert hatten, kehrten auf sein Geheiß hin zurück. Aber konnte er das Grauen, das wir erlebt hatten, auch nur ansatzweise darstellen? Konnte er das abscheuliche, wabernde Ding, welches sich das Gehirn von Henry Wells geholt hatte, vor den Augen des Lesers auferstehen lassen?

Ich las die ganze Geschichte. Ich las sie gründlich und schlug die Hände vor Abscheu in die Polster, auf denen ich saß. Kaum hatte ich zu Ende gelesen, entriss Howard mir das Manuskript. Vermutlich argwöhnte er, dass ich es am liebsten in tausend Stücke gerissen hätte.

»Was hältst du davon?«, fragte er in freudiger Erregung.

»Es ist unbeschreiblich schändlich!«, entfuhr es mir. »Es offenbart intime Geheimnisse des Verstandes, die niemals publik gemacht werden sollten.«

»Aber du gibst zu, dass ich das Grauen überzeugend darzustellen vermag?«

Ich nickte und griff nach meinem Hut. »Du hast es so überzeugend dargestellt, dass ich nicht bleiben und mit dir darüber sprechen kann. Ich habe vor, bis morgen früh spazieren zu gehen. Ich will spazieren gehen, bis ich so erschöpft bin, dass ich mich nicht mehr aufregen, denken oder erinnern kann.«

»Es ist eine großartige Geschichte!«, rief er mir nach, doch ich ging ohne eine Antwort die Treppe hinunter und verließ das Haus.

3

Es war schon nach Mitternacht, als das Telefon läutete. Ich legte das Buch zur Seite, in dem ich las, und nahm den Hörer ab.

»Hallo. Wer ist da?«, fragte ich.

»Frank, hier ist Howard!« Seine Stimme klang seltsam schrill. »Komm, so schnell du kannst. *Sie sind wieder da!* Und, Frank, das Zeichen ist machtlos. Ich habe es damit versucht, aber das Dröhnen wird lauter, und ein vager Schemen …« Howards Stimme überschlug sich unheilvoll.

Ich brüllte regelrecht in den Hörer. »Mut, Mann! Lass sie auf keinen Fall wissen, dass du Angst hast. Wiederhole das Zeichen immer wieder. Ich mache mich unverzüglich auf den Weg.«

Howards Stimme ertönte wieder, diesmal noch heiserer. »Der Schemen wird immerzu deutlicher. Und ich vermag nichts zu tun! Frank, ich habe die Macht verloren, das Zeichen zu machen. Ich habe jegliches Recht auf den Schutz des Zeichens verwirkt. Ich bin ein Priester des Teufels geworden. Diese Story – niemals hätte ich sie schreiben dürfen.«

»Zeig ihnen, dass du keine Angst hast!«, rief ich erneut.

»Ich versuche es! Ich versuche es. Ah! Mein Gott! Der Schemen …«

Ich wartete nicht länger. Hektisch nahm ich Hut und Mantel und rannte die Treppe hinunter auf die Straße. Auf dem Bürgersteig angekommen ergriff mich ein Schwindelgefühl. Ich musste mich an einen Laternenpfahl klammern, um das Bewusstsein nicht zu verlieren, und winkte mit einer Hand panisch ein Taxi herbei. Glücklicherweise bemerkte mich der Fahrer. Der Wagen hielt an und ich stolperte zu ihm auf die Straße.

»Schnell!«, forderte ich. »Bringen Sie mich nach Brooklyn Heights 10!«

»Ja, Sir. Kalte Nacht, nicht wahr?«

»Kalt!«, brüllte ich. »Es dürfte wahrlich kalt werden, wenn die hereinkommen. Es dürfte wahrlich kalt werden, wenn die erst einmal …«

Der Fahrer starrte mich bestürzt an. »Schon gut, Sir«, sagte er. »Wir bringen Sie wohlbehalten nach Hause, Sir. Brooklyn Heights sagten Sie, Sir?«

»Brooklyn Heights«, stöhnte ich und ließ mich auf die Rückbank fallen.

Als sich das Automobil in Bewegung setzte, versuchte ich, nicht an das Grauen zu denken, das mich erwartete. Verzweifelt klammerte ich mich an Strohhalme. *Es ist denkbar,* dachte ich mir, *dass Howard von einem vorübergehenden Wahnsinn befallen war. Wie hätte das grauenhafte Ding ihn unter Millionen von Menschen finden sollen? Es kann unmöglich sein, dass* sie *ihn bewusst ausgewählt haben. Unmöglich, dass sie ausgerechnet ihn erkoren. Er ist zu unbedeutend – wir alle sind zu unbedeutend. Sie würden sich niemals wissentlich für bestimmte Menschen entscheiden. Sie würden niemals einzelne Menschen gezielt herausfischen – aber sie haben Henry Wells erwischt. Und was sagte Howard? ›Ich bin ein Priester des Teufels geworden.‹ Warum nicht* ihr *Priester? Was, wenn Howard zu ihrem Diener auf Erden geworden wäre? Was, wenn seine Erzählung ihn zu ihrem Priester gemacht hätte?*

Der Gedanke war ein Albtraum für mich, daher schob ich ihn verzweifelt von mir. *Er bringt den Mut auf, ihnen zu widerstehen,* dachte ich. *Er wird ihnen demonstrieren, dass er keine Angst hat.*

»Hier sind wir, Sir. Soll ich Sie ins Haus begleiten, Sir?«

Das Taxi war zum Stillstand gekommen. Ich stöhnte, als mir klar wurde, dass ich gleich den Ort betrat, der zu meinem Grab werden könnte. Ich trat auf den Bürgersteig und drückte dem Fahrer das gesamte Kleingeld, das ich noch besaß, in die Hand. Er sah mich erstaunt an.

»Sie haben mir zu viel gegeben«, sagte er. »Hier, Sir …«

Aber ich winkte ab und lief die Treppe des Hauses hinauf. Als ich den Schlüssel ins Schloss steckte, hörte ich den Taxifahrer murmeln: »Der verrückteste Betrunkene, den ich je erlebt habe! Gibt mir vier Dollar, damit ich ihn zehn Blocks weit fahre, und erwartet nicht einmal ein Dankeschön dafür …«

Die Diele war unbeleuchtet. Ich stellte mich ans untere Ende der Treppe und rief. »Ich bin hier, Howard! Kannst du runterkommen?«

Ich erhielt keine Antwort. Ich wartete vielleicht zehn Sekunden, doch kein Laut drang aus den oberen Räumen.

»Ich komme rauf!«, brüllte ich in meiner Verzweiflung und erklomm die Stufen der Treppe. Ich zitterte am ganzen Körper. *Sie haben ihn,* dachte ich. *Ich komme zu spät. Vielleicht hätte ich lieber nicht – großer Gott, was war das?*

Ich hatte unvorstellbare Angst. Die Geräusche ließen keinen Raum für Zweifel. In dem Zimmer über mir bettelte jemand flehentlich und stieß Schmerzensschreie aus. Hörte ich da Howards Stimme? Undeutlich bekam ich einige Worte mit. »Kriechend – bäh! Kriechend – bäh! O habt Erbarmen. Kalt und kla-a-ar. Kriechend – bäh! Gott im Himmel!«

Ich erreichte den Treppenabsatz, und als das Flehen zu einem schrillen Kreischen anschwoll, sank ich auf die Knie und vollzog an meinem Körper, der Wand neben mir und in der Luft … das Zeichen. Ich machte das urtümliche Zeichen, das uns im Mulligan Wood gerettet hatte, aber diesmal unbeholfen, nicht mit Feuer, sondern mit Fingern, die zitterten und sich in meiner Kleidung verhakten. Ich tat es ohne Hoffnung oder Mut, finster, in der festen Überzeugung, dass mich nichts mehr retten konnte.

Und dann erhob ich mich hastig und betete, dass sie mich rasch holen würden und mir unter den Sternen nur ein kurzes Leid beschieden sein möge.

Die Tür von Howards Zimmer war angelehnt. Mit immenser Überwindung streckte ich die Hand aus und ergriff den Knauf. Langsam drückte ich die Tür nach innen.

Einen Moment sah ich nichts außer der reglosen Gestalt von Howard, der rücklings auf dem Boden lag. Die Knie hatte er angezogen, eine Hand hielt er mit der Handfläche nach außen vor das Gesicht, als wollte er einen unaussprechlichen Anblick verdrängen.

Als ich den Raum betrat, hatte ich mein Blickfeld absichtlich eingeschränkt, indem ich die Augen niederschlug. Ich nahm nur den Boden und das untere Drittel seiner Kammer wahr. Ich wollte den Blick nicht heben, doch es waren Kräfte, ja, Mächte in dem Zimmer am Werk, denen ich mich nicht widersetzen konnte. Ich wusste, wenn ich meine Augen anhob, konnte das grauenhafte Ding mich vernichten, aber mir blieb keine andere Wahl.

Langsam und unter Qualen schaute ich mich im Zimmer um. Ich glaube, es wäre besser gewesen, wenn ich mich gleich in Bewegung gesetzt und dem Schemen ergeben hätte, der da aufragte. Der Anblick dieses schrecklichen, dunkel umflorten Umrisses wird, solange ich auf dieser Welt weile, immer zwischen mir und der Freude am Leben stehen.

Von der Decke bis zum Boden reichte es und verströmte grelles Licht. Und von Lichtstrahlen durchbohrt schwebten die Seiten von Howards Geschichte kreisend umher.

In der Mitte des Zimmers, zwischen Decke und Fußboden, da wirbelten sie im Kreis, die Seiten, und das Licht brannte sich hindurch und drang spiralförmig in das Gehirn meines bedauernswerten Freundes ein. In seinen Kopf bohrte sich das Licht wie ein unablässiger Strom, und darüber bewegte sich der Gebieter über diese immense Helligkeit. Die gesamte Masse schwankte langsam. Ich schrie und schirmte die Augen mit der Hand ab, aber der Gebieter bewegte sich trotzdem weiter – hin und her, hin und her. Während das Licht ungehindert in das Gehirn meines Freundes einströmte.

Und dann gab der Gebieter ein überaus grässliches Geräusch von sich … ich hatte das Zeichen vergessen, das ich unten in der Dunkelheit dreimal angedeutet hatte. Ich hatte das hohe und schreckliche Geheimnis vergessen, gegen das sämtliche Eindringlinge machtlos waren. Doch als ich beobachtete, wie es in dem Zimmer Gestalt annahm, wie es sich deutlich und makellos scharf umrissen über dem abwärtsströmenden Licht manifestierte, da wusste ich, dass ich gerettet war.

Ich schluchzte und fiel auf die Knie. Das Strahlen erlosch, sein Gebieter schrumpfte vor meinen Augen zusammen.

Und dann loderte eine Flamme aus den Wänden, der Decke und dem Boden – eine weiße und reinigende Flamme, die verzehrte, verschlang und für immer vernichtete.

Doch mein Freund war bereits tot.

Simon

DIE BESCHWÖRUNG DES WÄCHTERS

Dies ist das Buch von der Beschwörung des Wächters, von den Formeln, wie ich sie erhielt von dem Schreiber von ENKI, unserem Meister und Herrn aller Magie. Man muss große Sorgfalt walten lassen, auf dass sich dieser ungezähmte Geist nicht gegen den Priester erhebe, und aus diesem Grunde muss ein einleitendes Opfer in einer sauberen und neuen Schale mit den rechten Siegeln dargebracht werden, welche die drei grauen eingeritzten Zeichen von dem Felsen meiner Initiation sind:

Sie sollen in die Schüssel mit einer feinen Nadel eingeritzt oder mit dunkler Tinte darauf gezeichnet werden. Die Opfergabe muss aus frischem Brot, Pinienharz und Oliebiros-Gras sein. Diese sollen in der neuen Schale verbrannt werden, und das Schwert des Wächters mit seinem darauf eingeritzten Siegel soll zur Hand sein, denn der Wächter wird darin verweilen während der Zeit des Anrufens und es verlassen, wenn er die Erlaubnis erhält, sich zu entfernen.

Der Wächter stammt von einer Rasse, die sich von den Menschen und auch von den Göttern unterscheidet, und man sagt, er war bei KINGU und seinen Horden zu den Zeiten des Krieges zwischen den Welten, aber er war unzufrieden und verblieb bei den Armeen des Herrn MARDUK.

Deshalb ist es weise, ihn im Namen der Drei Großen Wächter anzurufen, die vor der Auseinandersetzung existierten und von denen der Wächter und seine Rasse letztendlich abstammen, und diese Drei sind ANU, ENLIL und der Meister der Magischen Wasser, ENKI. Und aus diesem Grunde werden sie manchmal die Drei Wächter, MASS SSARATI und der Wächter MASS SSARATU oder KIA MASS SSARATU genannt.

Und der Wächter erscheint manchmal als großer, wilder Hund, der um das Tor oder den Kreis herumstreift und die IDIMMU verjagt, die ständig an den Grenzen auf Opfer warten. Und manchmal erscheint der Wächter als großer und edler Geist mit erhobenem Flammenschwert, und dann schrecken sogar die Älteren Götter davor zurück.

Und manchmal erscheint der Wächter als Mann in langer Robe, rasiert und mit immerfort starrem Blick. Es heißt, dass der Herr der Wächter in der Ödnis der IGIGI weilt und die IDIMMU beobachtet, sein Schwert gegen sie aber nur erhebt oder sie bekämpft, wenn der Pakt von keinem Geringeren als den Älteren Göttern in ihrem Rat angerufen wird, wie bei den Sieben Ruhmreichen APHKHALLU.

Und manchmal erscheint der Wächter als Feind, bereit, den Priester zu verschlingen, der bei den Beschwörungen irrte oder ein Opfer unterließ oder gegen den Pakt handelte; bei diesen Dingen können die Älteren Götter der schweigenden Rasse nicht verbieten, Tribut zu verlangen. Es heißt auch, dass manche von dieser Rasse darauf lauern, dass die *Großen Alten* erneut den Kosmos beherrschen und man ihnen die rechte Ehrenhand geben wird, und dass diese gesetzlos sind. So wird erzählt.

Jeffrey Thomas

MEINE FRAU, DER SHOGGOTH

Den Schluss meiner Geschichte mag ich euch in einer Hinsicht ruiniert haben. Da ich in der ersten Person erzähle, wird es wohl einleuchten, dass ich am Ende nicht sterbe. Andererseits betrachtet mich als Überlebenden bei einem Motorsportunfall, der ein paar psychische Gliedmaßen im Inferno verloren hat. Damit habe ich euer morbides Interesse geweckt, nicht? Doch genug der Verbitterung und des Zynismus. Stellt euch einfach vor, ich wäre ein Bergsteiger, ein Entdeckungsreisender auf neuen Pfaden, dessen Rückkehr in die Alltagswelt auf ewig von den Erinnerungen an ein gefährliches Terrain – und an die Schönheit – überschattet wird. Das gefährliche Terrain war ebenso in meinem Kopf wie in den Seiten jenes Buchs. Und die Schönheit? …

Am Anfang meiner Geschichte steht die Angst. Heute bin ich Fabrikarbeiter. Damals machte ich mein vorklinisches Jahr, in der Hoffnung, danach Medizin zu studieren. Der tote Körper eines Menschen rief bei mir keine Angst hervor. Ekel ja – Schädelstaub, aufgewirbelt durch eine Knochensäge, hat einen Geschmack, der einem noch Stunden danach unangenehm auf den Lippen liegt –, aber Tote können dir nicht wehtun. Tote können dich nicht auslachen. Tote können dich nicht zurückweisen. Tote werfen sich nicht das Haar aus dem Gesicht oder wackeln mit ihren von Bluejeans umschmeichelten Hintern, wenn sie gehen, was sie ebenfalls nicht tun. Nackte tote Frauen, die selbstgefällig vor mir liegen, lassen mich kalt. Doch zu der Zeit waren dies die einzigen Frauen, die so vor meinen Augen dalagen. Ich war damals noch Jungfrau. Vielleicht bin ich's auch heute noch. Das ist wohl die große Frage.

Ein Selbstporträt könnte an dieser Stelle ganz hilfreich sein, die Angst vor meinem biologischen Pendant zu erklären. Ich bin ziemlich groß mit einer etwas gebeugten Haltung und schlaksig. Ich habe ein hohlwangiges Pferdegesicht, könnte gut als ein zweiter Huntz Hall, der langnasige Schauspieler, durchgehen. Frankenstein war ein beliebter Spitzname während meiner Kindheit, vielleicht in einer Art weiser Voraussicht. Wie dem auch sei, wir sind eine sehr aufs Äußerliche fixierte Kultur. Materiell sozusagen, besessen vom zufälligen Nebeneinander von Molekülen, das wir Schönheit nennen. Meine eigene Besessenheit ist vor allem schuld an dem, was geschehen ist. Nenn mir nur eine halbwegs unattraktive Frau, die mich nicht hätte haben wollen! Vielleicht habe ich irgendwann noch mal das Glück – vorausgesetzt, ich sollte jemals dazu bereit sein. Doch unsere Kultur stopft uns täglich fleischliche Schönheit in den Hals, und als eine der arroganten, verwöhnten, habgierigen Kreaturen, die wir Amerikaner sind, meint sogar ein Freak wie ich, ein Anrecht auf eine schöne Frau in seinem Bett zu haben.

Cavel hatte eine. Cavel war mein bester »Freund« zu Schulzeiten. Ich bin mir nicht ganz sicher, warum wir Freunde waren. Er war gut aussehend, verwegen, extrovertiert, selbstsicher. Gegensätze ziehen sich an. Vermutlich mochte er es, einen bedauernswerten Fall wie mich um sich zu haben, den er unterrichten und dazu anstacheln konnte, wie er zu sein, wobei er gewusst haben muss, dass dies zwecklos war. Meine Anwesenheit unterstrich seine Großartigkeit. Mich hingegen fesselte sein unbestreitbares

Charisma. Obwohl ich ihn oft gut leiden konnte, verachtete ich ihn doch die meiste Zeit. Ich wollte mich einfach aus seiner Umklammerung befreien.

Ein weiterer Grund, aus dem ich jedoch blieb, war Susan. Cavels Mädchen. Durchaus keine Schönheit nach Leinwandgöttinnenart, aber womöglich verführerischer durch ihre weniger unantastbare, ihre »menschliche« Schönheit. Ich hatte schon immer ein Faible für das leicht fehlerhafte, eigenwillige Schöne, selbst bei Prominenten. Sue war klein und hatte eine Rubensfigur (womit Cavel sie regelmäßig aufzog oder ihr Komplimente machte, je nach Situation und Stimmung), sehr blass, mit blauen Augen und einem dicken Schopf naturblonder Naturlocken, die mich glatt umhauten. Von Grund auf fröhlich und gutherzig wurde sie mir ein besserer Freund, als es Cavel jemals war. Manchmal gingen wir zusammen Mittag essen, einkaufen oder spazieren, ohne dass er dabei war. Das war ein gutes Gefühl.

Er konnte so herzlos zu ihr sein. Gemein war dieser Cavel. Er verkörperte das, was alle jungen Amerikaner heutzutage sein wollen, außer einem schwachsinnigen Rockstar. Wenn er Sue in meiner Gegenwart quälte, eine seiner bevorzugten Freizeitaktivitäten, hätte ich ihm am liebsten mein Tafelmesser in seine selbstgefällige, scheißattraktive Visage gerammt. In solchen Momenten konnte ich sie entweder nur bemitleiden oder sie verachten für ihre Schwäche und ihren Masochismus. Ich denke, auch sie konnte sich seinem Charisma nicht entziehen, das arme Ding … offensichtlich versuchte er, ihr Selbstwertgefühl so weit zu schwächen, bis sie glaubte, seine Grausamkeit verdient zu haben. Wie gesagt, Cavel war derart typisch für unser Land. Für unsere Spezies, wenn man's genau nimmt … und unser Geschlecht.

Cavel hatte einen klasse Job in der Bibliothek unserer Universität, und er war auch der Erste, der mich auf das Buch neugierig machte. Nicht dass ich vorher noch nie davon gehört hätte … immerhin bin ich aus der Stadt. Doch die Zeiten sind vorbei, in denen das Buch ausgestellt oder jedem, der um Erlaubnis bat, zu Studienzwecken bereitgestellt wurde. Eines Abends, als wir drei im Campus-Pub ein paar Biere zischten, erzählte uns Cavel, er habe endlich das sagenumwobene uralte Buch gesehen und darin geblättert. Er habe außerdem damit in Verbindung stehende Notizen, Dokumente und Übersetzungen in die Finger bekommen, die mit dem Buch zusammen in der Gewölbekammer aufbewahrt wurden. Mit großem Genuss erzählte er die bekannte Geschichte von den drei Jungs vom College, die einmal das Originalmanuskript gestohlen hatten und damit davongefahren waren. Man fand ihr Auto überschlagen und demoliert, wenngleich nie festgestellt werden konnte, womit genau sie kollidiert waren. Die drei Jungs wurden beim Unfall enthauptet … und das Buch, das *Necronomicon,* wurde geborgen, ohne auch nur einen einzigen Tropfen Blut abgekriegt zu haben.

Überlegt mal, meinte Cavel, wie hoch ist die Wahrscheinlichkeit, dass drei Personen in einem Auto enthauptet werden? So was habe er noch nie gehört. Ich auch nicht, musste ich zugeben. Und was hatte sie erwischt? Sie waren betrunken, erinnerte ich ihn. Cavel schüttelte den Kopf. Wenn du mich fragst, sagte er, sind sie Opfer eines Shoggoth geworden. Das alles trägt die unverkennbare Handschrift eines Shoggoth-Mordes. Der Kopf war abgedreht worden … wie der Deckel einer Flasche. Was, fragte ich natürlich, ist ein Shoggoth?

Oh, nur zu gern ließ er uns an seinem sonderbaren Enthusiasmus teilhaben, unentwegt grinsend, die Stimme gesenkt in einem verschwörerischen Ton. Sue und ich, stets seine gespannten Zuhörer, beugten uns nach vorn, um zuzuhören.

Dem Buch zufolge, sowie den Dokumenten eines Antarktis-Forschers, der behauptete, im Jahre 1930 seltsame Ruinen besichtigt zu haben, war die Erde vor der Entstehung jeglichen irdischen Lebens von einer Rasse besiedelt worden, die man die Großen Alten nannte. Es hieß sogar, diese Wesen erschufen das erste Leben auf Erden. Dies geschah, um sich eine konstante Nahrungsquelle zu sichern, wobei sich das Leben später in den uns vertrauten Bahnen entwickelt hatte. Darüber hinaus führten die Großen Alten in ihre Kolonien eine biegsam-weiche blobähnliche Kreatur namens Shoggoth ein. Diese im Grunde gestaltlosen Massen konnten durch telepathischen Befehl verformt und in ihren Bewegungen gesteuert werden, ein bisschen wie lebendiges Knetgummi. Sie waren mehr oder weniger die Sklaven und Lasttiere der bizarren, halb pflanzlichen Großen Alten.

Irgendwann schienen die Shoggothen Intelligenz zu entwickeln – eine weit gefährlichere Eigenschaft als ihre Fähigkeit, die Gestalt zu ändern –, und schließlich mussten die Großen Alten gegen sie Krieg führen, um sie zu unterwerfen und wieder zu kontrollieren. Nachdem dies vollbracht war, begannen die Kolonisatoren, größere und bessere Shoggothen zu züchten, die Stimmbefehlen gehorchten und sogar die Stimmen ihrer Herren imitieren konnten.

Am Ende entwickelten sich die Großen Alten zurück und verfielen. Starben aus – obschon der verrückte Forscher behauptete, nicht nur die Leichen von erst kürzlich getöteten Alten gesehen zu haben … sondern auch den Shoggoth, der sie vermutlich umgebracht hatte. Indem er ihnen den Kopf von den Schultern lutschte.

Natürlich sagten Sue und ich, wir würden ihm nicht ein Wort davon glauben. Cavel beharrte darauf, dass der Forscher ein vernünftiger Mann gewesen sei und seine Geschichte schaurig überzeugend. Er drängte mich dazu, sie zu lesen … er würde mir die ganzen Sachen kopieren. In seinen Augen lag ein Funkeln bei dieser Aufforderung. Scheinbar konnte sich Cavel sogar das Licht unterwerfen. Nun, ich bin ein aufgeschlossener Mensch. Mich fasziniert das Unbekannte … auch wenn diese Haltung bei einem Mann mit einst medizinischen Ambitionen paradox wirken mag. Ich sagte ihm, ich würde die Manuskripte nach den Prüfungen lesen, wenn ich mehr Zeit hätte. Cavel meinte, er würde mir auch passende Stellen aus dem *Necronomicon* beifügen, die er direkt daraus kopiert habe.

Um ehrlich zu sein, ich schaffte die Prüfungen mit links. Cavel genauso. Er gab mir die Unterlagen, und etwa eine Woche später machte ich mich daran, sie zu lesen. Es dauerte nicht lang. Ich bin mir sicher, dass es mich in dieser ersten Nacht gepackt hat … und dass ich – unterbewusst – schon innerhalb weniger Tage zu einem ganz bestimmten Thema Recherchen anstellte. Mein inneres Ich, das irrigerweise dachte, in meinem Namen eine Verschwörung gegen mich selbst anzetteln zu müssen. Diese verborgenen Absichten brachen nicht urplötzlich in mein waches Bewusstsein ein, sie kamen noch nicht mal in allmählichen Schüben der Erkenntnis. Sie flossen einfach sanft und nahtlos hinüber, unbemerkt, und nisteten sich dort ein wie Krebs.

In meiner Kindheit hatte ich mich in Sagenbüchern verloren. Wie könnte ich das Gefühl vergessen, ein Buch aufzuschlagen und in seinen Tiefen allerlei unermessliche Möglichkeiten zu entdecken? Fremde Orte. Fluchten. Magie.

Mir fiel die Geschichte von dem Bildhauer ein, der sich in seine wunderschöne Statue verliebte, die dann lebendig wurde … auch wenn ich mich als Erwachsener nicht mehr daran erinnern konnte, ob das eine wirkliche Sage war (komischer Ausdruck: wirkliche Sage) oder bloß ein Film.

Rohe, ungeformte Fleischmasse. Rohpotenzial, das nur auf den Befehl wartete, der ihr Gestalt und einen Zweck geben würde. Keine Spielchen. Keine albernen, erniedrigenden, primitiven Balztänze. Keine Verstellung. Keine Notwendigkeit, gut auszusehen oder reich oder berühmt, ein Drogendealer oder ein Rockstar zu sein, um das Fleisch der Schönheit anfassen zu dürfen …

Lehm, der auf die zärtlichen Hände des Künstlers wartet … auf den Lebenshauch.

Und vielleicht würde mir der Lehm dann seinerseits ein bisschen Leben einhauchen.

Ich bat Cavel, mir mehr zu zeigen. Er tat es nur zu gern, genoss mit perverser Freude mein steigendes Interesse an jener brisanten Lektüre, die ihn selbst gefangen genommen hatte, obwohl es jetzt, nach Ende des Semesters, ein wenig komplizierter geworden war, an die Materialien zu kommen. Ich gestand ihm, wie fasziniert ich von der kruden Vorstellung war, das Leben auf der Erde sei ursprünglich das Werk irgendwelcher Außerirdischen gewesen, und besonders davon, wie sie diese sogenannten Shoggothen versklavt und fügsam gemacht hatten. Besorg mir alles, was du über Shoggothen finden kannst, sagte ich ihm …

Er tat es. Und von da an sah ich Cavel und Sue immer seltener, blieb in meiner Wohnung, um zu lesen, zu studieren und zu enträtseln. Um die Aussprache regelrechter Zungenbrechergesänge zu üben. Ich war überzeugt davon, dass die Worte nicht per se Zauberformeln waren, sie aber – korrekt artikuliert, im richtigen Rhythmus und Tonfall – eine Art nachklingende Vibration erzeugten, wie bei buddhistischen Gesängen. Womöglich imstande, Zeit und Raum zu durchstoßen? Ich gab beim Üben sehr darauf acht, keine der Wörter miteinander zu verbinden, probierte jeden Tag immer nur ein Wort, wieder und wieder … doch meine Ungeduld wuchs. Ich hatte Schmetterlinge im Bauch, wie ein Typ, der seinem ersten Blind Date entgegenfiebert. Angst. Und Hoffnung.

Nur drei Wochen, nachdem mir die Materialien in die Hände gefallen waren – beziehungsweise vom unwissenden Verwalter meines Schicksals, Cavel, hineingelegt wurden –, war ich bereit anzufangen.

Ich besaß keinen Keller, in dem ich das Experiment hätte durchführen können oder um etwas einzuschließen, falls irgendwas schiefgehen sollte. Meine Wohnung erstreckte sich über den dritten Stock eines alten Hauses in Universitätsnähe, ein verheiratetes Paar unter mir – beides Spätschichtler, zu meinem Glück – und die zwei alten, verwitweten Schwestern, denen das Gebäude gehörte, im Erdgeschoss. Die Wohnung bestand aus einem riesigen Raum mit interessanten und seltsam abgeschrägten Wänden und Nischen für meine Bücherregale. Gerahmte Filmposter zu *Eraserhead* und *Taxi Driver*. Auf dem roten Linoleum zwischen Kochecke und Schlafwohnzimmer befand sich das Signum einer Studentenverbindung der Miskatonic University, die vorher das Haus bewohnt hatte, und das Signum sah aus wie der kabbalistische Kreis eines Nekromanten. Oder so wirkte es jetzt zumindest.

Ich hatte zwei Beschwörungsformeln auswendig gelernt; eine für den »aufsteigenden« Modus oder das Heraufbeschwören und eine für den »absteigenden« Modus, das

Verbannen. Diese letzte entsprach in etwa der ersten, nur rückwärts gesprochen, außer dem Wort *Yog-Sothoth,* das in beiden gleich war. Ich hatte meine Stimme auf Kassette aufgenommen, wie sie immer wieder die absteigende Formel skandierte. Ich besaß keine Pistole oder irgendeine andere Waffe. Für den Fall, dass ich den Besucher nicht kontrollieren könnte, plante ich, die Aufnahme abzuspielen und sofort aus dem Haus zu fliehen … um dann wahrscheinlich den abgebrühten, selbstsicheren Cavel anzuflehen, mir aus der Klemme zu helfen.

Wie kam ich zu dem Glauben, dieses Ding kontrollieren zu können, dachte ich in dieser Nacht, kurz bevor ich anfing. Mir fehlten die telepathischen Fähigkeiten der Großen Alten, und selbst sie mussten gegen die Shoggothen in den Kampf ziehen, um sie wieder zu unterwerfen. Aber fraglos war ich schon zu weit gekommen. In dieser geistigen Verfassung war ich bereit, mein Leben aufs Spiel zu setzen … vielleicht sogar meine Seele. Willens, das Risiko einzugehen, ein gefährliches Wesen auf unsere Welt loszulassen. Von welch primitivem Hunger unsere Körper doch getrieben werden. Und das hat mir an der ganzen Sache am meisten Angst eingeflößt …

Draußen regnete es, die Luft war aufgeladen – Blitze zuckten in der Ferne. Ich hoffte, es würde nicht in meine Richtung ziehen. Was, wenn mittendrin der Strom ausfallen würde …

Ich zündete in der ganzen Wohnung Kerzen an. Außerdem hatte ich jedes elektrische Licht angeschaltet. Es konnte losgehen. Zitternd und gegen die Übelkeit ankämpfend stand ich auf dem Symbol der Verbindung, Gesicht zur Schlafcouch, und begann, ein erstes Mal den Aufstiegsgesang laut von einem Blatt in meiner Hand vorzulesen. Ich wollte mich hinsetzen, so kraftlos und blutleer fühlten sich meine Beine an, doch ich durfte nicht. Ich stand einen Schritt vom Kassettenrekorder entfernt, drei von der Tür.

Als ich mit der Beschwörungsformel fertig war … passierte nichts. Ein Versprecher? Die falsche Stimmlage? Auf Kassette hatte ich etliche Varianten ausprobiert, da ich nicht darauf vertraute, es gleich beim ersten Mal hinzubekommen. Ich war gleichzeitig enttäuscht und erleichtert, dass nichts geschehen war … aber ich fing noch einmal an. Es fiel mir schwer, klar genug zu denken, um es mit einer Variation zu versuchen. Am Ende der zweiten Runde: nichts. Ich war ein Narr. Vielleicht hatte Cavel genau das erreichen wollen, als eine Art perverser Scherz … dass ich hier mutterseelenallein herumstand und mich mit der Beschwörung magischer Kräfte abmühte, während er sich irgendwo mit Susan vergnügte. Ein Racheakt. Bestimmt hatte er mich dabei ertappt, wie ich sie ansah, mit traumverlorenen Blicken. Er trug sie vor mir zur Schau, um mich zu ärgern. Er ermutigte uns, ohne ihn wegzugehen. Um mich zu ärgern. Wie konnte ich nur zulassen, dass sein fieser Humor mich in diese …

Es kam.

Ich war gerade mit dem dritten Versuch durch, und womöglich hatten meine Zweifel meiner Stimme die Angst genommen. Vielleicht war es auch die Wut hinter den Worten gewesen …

Auf jeden Fall war es da. Keine Lichtblitze oder Laserstrahlen, kein dampfendes Trockeneis oder Donnern. Ich spürte ein kühles Frösteln, doch ich begriff, dass es von seinem Körper ausging. Es musste von einem sehr kalten Ort gekommen sein. Zudem lief Wasser an seinem Leib hinab auf den ranzigen Teppichboden im Wohnzimmer. Es war riesig; knapp viereinhalb Meter im Umfang. Halbwegs kugelförmig schien es aus riesigen blasenartigen Zellen zu bestehen, die wie Seifenschaum zusammenklebten … allerdings schwarz. Es besaß diesen vielfarbigen Schimmer wie die Oberfläche eines Ölflecks. Gott sei Dank verfügte es über keins der provisorischen Organe, Gliedmaßen oder Augen, die Shoggothen mitunter aufweisen. Ich hatte befürchtet, es könnte versuchen, die abscheuliche Gestalt der Großen Alten nachzuahmen, wozu sie ja imstande waren. Tatsächlich war es noch nicht mal formlos, wie es ihnen nachgesagt wurde; amöbenartig. Es behielt diese gummiartige Kugelform bei, und bis auf ein leichtes Pulsieren bewegte es sich eigentlich nicht. Warum das so war, begriff ich erst, als meine Angst sich einigermaßen gelegt hatte (mein erster Impuls, abgesehen natürlich vom Bedürfnis, mir in die Hose zu machen, war gewesen, den Kassettenrekorder anzuschmeißen und abzuhauen). Es wartete auf Anweisungen.

Ich hatte es geschafft.

Für gut eine Stunde beobachtete ich das Ding nur, machte mir schließlich einen Kaffee (entkoffeiniert; ich zitterte eh schon genug), ließ es allerdings nicht aus den Augen. Es strahlte nicht länger jene frostige Kälte aus, sie war einem grässlichen Gestank gewichen, einem nach fauligen Früchten, totem Tier und Fisch. Das könnte ein Problem werden, doch darüber wollte ich mir später Gedanken machen. Es verharrte einfach auf der Stelle, pulsierend. Als ich so mit meinem Kaffee näher rückte, fing ich an, mit ihm zu sprechen. Insgesamt half es mir dabei, mich zu konzentrieren – besser, als mir irgendwelche Befehle auszudenken, außer später in bestimmten Situationen, als ich waghalsiger wurde. Ich beschloss, ehrlich zu sein, direkt und respektvoll, aber bestimmt.

Deine Aufgabe wird es sein, sagte ich zu ihm, die Gestalt eines weiblichen Homo sapiens so genau wie möglich nachzuahmen. Es kann sein, dass du *mehrere* weibliche Wesen nachahmen musst, doch du darfst niemals eine andere Gestalt annehmen und sie nur ändern, wenn ich es dir sage. Du wirst hier mit mir leben. Sollte ich mal weg sein, darfst du dieses Zimmer nicht verlassen. Du darfst nie versuchen, die menschliche Stimme zu imitieren oder irgendeine andere, darfst mit keinem sprechen, es sei denn, ich fordere dich dazu auf. Du darfst niemals versuchen, dich fortzupflanzen. (Die Shoggothen vermehrten sich durch Parthenogenese, waren weder männlich noch weiblich.) Du wirst niemals einen Fluchtversuch unternehmen, aufsässig werden oder jemandem wehtun. Du wirst niemals *mir* wehtun. Du brauchst mich, damit ich dich irgendwann wieder nach Hause schicke. Eines Tages werde ich das … ich weiß noch nicht genau, wann. Hoffentlich schon bald. Und das versprach ich ihm.

Dies ist die weibliche Gestalt, instruierte ich es. Gut aufpassen. Ich schaltete meinen Videorekorder ein. Ich hatte diese Kassette innerhalb der letzten zwei Wochen zusammengestellt. Ein bisschen von diesem und jenem. Filmszenen. Talkshows. Sitcoms. Spielshows. Aerobic. MTV. Ich nahm Platz und schaute mir ebenfalls die Kassette an, damit das Ding zugleich auch *meine* Gedanken zum Gezeigten lesen konnte. Außerdem hatte ich mir seit Wochen stapelweise Pornos ausgeliehen und Ausschnitte daraus auf die Kassetten kopiert. Ich saß da und dachte an die Handvoll Mädchen, die ich geküsst und wie sich das angefühlt hatte. Ich roch an der Haut meines Arms, ging mir durch die Haare und roch daran. Ich hatte über meinen Anatomiebüchern gebrütet, mit besonderem Augenmerk auf meine Aufzeichnungen zum Thema Sezieren. Das Ding müsste, zumindest ansatzweise, über eine innere Struktur verfügen, um der äußeren die richtige Form und Bewegung zu geben. Immerhin würde ich meine Zunge und meine Finger und meinen Penis hineinstecken. Und ich wollte nicht auf irgendwas Schleimiges oder Schwarzes stoßen.

Anfangs war ich entsetzt, als ich sah, dass es am ganzen Leib Dutzende von phosphoreszierenden, pupillenlosen grünen Augen herausgebildet hatte, welche zwinkernd verschwanden und wieder auftauchten, um besser beobachten zu können, doch ich hielt es nicht davon ab. Seine Absichten schienen von gehorsamer Natur. Ich hatte Bedenken wegen seiner Größe – war es in der Lage, diese enorme Fülle auf die Maße einer erheblich schmaleren Frau zu verdichten, und falls ja, würde sie das Gewicht eines normalen Menschen haben? Ich stellte mir eine 4,50 Meter große Frau vor, oder eine 1,50 Meter große, die über 100 Kilo wiegt. Vielleicht müsste ich dem Ding befehlen, sich gleich in zwei Frauen zu spalten. Ich vertrieb diese Gedanken aus meinem Kopf; ich musste vorsichtig mit meiner Fantasie sein.

Die Kassette war zu Ende. Ich redete noch ein bisschen mit ihm in sanftem Ton, während ich durch die Magazine und Bücher blätterte, die ich schon vor diesem Projekt gesammelt hatte und die die plastischsten Darstellungen von Frauen enthielten, die ich hatte finden können. Ich besaß keine echten Erinnerungen an Sex, mit denen ich es füttern konnte, sondern nur Filme und Fantasien und die Leserbriefe aus dem *Penthouse*. Das musste genügen …

Plötzlich begann es, seine Muskeln anzuspannen.

Ein menschlicher Arm brach aus dem Blob hervor, streckte und dehnte sich in Richtung der Zimmerdecke. An der Seite schoss ein weiterer hervor; dieser gehörte einer schwarzen Frau. Noch einer. Ein nacktes Bein schlüpfte heraus, dessen Fuß in nervösen Krämpfen auf den Boden stampfte. Eine Beule, die Beule brach auf und der Kopf einer Frau wurde sichtbar, mit verdrehten Augen. Ich erkannte in ihr eine Pornodarstellerin wieder. Sie trug Make-up, ihr Haar war trocken, weich und duftig. Die Fingernägel des einen Arms waren lackiert. Zumindest schien es zu wissen, dass Kleidung und Schmuck eigene Gegenstände waren, und hatte sie nicht nachgebildet.

Die Masse wimmelte von sich krümmenden Gliedmaßen, Köpfen, die kurz herauslugten, dann wieder hineingesaugt wurden, mit wahnwitzigen Zuckungen und Vibrationen, als würde darin eine Orgie stattfinden. Es war ein durchweg alarmierendes Schauspiel, und ich erhob meine Stimme gegen die Kreatur … befahl ihr aufzuhören. *Eine* Frau, nicht all das. Schließlich ließ es nach und hörte ganz auf, und dann begriff ich, dass das Ding lediglich seine Fähigkeiten getestet hatte, oder etwas in der Richtung.

Mein Atem bebte, ich zitterte, schlang die Arme um meinen Körper. Gut, sagte ich ihm. Ab sofort nur eine Frau auf einmal … ich schob eine neue Videokassette ein. Schlug neue Magazine und Bücher auf. Konzentrierte mich gedanklich auf eine Frau.

Innerhalb der nächsten halben Stunde zerteilte sich die schwarze blasige Masse erneut … doch diesmal bekam sie einen tiefen Riss in der Mitte und fing an, die beiden Hälften nach außen zu stülpen. Die Innenflächen rissen weiter auf, und die entstandenen Wunden waren rosafarben. Die rosa Stellen nahmen zu, während die Masse sich wieder und wieder selbst durchpflügte, gleich einer brodelnden Gewitterwolke, bis der ganze Haufen eine fleischige rosa Farbe hatte. Das Schillern vom Anfang ließ vermuten, dass es sich auf beliebig viele Farben zu beschränken oder auszuweiten wusste. Nun schien das gestaltlose, scheinbar gepeinigte Fleisch rapide zu schrumpfen … aber in Wirklichkeit zog es sich zusammen, ballte sich zu einem noch kompakteren Knäuel. Nachdem sich hässliche Falten geglättet hatten, wurde das Knäuel geschmeidiger, und im nächsten Augenblick starrte ich eine Frau an – splitterfasernackt –, eingerollt auf Ellenbogen und Knien, den Kopf eingezogen, ihren blanken Hintern in die Höhe gestreckt.

Der blonde Kopf hob sich, und Marilyn Monroe schaute mich mit ihrem Schlafzimmerblick an. Sie lächelte verträumt.

In Sachen Schönheit hatte Marilyn nie zu meinen absoluten Lieblingsstars gezählt, doch eine *der* amerikanischen Ikonen hervorzubringen, besonders als allererste Skulptur, dazu fühlte ich mich geradezu verpflichtet. Auch Cavel liebte Marilyn. Ich spürte, wie meine Brust ein wenig schwoll.

Natürlich stieg ich nicht sofort mit ihr in die Kiste. Ich beobachtete sie ein paar Stunden lang, in denen ich mir noch mehr entkoffeinierten Kaffee machte, und versuchte mich zu fangen. Anstatt es kaum erwarten zu können, endlich loszulegen, war ich mir unsicher, ob ich sie überhaupt jemals berühren könnte. Sie saß in meinem Sessel und sah fern, wie ich ihr befohlen hatte, lächelte gelegentlich zu mir herüber. Ich bekam Gänsehaut … sowohl vor Angst als auch vor wahnsinniger Aufregung. Sie trug meinen Bademantel. Sie hatte ein Bein über das andere geschlagen, ohne einen bewussten Befehl meinerseits. Schönheitsfleck, alles da. Unglaublich …

Schließlich entschied ich, bis morgen zu warten. Es war schon spät und ich war müde. Ich sagte ihr, sie solle mit einer Decke auf dem Fußboden im Badezimmer schlafen, dann stellte ich einen Stuhl mit einem Stapel Konservendosen vor die geschlossene Tür als Alarmvorrichtung. Ich nahm den Kassettenrekorder zum Schlafen mit ins Bett.

Am nächsten Tag wurde ich vom Telefon wach, doch ging ich nicht ran. Den Kassettenrekorder unterm Arm schlich ich mich zur Badezimmertür. Der Stuhl war unangetastet. Sie lag auf dem Boden, zusammengekauert wie ein Baby, doch mit offenen Augen, die zu mir aufsahen …

Ich frühstückte, trat dann an den Sessel, wo das Ding erneut Platz genommen hatte, und versuchte, es vorsichtig zu berühren. Ich legte meine Hand auf ihre Schulter, die sich unter dem Mantel rund und fest anfühlte. Ich konnte Knochen spüren. Sie hob die Augen, um mich abermals anzulächeln, und ich bat sie, sich aufs Bett zu legen …

Ich war noch Jungfrau, wie gesagt. Selbst jetzt, während ich dies schreibe, habe ich so meine Zweifel, ob ich wirklich weiß, wie es ist, mit einer Frau zu schlafen. Doch es war – wie könnte es anders sein? –, wie ich es mir erträumt hatte. Und es war großartig. So beängstigend, als würde man nackt an einer Felswand kleben, ohne Seile, ohne Kameraden, aber dennoch war es großartig. Sie las meine Gedanken. Sie wusste, was ich wollte und brauchte. Die ultimative Gummipuppe. Das Knetgummi der Götter.

Im Laufe der Woche vergnügte ich mich mit Jane Fonda aus *Barbarella*. Mit jungen Schauspielerinnen wie Drew Barrymore, Reese Witherspoon und der herrlich vollbusigen und zuckersüßen Jennifer Love Hewitt. Mit Theda Bara, dem wollüstigen Stummfilm-Vamp, und der spindeldürren Sängerin Fiona Apple. Dann die begnadete britische Schauspielerin Helena Bonham Carter, meine Favoritin – sie behielt ich ganze drei Tage, bis ich sie gegen eine frühe Marilyn Chambers auswechselte (ich nahm mir vor, später zu Helena zurückzukehren, vielleicht bei ihr zu bleiben). Ich ließ eine bildhübsche Asiatin aus einer Magazinwerbung erscheinen. Es war jedoch stets von Vorteil, wenn ich Filme gesehen hatte, viele Ansichten eines Körpers oder Gesichts, für höchste Detailtreue. Als ich die umwerfende Schauspielerin Nastassja Kinski heraufbeschwor, besaß sie den nackten Körper, wie ich ihn aus Filmen aus den 80ern kannte, auf ihrer Schulter das Muttermal und die kleine Narbe auf der Wange von einem Unfall im Kindesalter, als sie mit einem Messer gespielt hatte. Dagegen besaß die Asiatin einen leicht abgewandelten Marilyn-Chambers-Körper, schlank und mit muskulösem Hals, aber mit asiatischem Hautton. Nicht ich hatte den Körper zum Gesicht ausgesucht, sondern die Kreatur aus ihrem Bildarchiv.

Ich beging einen furchtbaren Fehler, als ich das Ding bat, sich in einen Akt von Renoir zu verwandeln. Was sich herauszuformen begann, wirkte eher wie ein dreidimensionales Gemälde als etwas Lebendiges, und ich befahl ihm sofort, wieder zur vorherigen Gestalt zurückzukehren: Brooke Shields. Sie war die Erste, die eine komplette Nacht an meiner Seite schlief. Als ich am nächsten Morgen aufwachte, stellte ich fest, dass sie aus dem Bett geschlüpft war.

Sie stand am Herd, drehte die Hitze unter der Kaffeekanne hoch. Sie sah zu mir herüber und lächelte. Wie am ersten Abend war ich zugleich erregt und erfüllt von banger Ehrfurcht. An welchem Punkt hörte meine unterbewusste Konditionierung auf und wo fing die Persönlichkeit der Kreatur als solche an? Hatte sich seine Persönlichkeit so gut wie verflüchtigt und bloß einen geistlosen Roboter hinterlassen, oder entsprach jenes Lächeln in irgendeiner Weise seinen Gefühlen? Mir fiel es schwer, dies zu glauben. Doch was sollte dann das hier? Hatte mein träumender Verstand dem Ding geboten, aufzustehen und Kaffee zu kochen? Ahmte es mich nach? Oder versuchte es … mir zu gefallen?

An diesem Abend beschloss ich, etwas Gewagtes zu unternehmen, wie schon erwähnt. Ich führte Serienstar Alyssa Milano zum Essen aus.

Ich hatte fast damit gerechnet, sie würde eine Szene machen; den Panzer vom Hummer essen sozusagen, wie Daryl Hannah als Nixe in *Splash*. Sie benahm sich allerdings ganz artig und aß ihr Essen langsam und mit Bedacht. Ich übermittelte ihr meine Befehle per Gedankenübertragung; der Kellnerin hatte ich gesagt, meine Freundin sei taub. Es war überaus befriedigend, die Gesichter der Männer an den Nachbartischen zu sehen, ihre verstohlenen Blicke, wenn ihre eigenen Frauen woandershin schauten. Alyssa sah zum Anbeißen aus in dem Kleid, das ich ihr für diesen Anlass gekauft hatte. Bislang waren meine Frauen gezwungen gewesen, meine Bademäntel, Pyjamas, meine T-Shirts und Trainingshosen oder dergleichen zu tragen. Ich würde mehr shoppen gehen müssen. Auf jeden Fall war der Abend ein voller Erfolg. Im Anschluss ging ich mit ihr ins Kino und hielt den ganzen Film über ihre warme Hand. Ab und zu drückte sie die meine.

Das Telefon klingelte, als ich wieder zu Hause war. Ich wusste, ich sollte besser rangehen, doch ich wollte einfach nicht gestört werden.

Am nächsten Tag zerschmolz und verschwamm Alyssa, verformte sich vor meinen Augen zu einer anderen Frau. Und meine Wahl – sie war unvermeidlich. Wenngleich ich nicht mit allen Einzelheiten ihres nackten Körpers vertraut war, so kannte ich doch ihr Äußeres und ihr Gesicht und ihr wunderschönes lockiges Haar bis in die letzte Spitze. Der Shoggoth hatte keine Probleme, mir eine makellose Susan herzustellen.

Susan blieb neun Tage am Stück bei mir. Während dieser Zeit beschwor ich nicht ein einziges Mal eine andere Gestalt herauf. Fakt ist, dass ich es nie wieder tat. Ich glaube, wenn ich die Kraft gehabt hätte, mich auf eine Frau festzulegen, so wäre es Susan gewesen, noch vor Helena. Doch ich bezweifle, dass sich ein Mann, dem eine solche Macht zur Verfügung steht, mit nur einer Frau begnügen könnte. Wie gesagt, so ist es nun mal mit der Gier und dem Hunger des Menschen.

Im Bett schlang Susan ihre Beine um meine Hüften, wie ich es mir oft erträumt hatte, ihr Knetgesicht verzerrte sich zu einem ekstatischen Ausdruck, der vielleicht nicht hundertprozentig passte, aber wenn man davon ausging, dass die Kreatur von den Pornostreifen sowie Susans gewohnter Mimik gelernt hatte, traf er womöglich genau ins Schwarze. Aus der ursprünglich ekelerregend stinkenden Suppe von Gerüchen konnte das Ding dezente und wohlriechende Düfte isolieren und aufs Genauste abstimmen, bis hin zu ihrem Haarshampoo. Ihre Haut roch wie Haut, nicht nach faulem Fisch wie die schwarze Masse. Unter den Armen duftete sie nach Moschus und von den Anstrengungen unseres Liebesspiels war sie stets nur leicht verschwitzt. Sie hatte kribblige goldene Haare an den Beinen, wie sie mir von Susan in ihren kurzen Hosen in Erinnerung waren. Ihr Atem strömte heiß und menschlich über meinen verwundbaren Hals. Doch abgesehen von ihrem falschen Atmen gab sie nie einen Mucks von sich. Ich konnte tief in sie eindringen, meine Zunge in ihren Mund stecken. Oder sonst wohin, wenn mir danach war … aber *dazu* war ich noch nicht bereit.

Es war ein schwüler Tag im August, unser letzter gemeinsamer Tag, und die Uni fing bald wieder an … mein letztes vorklinisches Jahr. Mir graute davor, wieder zum Unterricht gehen zu müssen. Ich hasste die Ablenkung … die Störung. Wir lagen nackt in den Laken, einen Ventilator neben uns, und dösten zu den leisen Klängen des Radios. So fand uns Cavel, der einfach in die Wohnung gekommen war.

Er hatte versucht anzurufen, wie ich ein paar Minuten später erfahren sollte, daraufhin voller Sorge meine Vermieterinnen um den Schlüssel gebeten. Im Moment allerdings fauchte er Flüche und näherte sich uns durchs Zimmer. Nein, nein, rief ich und richtete mich auf. Susan ebenso. Cavel packte mich bei den Haaren und holte mit der Faust zum Schlag aus. Ich schrie die Worte *Marilyn Monroe.*

Ab da fluchte Cavel aus schierem Entsetzen, als würde sein Singsang an Verwünschungen diese Kreatur verbannen, die sich vor seinen Augen von seiner devoten Freundin in sein unnahbares Idol Marilyn Monroe verwandelt hatte. Es ist ein Shoggoth, Cavel, erklärte ich ihm. Als ich aus dem Bett gekrochen war und ihn bei den Armen nahm, begann ich, ihm die Geschichte zu erzählen, die ich jetzt euch erzähle. Ich vermute, bis dahin hatte er trotz seines Interesses für jene verbotenen Manuskripte nichts von alldem geglaubt. Schließlich beruhigte er sich. Ich befahl Marilyn, uns etwas Kaffee zu machen. Cavel staunte. Er lachte wie wahnsinnig und presste meinen Arm. Wiederholte mehrmals meinen Namen. Wir könnten die Welt beherrschen, ist dir das klar?, sagte er zu mir. Wir könnten die Welt beherrschen mit solchen Kräften.

Cavel bat mich, die Kreatur in Susan zurückzuverwandeln. Mit einem Stöhnen fragte ich, warum, doch er ließ nicht locker. Ich gab die Order weiter, und er stand mutig in Reichweite der Kreatur, um die Metamorphose des formbaren Fleisches zu bestaunen, die Umgestaltung selbst der subtilsten Details, zum Leben erweckt durch die fotografische Vollkommenheit meiner unterbewussten Erinnerung. Unterdessen zog ich mich an, dann setzten wir drei uns an den Tisch. Cavel zwinkerte mir zu. Ich fühlte mich genauso unbehaglich, als säße ich neben Cavel und der echten Susan. Ihm ging es nicht anders. Warum Susan?, fragte er mich endlich. Hm, Kumpel? All die Weiber, die du haben könntest, und du willst ausgerechnet die Freundin deines besten Freundes? Ich stammelte, stotterte. Ich hab nur herumgespielt. Jeder Mann träumt doch davon, wenigstens ein Mal mit der Freundin seines Freundes zu schlafen, oder?

Ich verzeihe dir, versprach er. Und ich sag auch keinem was. Unter gewissen Bedingungen. Du und ich werden die Macht der Manuskripte weiter erforschen – gemeinsam. Ich bin wunschlos glücklich, sagte ich ihm. Ich nicht, meinte er. Aber davon später mehr. Sue ist übers Wochenende weg, ihre Familie besuchen, und ich möchte mir deine Freundin hier zur Gesellschaft ausleihen. Schließlich träumt jeder Mann davon, wenigstens ein Mal mit der Freundin seines Freundes zu schlafen, oder?

Ich flehte ihn an. Wurde laut, zitterte. Susan sah uns sanft und ergeben zu, wie die echte Sue. Bereit, abermals unterdrückt zu werden. Doch hatte nicht auch *ich* sie unterdrückt, genauso wie Cavel? Hatte ich sie nicht selbstsüchtig ausgenutzt? Sie versklavt?

Am Ende war er mir überlegen. Mein ganzes neu gewonnenes Selbstbewusstsein schwand. Ich konnte kaum stehen, so niedergeschlagen war ich. So gedemütigt. Trotzdem wies ich Sue an, Cavel für einige Tage zu begleiten. Alles zu tun, was er von ihr verlangte. Sie nickte. Gott, sagte Cavel. Und dann gingen sie. Und ich blieb weinend am Tisch zurück.

Zwei Tage später war es Cavel, der nicht ans Telefon ging. In der Nacht gab es ein Gewitter. Ein Klopfen an der Tür. Ich öffnete, und vor mir stand Susan. Haare klatschnass. Sachen klatschnass. Susans Sachen. Ich sagte ihren Namen. Sie antwortete nicht. Großer Gott, dachte ich und nahm sie mit rein.

Am nächsten Tag stand es in der Zeitung. Einige meiner Fragen zum Ausmaß des freien Willens der Kreatur waren nun geklärt. Sie hatte beschlossen, meine Befehle zu missachten. Sie hatte rebelliert. Sie hatte sich Cavel widersetzt. Und sie hatte anderen Menschen wehgetan. Cavels Schwester fand ihn in seiner Wohnung – enthauptet, sein nackter Körper verschmiert von einem sonderbaren Schleim. Den Kopf hatte man nicht sicherstellen können.

Wieso das Ding auch noch Susan umbringen musste, darüber kann ich nur spekulieren. Hatte sie die beiden in flagranti ertappt und sich dabei in einer Weise aufgeführt, die die Kreatur erschreckte? Oder … ich weiß, es klingt albern, aber … könnte das Ding eifersüchtig auf Susan gewesen sein?

In dieser Nacht sagte ich ihm, dass ich es zurückschicken werde. Es sah mich komisch an. Ich erklärte ihm, weshalb. Ich sagte nicht, ich sei wütend wegen dem, was es getan hatte. Konnte ich nicht sein, nicht wirklich. Letztendlich hatte *ich* es getan.

Wir schliefen ein letztes Mal miteinander, und dann nahmen wir unsere Plätze ein. Es neben dem Bett, ich auf dem mysteriösen Symbol der Verbindung. Ich konnte mich nicht mehr an die absteigende Formel erinnern, also schaltete ich den Kassettenrekorder ein, den ich in meinen Händen hielt.

Als ich sah, wie es so dastand und auch mich ansah, bereute ich, es nicht zu umarmen. Seine Hand zu halten, wie damals im Kino. Doch es war zu spät; die Kassette lief. Es wartete. Indes machte es keine Anstalten, seine Ausgangsform anzunehmen. Allem Anschein nach wartete es damit, bis es wieder zu Hause war. Ich hätte gern geglaubt, dass ich wusste, warum …

Gab ihm mein Unterbewusstes einen letzten Befehl? Die Ungewissheit quält mich. Mache ich mir selbst etwas vor, wenn ich glaube, die Kreatur habe – kurz bevor ihre nackte Gestalt ohne großes Aufsehen verschwand und mich in diesem riesigen Raum allein zurückließ, in dem das Bettsofa wieder zusammengeschoben war – aus freiem Willen gehandelt, als sie mich verträumt anlächelte und mit den Lippen die Worte »Lebe wohl!« formte?

C. A. Smith

DIE RÜCKKEHR DES HEXERS

Seit einigen Monaten war ich nun schon ohne Arbeit und meine Ersparnisse waren fast zur Gänze aufgezehrt. Daher begeisterte es mich natürlich, als ich von John Carnby einen positiven Antwortbrief erhielt, in dem er mich zu einem persönlichen Vorstellungsgespräch einlud. Carnby hatte per Anzeige nach einem Sekretär gesucht und darin festgelegt, dass alle Bewerber ihre Eignungen schriftlich darlegen müssten, was ich auch gleich nach dem Lesen der Annonce getan hatte.

Zweifellos handelte es sich bei Carnby um einen schrulligen Gelehrten, der sich nicht gern mit einer langen Warteschlange von Fremden abgeben wollte, denn er hatte mit dem Text seiner Anzeige viele, vielleicht sogar alle, die für die Aufgabe nicht infrage kamen, im Vorweg ausgesondert: Er hatte seine Anforderungen klar und umfassend aufgelistet, und sie waren dazu angetan, selbst die meisten Menschen mit durchschnittlich guter Bildung auszuschließen. Unter anderem verlangte er nach arabischen Sprachkenntnissen. Glücklicherweise hatte ich mir in dieser ungewöhnlichen Sprache gewisse Kenntnisse angeeignet.

Die Adresse, von deren Lage ich mir zunächst ein nur ungefähres Bild gemacht hatte, fand ich am Ende einer Straße im Vorstadtgebiet von Oakland, die einen Hügel hinaufführte. Es handelte sich um ein großes zweistöckiges Haus, beschattet von alten Eichen und von einem Kleid wild wuchernden Efeus verdüstert. Es stand zwischen unbeschnittenen Ligusterhecken und Sträuchern, die seit vielen Jahren keine Gärtnerhand berührt hatte. Das Haus wurde auf einer Seite durch ein unbebautes, von Unkraut überwuchertes Grundstück, auf der anderen Seite durch ein Gewirr von Rankengewächsen und Bäumen, welche die schwarzen Ruinen eines abgebrannten Anwesens umstanden, von seinen Nachbarn getrennt.

Selbst wenn man vom Eindruck lang anhaltender Vernachlässigung absah, haftete dem Ort etwas Tristes, Unheilvolles an – etwas, das den efeuumrankten Umrissen des Hauses innewohnte, den elenden, düsteren Fenstern und selbst den verwachsenen Eichen und dem eigenartig wuchernden Gesträuch. Meine Hochstimmung verflüchtigte sich ein wenig, als ich das Grundstück betrat und über einen ungeharkten Pfad zum Vordereingang lief.

Als ich mich dann John Carnby persönlich gegenübersah, flaute meine Begeisterung noch um ein Weiteres ab. Allerdings hätte ich für das vorahnende Erschauern, das unbestimmte, ernüchternde Gefühl der Gefahr und die bleierne Niedergeschlagenheit, die mich befielen, keinen rechten Grund nennen können. Es mochte an der finsteren Bibliothek, in der er mich empfing, oder auch an dem Mann selbst liegen – die düsteren Schatten dieses Raumes ließen sich weder durch die Sonne noch mit Lampenlicht je zur Gänze verscheuchen. Und daran musste es wohl gelegen haben, denn John Carnby entsprach ganz jener Art von Mensch, für die ich ihn auch gehalten hatte.

Ihm hafteten alle Anzeichen eines einsam forschenden Gelehrten an, der einem obskuren Forschungsgegenstand lange geduldige Jahre gewidmet hatte. Er war hager und gebeugt, mit gewaltiger Stirn und grauem Zottelhaar, und auf seinen eingefallenen, glatt rasierten Wangen lag die Blässe der Bücherhallen. Darüber hinaus umgab ihn allerdings ein Eindruck der nervlichen Zerrüttung – eine ängstlich kauernde Haltung, die die übliche Schüchternheit eines Eigenbrötlers noch übertraf.

Hinzu gesellte sich eine stetige Anspannung, die sich in jedem Blick seiner umschatteten, gehetzten Augen und jeder Bewegung seiner knochigen Hände offenbarte. Allem Anschein nach hatte er sich durch übermäßige Studien die Gesundheit ruiniert. Unwillkürlich fragte ich mich nach der Art der Studien, die ihn zu einem zitternden Wrack gemacht hatten. Dennoch hatte er etwas an sich – vermutlich lag es an der Breite seiner gebeugten Schultern und der kühnen Adlerhaftigkeit seiner Gesichtszüge –, das von großer vormaliger Körperkraft sowie einer Energie kündete, welche noch nicht gänzlich erloschen schien.

Seine Stimme war unerwartet tief und klangvoll: »Ich glaube, dass Sie der richtige Mann sind, Mister Ogden«, sagte er nach einigen Prüfungsfragen, die sich vor allem auf meine Sprachkenntnisse und insbesondere auf meine Beherrschung des Arabischen bezogen. »Ihre Dienste werden von nicht allzu schwerer Art sein, aber ich benötige jemanden, der mir zu jeder beliebigen Zeit zur Verfügung steht. Sie werden daher bei mir einziehen müssen. Ich kann Ihnen ein bequemes Zimmer anbieten, und ich garantiere Ihnen, dass meine Kochkunst Sie nicht vergiften wird. Ich arbeite häufig nachts und ich hoffe, dass die unregelmäßigen Arbeitszeiten Sie nicht zu sehr stören.«

Zweifellos hätte ich über die Zusage, dass die Stellung eines Sekretärs nun also mir gehörte, vor Freude außer mir sein müssen. Stattdessen empfand ich einen unbestimmten, unvernünftigen Widerwillen, und das Gefühl nahenden Unheils beschlich mich, als ich John Carnby dankte und ihm sagte, dass ich ganz nach seinem Belieben jederzeit einziehen könne.

Das schien ihn sehr zu erfreuen, und einen Augenblick lang wich die seltsame Anspannung aus seinem Verhalten: »Ziehen Sie sogleich ein – heute Nachmittag noch, wenn es Ihnen möglich ist«, sagte er. »Ich freue mich schon sehr auf Ihre Gesellschaft, und je eher, desto besser. Ich lebe nun schon seit einiger Zeit ganz alleine; und ich muss gestehen, dass die Einsamkeit für mich allmählich ihren Reiz verliert. Auch kam ich mit meiner Arbeit nicht so recht weiter, weil mir die passende Hilfe fehlte. Früher wohnte mein Bruder bei mir, aber er hat sich auf eine ausgedehnte Reise begeben.«

Ich kehrte zurück in meine Unterkunft in der Innenstadt, bezahlte mit den letzten Dollars, die mir verblieben waren, meine Miete, packte meine Habseligkeiten zusammen und kehrte binnen einer Stunde zum Haus meines neuen Arbeitgebers zurück. Er wies mir ein Zimmer im Obergeschoss zu, das zwar ungelüftet und staubig war, aber im Vergleich zu dem Schlafsaal, den ich wegen mangelnder Geldmittel schon einige Zeit hatte bewohnen müssen, mehr als luxuriös wirkte.

Dann führte er mich zu seinem Arbeitszimmer, das am anderen Ende des Flures im gleichen Stock lag. Hier würde ich die meisten Aufgaben zu erledigen haben, erklärte er mir.

Als ich das Innere des Zimmers überblickte, konnte ich einen überraschten Ausruf nicht unterdrücken. Es sah ganz so aus, wie ich mir die Behausung eines alten Hexenmeisters immer vorgestellt hatte. Auf mehreren Tischen standen uralte Instrumente, deren Zweck man nur erraten konnte, neben ausgebreiteten astrologischen Tabellen, Schädeln, Destillierkolben, Kristallen, Weihrauchgefäßen, wie sie bei der katholischen Messe verwendet werden, und gewaltigen, in wurmstichiges Leder gebundenen Folianten, die von grünspanfleckigen Buchbroschen zusammengehalten wurden.

In einer Ecke stand ein riesiges Affenskelett, in einer anderen das Gerippe eines Menschen und von der Decke hing ein ausgestopftes Krokodil. Die Regale waren mit Büchern vollgestopft, und ein flüchtiger Blick auf die Titel reichte schon aus, um mir bewusst zu machen, dass sie eine einzigartig vollständige Ansammlung uralter und moderner Werke über Dämonologie und schwarze Kunst darstellten. An den Wänden hingen mehrere unheimliche Gemälde und Stiche, die sich mit ähnlichen Themen befassten. Die gesamte Atmosphäre des Zimmers verströmte einen wirren Hauch halb vergessenen Aberglaubens. Hätte ich mich anderenorts mit solchen Eindrücken konfrontiert gesehen, so hätte ich wohl gelächelt, doch irgendwie fiel es mir in diesem einsamen, tristen Haus neben dem nervlich angeschlagenen und gehetzten Carnby schwer, ein Erschauern zu unterdrücken.

Auf einem Tisch wartete in sonderbarem Kontrast zu diesem Mischmasch aus Mittelalter und Satanismus eine Schreibmaschine, daneben einige Stapel ungeordneter Manuskripte. In einer Ecke des Zimmers war ein kleiner verhängter Alkoven mit einem Bett eingelassen, in dem Carnby schlief. Auf der anderen Zimmerseite entdeckte ich zwischen dem menschlichen Skelett und dem des Affen einen in die Wand integrierten verschlossenen Schrank.

Carnby hatte meine Überraschung bemerkt und musterte mich mit einem scharfen sezierenden Blick, der mir unergründlich schien. Er hob zu einer Erklärung an: »Ich habe mein Lebenswerk den Studien des Dämonischen und der Hexerei gewidmet«, verkündete er. »Es ist ein faszinierendes Gebiet und wird zudem schon seit Langem sehr vernachlässigt. Ich arbeite gerade an einer Monografie, in der ich versuche, die magischen Praktiken und Teufelsverehrungen aller Völker und Zeiten zueinander in Beziehung zu setzen. Fürs Erste wird Ihre Arbeit darin bestehen, meine umfangreichen Vornotizen abzutippen und einzuordnen. Ferner werden Sie mir dabei behilflich sein, weitere Bezüge und Querverweise aufzuspüren. Ihre Kenntnisse des Arabischen sind für mich von unschätzbarem Wert, denn in dieser Sprache bin ich selbst nicht allzu sehr bewandert, und ich benötige wesentliche Angaben aus einer Ausgabe des Necronomicon, die im Arabisch des Urtextes abgefasst ist. Ich habe Grund zu der Annahme, dass in der lateinischen Ausgabe von Olaus Wormius bestimmte Abschnitte ausgelassen und andere falsch übersetzt wurden.«

Von diesem seltenen und nahezu berühmten Werk hatte ich gehört, es aber noch nie zu Gesicht bekommen. In dem Buch waren angeblich die letzten Geheimnisse eines finsteren und verbotenen Wissens enthalten. Zudem galt der ursprüngliche Text, der von dem wahnsinnigen Araber Abdul Alhazred verfasst worden war, als unzugänglich. Ich fragte mich, wie Carnby ihn in seinen Besitz gebracht hatte.

»Nach dem Abendessen zeige ich Ihnen das Buch«, fuhr Carnby fort. »Zweifellos werden Sie mir eine oder zwei Passagen erhellen können, die mir schon lange Kopfzerbrechen bereiten.«

Das Abendbrot, das mein Arbeitgeber persönlich zubereitete und auftrug, war gegenüber der billigen Restaurantkost eine willkommene Abwechslung. Carnby schien einen Großteil seiner Nervosität abgelegt zu haben. Er zeigte sich äußerst gesprächig, und nachdem wir eine Flasche lieblichen Wein aus Sauternes getrunken hatten, entwickelte er sogar eine gewisse professorale Lebhaftigkeit. Dennoch wurde ich von unheilvollen Vorahnungen und

Missbehagen heimgesucht, die ich weder ergründen noch auf eine einleuchtende Ursache zurückführen konnte.

Wir begaben uns wieder in das Arbeitszimmer, und aus einer verschließbaren Schublade nahm Carnby den Band heraus, von dem er gesprochen hatte. Er wirkte unglaublich alt, in Ebenholz eingebunden, mit Silber verziert und mit dunkel leuchtenden Granatsteinen besetzt. Als ich die vergilbten Seiten aufschlug, fuhr ich in unwillkürlichem Widerwillen vor dem aufsteigenden Geruch zurück – einem Geruch, der an körperlichen Zerfall nicht nur erinnerte, als ob das Buch auf einem vergessenen Friedhof zwischen Leichen gelegen und die Befleckung der bevorstehenden Auflösung angenommen hatte.

Carnbys Augen brannten in einem fiebrigen Schimmer, als er mir das alte Manuskript aus der Hand nahm und ungefähr in der Mitte aufschlug. Mit einem dürren Zeigefinger deutete er auf einen bestimmten Abschnitt. »Sagen Sie mir, wie Sie dies hier lesen«, forderte er mit einem angespannten und erregten Flüstern.

Langsam und mit viel Mühe entzifferte ich den Absatz und schrieb eine grobe englische Version auf den Notizblock, den Carnby mir reichte. Auf sein Geheiß las ich ihn dann laut vor.

»Nun wissen es wahrlich nur wenige, dennoch ist es bestätigte Tatsache, dass der Wille eines toten Zauberers Macht über seinen Leichnam übet und ihn aus dem Grabe erheben und zu solchem Zwecke bringen kann, welcher im Leben unvollendet geblieben. Und solcherlei Wiederbelebung ist stets zur Vollführung übler Taten und zum Missgeschicke anderer getan. Der Leichnam ist aufs Trefflichste belebt, so er denn ganz an allen Gliedern verblieben; aber beizeiten hat der überragende Wille des Magiers die getrennten Stücke eines Leichnams erhoben, welcher in vielerlei Teile zerhauen, auf dass er seinen Willen erfülle, sei es zu Teilen oder in befristeter Vereinigung. Ist aber die befohlene Handlung vollendet, so zerfällt der Leib wieder in den vorherigen Stand.«

Das war natürlich irrwitziger Unsinn. Wahrscheinlich lag es eher an dem seltsamen ungesunden Gesichtsausdruck meines Arbeitgebers, der von faszinierter Aufmerksamkeit zeugte, als an dem verdammenswerten Abschnitt des Necronomicon selbst, dass ich nervös wurde und heftig zusammenfuhr, als ich kurz vor Ende meiner Lesung ein unbeschreibbares rutschendes Geräusch aus dem Flur vernahm. Als ich den Abschnitt jedoch beendete und zu Carnby aufsah, versetzte mich der Ausdruck nackter, starrer Furcht auf seinem Gesicht in noch größeren Schrecken – es war die Miene eines Menschen, der von einem höllischen Schreckgespenst heimgesucht wird. Irgendwie beschlich mich das Gefühl, dass er eher auf das seltsame Geräusch im Flur als auf meine Übersetzung des Abdul Alhazred lauschte.

»Das Haus ist voller Ratten«, erklärte er, als er meinen fragenden Blick bemerkte. »Trotz all meiner Bemühungen habe ich sie nie vollständig loswerden können.«

Das Geräusch hielt immer noch an und klang wahrhaftig nach einer Ratte, die etwas über den Boden schleift. Es schien näher zu kommen, näher zur Tür zu Carnbys Arbeitszimmer. Nach einer kurzen Pause rührte es sich erneut und zog sich dann zurück. Die Erregung meines Arbeitgebers war unverkennbar; er lauschte in ängstlicher Gebanntheit und schien der Bewegung des Geräuschs mit einem Schrecken zu folgen, der anwuchs, als es näher kam, und ein wenig abnahm, als es sich wieder entfernte.

»Ich bin ziemlich nervös«, gestand er. »Ich habe in letzter Zeit zu viel gearbeitet, und das ist nun das Ergebnis. Selbst ein kleines Rascheln bringt mich schon aus der Fassung.«

Das Geräusch schien nun irgendwo im Haus erstorben zu sein. Carnby wirkte wieder etwas gefasster.

»Würden Sie mir Ihre Übersetzung bitte noch einmal vortragen?«, bat er. »Ich möchte sie gerne Wort für Wort nachvollziehen.«

Ich tat, wie mir geheißen. Er lauschte mit dem gleichen Blick einer unheimlichen Faszination, und diesmal wurden wir nicht von irgendwelchen Geräuschen auf dem Flur unterbrochen. Als ich die letzten Sätze vorlas, war Carnbys Gesicht noch bleicher geworden, als wäre der letzte Blutstropfen aus seinen Zügen gewichen. Das Feuer in seinen Augen glich nun einem phosphoreszierenden Schimmer aus einem tiefen Schacht.

»Dieser Absatz ist äußerst bemerkenswert«, meinte er. »Ich war mir seiner Bedeutung nicht ganz sicher, da mein Arabisch lückenhaft ist, und habe festgestellt, dass der Absatz in der lateinischen Ausgabe des Olaus Wormius zur Gänze fehlt. Ich danke Ihnen für Ihre gelehrsame Übertragung. Sie haben ihn mir wirklich erhellt.«

Seine Stimme klang ausdruckslos und förmlich, als ob er sich zurückhielt und eine ganze Welt unaussprechlicher Gedanken und Gefühle in sich verschloss. Irgendwie hatte ich das Gefühl, dass Carnby sogar noch nervöser und aufgewühlter war als zuvor und dass meine Übersetzung aus dem Necronomicon auf irgendeine geheimnisvolle Weise noch zu seiner Verstörung beigetragen hatte. Er machte ein schauerlich gequältes Gesicht, als ob sein Verstand sich mit einem unliebsamen und verbotenen Thema befasste.

Allerdings schien er sich wieder zu fangen und bat mich um die Übersetzung eines weiteren Abschnitts. Dieser erwies sich als eine lange Gesangformel zum Exorzieren von Toten in Verbindung mit einem Ritual, das die Verwendung seltener arabischer Gewürze sowie den fehlerfreien

Vortrag der Namen von über 100 Ghoulen und Dämonen erforderte. Ich legte alles schriftlich für Carnby nieder, und dieser betrachtete das Blatt mit einer Hingerissenheit, die über die Ekstase eines Gelehrten weit hinausging.

»Auch dieser Absatz steht nicht bei Olaus Wormius.« Noch einmal las er den Zettel durch, faltete ihn dann sorgfältig und legte ihn in die gleiche Schublade, aus der er zuvor das Necronomicon hervorgeholt hatte.

Dieser Abend gehörte zu den sonderbarsten, an die ich mich erinnern kann. Während wir stundenlang beieinandersaßen und Übersetzungen aus dem teuflischen Band diskutierten, kam ich mehr und mehr zu dem Schluss, dass mein Arbeitgeber vor irgendetwas eine Todesangst hatte; es graute ihm davor, allein zu sein, und er behielt mich eher aus diesem Grund bei sich als aus einem anderen.

Immer wieder wirkte er, als ob er innehielt und mit schmerzlich gequältem Gesichtsausdruck auf etwas lauschte, und ich bemerkte, dass er den Gesprächen nur mechanische Aufmerksamkeit schenkte. Inmitten der makabren Ausstattung dieses Raumes, in dieser Atmosphäre des formlosen Bösen, des ungenannten Entsetzens gab der vernunftgeprägte Teil meines Verstandes unter dem Hervorbrechen finsterer vorzeitlicher Ängste nach. Im Zustand geistiger Klarheit hatte ich diesen Dingen stets Verachtung entgegengebracht, doch mittlerweile war ich vollends bereit, die scheußlichsten Schöpfungen eines abergläubischen Geistes ernst zu nehmen. Zweifellos hatte ich mich durch eine Art geistige Ansteckung in den Bann des verborgenen Grauens begeben, unter dem Carnby litt.

Allerdings gab der Mann durch kein Wort und keine Silbe die wahren Gefühle hinter seinem Gebaren zu, sondern sprach wiederholt von einem Nervenleiden. Während unserer Diskussion versuchte er mehr als einmal den

Eindruck zu vermitteln, dass sein Interesse am Übernatürlichen und Satanischen rein intellektueller Art sei, dass er ebenso wie ich solchen Angelegenheiten keinerlei eigenen Glauben schenke. Dennoch wurde mir untrüglich klar, dass er log; dass ihn ein realer Glaube an all das, was er mit wissenschaftlicher Distanz zu betrachten vorgab, antrieb und in Besitz genommen hatte. Zweifellos war er einem imaginären Schrecken zum Opfer gefallen, der sich bei seinen okkulten Forschungen herausgebildet hatte. Doch vermochte meine Intuition mir keinen Hinweis auf die wahre Beschaffenheit dieses Schreckens zu geben.

Die Geräusche, die auf meinen Arbeitgeber eine derart verstörende Wirkung ausgeübt hatten, ließen sich nicht wieder vernehmen. Wir mussten bis lange nach Mitternacht über den aufgeschlagenen Schriften des wahnsinnigen Arabers gesessen haben.

Schließlich schien Carnby zu bemerken, wie weit die Stunden schon vorangeschritten waren: »Ich fürchte, ich habe Sie viel zu lange wach gehalten«, sagte er entschuldigend. »Sie sollten sich Ihren Schlaf gönnen. Ich bin etwas selbstsüchtig, und dabei vergesse ich, dass andere Menschen im Unterschied zu mir an solche Arbeitszeiten nicht gewöhnt sind.«

Wie es die Höflichkeit verlangte, bestritt ich seine Selbstbezichtigung, entbot ihm eine gute Nacht und suchte mit einem gewaltigen Gefühl der Erleichterung mein Schlafgemach auf. Es kam mir so vor, als ob ich in Carnbys Zimmer sämtliche schattenhaften Ängste und Beklemmungen zurückließ, denen ich ausgesetzt gewesen war.

Im langen Flur brannte nur ein einziges Licht. Es hing nahe bei Carnbys Tür, und der Eingang zu meinem Zimmer am anderen Ende des Flures nahe am Treppenabgang lag in tiefem Schatten. Als ich nach dem Knauf tastete, hörte ich hinter mir ein Geräusch, drehte mich um und entdeckte im düsteren Dämmerlicht eine kleine undeutliche Gestalt, die vom Flur auf die oberste Stufe sprang und außer Sicht geriet.

Ein furchtbarer Schrecken erfasste mich. Selbst mit meinem nur flüchtigen Blick hatte ich erkannt, dass das Wesen für eine Ratte viel zu bleich gewesen war und seine Gestalt nichts von einem Tier an sich trug. Ich hätte nicht beschwören können, um was es sich eigentlich handelte, aber den Umrissen haftete etwas unsagbar Schreckliches an. Mit bebenden Gliedern stand ich da und hörte auf der Treppe eine Serie dumpfer Laute, als ob Stufe um Stufe ein Gegenstand hinabrollte. Das Geräusch wiederholte sich in regelmäßigen Abständen und verstummte schließlich.

Ich hätte die Treppenbeleuchtung nicht einschalten können, selbst wenn es um Leib und Leben gegangen wäre, auch hätte ich keinen Schritt zum Treppenabsatz gewagt, um die Ursache der unnatürlichen Geräusche herauszufinden. Vielleicht hätte es jeder andere getan – ich vermochte es nicht. Stattdessen betrat ich nach einem kurzen Augenblick regelrechter Versteinerung mein Zimmer, schloss die Tür ab und begab mich in einem Aufruhr ungelöster Zweifel und einhelligen Entsetzens zu Bett. Ich ließ das Licht brennen; und stundenlang lag ich wach und erwartete in jedem Moment eine Wiederholung jenes abscheulichen Geräusches. Aber das Haus lag so still da wie ein Grab, und ich hörte nichts. Schließlich fand ich trotz meiner gegenteiligen Befürchtungen doch noch Schlaf und erwachte erst nach vielen traumlosen Stunden des Schlummers.

Laut meiner Uhr war es zehn Uhr morgens. Ich fragte mich, ob mein Arbeitgeber mich aus Rücksicht hatte schlafen lassen oder ob er selbst noch nicht aufgestanden war. Ich zog mich an und ging nach unten, wo ich ihn am

Frühstückstisch vorfand, auf mich wartend. Er wirkte noch bleicher und zitteriger denn zuvor, als hätte er schlecht geschlafen.

»Ich hoffe, die Ratten haben Sie nicht allzu sehr belästigt«, bemerkte er nach der ersten Begrüßung. »Ich muss wirklich etwas gegen sie unternehmen.«

»Ich habe sie überhaupt nicht bemerkt«, gab ich zur Antwort. Irgendwie war es mir vollkommen unmöglich, das sonderbare unbeschreibliche Etwas zu erwähnen, das ich beim Zubettgehen in der vorigen Nacht gesehen und gehört hatte. Zweifellos hatte ich mich geirrt; zweifellos war es doch nur eine Ratte gewesen, die etwas die Treppe hinuntergeschleift hatte. Ich versuchte, den abscheulichen wiederholten Laut und den erhaschten Blick auf undenkbare Umrisse im Dämmerlicht zu vergessen.

Mein Arbeitgeber musterte mich mit einem scharfen Blick, als ob er in meine innersten Gedanken einzudringen suchte. Das Frühstück geriet zu einer tristen Angelegenheit, der daran anschließende Tag wurde nicht weniger beklemmend. Carnby zog sich bis zum Spätnachmittag zurück, und ich blieb in der wohlbestückten, jedoch konventionellen Bibliothek im Erdgeschoss mir selbst überlassen. Was Carnby in seinem Zimmer anstellte, konnte ich nicht einmal vermuten; aber mehrmals dachte ich, dass ich eine ernste Stimme etwas schwach und monoton vortragen hörte. Schreckliche Vorzeichen und beunruhigende Ahnungen suchten meinen Verstand heim. Mehr und mehr umschlang und erstickte mich die Atmosphäre dieses Hauses mit ihrem giftigen, kränklichen Mysterium; und überall verspürte ich das unsichtbare Lauern bösartiger Geister.

Als mich mein Arbeitgeber in sein Arbeitszimmer rief, war es fast eine Erleichterung. Beim Eintreten bemerkte ich, dass ein durchdringender aromatischer Geruch in der Luft hing, von sich auflösenden Schlingen eines bläulichen Dunstes durchsetzt, als wären in den Weihrauchgefäßen orientalische Kräuter und Gewürze verbrannt worden. Von seiner ursprünglichen Lage an der Zimmerwand war ein Isfahan-Teppich in die Mitte des Raumes verschoben worden. Allerdings vermochte er ein violettes geschwungenes Zeichen nicht ganz zu verbergen, das auf die Zeichnung eines magischen Kreises auf dem Boden hindeutete. Zweifellos hatte Carnby eine Art Beschwörung vollzogen, und ich musste an die furchterregende Formel denken, die ich auf sein Geheiß übersetzt hatte.

Allerdings bot er mir keine Erklärungen für das, was er getan hatte. Sein Verhalten hatte sich auf bemerkenswerte Weise gewandelt und wirkte beherrschter und selbstsicherer als zu jeder anderen Zeit unserer Bekanntschaft. Mit fast geschäftsmäßigem Gebaren legte er einen Stapel von Manuskripten vor mir ab, die ich für ihn abtippen sollte. Das vertraute Geklapper der Tasten trug dazu bei, meine Vorahnungen eines unbestimmten Unheils von mir zu weisen, und ich konnte fast über die zusammengesammelten und furchterregenden Informationen in den Notizen meines Arbeitgebers lächeln, die in der Hauptsache von Formeln handelten, mit denen verbotene Macht erlangt werden sollte. Unter meinem selbstsicheren Gleichmut lauerte dennoch ein vages Unbehagen.

Der Abend brach an. Nach dem gemeinsamen Essen kehrten wir in das Arbeitszimmer zurück. In Carnbys Verhalten lag nun etwas Angespanntes, als ob er begierig auf das Ergebnis eines verborgenen Tests wartete. Ich fuhr mit meiner Arbeit fort; aber etwas von seiner Unruhe übertrug sich auch auf mich, und ab und zu ertappte ich mich, wie ich angestrengt auf etwas Unerhörtes lauschte.

Schließlich hörte ich über dem Klappern der Tasten das seltsame Rutschen im Flur. Carnby hatte es ebenfalls vernommen, und sein selbstsicheres Auftreten verschwand spurlos und wich dem Eindruck bejammernswerter Furcht.

Das Geräusch kam näher und wurde von einem gedämpften Schleifen abgelöst, und dann waren weitere Töne unterschiedlicher Lautstärke zu vernehmen, die nach Rutschen und Krabbeln klangen. Offenbar war der gesamte Flur davon erfüllt, als würde ein ganzes Rattenheer irgendein erbeutetes Aas über den Boden zerren. Und dennoch hätte kein Nagetier oder auch eine beliebige Anzahl davon solche Geräusche erzeugen oder etwas so Schweres wie jenen Gegenstand bewegen können, der dort bewegt wurde. Etwas haftete diesen Lauten an – etwas Namenloses, Unbestimmtes, das mir einen langsamen, eiskalten Schauer über den Rücken rieseln ließ.

»Großer Gott! Was ist denn bloß dieser Lärm?«, schrie ich auf.

»Die Ratten! Ich sage Ihnen, das sind nur die Ratten!« Carnbys Stimme hatte sich in ein schrilles hysterisches Kreischen verwandelt.

Einen Augenblick später erklang ein deutliches Klopfen an der Tür nahe der Schwelle. Zur gleichen Zeit hörte ich einen schweren Schlag im verschlossenen Schrank am anderen Ende des Zimmers. Carnby hatte aufrecht dagestanden, doch jetzt sank er schlaff in einen Sessel. Sein Gesicht wurde aschfahl, und seine Miene hatte sich vor Angst in die eines Wahnsinnigen verwandelt.

Der albtraumhafte Zweifel und die Anspannung wurden unerträglich, und ich stürzte zur Tür und riss sie trotz des hektischen Aufbegehrens meines Arbeitgebers auf. Ich hatte keine Ahnung, was ich erschauen würde, als ich über die Schwelle in den schwach erleuchteten Flur trat. Als ich nach unten blickte und das Ding sah, auf das ich fast getreten wäre, überkamen mich ein schwindelerregendes Erstaunen und Übelkeit.

Es handelte sich um eine am Gelenk abgetrennte menschliche Hand – eine knochige, bläuliche Hand wie die einer wochenalten Leiche. Gartenerde klebte an ihren Fingern und unter den langen Nägeln.

Das abscheuliche Etwas hatte sich bewegt! Es hatte sich vor mir zurückgezogen und kroch jetzt wie eine Art Krebs über den Gang. Und als ich ihm mit meinem Blick folgte, sah ich, dass sich dahinter noch weitere Körperteile befanden – einen erkannte ich als einen menschlichen Fuß, einen anderen als Unterarm. Ich wagte es nicht, mir die restlichen zu genau anzusehen. Sie krochen mit langsamen, abscheulichen Bewegungen wie ein Leichenzug von mir fort, und ich kann die Manier nicht beschreiben, in der sie sich bewegten, denn ihre individuelle Vitalität erfüllte mich mit unerträglichem Grauen. Mehr als die Kraft, die dem Leben selbst innewohnt, die Luft mit Aasgeruch gesättigt.

Ich wandte den Blick ab, trat in Carnbys Zimmer zurück und zog mit zitternder Hand die Tür hinter mir zu. Carnby stand mit dem Schlüssel in der Hand neben mir und drehte ihn im Schloss mit bebenden Fingern, die schwach wie die eines alten Mannes geworden schienen.

»Haben Sie sie gesehen?«, fragte er in einem heiseren, schwankenden Flüsterton.

»In Gottes Namen, was soll das alles bedeuten?«, schrie ich.

Carnby ging, vor Schwäche leicht taumelnd, zu seinem Sessel zurück. Seine Gesichtszüge verzerrten sich unter dem Nagen eines inneren Grauens, und er zitterte heftig, wie im Griff des Schüttelfrosts. Ich setzte mich auf einen

Stuhl neben dem seinen, und dann brachte er stammelnd unter allerlei sinnlosen Lauten, Unterbrechungen und Zaudereien seine unglaubliche Beichte vor:

»Er ist stärker als ich … selbst im Tode noch, sogar nachdem ich seine Leiche mit Skalpell und chirurgischer Säge zerstückelt habe. Ich dachte, dass er dann nicht zurückkehren könnte … ich habe doch die Teile an einem Dutzend Stellen vergraben, im Keller, unter den Sträuchern, am Fuß der Efeuranken. Doch es ist wahr, was im Necronomicon steht … und Helman Carnby wusste es. Bevor ich ihn umbrachte, warnte er mich; er sagte mir, dass er zurückkehren würde – sogar in diesem Zustand.

Doch ich glaubte ihm nicht. Ich hasste Helman, und er hasste auch mich. Er hatte größere Macht, gewaltigeres Wissen erlangt und stand bei den Mächten der Finsternis in höherer Gunst als ich. Deshalb habe ich ihn ja auch umgebracht – meinen eigenen Zwillingsbruder, zugleich mein Bruder im Dienste Satans und jener Wesen, die vor Satan kamen. Viele Jahre lang hatten wir uns gemeinsam dem Studium hingegeben. Wir haben die schwarze Messe gefeiert und wurden von denselben Familiares umsorgt. Doch Helman Carnby war tiefer in das Reich des Okkulten, des Verbotenen vorgedrungen als ich, wohin ich ihm nicht zu folgen vermochte. Ich fürchtete mich vor ihm, und ich konnte seine Überlegenheit nicht ertragen.

Länger als eine Woche ist es nun schon her … zehn Tage, seit ich die Tat beging. Aber Helman … oder ein Teil von ihm … ist in jeder Nacht zurückgekehrt … Gott! Wie seine verfluchten Hände über den Boden krabbelten! Seine Füße, seine Arme, die oberen und unteren Schenkel, die auf unbeschreibliche Weise die Stufen hinaufsteigen, um mich zu quälen … Christus! Wie sein schrecklicher blutiger Rumpf mich belauert. Ich sage Ihnen, seine Hände sind sogar schon tagsüber gekommen, klopfen und scharren an meiner Tür … und im Dunkeln bin ich über seine Arme gestolpert.

O Gott! Dieses Entsetzen bringt mich noch um den Verstand. Aber das will er ja gerade, er will mich peinigen, bis mir das Hirn zerspringt. Deshalb quält er mich – Stück für Stück. Mit der teuflischen Macht, die ihm zu Gebote steht, könnte er das alles mit einem Schlag beenden. Er könnte seine zertrennten Glieder und seinen Leib zusammenfügen und mich erschlagen, wie ich ihn erschlagen habe.

Und ich habe doch so sorgsam die Teile vergraben, mir alles bis ins Kleinste durchdacht! Und wie sinnlos ist es gewesen! Die Säge und das Messer habe ich ebenfalls vergraben, dort im hintersten Winkel des Gartens, so weit wie möglich von seinen bösen, krabbelnden Händen entfernt. Aber den Kopf – den habe ich nicht mit den anderen Stücken vergraben –, den bewahre ich im Schrankregal hinten in meinem Zimmer auf. Manchmal habe ich gehört, wie er dort rumort, wie Sie ihn ja vor Kurzem auch gehört haben. Doch den Kopf braucht er gar nicht, sein Wille ist irgendwo anders versammelt und manifestiert sich im planvollen Handeln seiner Glieder.

Natürlich, als ich entdeckte, dass er wiederkehrte, verschloss ich in den Nächten alle Fenster und Türen … Doch es nützte nichts. Und ich habe ihn mit den passenden Banngesängen und Anrufungen zu vertreiben gesucht … mit allen, die ich kannte. Heute habe ich die machtvolle Formel aus dem Necronomicon ausprobiert, die Sie mir übersetzt haben. Deshalb habe ich Sie hierhergeholt – damit Sie sie mir übersetzen. Außerdem ertrug ich es nicht mehr, allein zu sein, und ich dachte, dass es etwas hilft, wenn sich noch jemand im Hause aufhält. Jene Formel ist meine letzte Hoffnung gewesen. Ich glaubte wirklich, dass sie ihn in Bann schlagen würde … es ist eine uralte und urböse Beschwörung. Aber Sie haben ja selbst gesehen, dass sie nichts nützt …«

Seine Stimme verfiel zu einem zusammenhanglosen Gemurmel, und er starrte mit blicklosen, unerträglichen Augen, in denen ich das Aufflackern des blanken Irrsinns sah, ins Leere. Mir fehlten die Worte – so unsäglich abscheulich schien sein Geständnis. Die Erschütterung all dessen, was ich für gut und richtig hielt, und das übernatürliche Grauen hatten mich sprachlos gemacht. Mein Denken und Empfinden waren wie vom Donner gerührt, und ich musste mich erst um einiges erholen, bis ich das unwiderstehliche Aufwallen einer Flut von Abscheu für den Mann neben mir verspürte.

Ich stand auf. Schweigen hatte sich auf das Haus gesenkt, als ob das aberwitzige Belagerungsheer der Leichenteile sich in seine Grabesbaracken zurückgezogen hatte. Carnby hatte den Schlüssel stecken lassen, und ich schritt zur Tür und schloss sie rasch auf.

»Gehen Sie etwa? Bleiben Sie!«, flehte Carnby mit zitteriger, angsterfüllter Stimme, als ich die Hand auf den Türknauf legte.

»O ja, ich gehe«, sagte ich mit kalter Stimme. »Ich kündige mit sofortiger Wirkung, und ich beabsichtige, meine Sachen zu packen und Ihr Haus so schnell wie möglich zu verlassen.«

Ich öffnete die Tür und lief aus dem Zimmer, ohne auf seine brabbelnd vorgebrachten Argumente und Betteleien zu hören. Hier und jetzt zog ich es vor, mich dem zu stellen, was mich vielleicht in dem düsteren Gang erwartete, wie grässlich und furchtbar es auch sein mochte, anstatt noch länger in der Gesellschaft von John Carnby zu verweilen.

Der Flur war leer, doch während ich zu meinem Zimmer hastete, erschauerte ich bei dem Gedanken an das, was ich gesehen hatte. Ich glaube, bei dem geringsten Geräusch, der geringsten Bewegung in den Schatten hätte ich laut aufgeschrien.

Mit dem Gefühl der äußersten zwanghaften Dringlichkeit begann ich, meine Reisetasche zu packen. Es schien mir, als könnte ich nicht rasch genug aus diesem Haus mit seinen abscheulichen Geheimnissen entfliehen, über dem wie ein Unwetter eine erstickende Bedrohung zu schweben schien. In meiner Hast misslangen mir einige Handgriffe: Ich stolperte über Stühle und mein Hirn und meine Finger wurden taub unter einem lähmenden Gefühl des Grauens.

Fast hatte ich meine Vorbereitungen abgeschlossen, da hörte ich langsame, regelmäßige Schritte die Treppe heraufkommen. Ich wusste, dass es nicht Carnby war, denn sobald ich aus seinem Zimmer gelaufen war, hatte er sich eingeschlossen; und mich befiel das sichere Gefühl, dass nichts ihn zum Herauskommen bewogen hätte. Außerdem hätte ich es sicherlich gehört, wäre er nach unten gegangen.

Die Schritte erreichten den obersten Absatz und gingen den Flur entlang an meiner Tür vorbei. Ihr Takt klang eintönig, tot, wie die regelmäßige Bewegung einer Maschine. Ganz sicher nicht das leise, nervöse Auftreten von John Carnby.

Wer konnte es dann sein? Mir stockte das Blut in den Adern. Die Vermutungen, die sich an die Oberfläche meines Verstandes drängten, wagte ich nicht zu vollenden.

Die Schritte verstummten, und ich wusste, dass sie an der Tür zu Carnbys Zimmer angekommen waren. Eine Pause trat ein, in der ich kaum Atem schöpfen konnte. Sodann hörte ich ein furchtbares Krachen und Bersten und darüber den gellenden Schrei eines Mannes im Griff der aberwitzigsten Angst.

Ich vermochte nicht, mich zu rühren, als hielt eine eiserne Hand mich gefangen, und ich weiß nicht, wie lange ich wartete und lauschte. Der Schrei erstarb rasch, und jetzt konnte ich nur noch ein leises, sonderbares, sich wiederholendes Geräusch vernehmen, das mein Verstand nicht zu deuten wagte.

Es war nicht mein eigener Wille, sondern eine überwältigende Macht, die mich schließlich in Bewegung setzte und über den Flur zu Carnbys Studierzimmer trieb. Ich spürte die Anwesenheit dieses Willens wie ein übermächtiges, übermenschliches Wesen – eine dämonische Gewalt, ein bösartiger Mesmerismus.

Die Tür des Zimmers war eingeschlagen worden und hing nur noch an einem Scharnier – geborsten wie unter der Einwirkung einer ungeheuren Gewalt, die Menschenkraft überstieg. Im Zimmer brannte noch eine Lampe, und das unaussprechliche Geräusch, das ich vernommen hatte, verstummte, als ich mich der Schwelle näherte. Ein böses, undurchdringliches Schweigen folgte.

Erneut hielt ich inne und konnte nicht weitergehen. Doch diesmal war es etwas anderes als jener höllische, alles durchdringende Magnetismus, der meine Glieder erstarren ließ und mich gefangen hielt. Als ich den schmalen Winkel des Zimmers ausspähte, der vom Türrahmen umfasst und von einer Lampe außerhalb meines Sichtfeldes erleuchtet wurde, sah ich einen Saum des Orientteppichs und die grässlichen Umrisse eines unbeschreiblich reglosen Schattens, der darüber auf den Boden geworfen wurde. Riesig war er, verlängert, missgestaltet, und dieser Schatten wurde offenbar vom Rumpf und den Armen eines nackten Mannes geworfen, der sich mit einer Chirurgensäge in der Hand vorbeugte. Darin lag auch seine Ungeheuerlichkeit: Obwohl die Schultern, die Brust, der Bauch und die Arme deutlich zu erkennen waren, wies der Schatten keinen Kopf auf und schien in einem abgetrennten Hals zu enden. In Anbetracht des Blickwinkels schien es unmöglich, dass der Kopf durch irgendeine Verkürzung mir hätte verborgen bleiben können.

Ich wartete. Es stand außerhalb meiner Macht, das Zimmer zu betreten oder mich zurückzuziehen. In einer eisig-trägen Flut strömte mir das Blut wieder zum Herzen, und jedweder Gedanke fror in meinem Hirn fest. Eine Zeitspanne des namenlosen Schreckens verstrich, und dann erklang aus der verborgenen Seite von Carnbys Zimmer aus der Richtung des verschlossenen Schrankregals ein furchtbares lautes Krachen, gefolgt vom Geräusch splitternden Holzes und ächzender Scharniere und dem unheimlichen, dumpfen Schlag eines unerkannten Gegenstandes auf dem Boden.

Wieder herrschte Schweigen – ein Schweigen, als würde das Böse nach vollzogener Tat über seinem namenlosen Triumph brüten. Der Schatten hatte sich nicht geregt. Seine Haltung gemahnte an scheußliche Nachdenklichkeit, und in der erhobenen Hand lag immer noch die Säge wie über getanem Werk.

Eine weitere Spanne verstrich, und dann wurde ich ohne eine Vorwarnung Zeuge des schrecklichen und unerklärlichen Zerfalls des Schattens, der sacht und mühelos in vielerlei verschiedenartige Schatten auseinanderbrach, bevor er meinem Sichtfeld entschwand.

Ich zögere, die Art und Weise zu beschreiben oder die Stellen zu benennen, an denen sich dieses einzigartige Auseinanderfallen, dieses mannigfaltige Zerbrechen ereignete. Zugleich hörte ich das durch den Perserteppich gedämpfte

Herabfallen eines metallischen Gegenstandes und einen Laut, als ob nicht ein Körper fiel, sondern viele Körper zu Boden stürzten.

Erneut herrschte Schweigen – das Schweigen eines nächtlichen Friedhofs, auf dem die Totengräber und die Ghoule ihre makabre Arbeit getan haben und die Toten wieder allein sind.

Ich wurde von dem bösen Mesmerismus angezogen, und wie ein Schlafwandler, den ein unsichtbarer Dämon leitet, betrat ich das Zimmer. Mit grausiger Klarheit wusste ich schon im Vorwege, welcher Anblick jenseits der Schwelle mich erwartete – der doppelte Haufen menschlicher Teile, einige von ihnen frisch und blutüberströmt, andere bereits bläulich unter der beginnenden Verwesung und von Erdflecken beschmutzt. Beiderlei Brocken lagen in schrecklichem Durcheinander auf dem Teppich.

Aus dem Haufen ragten ein gerötetes Messer und eine gleichermaßen befleckte Säge hervor. Ein wenig abseits zwischen dem Teppich und dem offenen Schrank mit seiner zerschmetterten Tür ruhte aufrecht ein Menschenkopf, der den anderen Überresten zugewandt war. Er befand sich im gleichen Zustand des beginnenden Verfalls wie die Leiche, zu der er gehört hatte; doch ich beschwöre, dass ich, als ich eintrat, den Rest einer boshaften Freude in seinem Gesicht verblassen sah. Auch unter den Anzeichen der Fäulnis, die auf ihnen lagen, sahen die Züge jenen von John Carnby entschieden ähnlich … sie konnten offenbar nur einem Zwillingsbruder gehören.

Die grausigen Schlussfolgerungen, die meinen Verstand in einer schwarzen, klebrig feuchten Wolke erstickten, sollen hier keine Niederschrift finden. Das Grauen, dessen ich gewahr wurde – und das noch größere Grauen, das ich dahinter vermutete –, hätte die übelsten Grässlichkeiten der Hölle in ihren froststarren Grüften zur Nichtigkeit werden lassen.

Nur eine Linderung gab es, eine einzige Gnade: Ich musste dieses unerträgliche Tableau nur für wenige Augenblicke ansehen. Dann spürte ich auf einmal, dass etwas sich aus dem Zimmer zurückgezogen hatte. Der böse Bann war gebrochen, der übermächtige Wille, der mich versklavt hatte, nicht länger hier. Er hatte mich freigegeben, wie er auch die zerstückelte Leiche des Helman Carnby freigegeben hatte. Ich war wieder mein eigener Herr. Hals über Kopf floh ich aus der grausigen Kammer durch ein unbeleuchtetes Haus in die Finsternis der Nacht hinaus.

Frank Festa

MORTELLIS BAJAZZO

For you, Tom, ›Prince of dark fantasy‹.

Mehrmals in meinem Dasein verlor ich durch Mortelli, den Zirkusdirektor, meine Persönlichkeit, das, was man gemeinhin das Ich nennt. Es kam oft vor, dass ich aus tiefen Träumen erwachte und mich auf nächtlichen Hinterhöfen oder in schmutzigen Sackgassen wiederfand, völlig orientierungslos, irgendwo in fremden Städten – im Schlaf hatte ich meinen Körper begleitet, geführt von der fremdartigen Kraft seiner Augen. Mortelli hypnotisierte mich manchmal, nahm mir die Schmerzen und die Qual der Realität, schleuderte meine Psyche aus meinem Körper heraus und besetzte meinen Leib mit seinem Willen. Diese Erlebnisse, gänzlich das eigene Ich zu verlieren – aber auch meine seltsamen Träume, die mich zurück in eine grau-vergessene Zeit führten, und dazu meine völlige Apathie gegenüber der Umwelt –, dies alles hatte mich seit einiger Zeit zu der wahnsinnigen Überzeugung geführt, dass ich nie mehr gewesen bin als ein Werkzeug anderer.

Nun habe ich die Gewissheit: Ich befreite mich aus dem dunklen Bann Mortellis, und es ist mir am Ende gegeben, für einige Stunden klar zu denken und mein Dasein logisch zu analysieren. Die Erkenntnis, wer ich bin, ließ mich schreien wie ein krankes Kind.

Ich spüre, wie der Verfall nach mir greift, meine Gelenke

werden steif; darum beeile ich mich, meine Geschichte niederzuschreiben, hier im kleinen Zirkuswagen, wo ich immer schon lebte.

Immer schon – es scheint so; gleichwohl muss es eine Zeit gegeben haben, da ich andere als Zirkusluft atmete, doch die Jahre sind verhängt mit einem schweren Vorhang, und es ist mir nicht vergönnt, ihn zu heben. Ich kenne meine Familie nicht und weiß nichts von meiner Heimat, noch kenne ich meinen wirklichen Namen. Als Bajazzo kündigte Mortelli mich an, der Bajazzo aus Napoli. Nie sprach er meinen Namen aus. Jetzt, da ich mein Dasein frei durchdenken kann, wundere ich mich, nie nach einem Namen gefragt zu haben – ja, es stimmt sogar, dass ich niemals den Wunsch verspürte zu wissen, wer mein Vater und meine Mutter waren!

Ich erinnere mich, wie ich an einem dunklen Wintertag, unter dem Weinen spottender Wolken, zu ihm kam, als der Zirkus seinen Weg in mein hungerndes Dorf gefunden hatte und die Kälte mit ihrer spitzen Zunge durch die Fugen der alten Zirkuswagen leckte. Regentropfen waren auf dem zerschabten Lack der Wagen zu eigenartigen Gebilden gefroren. Warum ich mich ausgerechnet bei Mortelli nach Arbeit erkundigte, weiß ich längst nicht mehr – natürlich, es gab dort, wo ich lebte, keine freie Stellung, aber ich frage mich inzwischen, ob keine Frau, keine Kinder zu mir gehörten, deren Liebe mich von diesem Wanderleben hätte abhalten können.

Mortelli sagte kein Wort zu mir, doch sein Blick grub sich für immer in mein Gedächtnis ein. So hatte ich noch keinen Menschen schauen und lächeln sehen, so ungeniert, so geheimnisvoll. So blickt nur ein Mensch, der tief in sein Selbst gedrungen ist. Stumm zeigte er mir meinen Platz in einem der zwei großen Wagen, die von allen Artisten gemeinsam benutzt wurden. Ich bekam eines der oberen Etagenbetten und nahm wie selbstverständlich meinen Platz innerhalb der Truppe ein – niemand stellte Fragen, es gab keine Vereinbarungen.

Angelo Mortelli war ein großer, magerer Italiener, der irgendwo aus dem tiefen Süden des Landes kam. Er sprach nicht viel; wenn er Befehle hatte, bediente er sich seiner schwarzen Augen, um sie uns mitzuteilen – gebrauchte er dennoch den Mund, bebte der fettige Schnauzbart unter seiner Nase wie eine nervöse überdimensionale Fliege. Er trug nie etwas anderes als einen schwarzen Anzug, dessen Stoff ihm lose um die Stelzenbeine hing. Ich weiß nicht, wie alt er war; er schien nicht zu altern: Als Mortelli mich bei sich aufnahm, mochte er 30 oder 40 Jahre erlebt haben, und vor einer Stunde, als er an seinem eigenen schwarzen Blut erstickte, wirkte er nicht älter – dazwischen liegen drei Kriege und endlose Wanderjahre, die uns mehrmals quer durch Europa und in die entlegenen Städte des Südens geführt haben. Doch muss Mortelli sehr viel älter gewesen sein, denn ich wunderte mich, wenn er doch einmal sprach, wie verblüht sein Wortschatz war und wie merkwürdig antiquiert er auftrat.

Ich blieb bei ihm, musste bei Mortelli verweilen: Sein verschlingendes Äugen saugte mein Leben auf und meinen Willen dazu! Gierig nahm er sich meine Erinnerungen, die sein böses Wissen mästeten. So wurde ich zur leeren Hülse, ein Hanswurst, der von jetzt an die Gruppe bereicherte. Ein behexter Bajazzo der Nacht, vom Zirkusdirektor in einen albernen, zu großen Anzug gesteckt, bemalt und ausgestellt, zog ich mit dem verwünschten Zirkus Mortelli durch die Städte und half mit, ausgebleichte Stoffbahnen auszurollen, sie über das rostige Eisenskelett zu einem großen Zelt zu spannen, stellte stumm die Reihen der

Holzbänke auf, verband die Ösen mit Seilen und knotete sie fest zusammen. Ewige Jahre hindurch führte ich meine Schau als Clown auf, diente Mortelli bei seiner magischen Zaubershow als williger Sklave.

Ich war in ein seltsames Ensemble geraten; eine schweigsame und traurige Mannschaft, die keine persönlichen Wünsche kannte. Sie waren leer, genauso wie ich – gleich Wein aus offenen Flaschen hatte Mortelli den Inhalt unserer Köpfe ausrinnen lassen.

Es war eine große Schar: Jeremias, der Gummimensch, Pierre und William, die am Trapez arbeiteten, Fatima, die Zuckerwatte und Nüsse verkaufte, die drei Musiker, deren Namen ich nie erfuhr, Fabius, der Knochenmann, der mit bunter Narrenkappe als Tod zwischen den Nummern auftrat und Shakespeare rezitieren musste, Aliman, ein verblödeter Zwerg, der mit hölzernen Mörsern jonglierte, die dickste Frau der Welt, Krummbein, der Wolfsjunge, der einfach aufgehört hatte zu wachsen. Helena und Marco schritten auf Stelzen voran, wenn wir in eine neue Stadt einzogen, und riefen: *Schaut die Komödianten, schaut die Musikanten, schaut die Zauberkünstler.* Gustav schlug dazu die dicke Trommel. Wir waren viele – Theodore, der verbürgte Geschichten vorsang, Mohammed, der singende Mohr, der Fandangotänzer Vincent, Knut, der seine von Flöhen zerbissenen Affen vorführte, und Amelia, die unter der Zeltkuppel in schwindelerregender Höhe auf dem Seil dahinschritt – bis sie stürzte.

Ich erinnere mich: Es war in einer winzigen Stadt in Portugal. Sie zerschmetterte sich den Kopf. Das Publikum kreischte, die Vorstellung wurde beendet, die Leute verließen entsetzt das Zelt. Unter den Zuschauern hatte auch ein Arzt gesessen, der in die Manege trat, um zu helfen. Mortelli ließ ihn nicht in Amelias Nähe und wollte ihn abwimmeln, der Mann jedoch nahm seinen Beruf ernst und schob den tobenden Direktor zur Seite, und – ich weiß es wieder, jetzt sind die Bilder deutlich – eine erschreckende Energie begann aus Mortellis Augen zu fließen und ersäufte den Tag mit seiner finsteren Kraft. Etwas packte uns, wirbelte unseren Verstand durcheinander, wie ein Stück Holz von einem Strudel erfasst wird. Pierre und ich schlugen so lange auf den Arzt ein, bis er ohnmächtig im Sand der Manege liegen blieb. Mortellis Augen hatten es uns so befohlen.

In derselben Nacht räumten wir den Platz und fuhren davon. Den Körper von Amelia legten wir in seine Koje, wo er stumm vor sich hin schaukelte, wie eine schreckliche Marionette an verdrehten Fäden.

Ich hatte Amelia oft in unbewachten Momenten beobachtet, und sie schien meine Bewunderung gelegentlich bemerkt und zugelassen zu haben, doch nun, da ihr feines Mädchengesicht blöd grinste und aus der Stirnwunde verfärbtes Fleisch auftrieb, ekelte ich mich nur noch vor ihr.

Später, als wir eine andere Stadt erreichten und ich zu mir kam, war die Tote verschwunden – ich erinnerte mich niemals wieder an das Artistenmädchen, bis ihr Gesicht eben neu in mir erwachte.

Mein geschminktes Gesicht grinst mich jetzt schaurig aus dem Spiegel an. Ist es tatsächlich möglich, dass ich niemals anders erwachte als grell bemalt? Wenn nicht – was tat ich in der Zeit dazwischen? Ich habe keine Ahnung. Und ich habe Angst, mir die albernen Farben abzuwischen, denn ich weiß nicht, welches Gesicht zum Vorschein kommt.

Als dummer August gab ich viele, viele Jahre dieselbe Darbietung. Natürlich dachte ich mir den Auftritt nicht selber aus. Auf den Marktplätzen der Orte, quer durch die Alte Welt, sah man mich über meine großen Schuhe stolpern und in Bottiche plumpsen, die mit Wasser gefüllt waren. Mortellis Augen wachten über mich, beherrschten mich. Ich musste eine Rutsche hinuntersausen und mich tollpatschig im Sand überschlagen; wie einen Verrückten ließ er mich im Kreis herumlaufen, weil eine unsichtbare Biene mir in den Po stechen wollte – einer der Musiker spielte dazu schrille Tonfolgen auf seiner Flöte. Die Menschen lachten, die Kinder quiekten, sie mochten den kümmerlichen Spaßvogel, dessen Tränen bloß gemalt waren, weil er selbst zu keinem Gefühl fähig war. Ich war eine Leiche! Nur Mortellis schwarzer Zauber hielt mich aufrecht in diesem schweren Traum …

Doch ich erwachte aus dem Dämmer – es geschah in den letzten Stunden, nach der allerletzten Vorstellung. Ich weiß nicht, wie sie es geschafft hat, aber irgendwie folgte mir das kleine Mädchen in den Wagen. Woher sie kam, kann ich nicht sagen, doch vermute ich, dass sie sich die Vorführung angesehen hatte und mir dann nachlief, weil sie dem Narren nahe sein wollte. Plötzlich stand sie vor mir und rief mich. »Clown, alter Clown, sprich mit mir.«

Lethargisch schlug ich die Lider auf und erfasste meine Umgebung: Ein Mädchen stand vor mir, nicht älter als neun oder zehn Jahre. Sie weinte.

Ich saß auf dem Schemel vor dem Schminkspiegel und sah in vertrocknete Augen, die mich aus einem bemalten Narrengesicht fixierten. Meine Hände ruhten auf den Schenkeln, mein Rumpf beugte sich unter einer unsichtbaren Last nach vorne.

Das Gesicht im Spiegel blieb steinern, leblos die Farben auf den Wangen. Aus den welken Augen heraus grinste das Flämmchen des Irrsinns.

Ich hob mühsam die Hand und beobachtete das Abbild des Bajazzo im Spiegel beim selben Tun. Diese gotteslästerliche Bewegung toten Fleisches, dieses Winken aus dem Grab. Ich weinte – der Clown hingegen vergoss keine Tränen. Ich tastete nach den gebrochenen Augen, die Wasser längst nicht mehr speichern konnten, und ich sah, wie der Narr in seiner beschmierten Visage herumfingerte, wie die mumifizierte Haut seiner Fingerknochen über die toten Pupillen strich. Entsetzt schaute ich weg.

Das Mädchen und ich blickten uns nun an, es war ein Moment uneingeschränkten Schreckens: Das Kind wimmerte und grauste sich. Der Clown öffnete den Mund und krächzte.

Plötzlich stand Mortelli im Wagen, seine schwarzen Augen schienen das Mädchen zu Asche verbrennen zu wollen. Es kauerte sich auf der rechten Seite des Spiegeltisches nieder und sah zu ihm hinauf.

»Was tust du hier?«

»Der Clown ist …«

Sagte sie böse?

Mortellis Gesicht zeigte keine Regung, seine Augen fixierten das Kind. Seine Stimme nahm einen beruhigenden Ton an: »Dummes Reh, musst hinter die Fassade sehen, natürlich, es reicht dir nicht zu schauen, was allen anderen geboten wird, du willst mehr, musst schauen, schauen …« Seine Worte wurden zu einem monotonen Singsang, der das Mädchen zwang, sich zu erheben und Schritt für Schritt näher zu tapsen. Es schwitzte stark und verdrehte die Augen so unnatürlich, dass sich die Augäpfel vollkommen weiß zeigten.

Mortelli packte das Kind mit seinen großen Händen um den Hals und hob es hoch, drückte es gegen die Wagenwand und würgte es. Ich schaute zu, als er das Leben herausquetschte, als die trauernden Augen ein letztes Mal flimmerten, der Kopf wiegte sich kraftlos auf dem Hals und rutschte zur Seite – dann ließ er den ruinierten Körper auf den Boden fallen.

Mortelli kam nicht mehr dazu, sich umzudrehen. Von hinten war ich an ihn herangetreten und legte die toten Hände mit der Beharrlichkeit einer Schraubzwinge um seinen dürren Hals. Ich würgte mitleidlos – wie er es mir vorgemacht hatte. Ich spürte einen unglaublichen Hass auf sein rohes Leben, presste ihn mit seinem Gesicht gegen die Wand, um der hypnotischen Verdammung durch seine labyrinthischen Gorgonenaugen zu entgehen. Er versuchte, sich gegen das alte Holz des Wagens zu stemmen, doch wer kann dem Griff einer Leiche entrinnen?

Hinterher warf ich Mortelli zur Seite, wie man Dreck von sich wirft. Er fiel auf den Rücken und röchelte elend, als er an dem schwarz verfärbten Blut erstickte, das aus seiner Kehle sickerte und sich in seinem Mund zum tödlichen Trank sammelte.

Ist es nicht der Traum aller Kinder, Zirkusdirektor zu werden? Mortelli hat seinen Traum gelebt, schuf sich seinen makabren Zirkus. Doch nun ist sein Leichenzirkus bereit für das Vergessen – das ewige Vergessen. Der Zirkus ist so tot wie mein Leib und beginnt gleichermaßen zu zerfallen.

Mortellis Wagen fand ich vollgestopft mit uralten okkultistischen Folianten und Manuskriptrollen. Auf dem Tisch lag ein großes Buch, gebunden in bleiche Haut. Es war aufgeschlagen und verströmte den schwachen Geruch gemischter Küchengewürze. Ich schlug es zu; weil es so lange mit ausgebreiteten Seiten dagelegen hatte, war der Rücken ganz schief und die Seiten verschoben. Wahrscheinlich durch einen dumpfen Trieb gelenkt, schob ich den Einband nach vorne, damit das Buch gerade rückend – merkwürdig, aber mir kam die Vorstellung in den Sinn, mein Leben sei in gleicher Weise schief und verschoben wie eben noch der Foliant, nur wusste ich nicht, wie sich mein Leben geraderücken ließ. Ich fand zudem einige kleine Einmachgläser, in die hatte Mortelli eine grüne Flüssigkeit gefüllt, darin schwammen ein Dutzend milchiger Augen; wie schleierschwänzige Goldfische zogen sie zartes, rosarotes Gewebe hinter sich her.

Ich kann nur erahnen, welche unfassbaren, absonderlichen Kräfte er beschwor, um durch sie jene Energie zu entfesseln, die ihn zum Totenbeschwörer werden ließ.

Ich warf eine Fackel in den Wagen, die Flammen vollbrachten ihr reinigendes Werk …

Ich vermag den Stift kaum noch zu halten, meine Finger sind steif wie trockene Zweige geworden.

Lange, sehr lange, habe ich den fauligen Körper im Spiegel angestarrt. Ich bin unfähig, Traurigkeit zu empfinden oder gar vor mir zu erschrecken, und es würde mir nichts ausmachen, die Schminke aus meinem Gesicht zu wischen, jedoch manchmal hat man für Eitelkeiten nicht genügend Zeit – denn sie warten ungeduldig auf ihren namenlosen Bruder, und hernach, sobald ich diesen Bericht mit einem letzten Punkt versehen habe, beginnen wir mit dem Graben unserer Gräber.

DER DRITTE NAME IST MARUTUKKU

Meister der Künste des Schutzes, legte den wahnsinnigen Gott während der Schlacht in Ketten. Versiegelte die Großen Alten in den Höhlen hinter den Toren. Besitzt den Stern ARRA.

Kann speziell bei okkulten Zeremonien, bei denen Gefahr besteht, angewendet werden, zum Beispiel beim Anrufen dämonischer Kräfte. Der Stern ARRA ist ein Pentagramm mit fünf Spitzen und ein allgemeines Schutzzeichen. Beschützt die Seele ebenso wie den Körper.

H. P. Lovecraft

STADT OHNE NAMEN

Als ich mich der Stadt ohne Namen näherte, wusste ich, dass sie verflucht ist. Ich reiste im Mondschein durch ein ausgedörrtes und grässliches Tal, und in der Ferne sah ich die Stadt schaurig aus den Dünen ragen, so wie Leichenteile aus einem hastig geschaufelten Grab ragen mögen. Die zeitzerfressenen Steine dieser altersbleichen Überlebenden der Sintflut, dieser Ururahnin der ältesten der Pyramiden, verhießen Furcht – und eine unsichtbare Aura stieß mich ab und gebot mir, vor diesen uralten und unheildrohenden Geheimnissen zu fliehen, die kein Mensch je erschauen sollte und die auch kein Mensch außer mir jemals zu erschauen wagte.

Tief im Inneren der Arabischen Wüste liegt die Stadt ohne Namen, verfallen und stumm, ihre niedrigen Mauern beinah versunken im Sand nie gezählter Zeitalter. So muss es bereits gewesen sein, ehe der Grundstein zu Memphis gelegt wurde und als die Ziegel Babylons noch nicht gebrannt waren. Keine Legende ist alt genug, um ihr einen Namen zu geben oder eine Erinnerung daran zu wahren, dass jemals Leben in ihr herrschte; doch wird an Lagerfeuern über sie geflüstert und von greisen Frauen in den Zelten der Scheichs über sie geraunt, sodass sämtliche Stämme sie meiden, ohne genau zu wissen, weshalb. Dieser Ort war es, von dem Abdul Alhazred, der wahnsinnige Dichter, in den Nächten träumte, ehe er seinen rätselvollen Zweizeiler sang:

Es ist nicht tot, was ewig liegt,
Und in fremder Zeit wird selbst der Tod besiegt.

Ich hätte wissen müssen, dass die Araber guten Grund hatten, diesen Ort zu meiden, jene Stadt ohne Namen, von der seltsame Geschichten erzählt werden, die aber noch nie ein lebender Mensch gesehen hat, und dennoch setzte ich mich darüber hinweg und zog mit meinem Kamel in die unbetretene Öde hinaus. Nur ich allein habe sie gesehen, und deshalb ist kein anderes Gesicht so abscheulich von Angst gezeichnet wie das meine; deshalb zittert kein anderer Mensch so erbärmlich wie ich, wenn der Nachtwind an den Fensterläden rüttelt. Als ich sie in der schrecklichen Stille endlosen Schlafes erreichte, sah sie mir kühl unter den Strahlen eines kalten Mondes inmitten der Wüstenhitze entgegen. Und als ich ihren Blick erwiderte, vergaß ich meinen Triumph über ihre Entdeckung und stieg von meinem Kamel ab, um auf die Morgendämmerung zu warten.

Ich harrte Stunden aus, bis sich der Osten endlich grau färbte und die Sterne verblassten und das Grau zu einem zartroten Leuchten wurde, umsäumt von Gold. Ich hörte ein Seufzen und sah, wie ein Sandsturm zwischen den uralten Steinen aufstieg, wenngleich der Himmel klar war und der endlose Wüstenraum ruhig. Dann erhob sich unvermittelt der grelle Rand der Sonne über dem fernen Horizont der Wüste, flirrend hinter dem kleinen, davonziehenden Sandsturm, und in meinem fiebrigen Zustand glaubte ich, aus irgendeiner unendlichen Tiefe eine Musik metallener Instrumente heraufschallen zu hören, um die glühende Scheibe zu grüßen, so wie Memnon sie von den Ufern des Nils aus begrüßt. Meine Ohren hallten und meine Fantasie stand in Flammen, als ich mein Kamel langsam über den Sand zu dem schweigenden Ort führte; jener Stätte, die von allen lebenden Menschen nur ich allein erblickte.

Ziellos wanderte ich inmitten der formlosen Grundmauern von Häusern und Plätzen umher, ohne auf ein einziges in Stein gemeißeltes Zeugnis oder eine Inschrift zu stoßen, die von den Menschen kündete, die diese Stadt vor so langer Zeit erbaut und bewohnt hatten – falls es denn Menschen waren. Das sagenhafte Alter des Ortes war unerträglich, und ich sehnte mich danach, ein Schriftzeichen oder ein künstlerisches Werk zu finden, das bewies, dass diese Stadt tatsächlich von Menschenhand erbaut worden war, denn die Ruinen wiesen gewisse *Größenverhältnisse* und *Ausmaße* auf, die mir nicht behagten.

Ich trug eine Menge an Gerätschaften mit mir und führte zahlreiche Ausgrabungen in den verwitterten Bauten durch; doch kam ich nur langsam voran und entdeckte nichts von Belang. Als die Nacht und der Mond wiederkehrten, setzte ein kalter Wind ein, der neue Furcht mit sich brachte, sodass ich es nicht wagte, noch länger in der Stadt zu bleiben. Als ich die alten Mauern verließ, um mich schlafen zu legen, entstand hinter mir ein kleiner, seufzender Sandsturm und fegte über die grauen Steine, obwohl der Mond hell leuchtete und über der Wüste ansonsten alles ruhig lag.

Genau bei Tagesanbruch erwachte ich aus einer Abfolge schrecklicher Träume und meine Ohren dröhnten wie von dem Schall metallischer Instrumente. Ich sah die Sonne rötlich durch die letzten Verwehungen eines kleinen Sandsturms äugen, der über der Stadt ohne Namen hing, während die übrige Landschaft völlig ruhig schien. Abermals wagte ich mich zwischen die brütenden Ruinen, die sich unter den Dünen abhoben wie ein Zyklop unter einem

Tuch, und grub wiederum vergebens nach den Überresten einer verschollenen Rasse. Gegen Mittag legte ich eine Rast ein und am Nachmittag verbrachte ich viel Zeit damit, den Mauern und den ehemaligen Straßen und den Umrissen der fast entschwundenen Gebäude nachzuspüren. Ich erkannte, dass die Stadt in der Tat einst gewaltige Dimensionen aufgewiesen hatte, und fragte mich, woher diese Größe gerührt haben mochte. Ich malte mir die ganze Pracht einer Epoche aus, die so lange zurücklag, dass die Chaldäer sich ihrer nicht entsannen, und dachte an die Stadt Sarnath, die Verdammte, die sich im Lande Mnar erhoben hatte, als die Menschheit noch jung war, und an Ib, die aus grauem Stein gehauen worden war, bevor das Menschengeschlecht erstand.

Ganz unverhofft stieß ich auf eine Stelle, wo das Grundgestein durch den Sand brach und einen niederen Felshang bildete; und hier traf mein Blick erfreut auf etwas, das weitere Spuren jener vorsintflutlichen Rasse verhieß. Grob in die Vorderflanke des Felsens hineingehauen, boten sich unverkennbar Fassaden diverser kleiner, niedriger Felsenhäuser oder Tempel dar. Ihre Innenräume mochten womöglich mannigfache Geheimnisse aus Zeitaltern bewahrt haben, die so weit zurücklagen, dass sie sich jeder Datierung entzogen, obgleich Sandstürme längst schon alle Bildhauerarbeiten, die vielleicht einst die Außenwände bedeckten, getilgt hatten.

Die vielen dunklen Öffnungen in meiner Nähe waren alle sehr niedrig und vom Sand verstopft, doch ich schaufelte eine davon mit dem Spaten frei und kroch hindurch, in der Faust eine Fackel, um jedwedes Geheimnis zu erhellen, das sich hier möglicherweise verbarg. Sobald ich ins Innere vorgedrungen war, erkannte ich, dass die Höhle wirklich einen Tempel darstellte und deutliche

Spuren jener Rasse aufwies, die hier gelebt und ihre Riten vollzogen hatte, ehe die Wüste eine Wüste ward. Primitive Altäre, Säulen und Nischen, alle sonderbar niedrig angelegt, fehlten nicht; und obwohl ich keine Skulpturen und Fresken sah, gab es doch zahlreiche eigentümliche Steine, die mit künstlichen Mitteln zu symbolischen Objekten gestaltet worden waren.

Die geringe Höhe der ausgehauenen Kammer war überaus befremdlich, denn ich konnte kaum aufrecht knien, und doch war ihre Ausdehnung so groß, dass meine Fackel immer nur einen Teil vor mir enthüllte. In einigen der entlegeneren Winkel überrann mich ein sonderbarer Schauder, denn manche Altäre und Steine ließen an vergessene Riten furchtbarer, abstoßender und unerklärlicher Art denken und weckten die Überlegung in mir, welche Sorte Mensch einen solchen Tempel geschaffen und benutzt haben könnte. Sobald ich alles gesehen hatte, was der Ort enthielt, kroch ich wieder nach draußen, begierig darauf herauszufinden, was die übrigen Tempel wohl noch preiszugeben hatten.

Die Nacht war jetzt nah, und doch vertrieben die greifbaren Dinge, die ich gesehen hatte, die Furcht, und meine Neugier siegte. Deshalb floh ich nicht vor den langen Schatten, die das Mondlicht warf und die mich mit Angst erfüllt hatten, als ich die Stadt ohne Namen zum ersten Mal erblickt hatte. Im Zwielicht schaufelte ich die nächste Öffnung frei, kroch mit einer frischen Fackel hinein und fand weitere fragwürdige Steine und Symbole vor, jedoch nichts von größerer Aussagekraft als im ersten Tempel. Der Innenraum war ebenso niedrig, aber viel schmaler, und er endete in einem winzigen Durchgang, der mit rätselhaften und kryptischen Schreinen verstellt war. Ich schaute mir diese Schreine gerade genauer an, als das Heulen des Windes und das meines Kamels die Stille durchfuhren und mich hinausriefen, um zu ergründen, was das Tier so verängstigte.

Der Mond strahlte hell über den urtümlichen Ruinen und beleuchtete eine dichte Sandwolke, die scheinbar von einem heftigen, aber abflauenden Wind aus irgendeiner Ecke der Felsflanke vor mir aufgewirbelt wurde. Ich wusste, dass es dieser kalte sandkörnige Wind war, der das Kamel aus der Ruhe gebracht hatte, und wollte es gerade an eine besser geschützte Stelle führen, als ich zufällig aufblickte und sah, dass oberhalb der Felszinnen gar kein Wind blies. Dies verblüffte mich und weckte neue Furcht in mir, doch sogleich entsann ich mich der plötzlich aufspringenden Winde an diesem Ort, die ich bereits bei Sonnenaufgang und Sonnenuntergang gesehen und gehört hatte, und tat es als natürliche Erscheinung ab. Ich kam zu dem Schluss, dass der Wind aus dem Spalt irgendeiner Felshöhle dringen müsse, und beobachtete den tanzenden Sand, um ihn zu seinem Ursprung zurückzuverfolgen; kurz darauf erkannte ich, dass er der schwarzen Öffnung eines Tempels weitab südlich von mir entwich, die aus meiner Entfernung schon fast nicht mehr zu sehen war.

Ich stemmte mich gegen die erstickende Sandwolke und stapfte auf diesen Tempel zu, der beim Näherkommen größer aufragte als die anderen und einen Eingang aufwies, der weit weniger mit verbackenem Sand gefüllt war. Ich wäre hineingestiegen, hätte nicht die fürchterliche Macht des eisigen Windes beinahe meine Fackel zum Erlöschen gebracht. Er brauste dämonisch aus der dunklen Pforte heraus und seufzte schaurig, als er den Sand verwehte und zwischen den unheimlichen Ruinen verteilte. Bald wurde er schwächer und der Sand kam mehr und mehr zur Ruhe, bis er sich schließlich wieder gelegt hatte; doch etwas Beseeltes schien zwischen den geisterhaften Steinen der Stadt umzugehen, und als ich den Mond ansah, schien er zu zittern, als spiegelte er sich in bewegten Wassern. Ich empfand mehr Furcht, als ich in Worte fassen kann, doch nicht genug, dass es mein Verlangen gedämpft hätte, in den Genuss des Entdeckens zu kommen; und kaum war der Wind restlos erstorben, überschritt ich die Schwelle zu jener dunklen Kammer, aus der er gedrungen war.

Wie ich schon von außen vermutet hatte, war dieser Tempel größer als die beiden, die ich bereits besucht hatte; und er war vermutlich eine von der Natur geschaffene Höhle, da er Winde aus unterweltlichen Gefilden gebar. Hier in seinem Innern konnte ich bequem aufrecht stehen, doch wie ich erkannte, waren die Steine und Altäre ebenso niedrig wie die in den anderen Tempeln. An den Wänden und der Decke gewahrte ich erstmals einige Spuren der Malkunst der alten Rasse, eigentümlich gekrümmte Farbstriche, die nahezu verblichen oder abgeblättert waren; und an zweien der Altäre erblickte ich mit wachsender Erregung eine Reihe kunstvoll ausgeführter, krummliniger Steinmeißelungen. Als ich meine Fackel hob, kam es mir vor, als wäre die Form der Höhlendecke zu ebenmäßig, um natürlichen Ursprungs zu sein, und ich fragte mich, was die prähistorischen Steinmetze wohl zuerst bearbeitet hatten. Ihre technischen Fähigkeiten mussten immens gewesen sein.

Dann enthüllte mir ein helles Aufflackern der unwirklichen Flamme das, wonach ich gesucht hatte: eine Öffnung zu jenen entlegenen Abgründen, aus denen der plötzliche Wind hervorgebraust war. Mir wurde schwach, als ich erkannte, dass es sich um eine kleine und fraglos künstlich angelegte Pforte handelte, die in den natürlichen Fels gehauen war.

Ich schob meine Fackel hindurch und erblickte einen schwarzen Tunnel, dessen Decke sich niedrig über einer unebenen Flucht winziger, zahlreicher und abschüssiger Stufen wölbte. Ich werde diese Stufen auf ewig in meinen Träumen sehen, denn ich erfuhr bald, was sie bedeuteten. In jenem Augenblick wusste ich kaum, ob ich sie als Stufen oder als bloße Felssprossen bezeichnen sollte, die da steil hinabführten. Mein Hirn schwirrte vor wahnwitzigen Gedanken, und die Worte und Warnungen arabischer Seher schienen über die Wüste hinweg aus den Ländern, die der Mensch kennt, bis hin zur Stadt ohne Namen, die kein Mensch zu kennen wagt, zu dringen. Dennoch zögerte ich nur einen Moment lang, bevor ich durch das Portal vordrang und vorsichtig den steilen Schacht hinabzuklettern begann, rücklings und mit den Füßen voran, wie auf einer Leiter.

Allenfalls in den furchtbaren Trugbildern des Drogenrauschs oder Fieberwahns vermag irgendein Mensch einen solchen Abstieg zu erleben wie ich. Der enge Schacht führte endlos hinab wie ein beängstigender, verhexter Brunnen, und die Fackel, die ich über den Kopf hielt, erhellte kaum die unbekannten Tiefen, denen ich entgegenkroch. Ich verlor jedes Zeitgefühl und vergaß, auf meine Uhr zu sehen, obwohl ich Angst verspürte, wenn ich an die Strecke dachte, die ich vermutlich zurücklegte. Richtung und Gefälle meines Abstiegs variierten; und einmal gelangte ich an einen langen, niedrigen, waagerechten Stollen, über dessen felsigen Untergrund ich mich bäuchlings schlängeln musste, mit den Füßen voran und die Fackel auf Armeslänge hinter den Kopf haltend. Die Höhe reichte nicht aus, um auch nur zu knien. Danach folgten weitere steile Stufen, und ich krabbelte noch immer endlos nach unten, als meine glimmende Fackel erlosch. Ich glaube, ich bemerkte es zunächst gar nicht, denn als es mir auffiel, hielt ich die Fackel nach wie vor über mich, als würde sie immer noch brennen. Offenbar war ich arg aus dem seelischen Lot gebracht durch meinen Drang zum Außergewöhnlichen und Unbekannten, der mich durch die Welt wandern ließ als Jäger ferner, alter, verbotener Stätten.

Im Dunkeln blitzten vor meinem inneren Auge Bruchstücke meines gehüteten Wissens dämonischer Gelehrtheit auf; Zitate von Alhazred, dem wahnsinnigen Araber, Absätze aus den apokryphen Albträumen des Damascius und ruchlose Zeilen aus dem fiebergeborenen *Image du Monde* von Gauthier de Metz. Ich sagte sonderbare Auszüge auf und wisperte von Afrasiab und den Dämonen, die mit ihm den Oxus hinabtrieben; später sang ich wieder und wieder einen Satz aus einer der Erzählungen Lord Dunsanys vor mich hin – »Die echoleere Schwärze des Orkus«. Einmal, als der Abstieg aberwitzig steil wurde, leierte ich etwas aus Thomas Moores Dichtungen herunter, bis die Furcht mich abhielt, noch mehr davon wiederzugeben:

Ein Pfuhl voll Finsternis, tiefschwarz
Als wär's ein Tiegel, darin Gifte kochen
Aus Blumen, im Mondlicht von Hexen gebrochen.
Ins Dunkel spähend, ob ich fände
Den Weg hinab, bohrte mein Blick
Sich in den Schlund und fiel direkt
Auf steile, glitschig glatte Wände
Welche mit zähem Schleim bedeckt,
Pechfinster, wie auch jener Schlick
Der an des Totenozeans Ufern leckt.

Zeit besaß keine Bedeutung mehr für mich, als meine Füße wieder ebenen Boden erspürten und ich mich an einem Ort befand, der nur wenig höher war als die Räume in den beiden kleineren Tempeln, die nun so unermesslich weit über mir lagen. Stehen konnte ich nicht, aber doch aufrecht knien, und in der Finsternis rutschte und kroch ich aufs Geratewohl mal hier-, mal dorthin. Bald wurde mir klar, dass ich mich in einem engen Gang befand, an dessen Wänden sich Holzkästen reihten, die mit Glasfronten versehen waren. Dass ich an diesem paläozoischen und unterweltlichen Ort Dinge wie poliertes Holz und Glas ertastete, ließ mich erschaudern angesichts der Andeutungen, die darin lagen. Die Kästen standen anscheinend in regelmäßigen Abständen entlang der beiden Seitenwände des Gangs, und sie waren länglich gebaut und waagerecht gelagert, wodurch sie nach Form und Größe schauderhaft an Särge gemahnten. Als ich zwecks weiterer Untersuchungen probierte, zwei oder drei davon zu verrücken, bemerkte ich, dass sie fest verankert waren.

Wie ich erkannte, besaß der Gang eine beträchtliche Länge, und ich kroch auf allen vieren in geducktem Lauf voran, was grauenvoll gewirkt hätte, wäre es in der Schwärze beobachtet worden; dabei wechselte ich ab und an von einer Seite zur anderen, um meine Umgebung zu ertasten und mich zu vergewissern, dass die Wände und Kastenreihen sich weiter dahinzogen. Der Mensch ist das visuelle Denken so sehr gewöhnt, dass ich die Finsternis fast vergaß und mir den endlosen Korridor aus Holz und Glas in seiner niedrigen Einförmigkeit so lebhaft vorstellte, als könnten meine Augen ihn sehen. Und dann, in einem Augenblick unbeschreiblicher Erregung, sah ich ihn wirklich.

Wann genau meine Vorstellung zu realem Sehen wurde, kann ich nicht sagen; doch von vorne wuchs allmählich ein Glühen heran, und mit einem Mal erkannte ich, dass ich die düsteren Umrisse des Korridors und der Kästen erblickte, enthüllt von irgendeiner unbekannten unterirdischen Phosphoreszenz. Eine kurze Weile lang sah alles genau so aus, wie ich es mir ausgemalt hatte, denn das Glühen war sehr schwach; doch als ich unwillkürlich weiter voran auf das stärkere Licht zurobbte, wurde mir klar, dass meine Vorstellung nur sehr ungenau gewesen war. Diese Halle war kein rudimentäres Relikt wie die Tempel der Stadt weit über mir, sondern ein Monument der großartigsten und exotischsten Kunst. Üppige, lebendige und kühn-fantastische Ornamente und Bildnisse ergaben eine geschlossene Anordnung von Wandmalereien, deren Linien und Farben nicht zu beschreiben sind. Die Gehäuse der Kästen bestanden aus einem sonderbaren goldfarbenen Holz, ihre Vorderseiten hingegen aus erlesenem Glas, und sie enthielten die mumifizierten Hüllen von Lebewesen, deren Groteskheit die aberwitzigsten Träume der Menschen überbot.

Irgendeine Vorstellung von diesen Monstrositäten zu vermitteln ist unmöglich. Sie gehörten der reptilischen Gattung an, wobei ihre Körperformen zuweilen an ein Krokodil, dann wieder an einen Seehund erinnerten, häufiger jedoch an nichts, wovon der Zoologe wie auch der Paläontologe jemals gehört haben. Ihre Größe reichte an die eines kleinen Menschen heran und ihre Vorderbeine liefen in zartgliedrige und offenkundige Füße aus, die menschlichen Händen und Fingern eigentümlich ähnelten. Doch am sonderbarsten von allem waren ihre Köpfe, die eine Form aufwiesen, die sämtlichen bekannten biologischen Prinzipien Hohn sprach. Nichts lässt sich etwas Derartigem passend gegenüberstellen – blitzartig schossen mir so verschiedenartige Vergleiche wie zur Katze, zur Bulldogge, zum sagenhaften Satyr und zum Menschen durch den Sinn. Sogar Jupiter selbst besaß keine solch mächtige, vorspringende Stirn, zugleich jedoch verwiesen die Hörner, die fehlenden Nasen und die alligatorartigen Kiefer diese Organismen jenseits aller anerkannten Kategorien. Kurzfristig zweifelte ich an der Echtheit der Mumien und hegte fast den Verdacht, es handele sich um künstliche Götzenbilder; aber schon bald entschied ich, dass sie tatsächlich irgendeiner paläogenen Spezies angehörten, die gelebt hatte, als die Stadt ohne Namen noch bevölkert gewesen war. Um ihre Groteskheit zu krönen, waren die meisten von ihnen in prächtige Roben aus den kostbarsten Stoffen gehüllt und verschwenderisch mit Schmuck aus Gold, Juwelen und unbekannten glänzenden Metallen behangen.

Die Bedeutung dieser kriechenden Geschöpfe musste immens gewesen sein, denn sie spielten die Hauptrolle in den furiosen Darstellungen der Wand- und Deckenfresken. Mit unerreichtem Können hatte der Künstler sie in ihrer eigenen Welt gemalt, mit Städten und Gärten, die ihren Körpermaßen entsprechend angelegt waren; und ich konnte nicht umhin zu vermuten, dass ihre in Bildern aufgezeichnete Geschichte allegorisch aufzufassen sei und womöglich die Entwicklung jener Rasse darstellte, die ihnen huldigte. Diese Wesen, so sagte ich mir, waren für die Bewohner der Stadt ohne Namen etwa das, was die Wölfin für Rom war oder was irgendein Totemtier für einen Indianerstamm ist.

Von dieser Sichtweise ausgehend, vermochte ich im Groben ein wunderbares Epos der Stadt ohne Namen nachzuvollziehen; die Geschichte einer mächtigen Küstenmetropole, die über die Welt herrschte, bevor Afrika aus den Wogen stieg, und ihres Überlebenskampfs, als das Meer zurückwich und die Wüste sich in das fruchtbare Tal ausbreitete, das die Stadt umschloss. Ich sah ihre Kriege und Siege, ihre Aufstände und Niederlagen, und schließlich ihren furchtbaren Kampf gegen die Wüste, als Tausende ihrer Bewohner – hier allegorisch verkörpert von den grotesken Reptilwesen – gezwungen waren, sich auf wunderbare Weise ihren Weg durch den Fels hinabzuwühlen in eine andere Welt, von der ihre Propheten ihnen geweissagt hatten. All das war eindrucksvoll unheimlich und realistisch, und die Ähnlichkeit mit dem grauenvollen Abstieg, den ich bewältigt hatte, war unübersehbar. Ich erkannte sogar einzelne Gänge wieder.

Als ich durch den Korridor weiter dem helleren Licht entgegenkroch, sah ich die späteren Stadien des gemalten Epos – das Abschiednehmen der Rasse, die die Stadt ohne Namen und das sie umgebende Tal mehr als zehn Millionen Jahre lang bewohnt hatte; der Rasse, deren Seelen nicht scheiden wollten von den Schauplätzen, an denen ihre Körper so lange verweilt hatten, wo sie, als die Erde noch jung war, als Nomaden sesshaft geworden waren und jene urtümlichen Schreine in den jungfräulichen Fels schlugen, die anzubeten sie nie aufhörten.

Nun, im besseren Licht, betrachtete ich die Bilder genauer, und eingedenk dessen, dass die seltsamen Reptilien stellvertretend für die unbekannten Menschen stehen mussten, grübelte ich über die Bräuche der Stadt ohne Namen. Viele Dinge waren außergewöhnlich und unerklärlich. Die Zivilisation, die über eine Schriftsprache verfügte, hatte offenbar eine höhere Stufe erklommen als jene unermesslich jüngeren Kulturen der Ägypter und Chaldäer, und doch gab es sonderbare Lücken. Zum Beispiel konnte ich keinerlei Darstellungen über den Tod oder über Bestattungsbräuche finden, außer solchen, die mit Krieg, Gewalt oder Seuchen zusammenhingen; und ich wunderte mich über die Scheu, die sie vor Abbildungen mit Bezug auf den natürlichen Tod zeigten. Es war, als hätte man ein Unsterblichkeitsideal als eine schöne Illusion gepflegt.

Noch näher am Ende des Ganges waren Szenen von äußerster Pittoreskheit und Übertreibung an die Wände gepinselt; gegensätzliche Ansichten der Stadt ohne Namen: einerseits in ihrer Verlassenheit und ihrem Verfall, andererseits als das fremdartige neue Paradies, zu dem hinab die Rasse sich ihren Weg durch den Stein gehämmert hatte. In diesen Ansichten waren die Stadt und das Wüstental stets bei Mondlicht abgebildet, ein goldener Schein schwebte über den eingefallenen Mauern und entschleierte nur halb ihre herrliche Vollkommenheit in früheren Zeiten, vom Künstler geisterhaft und vage ins Bild gesetzt. Diese paradiesischen Szenen – sie zeigten eine verborgene Welt ewig währenden Tages voller herrlicher Städte und überirdischer Hügel und Täler – waren fast zu überzogen, um glaubwürdig zu sein.

Ganz zum Schluss vermeinte ich, Anzeichen eines künstlerischen Rückschritts auszumachen. Die Malereien waren weniger kunstfertig und weitaus bizarrer als sogar die abenteuerlichsten der früheren Szenen. Sie schienen einen langsamen Niedergang des alten Geschlechtes widerzuspiegeln, gepaart mit einer zunehmenden Grausamkeit gegenüber der Außenwelt, aus der die Wüste es verdrängt hatte. Die Gestalten der Menschen – stets stellvertretend verkörpert von den heiligen Reptilien – schienen schleichend zu verkümmern, obwohl ihr Geist, der im Mondenschein über den Ruinen schwebte, im gleichen Verhältnis an Größe gewann. Abgezehrte Priester, dargestellt als Reptilwesen in reich verzierten Roben, verfluchten die Luft der Oberwelt und alle, die sie atmeten; und eine schreckliche Abschlussszene zeigte einen primitiv aussehenden Mann, vielleicht einen Pionier des vorzeitlichen Irem, der Stadt der Säulen, wie er von Angehörigen der älteren Rasse in Stücke gerissen wird. Ich weiß, wie sehr die Araber die

Stadt ohne Namen fürchten, und war froh, dass die grauen Wände und die Decke nach dieser Stelle unbemalt waren.

Während ich den Prunk dieser geschichtlichen Wandgemälde betrachtete, näherte ich mich dem Ende der niedrigen Halle und gewahrte ein Tor, durch das all die phosphoreszierende Helligkeit hereinströmte. Als ich zu ihm emporkroch, entfuhr mir ein Ausruf höchsten Staunens angesichts dessen, was dahinter lag – denn statt weiterer und hellerer Räume dehnte sich dort eine endlose Leere gleichförmigen strahlenden Glanzes, wie man es vielleicht sieht, wenn man vom Gipfel des Mount Everest auf ein Meer sonnenbestrahlten Nebels hinabblickt. Hinter mir befand sich ein Gang, der so niedrig war, dass ich darin nicht einmal aufrecht stehen konnte, und vor mir erstreckte sich eine Unendlichkeit unterirdischen Leuchtens.

Vom Gang führte eine steile Treppe in den Abgrund hinab – kleine, zahlreiche Stufen, wie in den dunklen Schlünden, die ich durchwandert hatte –, doch schon nach wenigen Metern wurde alles von den leuchtenden Schwaden verhüllt. An der linken Wand des Ganges lehnte weit aufgestoßen eine Tür aus massivem Messing, unglaublich dick und verziert mit fantastischen Basreliefs, die, falls man sie schloss, die gesamte unterirdische Welt aus Licht von den Gewölben und Felsgängen abschneiden konnte. Ich schaute zu den Stufen, wagte es aber nicht, sie zu betreten, und berührte die offen stehende Messingtür, vermochte jedoch nicht sie zu bewegen. Dann sank ich ausgestreckt auf den Steinboden nieder, mein Verstand entflammt von einzigartigen Überlegungen, die selbst meine todesähnliche Erschöpfung nicht zu bannen vermochte.

Als ich ruhig mit geschlossenen Augen dalag, frei meinen Gedanken nachhängend, drängten zahlreiche Dinge, die ich an den Fresken nur beiläufig bemerkt hatte, voll neuer und schrecklicher Bedeutung in mein Bewusstsein zurück – Szenen, die die Stadt ohne Namen in ihrer Glanzzeit zeigten, die Vegetation des umliegenden Tales und die fernen Länder, mit denen ihre Kaufleute Handel trieben. Die Allegorie der kriechenden Wesen verwirrte mich in ihrer Hartnäckigkeit, und ich wunderte mich, dass sie in einer geschichtlichen Überlieferung von solch enormer Bedeutung derart unbeirrt durchgehalten wurde.

Die Fresken hatten die Stadt ohne Namen in Größenverhältnissen gezeigt, die zu den Reptilien passten. Ich fragte mich, wie groß und prächtig ihre Bauten wirklich gewesen sein mochten, und verweilte in Gedanken einen Moment lang bei den Seltsamkeiten, die mir an den Ruinen aufgefallen waren. So zerbrach ich mir den Kopf darüber, weshalb der urtümliche Tempel und der unterirdische Gang so niedrig waren. Zweifellos waren sie aus Ehrerbietung gegenüber den reptilischen Gottheiten, denen dort gehuldigt wurde, so aus dem Fels geschlagen worden, obgleich dies die Huldiger notgedrungen zum Kriechen niederzwang. Vielleicht verlangten die Riten, die hier vollzogen wurden, ein Kriechen in Nachahmung der verehrten Geschöpfe. Keine religiöse Theorie hingegen vermochte zu erklären, warum die ebenen Gänge jenes furchtbaren Abstiegs ebenso niedrig sein mussten wie die Tempel – niedriger sogar, da man darin noch nicht einmal knien konnte. Als ich an die kriechenden Wesen dachte, deren schreckliche mumifizierte Körper mir so nahe waren, spürte ich erneut das Pochen der Angst. Gedankenverknüpfungen sind zuweilen sonderbar, und ich schauderte angesichts der Vorstellung, dass – abgesehen von dem bedauernswerten primitiven Mann, der auf dem letzten Bild zerfleischt wurde – inmitten dieser zahllosen Relikte und Symbole uranfänglichen Lebens ich allein eine menschliche Gestalt besaß.

Doch wie bisher stets in meinem eigenartigen Wanderleben vertrieb bald Neugier die Furcht; denn der leuchtende Abgrund und was er enthalten mochte stellten ein Rätsel dar, würdig des größten Entdeckers. Dass am Ende jener langen Abwärtsflucht befremdlich kleiner Stufen eine unheimliche Welt der Geheimnisse wartete, bezweifelte ich nicht und hoffte dort unten jene menschlichen Spuren zu finden, die die Malereien des Korridors vermissen ließen. Die Fresken hatten unglaubliche Städte und Täler dieser Unterwelt offenbart, und meine Fantasie schwelgte in den gewaltigen und prächtigen Ruinen, die auf mich warteten.

Meine Ängste galten eher der Vergangenheit als der Zukunft. Selbst der körperliche Schrecken meiner Lage in diesem klaustrophobischen Gang voller toter Reptilwesen und vorsintflutlicher Fresken, Kilometer unterhalb der mir bekannten Welt und eine weitere Welt schaurig leuchtenden Nebels verheißend, konnte es nicht mit der tödlichen Furcht aufnehmen, die ich vor dem abgrundtiefen Alter des Ortes und seiner Seele empfand. Ein Alter, so unermesslich, dass Maßstäbe nichts mehr galten, schien von den Steinen und Felsentempeln der Stadt ohne Namen herabzuschielen, während die jüngsten der staunenswerten Landkarten auf den Fresken Meere und Kontinente zeigten, die der Mensch vergessen hat und die nur hie und da einen vage vertrauten Umriss aufwiesen. Was sich im Lauf jener Erdalter ereignet haben mochte, seitdem die Malereien aufhörten und die den Tod verabscheuende Rasse sich unwillig dem Niedergang ergab, weiß kein Mensch. Einst hatten diese Höhlen und das darunterliegende lichterfüllte Reich vor Leben gewimmelt; nun jedoch war ich allein mit den vielsagenden Relikten und ich zitterte beim Gedanken an die ungezählten Zeitalter, in deren Verlauf sie stumm und einsam Wacht gehalten hatten.

Plötzlich überkam mich erneut jene heftige Angst, die mich in Abständen immer wieder befallen hatte, seit ich das schreckliche Tal und die Stadt ohne Namen im Licht des kalten Mondes zum ersten Mal gesehen hatte. Trotz meiner Erschöpfung sprang ich wie gepeitscht in eine sitzende Haltung und starrte durch den schwarzen Korridor zurück in Richtung der Schächte, die zur Außenwelt hinaufstrebten. Meine Empfindungen glichen denen, die mich die Stadt ohne Namen bei Nacht hatten meiden lassen, und sie waren ebenso unerklärlich wie ausgeprägt.

Im nächsten Augenblick jedoch ereilte mich ein noch heftigerer Schock, und zwar in Form eines deutlichen Geräuschs – des ersten, das die vollkommene Stille dieser Grabestiefen durchbrach. Es handelte sich um ein tiefes, schwaches Stöhnen, wie von einer fernen Horde verdammter Seelen. Es rührte aus der Richtung, in die ich starrte. Die Lautstärke schwoll rapide an, bis es bald fürchterlich durch den niederen Gang widerhallte, und zugleich bemerkte ich einen zunehmenden kalten Luftzug, der aus den Schächten und ebenso aus der Stadt herblies. Die Berührung dieser Luft schien mich wieder zur Besinnung zu bringen, denn augenblicklich erinnerte ich mich an die Windstöße, die sich jedes Mal bei Sonnenuntergang und Sonnenaufgang um die Mündung des Abgrundes erhoben hatten und von denen mir einer die verborgenen Schächte offenbart hatte. Ich blickte auf die Uhr und erkannte, dass der Sonnenaufgang bevorstand, also riss ich mich zusammen, um dem Sturmwind zu trotzen, der nun in seine Höhlenheimat hinabfegte, wie er am Abend zuvor daraus hervorgefegt war. Meine Furcht ließ wieder nach, da ein natürliches Phänomen dazu neigt, Grübeleien über das Unbekannte zu vertreiben.

Immer und immer wahnsinniger regnete der kreischende, heulende Nachtwind in die Tiefen des Erdschoßes hinab. Ich legte mich wieder flach auf den Boden und verkrallte mich vergeblich in den Fels, aus Angst, mit Haut und Haar durch das offene Tor in den phosphoreszierenden Schlund hinuntergefegt zu werden. Ein solches Wüten hatte ich nicht erwartet, und als ich bemerkte, dass mein Körper wirklich auf den Abgrund zurutschte, befielen mich Tausende neue schreckliche Ahnungen.

Die Bösartigkeit des Sturmwinds weckte unnennbare Wahnvorstellungen in mir; nicht zum ersten Mal verglich ich mich erschaudernd mit dem Bildnis des einzigen Menschen in jenem grässlichen Korridor, mit dem Mann, der von der namenlosen Rasse in Stücke gerissen wurde, denn im teuflischen Zerren der tosenden Luftstrudel schien ein rachgieriger Zorn umso wütender zu walten, als er nahezu machtlos war. Ich glaube, zum Schluss schrie ich wie irrsinnig – ich verlor fast den Verstand – ins Heulen der Windgeister. Ich versuchte, gegen den mörderischen, unsichtbaren Luftstrom anzukriechen, doch konnte ich mich noch nicht einmal auf der Stelle halten und wurde langsam und unerbittlich in Richtung der unbekannten Welt gepresst. Schließlich muss ich völlig durchgedreht sein, denn ich faselte wieder und wieder jenen unergründlichen Zweizeiler des wahnsinnigen Arabers Abdul Alhazred, der von der Stadt ohne Namen träumte:

Es ist nicht tot, was ewig liegt,
Und in fremder Zeit wird selbst der Tod besiegt.

Nur die grimmen, brütenden Wüstengötter wissen, was wirklich geschah – wie unbeschreiblich ich mich in der Finsternis wehrte und mich wälzte und welcher Engel der Hölle mich ins Leben zurückführte, sodass ich mich immer erinnern werde und im Nachtwind schaudern muss, bis einmal das Vergessen – oder Schlimmeres – mich umfängt. Monströs, unnatürlich, gigantisch war die Begegnung – zu weit jenseits aller menschlichen Begriffe, um geglaubt zu werden, außer in den verfluchten frühen Morgenstunden, wenn der Schlaf nicht kommt.

Ich sagte, dass die Wut des dahinfauchenden Sturms infernalisch war – kakodämonisch – und dass seine Stimmen grässlich waren, voll der aufgestauten Rachgier trostloser Ewigkeiten. Plötzlich schienen diese Stimmen, die offenbar noch immer chaotisch klangen, in der Wahrnehmung meines hämmernden Hirns immer mehr sprachlichen Lauten zu ähneln; und tief im Grab ungezählter, seit Äonen versunkener Altertümer, klaftertief unterhalb der morgendämmernden Menschenwelt, vernahm ich das schaurige Geifern und Knurren fremdzüngiger Bestien.

Als ich mich umdrehte, sah ich klar abgezeichnet gegen den leuchtenden Dunst des Abgrunds, was vor dem düsteren Hintergrund des Korridors nicht sichtbar gewesen war – eine Albtraumhorde heranspringender Teufel; hassverzerrte, grotesk herausgeputzte, halb durchsichtige Teufel einer Rasse, die kein Mensch verwechseln kann – die kriechenden Reptilwesen der Stadt ohne Namen.

Und als der Wind erstarb, wurden die Eingeweide der Erde um mich herum in ghoulische Finsternis getaucht; denn hinter der letzten der Kreaturen schlug die mächtige Messingtür mit einem ohrenbetäubenden Donnern metallischer Musik zu und ihr schallendes Echo dröhnte hinaus in die ferne Welt, um die aufgehende Morgensonne zu grüßen, so wie Memnon sie von den Ufern des Nils aus begrüßt.

Henry Kuttner

DER SCHRECKEN VON SALEM

Als Carson die Geräusche in seinem Keller zum ersten Mal wahrnahm, schrieb er sie den Ratten zu. Später hörte er nach und nach die Geschichten, die sich die abergläubischen polnischen Arbeiter der Fabrik in der Derby Street über Abigail Prinn, die ursprüngliche Bewohnerin des uralten Hauses, erzählten. Heute lebte niemand mehr, der sich persönlich an die böse alte Hexe erinnern konnte. Die von krankhafter Fantasie zeugenden Legenden jedoch, die im »Hexenbezirk« von Salem immer noch so üppig wie Unkraut auf einem ungepflegten Grab blühen und gedeihen, enthielten beunruhigende Einzelheiten dessen, was sie getrieben hatte. Leider wurde auch kein Blatt vor den Mund genommen, was die ekelhaften Opfer betraf, die sie bekanntlich einem wurmstichigen, gehörnten Götzenbild zweifelhafter Herkunft dargebracht hatte. Immer noch erzählten sich die Alten mit gedämpfter Stimme von Abbie Prinn und wie sie so grässlich damit angegeben hatte, als Hohepriesterin einem furchtbar mächtigen Gott zu dienen, der im tiefen Innern der Hügel hauste. Gewiss hatte diese unverschämte Prahlerei den plötzlichen, geheimnisumwobenen Tod der alten Hexe im Jahre 1692 herbeigeführt, etwa zu der Zeit, als auf dem Galgenhügel die berüchtigten Hinrichtungen durch den Strang stattfanden. Keiner sprach gern darüber, aber hin und wieder konnte es vorkommen, dass eine zahnlose Alte angsterfüllt murmelte, die Flammen hätten ihr nichts anhaben können, denn ihr Hexenmal habe ihren ganzen Körper gegen das Feuer gefeit.

Zwar waren Abbie Prinn und ihr widernatürliches Götzenbild längst verschwunden, aber es war nach wie vor schwierig, Mieter für das baufällige Giebelhaus mit dem überkragenden Obergeschoss und den merkwürdigen rautenförmigen Flügelfenstern zu finden. Der üble Ruf des Hauses hatte sich in ganz Salem verbreitet. Eigentlich war dort in den letzten Jahren gar nichts passiert, das den Stoff für die unerklärlichen Geschichten hätte liefern können. Aber wer das Haus mietete, zog in der Regel so schnell wie möglich wieder aus, meistens mit der vagen und nicht ganz glaubhaften Begründung, es liege an den Ratten.

Und eine Ratte war es auch, die Carson zum Hexenzimmer führte. Während seiner ersten Woche in diesem Haus hatten ein Quieken und gedämpftes Getrappel im verfaulenden Mauerwerk Carson nachts mehr als einmal aufgeschreckt. Das Haus hatte er gemietet, um hier in völliger Abgeschiedenheit einen Roman vollenden zu können, den seine Verleger bei ihm in Auftrag gegeben hatten – einen weiteren leichten Liebesroman, der Carsons schon lange währende Publikumserfolge fortsetzen sollte. Es verging jedoch einige Zeit, bis er anfing, bestimmte, höchst fantastische Mutmaßungen über die Intelligenz der Ratte anzustellen, die eines Abends in der dunklen Diele unter seinen Füßen weghuschte.

Das Haus war ans Stromnetz angeschlossen, aber die Glühbirne in der Diele war schwach und verströmte nur mattes Licht. Die Ratte war nur ein unförmiger schwarzer Schatten, der ein paar Schritte flüchtete, dann haltmachte und ihn offenbar beobachtete.

Bei anderer Gelegenheit hätte Carson das Nagetier vielleicht mit einer Drohgebärde weggescheucht und sich wieder an die Arbeit gemacht. Aber der Verkehr auf der Derby Street war ungewöhnlich laut gewesen, sodass es ihm schwergefallen war, sich auf seinen Roman zu konzentrieren. Ohne dass er einen Grund dafür hätte nennen können, waren seine Nerven angespannt. Irgendwie kam es ihm so vor, als musterte ihn die Ratte, die ihn aus gerade noch sicherer Entfernung beobachtete, mit hämischem Vergnügen.

Bei der seltsamen Vorstellung lächelnd, machte Carson einige Schritte auf die Ratte zu, woraufhin sie zur Kellertür raste, die, wie er überrascht feststellte, halb offen stand. Er musste sie wohl zu schließen versäumt haben, als er sich das letzte Mal im Keller aufgehalten hatte, obwohl er normalerweise darauf achtete, die Türen geschlossen zu halten, denn in dem uralten Gemäuer zog es wie Hechtsuppe. Die Ratte wartete am Kellereingang.

Wider alle Vernunft verärgert, eilte Carson vorwärts, worauf die Ratte die Kellertreppe hinunterhuschte. Er schaltete das Kellerlicht ein und beobachtete die Ratte, die sich in eine Ecke zurückzog. Aufmerksam musterte sie ihn aus glitzernden kleinen Augen.

Während er die Treppe hinabstieg, kam er nicht gegen das Gefühl an, dass er sich wie ein Idiot benahm. Allerdings hatte ihn seine Arbeit so erschöpft, dass ihm unbewusst jede Unterbrechung gerade recht kam. Als er quer durch den Keller auf die Ratte zuging, bemerkte er zu seinem Erstaunen, dass sich das Biest nicht von der Stelle rührte und ihn eindringlich anstarrte. Ein seltsam mulmiges Gefühl machte sich in Carson breit. Die Ratte verhielt sich seiner Meinung nach widernatürlich. Das unverwandte Starren ihrer kalten Knopfaugen wirkte irgendwie beunruhigend.

Gleich darauf lachte er in sich hinein, denn die Ratte war plötzlich zur Seite geflitzt und in einem kleinen Loch in der Kellerwand verschwunden. Beiläufig kratzte er mit den Schuhspitzen ein Kreuz in den Staub vor dem Schlupfloch und nahm sich vor, hier am Morgen eine Falle aufzustellen.

Vorsichtig streckte die Ratte ihre Schnauze und die struppigen Schnurrhaare vor und kam schließlich heraus, zögerte aber gleich darauf und zog sich wieder zurück. Dann begann sich das Nagetier höchst seltsam und eigentümlich zu verhalten – fast so, als würde es einen Tanz aufführen, dachte Carson bei sich. Probeweise machte die Ratte ein paar Schritte vorwärts, um gleich danach den Rückzug anzutreten. Immer wieder tat sie einen kleinen Satz nach vorn, blieb gleich darauf wie angewurzelt stehen und huschte dann hastig zurück, ganz so, als lauerte vor dem Schlupfloch – schoss es Carson blitzartig durch den Kopf – eine Schlange darauf, ihr Entkommen zu vereiteln. Aber dort war nichts, bis auf das kleine Kreuz, das Carson in den Staub gekratzt hatte.

Zweifellos war es Carson selbst, der die Flucht der Ratte verhinderte, denn er stand in Schrittweite des Schlupflochs. Als er einen Schritt nach vorn tat, verschwand das Nagetier hastig aus seinem Blickfeld.

Nun, da sein Interesse geweckt war, besorgte sich Carson einen Stock, um damit suchend im Loch herumzustochern. Dabei sah er, als er sich nahe an der Wand befand, eine Steinplatte direkt oberhalb des Rattenlochs, die etwas merkwürdig hervorstand. Ein schneller Blick auf ihre Ränder bestätigte seinen Verdacht: Die Steinplatte war augenscheinlich beweglich.

Bei eingehender Untersuchung fiel Carson an ihrem Rand eine Vertiefung auf, die eine Art Griff darstellte. Mühelos glitten seine Finger in die Kerbe. Als er versuchsweise am Stein zerrte, bewegte er sich um eine Winzigkeit, verharrte dann aber in seiner Position. Sobald er den Druck verstärkte, schwang die Steinplatte von der Wand weg, als ob sie in Scharnieren hing. Ein Sprühregen trockener Erde ergoss sich dabei auf den Boden.

In der Mauer klaffte eine dunkle rechteckige Öffnung von Schulterhöhe. Ihr entquoll ein unangenehm modriger Gestank nach abgestandener Luft, sodass Carson unwillkürlich einen Schritt zurücktrat. Plötzlich fielen ihm die scheußlichen Geschichten über Abbie Prinn und die grässlichen Geheimnisse ein, die sie angeblich in ihrem Haus unter Verschluss gehalten hatte. War er zufällig auf irgendeinen geheimen Zufluchtsort der längst verblichenen Hexe gestoßen?

Ehe er sich in den dunklen Hohlraum vorwagte, besorgte er sich von oben vorsichtshalber eine Taschenlampe. Achtsam den Kopf einziehend richtete er ihren Lichtstrahl suchend nach vorn und betrat den engen, übel riechenden Durchgang.

Er befand sich in einem schmalen Tunnel, kaum höher als sein Kopf, der mit Steinplatten ausgekleidet und gepflastert war. Über eine Länge von etwa 15 Fuß verlief der Gang schnurgerade, um sich dann zu einer geräumigen Kammer zu weiten.

Als Carson in das unterirdische Zimmer trat – zweifellos ein geheimer Zufluchtsort von Abbie Prinn, wie er annahm, ein Versteck, das ihr an dem Tag, als der vor Angst halb wahnsinnige Mob durch die Derby Street getobt war, allerdings keine Rettung hatte bieten können –, stockte ihm vor Verwunderung der Atem. Das Zimmer war fantastisch. Staunend sah er sich um.

Vor allem vom Fußboden konnte Carson den Blick kaum abwenden. Das stumpfe Grau der Stützmauern wurde hier von einem Mosaik bunter Steinchen abgelöst, in dem Blau- und Grüntöne und Purpurfarben vorherrschten.

Sommerliche Farbschattierungen fehlten gänzlich. Es mussten wohl Tausende bunter Steinchen sein, die zusammen das Muster bildeten, denn keines war größer als eine Walnuss. Offenbar war das Mosaik auf ein ganz bestimmtes Muster hin angelegt worden, das auf Carson befremdlich wirkte. Purpurrote und violette Bogen verbanden sich mit grünen und blauen Ecklinien, sodass sie zu fantastischen Arabesken verschmolzen: zu Kreisen, Dreiecken, einem Pentagramm und anderen, weniger bekannten geometrischen Figuren. Die meisten Linien und Muster entfalteten sich ausgehend von einem eindeutig festgelegten Punkt, dem Mittelpunkt der Kammer. Diesen Mittelpunkt bildete eine kreisförmige Platte aus mattem schwarzem Stein, deren Durchmesser etwa 50 Zentimeter betragen mochte.

Hier unten herrschte tiefe Stille. Vom Lärm der Autos, die gelegentlich auf der Derby Street vorbeifuhren, war nichts zu hören.

Als Carsons Blick auf eine schmale Nische fiel, entdeckte er an deren Wänden sonderbare Zeichen. Langsam ging er auf die Nische zu und ließ dabei den Strahl seiner Taschenlampe über die Mauern tasten.

Was die Zeichen auch darstellen mochten: Jedenfalls waren sie schon vor langer Zeit auf die Steinmauern aufgetragen worden, denn das, was von den rätselhaften Symbolen noch übrig war, konnte man nicht mehr entziffern. Carson entdeckte mehrere, teilweise aufgelöste Hieroglyphen, die ihn an arabische Schriftzeichen erinnerten, allerdings konnte er es nicht mit Sicherheit sagen. Auf dem Boden der Nische befand sich eine angerostete Metallplatte, deren Durchmesser etwa zwei Meter betrug. Carson hätte wetten können, dass sie beweglich war, augenscheinlich gab es jedoch keine Möglichkeit, sie anzuheben.

Ihm wurde bewusst, dass er genau im Mittelpunkt der Kammer stand, in dem Zirkel aus schwarzem Gestein, der das Zentrum des seltsamen grafischen Musters bildete. Erneut fiel ihm die völlige Stille auf. Einer plötzlichen Eingebung folgend, schaltete er seine Taschenlampe aus und war sofort von stockfinsterer Dunkelheit umgeben.

In diesem Augenblick hatte er eine merkwürdige Vision: Er sah sich selbst auf dem Grunde einer Grube, auf die sich eine Flutwelle zubewegte, um sich in den Schacht zu ergießen und ihn zu verschlingen. Dieser Eindruck war so intensiv, dass er sich tatsächlich einbildete, ein gedämpftes Donnern, das Tosen des Wasserfalls, zu hören. Gleich darauf schaltete er, seltsam verstört, die Taschenlampe ein und sah sich rasch um. Das Trommelgeräusch war selbstverständlich das Pulsieren seines eigenen Blutes gewesen, das in der völligen Stille hörbar geworden war – ein bekanntes Phänomen. Aber wenn dieser Ort dermaßen still war …

Der Gedanke kam ihm so plötzlich, als hätte ihn jemand mit der Nase darauf gestoßen. Dieser Raum würde ein ideales Arbeitszimmer abgeben. Er konnte dafür sorgen, dass es ans Stromnetz angeschlossen und mit Stuhl und Schreibtisch ausgestattet wurde. Falls nötig auch mit einem elektrischen Ventilator, obwohl sich der Modergeruch, der ihm anfangs in die Nase gestochen war, anscheinend ganz und gar verflüchtigt hatte. Er machte sich auf den Rückweg zum Eingang des Tunnels. Als er aus dem Raum trat, merkte er, wie sich seine Muskeln auf unerklärliche Weise entspannten. Dabei hatte er gar nicht bemerkt, dass er sie vorher angespannt hatte. Er schrieb es seiner Nervosität zu und ging nach oben, um sich schwarzen Kaffee zu kochen und einen Brief an seinen Vermieter in Boston zu schreiben. Er wollte ihn über seine Entdeckung unterrichten.

Nachdem Carson die Tür geöffnet hatte, musterte der Besucher neugierig die Diele, wobei er vor sich hin nickte, als ob ihn der Anblick mit Befriedigung erfüllte. Der Mann war hochgewachsen und schlank. Über wachen grauen Augen wucherten buschige stahlgraue Brauen. Sein hageres Gesicht hatte zwar markante Züge, wies jedoch keinerlei Falten auf.

»Es geht ums Hexenzimmer, wie ich annehme?«, fragte Carson unwirsch. Sein Vermieter hatte getratscht. Deshalb hatte Carson in der letzten Woche Tag für Tag – ob er wollte oder nicht – Antiquitätensammler und Okkultisten im Hause gehabt. Allesamt waren sie scharf darauf gewesen, einen Blick in die Geheimkammer zu werfen, in der Abbie Prinn einst ihre Zaubersprüche gemurmelt hatte. Carsons Ärger war von Tag zu Tag gewachsen, sodass er schon daran gedacht hatte, in ein ruhigeres Quartier umzuziehen. Die ihm eigene Sturheit hatte ihn jedoch zum Dableiben bewogen. Er hatte sich fest vorgenommen, seinen Roman trotz der Störungen an Ort und Stelle zu Ende zu bringen.

»Tut mir leid, aber die Ausstellung ist nicht mehr geöffnet«, sagte er mit kühlem Blick auf seinen Gast.

Sein Gegenüber wirkte betroffen, allerdings tauchte in dessen Augen unmittelbar darauf ein Funke von Mitleid auf. Er fischte nach einer Visitenkarte und reichte sie Carson.

»Michael Leigh – Okkultist, wie?«, las Carson den Aufdruck. Er holte tief Luft. Inzwischen hatte er festgestellt, dass die Okkultisten mit ihren ominösen Hinweisen auf unaussprechliche Dinge und ihrem eingehenden Interesse am Mosaikmuster des Bodens im Hexenzimmer die Allerschlimmsten waren. »Tut mir leid, Mr. Leigh, aber … ich habe wirklich zu tun, Sie werden mich entschuldigen.«

Ungnädig wandte er sich der Tür zu.

»Nur einen Augenblick noch«, warf Leigh hastig ein.

Ehe Carson etwas dagegen einwenden konnte, hatte Leigh den Schriftsteller schon bei den Schultern gepackt und sah ihm scharf in die Augen. Erschrocken fuhr Carson zurück, allerdings nicht so schnell, dass er nicht noch einen ungewöhnlichen Ausdruck auf Leighs hagerem Gesicht wahrgenommen hätte, einen Ausdruck, der ein plötzliches Begreifen und gleichzeitig eine gewisse Befriedigung wiedergab. Es war so, als hätte der Okkultist etwas Unerfreuliches gesehen, mit dem er jedoch gerechnet hatte.

»Was soll das?«, fragte Carson barsch. »Ich bin nicht gewohnt, dass …«

»Es tut mir außerordentlich leid«, erwiderte Leigh mit tiefer, angenehmer Stimme. »Ich muss mich entschuldigen. Ich dachte … nun ja, ich bitte nochmals um Verzeihung. Ich fürchte, ich bin recht aufgeregt. Wissen Sie, ich bin extra aus San Francisco angereist, um mir Ihr Hexenzimmer anzusehen. Würde es Ihnen wirklich etwas ausmachen, mir einen Blick darauf zu gestatten? Ich bin gern bereit, jede Summe dafür zu bezahlen …«

Carson machte eine abwehrende Geste. »Nein«, entgegnete er und spürte dabei, wie er seltsamerweise Sympathie für diesen Mann, seine wohlmodulierte, angenehme Stimme, sein ausdrucksstarkes Gesicht, seine magnetische Persönlichkeit entwickelte. »Nein, ich sehne mich nur nach ein wenig Ruhe … Sie können sich gar nicht vorstellen, wie sehr ich belästigt worden bin«, fuhr er fort und wunderte sich irgendwie selbst darüber, dass er sich vor dem Fremden rechtfertigte. »Es nervt ganz fürchterlich. Fast wünschte ich, ich hätte das Zimmer nie gefunden.«

Leigh beugte sich aufgeregt vor. »Darf ich es sehen? Es liegt mir wirklich sehr viel daran … Schließlich habe ich an solchen Dingen ein grundlegendes Interesse.

Ich werde nicht mehr als zehn Minuten Ihrer Zeit in Anspruch nehmen, das verspreche ich.«

Nach kurzem Zögern stimmte Carson zu. Während er seinen Gast in den Keller geleitete, erzählte er ihm zur eigenen Überraschung, wie es dazu gekommen war, dass er das Hexenzimmer entdeckt hatte. Leigh hörte aufmerksam zu, wobei er hin und wieder Fragen einwarf.

»Diese Ratte ... Haben Sie eigentlich mitbekommen, was aus ihr geworden ist?«, fragte er.

Carson wirkte überrascht. »Ach herrje, nein. Ich nehme an, sie hat sich in ihrem Loch verkrochen. Wieso?«

»Man kann ja nie wissen«, erwiderte Leigh geheimnisvoll, während sie ins Hexenzimmer gelangten.

Carson schaltete das Licht ein. Er hatte eine Stromleitung legen lassen, und inzwischen gab es hier auch ein paar Stühle und einen Tisch, aber sonst war die Kammer unverändert. Als Carson das Gesicht des Okkultisten musterte, bemerkte er verwundert, dass es jetzt einen verbissenen, fast wütenden Ausdruck annahm.

Mit großen Schritten ging Leigh zur Mitte des Raums und starrte auf den Stuhl, der in dem Kreis aus schwarzem Stein stand.

»Arbeiten Sie hier?«, fragte er bedächtig.

»Ja. Hier ist es ruhig ... Ich habe festgestellt, dass ich oben nicht arbeiten kann. Zu laut. Aber das hier ist ideal ... Irgendwie habe ich das Gefühl, dass das Schreiben mir hier sehr leichtfällt. So als ob mein Geist hier« – er zögerte – »frei wäre, ich meine: losgelöst von anderen Dingen. Das ist ein recht merkwürdiges Gefühl.«

Leigh nickte, als bestätigten Carsons Worte irgendeine Idee in seinem eigenen Kopf, und wandte sich dann der Nische und der Metallscheibe im Fußboden zu. Carson folgte ihm. Der Okkultist ging nahe an die Wand heran und fuhr mit seinem langen Zeigefinger die Konturen der ausgeblichenen Symbole nach. Dabei murmelte er fast lautlos irgendetwas vor sich hin – Worte, die in Carsons Ohren völlig unsinnig klangen.

»Nyogtha … k'yarnak …«

Mit verbissenem, bleichem Gesicht drehte Leigh sich ruckartig um. »Ich habe genug gesehen«, erklärte er leise. »Sollen wir gehen?«

Verwundert nickte Carson und ging auf dem Rückweg zum Keller voran.

Oben zögerte Leigh, als ob es ihm schwerfiel, das Thema, das ihm auf der Seele lag, anzuschneiden.

Schließlich fragte er: »Mr. Carson, würde es Ihnen etwas ausmachen, mir zu sagen, ob Sie in letzter Zeit irgendwelche seltsamen Träume hatten?«

Carson starrte ihn an, während in seinen Augen Heiterkeit aufblitzte. »Träume?«, wiederholte er. »Ach so, ich verstehe. Nun ja, Mr. Leigh, ich kann Ihnen ruhig verraten, dass Sie mir keine Angst einjagen können. Ihre Standesgenossen – die anderen Okkultisten, die ich hier gehabt habe – haben das bereits versucht.«

Leigh zog die buschigen Augenbrauen hoch. »Ach, wirklich? Haben die sich bei Ihnen nach Träumen erkundigt?«

»Einige schon, ja.«

»Und Sie haben ihnen davon erzählt?«

»Nein.« Als Leigh sich daraufhin mit verwirrter Miene auf einen Stuhl setzte, fuhr Carson bedächtig fort: »Obwohl ich es eigentlich gar nicht mit Sicherheit sagen kann.«

»Was meinen Sie damit?«

»Ich *glaube* … habe den unbestimmten Eindruck, dass ich in jüngster Zeit Träume hatte. Aber ich kann es nicht mit Sicherheit sagen, denn ich vermag mich an keine Einzelheit mehr zu erinnern, wissen Sie? Außerdem … nun ja, es ist sehr gut möglich, dass Ihre Berufskollegen mir diesen Floh ins Ohr gesetzt haben.«

»Möglich«, erwiderte Leigh unverbindlich und stand auf. Er zögerte. »Mr. Carson, ich möchte Ihnen jetzt eine recht dreiste Frage stellen. Müssen Sie wirklich unbedingt in diesem Haus wohnen?«

Carson seufzte resigniert. »Als man mir diese Frage zum ersten Mal gestellt hat, habe ich erklärt, ich hätte einen ruhigen Ort gesucht, um an einem Roman zu arbeiten – egal wo. Allerdings ist es nicht leicht, so einen ruhigen Ort zu finden. Und jetzt, nachdem mir das Hexenzimmer zur Verfügung steht, komme ich so mühelos voran, dass ich gar nicht einsehe, warum ich umziehen und meinen Arbeitsplan womöglich über den Haufen werfen sollte. Sobald ich meinen Roman fertig habe, ziehe ich hier aus, und dann könnt ihr Okkultisten kommen und das Haus in ein Museum verwandeln oder sonst was damit anstellen, das ist mir völlig egal. Aber bis der Roman fertig ist, habe ich die Absicht, hier wohnen zu bleiben.«

Leigh rieb sich das Kinn. »Ich kann Ihren Standpunkt wirklich gut nachvollziehen. Aber … Gibt es in dem Haus denn kein anderes Zimmer, in dem Sie arbeiten könnten?«

Nach einem kurzen Blick auf Carsons Miene fuhr er hastig fort: »Ich erwarte ja gar nicht, dass Sie mir glauben. Sie sind ein Materialist, wie die meisten Menschen. Aber es gibt ein paar Leute wie mich, die erkannt haben, dass es oberhalb und jenseits dessen, was die Menschen mit ›Wissenschaft‹ bezeichnen, noch eine umfassendere Wissenschaft gibt. Und diese Wissenschaft basiert auf Regeln und Grundsätzen, die ein normaler Sterblicher kaum begreifen kann. Falls Sie Machen gelesen haben, werden Sie noch wissen, dass er von der Kluft zwischen der Welt des Bewusstseins und der stofflichen Welt spricht. Diese Kluft kann man jedoch überbrücken und das Hexenzimmer stellt eine solche Brücke dar! Wissen Sie, was eine Flüstergalerie ist?«

»Wie bitte?«, fragte Carson mit großen Augen. »Aber es gibt hier doch gar keine ...«

»Das ist eine Analogie, lediglich eine Analogie. Wenn jemand in einer Galerie – oder auch Höhle – etwas flüstert, kann es passieren, dass jemand anderes, der an einem bestimmten Punkt 100 Schritte entfernt steht, dieses Geflüster versteht, selbst wenn es ein Dritter, der nur zehn Schritte entfernt steht, nicht hören kann. Das ist ein einfacher akustischer Trick, der Schall wird dabei an einen ganz bestimmten Konzentrationspunkt getragen. Und dieses Prinzip lässt sich auch auf andere Dinge als auf Schall anwenden. Auf jeden Wellenimpuls – *selbst auf Gedanken!*«

Carson versuchte etwas einzuwerfen, aber Leigh ignorierte es.

»Dieser schwarze Stein im Mittelpunkt Ihres Hexenzimmers ist ein solcher Konzentrationspunkt. Dieses Muster auf dem Fußboden ... Wenn Sie dort innerhalb des schwarzen Kreises sitzen, sind Sie außerordentlich empfänglich für bestimmte Schwingungen ... bestimmte Befehle, die Ihr Denken steuern ... auf gefährliche Weise dafür empfänglich! Warum, glauben Sie, ist Ihr Kopf so klar, wenn Sie dort arbeiten? Es ist eine Täuschung, ein falsches Gefühl der Klarsicht. In Wirklichkeit sind Sie nichts anderes als ein Instrument, ein Mikrofon, das darauf ausgerichtet ist, bestimmte bösartige Schwingungen aufzunehmen, deren wahre Natur Sie gar nicht begreifen können!«

Carsons Gesicht war der Inbegriff verwunderter Skepsis. »Aber ... Sie wollen doch wohl nicht sagen, dass Sie das tatsächlich *glauben* ...«

Leigh hielt inne. Sein Blick verlor die Intensität, seine Augen wirkten jetzt nur noch bitter und kalt. »Also gut. Allerdings habe ich mich mit der Geschichte Ihrer Abigail Prinn befasst. Auch sie kannte sich in jener Metawissenschaft aus, von der ich gesprochen habe. Nur nutzte sie diese Wissenschaft für üble Zwecke – für die sogenannte schwarze Kunst. Ich habe gelesen, dass sie Salem seinerzeit verflucht hat ... Und der Fluch einer Hexe ist nicht auf die leichte Schulter zu nehmen. Wollen Sie ...«, er stand auf und biss sich auf die Lippen, »... wollen Sie mir wenigstens erlauben, morgen bei Ihnen vorbeizuschauen?«

Obwohl er es eigentlich gar nicht vorgehabt hatte, nickte Carson. »Aber ich fürchte, dass Sie damit nur Ihre Zeit vergeuden. Ich glaube nicht ... ich meine, ich habe keine ...« Vergeblich nach Worten suchend, ließ er den Satz unvollendet.

»Ich möchte mich lediglich vergewissern, dass Sie ... Ach ja, noch etwas. Falls Sie heute Nacht träumen, könnten Sie sich den Traum dann nach Möglichkeit merken? Wenn man den Traum sofort nach dem Aufwachen zu rekonstruieren versucht, gelingt es häufig, sich daran zu erinnern.«

»Einverstanden. *Falls* ich träume ...«

In dieser Nacht träumte Carson. Er erwachte kurz vor dem Morgengrauen mit heftigem Herzrasen und empfand eine seltsame innere Unruhe. Hastig stieg er aus dem Bett. Er konnte hören, wie die Ratten im Mauerwerk verstohlen umherhuschten. Die Kälte und Trübheit des frühen Morgens machten ihn frösteln. Immer noch schien schwach ein bleicher Mond von einem verblassenden Himmel.

Leighs Worte fielen ihm ein. Er *hatte* geträumt, ohne Zweifel. Aber *was* er geträumt hatte, war eine andere Frage. Er konnte sich den Inhalt des Traums, sosehr er sich auch bemühte, überhaupt nicht ins Gedächtnis rufen, obwohl ein ganz schwacher Eindruck davon zurückgeblieben war, dass er völlig außer sich durch lichtlose Finsternis gerannt war.

Er zog sich schnell an und ging, da die frühmorgendliche Stille im alten Haus an seinen Nerven zerrte, hinaus, um sich eine Zeitung zu besorgen. Allerdings war es noch so früh, dass die Läden nicht geöffnet hatten, deshalb bog er an der ersten Ecke ab und schlug auf der Suche nach einem Zeitungsjungen die westliche Richtung ein. Während er so dahinging, nahm ein seltsames, unerklärliches Gefühl von ihm Besitz: ein Gefühl von … Vertrautheit! Er war hier schon früher entlanggegangen, die Umrisse der Häuser und die Konturen der Dächer hatten etwas leicht Vertrautes, beunruhigend Vertrautes an sich. Dabei war er doch, soweit er wusste – und das war das Fantastische daran –, noch nie in dieser Straße gewesen. Von Natur aus träge, hatte er nicht viel Zeit darauf verwendet, in diesem Teil von Salem herumzuspazieren. Und dennoch war da dieses außerordentlich starke Gefühl der Erinnerung, das mit jedem Schritt intensiver wurde.

Als er an eine Ecke gelangte, wandte er sich ohne nachzudenken nach links. Die seltsamen Wahrnehmungen wurden stärker. Vor sich hin grübelnd, ging er langsam weiter.

Bestimmt *war* er diesen Weg schon früher gegangen, höchstwahrscheinlich völlig in Gedanken versunken, sodass er sich dieser Strecke gar nicht bewusst gewesen war. Zweifelsohne war das die Erklärung. Dennoch spürte Carson, während er in die Charter Street einbog, innerlich eine obskure nervöse Erregung. Salem erwachte; mit Tagesanbruch begannen polnische Arbeiter auf dem Weg zur Fabrik mit stumpfen Mienen an ihm vorbeizuhasten. Hin und wieder fuhr ein Auto vorüber.

Vor ihm hatte sich eine Menschenmenge auf dem Bürgersteig angesammelt. Mit der deutlichen Vorahnung bevorstehenden Unheils beschleunigte er seine Schritte. Seltsame Angstgefühle ergriffen ihn, als er merkte, dass er gerade am Friedhof in der Charter Street vorbeiging, dem uralten, sehr berüchtigten »Totenacker«. Hastig drängte er sich mitten in die Menge.

Halblaute Bemerkungen drangen an Carsons Ohr. Vor ihm ragte drohend ein massiger, blau gewandeter Rücken auf. Als er dem Polizisten über die Schulter spähte, hielt er mit erschrockenem Keuchen den Atem an. Am Eisengitter, das den alten Friedhof umzäunte, lehnte ein Mann. Er trug einen billigen, auffälligen Anzug und hatte die rostigen Gitterstäbe so fest umklammert, dass die Muskeln auf seinen behaarten Handrücken wulstig hervortraten. Er war tot. Sein Gesicht, das in einem verrückten Winkel zum Himmel hinaufstarrte, war in einem Ausdruck abgrundtiefen, haarsträubenden Entsetzens erstarrt. Seine Augen, von denen nur das Weiße zu sehen war, quollen in abscheulicher Weise hervor, seine Lippen verzerrte ein freudloses Grinsen.

Ein Mann neben Carson wandte ihm das bleiche Gesicht zu. »Sieht so aus, als hätte er sich zu Tode erschreckt«, bemerkte er mit einer Stimme, die irgendwie heiser wirkte. »Um keinen Preis hätte ich sehen wollen, was er gesehen hat. Igitt – sehen Sie sich mal das Gesicht an!«

Mechanisch trat Carson einen Schritt zurück. Er spürte, wie ihn der eisige Atem unaussprechlicher Dinge frösteln ließ, und fuhr sich mit der Hand über die Augen, aber immer noch drängte sich das verzerrte tote Gesicht in sein Blickfeld. Mitgenommen und leicht zitternd machte er sich auf den Rückweg. Unwillkürlich glitt sein Blick zur Seite und verharrte auf den Gräbern und Gedenksteinen, mit denen der alte Friedhof übersät war. Seit mehr als

100 Jahren war hier niemand mehr begraben worden. Die von Flechten überrankten Grabsteine mit ihren geflügelten Engelsköpfen, pausbäckigen Putten und den Bestattungsurnen schienen ein undefinierbares Miasma von Alter auszuströmen. Was hatte den Mann zu Tode erschreckt?

Carson holte tief Luft. Sicher, der Leichnam war ein grässlicher Anblick, aber er durfte nicht zulassen, dass die Sache ihm an die Nerven ging. Er konnte es nicht zulassen – sonst würde der Roman darunter leiden. Außerdem, so redete er sich selbst verbissen ein, lag die Erklärung für diesen Vorfall ja auf der Hand: Der Mann war ein Pole gewesen, einer von den Einwanderern, die in der Hafengegend von Salem hausten. Als er nachts am Friedhof vorbeigekommen war, einem Ort, um den sich seit fast 300 Jahren unheimliche Geschichten rankten, mussten seine vom Alkohol benebelten Augen die von einer abergläubischen Geisteshaltung gespeisten Hirngespinste wohl für Wirklichkeit gehalten haben. Diese Polen waren in emotionaler Hinsicht bekanntermaßen labil, neigten zur Massenhysterie und ausufernden Fantasien. Die große Panik unter den Einwanderern im Jahre 1853, in deren Verlauf drei Hexenhäuser völlig niedergebrannt wurden, war durch die wirre, hysterische Aussage einer alten Frau ausgelöst worden. Angeblich hatte sie gesehen, wie ein geheimnisvoller, weiß gekleideter Fremder »sein Gesicht abgelegt« hatte. *Was kann man von solchen Menschen schon erwarten?*, dachte Carson.

Dennoch hielt sein nervöser Zustand an und er kehrte erst kurz vor Mittag nach Hause zurück. Als er bei seiner Ankunft den Okkultisten Leigh wartend vorfand, war er froh, ihn zu sehen, und bat ihn herzlich ins Haus.

Leigh war sehr ernst. »Haben Sie die Sache über Ihre Freundin Abigail Prinn gehört?«, fragte er ohne jede Einleitung.

Carson, der gerade dabei gewesen war, sich mit einem Siphon Sodawasser in ein Glas zu spritzen, hielt mitten in der Bewegung inne und starrte Leigh an. Es dauerte ein Weilchen, bis er schließlich den Hebel bediente, sodass die Flüssigkeit zischend und schäumend in den Whisky schoss.

Er reichte Leigh den Drink und nahm auch selbst einen – das tat gut! –, ehe er die Frage beantwortete.

»Ich weiß nicht, wovon Sie reden. Hat sie … Was hat sie getan?«

»Ich habe in den Unterlagen nachgesehen«, erklärte Leigh, »und festgestellt, dass Abigail Prinn am 14. Dezember 1690 auf dem Friedhof in der Charter Street begraben wurde – mit einem Pflock durchs Herz. Was ist los?«

»Nichts«, erwiderte Carson tonlos. »Und weiter?«

»Nun ja, ihr Grab wurde geöffnet und ausgeraubt, das ist alles. In der Nähe fand man den herausgerissenen Pflock und rund um das Grab Fußspuren. Schuhabdrücke. Haben Sie letzte Nacht geträumt, Carson?« Leigh stieß die Frage barsch hervor, seine grauen Augen hatten einen harten Ausdruck angenommen.

»Ich weiß es nicht«, erwiderte Carson verwirrt und rieb sich die Stirn. »Ich kann mich nicht daran erinnern. Heute Morgen war ich am Friedhof in der Charter Street.«

»Oh, dann müssen Sie ja wohl etwas über den Mann gehört haben, der …«

»Ich habe ihn gesehen«, unterbrach ihn Carson zusammenschaudernd. »Es hat mich sehr mitgenommen.«

Er stürzte den Whisky in einem Zug hinunter.

Leigh beobachtete ihn. »Also gut«, sagte er gleich darauf, »sind Sie immer noch entschlossen, hier wohnen zu bleiben?«

Carson stellte das Glas ab und erhob sich.

»Warum denn nicht?«, blaffte er. »Gibt es irgendeinen Grund, weshalb ich das nicht tun sollte?«

»Nach dem, was letzte Nacht passiert ist …«

»Nach dem, was passiert ist? Ein Grab wurde geplündert. Ein abergläubischer Pole hat die Räuber gesehen und ist vor Schreck gestorben. Und weiter?«

»Sie versuchen, sich selbst etwas vorzumachen«, bemerkte Leigh gleichmütig. »Aber im Herzen kennen Sie die Wahrheit; Sie müssen sie kennen. Sie sind ein Werkzeug in den Händen ungeheuer mächtiger, furchtbarer Kräfte geworden, Carson. 300 Jahre lang hat Abbie Prinn – *untot* – in ihrem Grab gelegen und darauf gewartet, dass ihr jemand in die Falle, das Hexenzimmer, geht. Vielleicht hat sie die Zukunft vorhergesehen, als sie das Zimmer geschaffen hat, vorhergesehen, dass eines Tages jemand zufällig auf die teuflische Kammer stoßen und in die Falle des Mosaiks tappen würde. Es hat Sie erwischt, Carson – und so wurde es dem untoten Scheusal möglich, die Kluft zwischen Bewusstsein und Materie zu überbrücken und mit Ihnen in Verbindung zu treten. Für ein Wesen mit Abigail Prinns furchtbaren Kräften ist das Hypnotisieren ein Kinderspiel. Nichts leichter, als Sie dazu zu bringen, zu ihrem Grab zu gehen und den Pflock, der Abigail dort festhielt, herauszuziehen, um danach die Erinnerung an diese Tat aus Ihrem Gedächtnis zu löschen, so vollständig zu löschen, dass Sie sich nicht einmal mehr als einen Traum daran erinnern können!«

Carson, dessen Augen mit einem seltsamen Feuer glühten, war aufgesprungen. »In Gottes Namen, Mann, wissen Sie überhaupt, was Sie da sagen?«

Leigh lachte rau. »In Gottes Namen! Wohl eher in Teufels Namen … im Namen des Teufels, der Salem in diesem Augenblick bedroht, denn Salem ist tatsächlich in Gefahr, in schrecklicher Gefahr. Die Männer, Frauen und Kinder der Stadt, die Abbie Prinn verflucht hat, als man sie an den Pfahl band – und feststellen mussten, dass man sie gar nicht verbrennen konnte! Heute Morgen habe ich mich mit gewissen Geheimdokumenten befasst. Ich bin gekommen, um Sie ein letztes Mal zu bitten, dieses Haus zu verlassen.«

»Sind Sie fertig?«, fragte Carson ungerührt. »Na schön. Ich werde hierbleiben. Sie sind entweder wahnsinnig oder betrunken, jedenfalls können Sie mich mit Ihren Ammenmärchen nicht beeindrucken.«

»Würden Sie denn ausziehen, wenn ich Ihnen 1000 Dollar dafür biete?«, fragte Leigh. »Oder auch mehr – 10.000? Mir steht eine beträchtliche Summe zur Verfügung.«

»Nein, verdammt noch mal!«, stieß Carson in einem jähen Wutanfall hervor. »Alles, was ich begehre, ist, dass man mich in Ruhe lässt, damit ich meinen Roman zu Ende bringen kann. Ich kann nirgendwo sonst arbeiten, will es auch gar nicht, ich werde nicht …«

»Das habe ich mir schon gedacht«, erklärte Leigh. Plötzlich sprach er leise und mit einem seltsamen Unterton von Mitgefühl. »Mann, Sie können hier ja auch gar nicht weg! Sie sitzen in Abigails Falle fest. Und es ist zu spät für Sie, sich da herauszuwinden, solange Abbie Prinn Ihr Gehirn mithilfe des Hexenzimmers manipuliert. Und das Schlimmste daran ist, dass sie sich nur mit Ihrer Unterstützung offenbaren kann – sie entzieht Ihnen die Lebenskraft, Carson, sie nährt sich von Ihnen, genau wie ein Vampir.«

»Sie sind ja verrückt«, erwiderte Carson teilnahmslos.

»Ich habe Angst. Diese Eisenscheibe im Hexenzimmer … Ich habe Angst davor … und vor dem, was sich darunter verbirgt. Abbie Prinn hat seltsamen Götzen gedient, Carson. Und an dieser Nischenwand habe ich etwas gelesen, das mir einen Hinweis gegeben hat. Haben Sie je von Nyogtha gehört?«

Carson schüttelte ungeduldig den Kopf. Leigh suchte etwas in seiner Hosentasche und zog schließlich ein Stück Papier heraus. »Das hier habe ich in der Kester-Bücherei aus einem Buch herausgeschrieben«, erklärte er, »aus einem Buch namens *Necronomicon*. Verfasst von einem Mann, der sich so sehr in verbotene Geheimnisse vertieft hat, dass die Leute ihn als wahnsinnig bezeichnet haben. Lesen Sie das.«

Carsons Augenbrauen zogen sich zusammen, als er den Auszug las:

Die Menschen kennen ihn als den, der im Dunkel wohnt, diesen Bruder der Alten, den man auch Nyogtha nennt, das Wesen, das es eigentlich nicht geben dürfte. Durch gewisse verborgene Höhlen und Erdspalten kann man ihn auf die Erdoberfläche rufen. Hexenmeister haben ihn in Syrien und unter dem Schwarzen Turm von Leng gesehen; von der Thang-Grotte des Tatarenreiches ist er plündernd ausgezogen und hat unter den Zelten des großen Khan Schrecken und Zerstörung verbreitet. Nur mithilfe des verschlungenen Kreuzes, der Vach-Viraj-Beschwörung und des Tikkoun-Elixiers kann man ihn in die dunklen Höhlen verborgenen Unrats zurücktreiben, in denen er haust.

Gelassen erwiderte Leigh Carsons verwirrten Blick. »Verstehen Sie jetzt?«

»Beschwörungen und Elixiere!«, sagte Carson und gab ihm den Zettel zurück. »So ein Quatsch!«

»Weit gefehlt. Diese Beschwörung und das Elixier sind den Okkultisten und ihren Anhängern schon seit Jahrtausenden bekannt. Ich hatte Gelegenheit, beides in der

Vergangenheit bei bestimmten ... Anlässen selbst zu benutzen. Und wenn ich recht habe, was dieses Wesen betrifft ...« Die Lippen zu einem blutleeren Strich zusammengekniffen, wandte Leigh sich zur Tür. »Solche Erscheinungen hat man auch früher schon bekämpft. Die Schwierigkeit liegt nur darin, das Elixier zu besorgen ... Es ist sehr schwer zu beschaffen. Aber ich hoffe ... Ich komme wieder. Können Sie sich bis dahin vom Hexenzimmer fernhalten?«

»Versprechen will ich gar nichts«, erwiderte Carson. Im Kopf spürte er einen dumpfen Schmerz, der sich stetig verstärkt hatte, bis er ihm schließlich mit Macht ins Bewusstsein gedrungen war, außerdem war ihm leicht übel. »Leben Sie wohl.«

Er brachte Leigh zur Tür und blieb abwartend auf den Eingangsstufen stehen. Etwas in ihm sträubte sich seltsamerweise dagegen, ins Haus zurückzukehren.

Während er zusah, wie der hochgewachsene Okkultist die Straße hinuntereilte, kam eine Frau aus dem Nachbarhaus. Als sie Carson bemerkte, hoben sich ihre riesigen Brüste und sie begann mit einer schrillen, zornigen Schimpftirade.

Carson starrte sie verwundert an. In seinem Kopf hämmerte es schmerzhaft. Die dicke Faust in Drohgebärde schwenkend, kam sie auf ihn zu.

»Warum haben Sie meiner Sarah Angst eingejagt?«, brüllte sie. Ihr dunkelhäutiges Gesicht war rot angelaufen. »Warum haben Sie Sarah mit Ihren blöden Tricks zu Tode erschreckt?«

Carson fuhr sich mit der Zunge über die Lippen. »Es tut mir leid«, erwiderte er langsam. »Sehr leid. Ich habe Ihre Sarah nicht erschreckt. Ich bin den ganzen Tag nicht zu Hause gewesen. Was hat sie denn erschreckt?«

»Das braune Ding … Es ist in Ihr Haus gerannt, sagt Sarah.« Die Frau hielt inne. Ihr Kiefer klappte herunter, ihre Augen weiteten sich. Mit ihrer rechten Hand machte sie ein sonderbares Zeichen: Zeigefinger und kleiner Finger deuteten auf Carson, während der Daumen quer über den anderen Fingern lag. »Die alte Hex'!«

Mit ängstlicher Stimme polnische Worte murmelnd, zog sie sich hastig zurück.

Carson wandte sich um und kehrte ins Haus zurück. Er goss sich etwas Whisky in ein Wasserglas, überlegte es sich dann jedoch anders und stellte es unberührt zur Seite. Während er sich mit Fingern, die sich trocken und heiß anfühlten, hin und wieder die Stirn rieb, begann er, im Zimmer auf und ab zu tigern. Nebelhafte, wirre Gedanken schossen ihm durch den Kopf, der pochte und fiebrig heiß war.

Schließlich ging er zum Hexenzimmer hinunter und blieb dort, auch wenn er nicht arbeitete, denn in der Totenstille der unterirdischen Kammer waren seine Kopfschmerzen nicht ganz so drückend. Nach einer Weile schlief er ein.

Ihm war nicht bewusst, wie lange er schlief. Er träumte von Salem. Und davon, dass er flüchtig ein gallertartiges schwarzes Ding erkennen konnte, das mit schrecklicher Geschwindigkeit durch die Straßen raste. Ein Ding ähnlich einer unglaublich riesigen, pechschwarzen Amöbe, das Männer und Frauen, die schrille Schreie ausstießen und vergeblich zu fliehen versuchten, verfolgte und verschlang. Im Traum sah er einen Totenkopf, der ihm ins Gesicht spähte, ein verwittertes, eingesunkenes Antlitz, in dem nur die Augen lebendig wirkten – in ihnen glitzerte ein teuflisches, böses Funkeln.

Schließlich erwachte er und setzte sich erschrocken auf.

Ihm war sehr kalt.

Hier unten herrschte völlige Stille. Im Schein der Glühbirne schien sich das Mosaik mit seinen Grün- und Purpurtönen zusammenzuziehen und in seine Richtung zu winden, eine Sinnestäuschung, die verschwand, als sein schlaftrunkener Blick wieder klarer wurde. Er sah auf seine Armbanduhr: Es war zwei Uhr nachts. Er hatte den ganzen Nachmittag und Abend sowie die halbe Nacht verschlafen.

Er fühlte sich seltsam angeschlagen, eine gewisse Mattigkeit sorgte dafür, dass er, ohne sich zu rühren, auf seinem Stuhl sitzen blieb. Seine Kräfte schienen völlig aufgezehrt. Es kam ihm so vor, als versetzte ihm die durchdringende Kälte einen Schlag aufs Hirn, aber zumindest waren seine Kopfschmerzen verschwunden. Sein Kopf war sehr klar – auf Zukünftiges ausgerichtet, so als würde er nur darauf warten, dass irgendetwas passierte. In seiner Nähe fiel ihm eine Bewegung auf.

Eine Steinplatte in der Wand bewegte sich. Er hörte ein leises Knirschen und langsam weitete sich eine schwarze Aushöhlung vom schmalen Rechteck zum Quadrat.

Etwas kauerte dort im Schatten. Heftiges, blindes Entsetzen überwältigte Carson, als sich das Ding rührte und vorwärts ins Licht kroch.

Es sah wie eine Mumie aus. Eine unerträgliche, ewig währende Sekunde lang hämmerte Carson der angsteinflößende Gedanke durch den Kopf: *Es sieht wie eine Mumie aus!*

Es war ein pergamentbrauner Leichnam, dürr wie ein Gerippe, der so aussah, als hätte man einem Skelett die Haut einer großen Echse über die Knochen gestreift. Und es bewegte sich, kroch vorwärts, während seine langen Nägel hörbar über den Stein schrammten. Es kroch ins Hexenzimmer hinaus, während das grelle Licht erbarmungslos ein Gesicht, dem jede Gefühlsregung fehlte, enthüllte und Augen, die vor gespenstischem Leben funkelten. Carson konnte die einzelnen Wirbel des braunen, eingesunkenen Rückens erkennen …

Carson saß da, ohne sich zu rühren. Abgrundtiefes Entsetzen hatte ihm jede Kraft, sich zu bewegen, genommen. Er schien sich in den Fesseln einer Traumparalyse verfangen zu haben, in der das Gehirn als distanzierter Zuschauer nicht in der Lage ist, die Nervenimpulse an die Muskeln weiterzuleiten. Verzweifelt redete er sich ein, dass er nur träume und jeden Moment aufwachen werde.

Das ausgedörrte Scheusal erhob sich. Dürr wie ein Skelett stand es aufrecht da und machte sich auf den Weg zur Nische, wo die Eisenscheibe im Fußboden eingelassen war. Carson den Rücken zuwendend, hielt es inne, und ein trockener, brüchiger Flüsterton drang raschelnd durch die tödliche Stille.

Bei dem Geräusch hätte Carson am liebsten losgebrüllt, aber er konnte es nicht. Immer noch hielt das entsetzliche Flüstern an, Geflüster in einer Sprache, die, wie Carson erkannte, nicht von dieser Welt war. Und ganz so, als wollte sie antworten, erbebte die Eisenscheibe in einer fast unmerklichen Erschütterung.

Sie bebte und begann, sich sehr langsam zu heben, worauf das ausgedörrte Scheusal wie im Triumph seine pfeifenstieldünnen Arme hochstreckte. Die Scheibe war fast fußdick, aber während sie sich weiter und weiter über den Boden hob, drang schon bald ein heimtückischer Gestank durchs Zimmer. Er erinnerte vage an Reptilien, roch Übelkeit erregend nach Moschus. Als sich die Scheibe unerbittlich weiter und weiter hob, kroch unter ihrem Rand ein schmaler Streifen von Dunkelheit hervor. Jäh fiel Carson sein Traum von einem gallertartigen schwarzen

Geschöpf ein, das durch die Straßen von Salem gerast war. Vergeblich bemühte er sich, die Fesseln der Lähmung, die jede Bewegung verhinderten, zu sprengen. In der Kammer wurde es dunkler und dunkler, während ein schwarzer Strudel höher und höher wogte, um ihn zu verschlingen. Das Zimmer schien zu schwanken. Immer noch stieg die Eisenscheibe weiter empor; immer noch stand das ausgedörrte Scheusal aufrecht da und hatte seine skelettartigen Arme zu einem gotteslästerlichen Segen erhoben; immer noch sickerte die Finsternis, sich langsam und wie eine Amöbe vorwärtsbewegend, ins Zimmer.

Ein Geräusch durchbrach das trockene Geflüster der Mumie: das schnelle Trappeln rennender Füße. Aus dem Augenwinkel heraus sah Carson, wie ein Mann ins Hexenzimmer stürmte.

Es war Leigh, der Okkultist, dessen Augen in einem totenblassen Gesicht glühten. Er stürzte an Carson vorbei zur Nische, in der das eklige schwarze Zeug sichtbar aufwogte.

Mit schreckenerregender Langsamkeit wandte sich das ausgedörrte Scheusal um. Wie Carson sah, hielt Leigh in seiner linken Hand eine Gerätschaft, ein *crux ansata* aus Gold und Elfenbein. Die rechte Hand hatte er an der Seite zur Faust geballt. Gebieterisch und wohltönend dröhnte seine Stimme durch den Raum. Auf seinem bleichen Gesicht hatten sich kleine Schweißperlen gebildet.

»*Ya na kadishtu nilgh'ri ... stell'bsna kn'aa Nyogtha ... k'yarnak phlegethor ...*«

Die fantastischen, unirdischen Silben kamen mit Donnerhall heraus, die Kellerwände gaben ihr Echo wieder. Das *crux ansata* hoch vor sich emporgereckt, bewegte sich Leigh langsam vorwärts. Und das eklige schwarze Zeug wallte unter der Eisenscheibe hervor!

Die Scheibe wurde hochgehoben, zur Seite geschleudert, und eine große Welle schillernder Schwärze, weder flüssig noch fest, eine furchterregende, gallertartige Masse, strömte direkt auf Leigh zu. Ohne in seinem Vormarsch innezuhalten, machte er eine flinke Geste mit der rechten Hand: Eine kleine Glasröhre prallte gegen das schwarze Ding und wurde von ihm einverleibt. Die formlose, ekelhafte Masse verharrte, zögerte, wirkte auf schreckliche Weise unschlüssig und zog sich gleich darauf hastig zurück.

Ein atemberaubender, heißer Verwesungsgestank durchdrang nach und nach die Atmosphäre. Carson sah, wie große Stücke der schwarzen Masse abblätterten und zusammenschrumpften, als hätte eine ätzende Säure sie zerstört. Rasch nahm die Masse wieder flüssigen Zustand an und zog sich zurück, während ekelhafte schwarze Fleischbrocken auf den Boden klatschten.

Ein Teil der schwarzen Masse, ähnlich einem Kokon, löste sich von der Hauptmasse, dehnte sich weiter aus und griff wie ein riesiger Fangarm nach dem leichenartigen Geschöpf, zerrte es zurück zum Abgrund und über dessen Rand. Ein weiterer Tentakel schnappte sich die Eisenscheibe und zog sie mühelos über den Boden. Als die ekelhafte Masse aus dem Blickfeld verschwunden war, rastete die Scheibe mit dröhnendem Krachen wieder ein.

Um Carson drehte sich das Zimmer in weiten Kreisen. Schreckliche Übelkeit überwältigte ihn. Er gab sich ungeheure Mühe, auf die Beine zu kommen, und dann wurde es rasch dunkler und dunkler um ihn, bis das Licht gänzlich erlosch. Die Dunkelheit nahm ihn auf.

Carson sollte seinen Roman niemals vollenden. Er verbrannte das Manuskript, schrieb aber dennoch weiter, auch wenn keines seiner späteren Werke je veröffentlicht werden sollte. Seine Verleger schüttelten die Köpfe und fragten sich, warum ein derart brillanter Verfasser populärer Unterhaltungsromane plötzlich so vom Unheimlichen und Gespenstischen fasziniert war.

»Es ist starker Tobak«, sagte Carsons Verleger, als er ihm seinen Roman, *Der düstere Gott des Wahnsinns* betitelt, zurückgab. »Auf seine Weise recht bemerkenswert, aber der Roman zeugt von krankhafter Fantasie und enthält scheußliche Dinge. Kein Mensch würde so etwas lesen wollen. Carson, warum schreiben Sie nicht wieder die Art Romane, wie Sie es früher getan haben, die Art von Roman, die Ihren Ruhm begründet hat?«

Es war bei dieser Gelegenheit, dass Carson sein Gelübde, niemals vom Hexenzimmer zu erzählen, schließlich brach. In der Hoffnung, dass man ihm Verständnis entgegenbringen und Glauben schenken würde, platzte er mit der ganzen Geschichte heraus. Aber als er fertig war und feststellen musste, dass die Miene seines Gegenübers zwar Mitgefühl, jedoch auch Skepsis ausdrückte, verließ ihn der Mut.

»Das haben Sie geträumt, nicht wahr?«, fragte der Mann, worauf Carson bitter lachte.

»Ja, ich hab's geträumt.«

»Der Traum muss bei Ihnen einen schrecklich intensiven Eindruck hinterlassen haben. Manche Träume haben das an sich. Aber mit der Zeit werden Sie nicht mehr daran denken«, prophezeite der Verleger.

Carson nickte; und da er wusste, dass er damit nur Zweifel an seiner geistigen Gesundheit geweckt hatte, sprach er nie mehr von dem Ding, das sich unauslöschlich in sein Hirn gebrannt hatte, von dem Entsetzlichen, das er im Hexenzimmer gesehen hatte, nachdem er aus seiner Ohnmacht erwacht war. Ehe Leigh und er selbst mit bleichen Gesichtern und zitternd aus der Kammer geeilt waren, hatte Carson einen schnellen Blick hinter sich geworfen. Die zusammengeschrumpften, verätzten Teile, die sich, wie er gesehen hatte, von dieser Ausgeburt irrsinniger Blasphemie gelöst hatten, waren auf unerklärliche Weise verschwunden, hatten allerdings schwarze Flecken auf den Steinen hinterlassen. Vielleicht war Abbie Prinn in die Hölle zurückgekehrt, der sie gedient hatte, während sich ihr unmenschlicher Gott in die verborgenen Abgründe jenseits menschlichen Begriffsvermögens zurückgezogen hatte, vertrieben von den mächtigen Kräften uralter Magie, die dem Okkultisten zu Gebote standen. Allerdings hatte die Hexe ein Mahnzeichen hinterlassen. Bei diesem letzten Blick zurück hatte Carson gesehen, dass unter dem Rand der Eisenscheibe ein scheußliches Ding hervorragte, emporgestreckt wie zu einem ironischen Gruß: *eine ausgedörrte, klauenähnliche Hand!*

Robert Bloch

DER GOTT OHNE GESICHT

Das Geschöpf auf der Folterbank fing an zu stöhnen. Es knirschte, als der Hebel das eiserne Gestell um eine weitere Raste verlängerte. Das Stöhnen steigerte sich zu einem durchdringenden Kreischen äußerster Qual.

»Ah«, sagte Doktor Stugatche, »endlich haben wir ihn.«

Er beugte sich über den gefolterten Mann auf dem Eisengitter und lächelte zärtlich in das gemarterte Gesicht. Seine Augen, die feine Belustigung verrieten, registrierten jede Einzelheit des Körpers, der vor ihm lag – die geschwollenen Beine, entzündet und nässend nach der Bekanntschaft mit dem glühenden Stiefel, der zerfleischte Rücken samt Schultern, immer noch dunkelrot vom Kuss der Peitsche, die blutigen, gequetschten Überreste einer Brust, die von der Umarmung durch die Eiserne Jungfrau zermalmt worden war. Mit behutsamer Fürsorglichkeit begutachtete er den letzten Schliff, für den die Folterbank gesorgt hatte – die ausgerenkten Schultern und der verdrehte Rumpf, die zermalmten und gebrochenen Finger und die baumelnden Sehnen in den unteren Gliedmaßen. Dann richtete er seine Aufmerksamkeit wieder auf das gemarterte Antlitz des alten Mannes. Er lachte, leise, mit einer Stimme wie Glockenklang. Dann redete er.

»Also, Hassan. Ich glaube nicht, dass du dich im Angesicht solch, äh, beredter Überzeugungskünste noch länger als stur erweisen wirst. Komm jetzt. Erzähl mir, wo ich diesen Götzen finden kann, von dem du immer sprichst.«

Das misshandelte Opfer begann zu schluchzen, und der Doktor war gezwungen, sich neben die Folterbank zu knien, um das zusammenhanglose Gemurmel verstehen zu können. Vielleicht 20 Minuten lang ächzte die Kreatur vor sich hin, um schließlich zu verstummen.

Mit einem zufriedenen Funkeln in seinen warmherzigen Augen erhob sich Doktor Stugatche wieder. Er gab einem der Schwarzen, die die Folterbank bedienten, ein kurzes Zeichen. Der Kerl nickte und ging zu dem lebendigen Grauen auf dem Eisengitter. Es weinte jetzt – seine Tränen waren blutig. Der Schwarze zog sein Schwert. Es hob sich und sauste wieder herab. Ein dumpfes Knirschen beim Auftreffen, dann schoss eine kleine Fontäne in die Höhe und spritzte ein scharlachrotes Muster auf die Wand dahinter …

Doktor Stugatche verließ den Raum, verriegelte die Tür hinter sich und erklomm die Treppe zum Haus darüber. Als er die verbarrikadierte Falltür öffnete, sah er, dass die Sonne schien. Der Doktor fing an zu pfeifen. Er war sehr zufrieden.

2

Dazu hatte er auch allen Grund. Mehrere Jahre lang war der Doktor das gewesen, was man vulgär einen »Abenteurer« nennen würde. Er hatte Antiquitäten geschmuggelt, Arbeiter am oberen Nil ausgebeutet und war zeitweilig so tief gesunken, dass er sich am verbotenen Sklavenhandel beteiligt hatte, der in gewissen Häfen des Roten Meeres florierte. Viele Jahre zuvor war er als Attaché für eine archäologische Expedition nach Ägypten gekommen, eine Stellung, die ihm fristlos gekündigt worden war. Der

Grund für seine Entlassung ist unbekannt, doch ging das Gerücht, er sei bei dem Versuch erwischt worden, sich gewisse Ausgrabungsobjekte anzueignen. Nach seiner Entlarvung und anschließenden Entlassung war er eine Weile untergetaucht. Mehrere Jahre später war er nach Kairo zurückgekehrt und hatte in einem alten Viertel ein Geschäft eröffnet. Dort hatte er sich seine skrupellosen Gepflogenheiten angeeignet und sich damit eine dubiose Reputation und einen ansehnlichen Profit verdient. Er schien mit beidem durchaus zufrieden zu sein.

Gegenwärtig war er ein Mann von etwa 45 Jahren, klein und stämmig, mit einem kugelförmigen Kopf auf breiten, affenartigen Schultern. Sein dicker Rumpf mit dem ausladenden Bauch wurde von zwei dürren Beinen getragen, die einen merkwürdigen Gegensatz zu den oberen Proportionen seines stämmigen Körpers bildeten. Trotz seiner Falstaff-Erscheinung war er ein harter und rücksichtsloser Mann. In seinen Schweinsäuglein funkelte die Gier, der fleischige Mund verriet Wollust und sein einziges natürliches Lächeln war eins der Habsucht.

Seine begehrliche Natur war es auch, die ihn in sein gegenwärtiges Abenteuer geführt hatte. Normalerweise war er kein leichtgläubiger Mann. Die üblichen Geschichten über versunkene Pyramiden, vergrabene Schätze und gestohlene Mumien beeindruckten ihn nicht. Er bevorzugte etwas Gehaltvolleres. Eine geschmuggelte Ladung Teppiche oder auch Opium, alles, was mit illegalen Handelswaren zusammenhing – diese Dinge konnte er einschätzen und verstehen.

Doch dieser Fall war anders. So außergewöhnlich, wie er klang, konnte er nur viel Geld bedeuten. Stugatche war klug genug, um zu wissen, dass viele der großen Entdeckungen im Rahmen der Ägyptologie auf wüsten Gerüchten wie demjenigen beruhten, das ihm zu Ohren gekommen war. Außerdem kannte er den Unterschied zwischen einer unwahrscheinlichen Wahrheit und einer fadenscheinigen Erfindung. Diese Geschichte klang nach Wahrheit.

Kurz zusammengefasst lautete sie folgendermaßen: Eine gewisse Gruppe Nomaden war auf einer geheimen Reise mit einer Fracht aus illegal erworbenen Waren einer besonderen, nur ihnen bekannten Route gefolgt. Sie glaubten, es sei ihrer Gesundheit abträglich, auf den regulären Karawanenwegen zu reisen.

Irgendwo hatten sie durch Zufall einen absonderlichen Stein oder Felsen im Sand entdeckt. Augenscheinlich war das Ding dort vergraben worden, doch im Laufe der Jahre war ein Teil des Objekts durch die Bewegungen der Dünen und Verwehungen des Sandes freigelegt worden.

Sie hatten das Objekt aus der Nähe inspiziert und dabei eine verblüffende Entdeckung gemacht. Das aus dem Sand ragende Ding war der Kopf einer Statue, einer uralten ägyptischen Statue mit der Hemhem-Krone eines Gottes! Ihr schwarzer Leib steckte noch im Sand, aber der Kopf schien perfekt erhalten zu sein. Er war ziemlich eigentümlich, dieser Kopf, und keiner der Einheimischen konnte oder wollte die Gottheit wiedererkennen, obwohl die Karawanenführer sie eingehend befragten. Die ganze Sache war ein unergründliches Mysterium. Die perfekt erhaltene Statue eines unbekannten Gottes, ganz allein in der südlichen Wüste begraben, weit weg von jeder Oase und 300 Kilometer vom nächsten Dorf entfernt!

Offenbar begriffen die Karawanenmänner etwas von ihrer Einzigartigkeit, denn sie gaben Befehle, zwei Felsen, die in der Nähe lagen, auf das Götzenbild zu legen, und zwar als Markierung für den Fall ihrer Rückkehr. Die Männer taten, wie ihnen geheißen, obwohl es ihnen offensichtlich widerstrebte und sie ständig Gebete vor sich hin murmelten. Sie schienen sich sehr vor dem vergrabenen Götzenbild zu fürchten, beteuerten auf weitere Befragung jedoch lediglich ihre Unwissenheit.

Nachdem die Felsen an Ort und Stelle lagen, setzte die Karawane ihre Reise fort, da ihnen die Zeit nicht gestattete, die absonderliche Figur in ihrer Gesamtheit auszugraben oder den Versuch zu unternehmen, sie mitzunehmen. Als sie in den Norden zurückkehrten, erzählten sie ihre Geschichte, und wie die meisten fand auch diese das Ohr von Doktor Stugatche, der daraufhin ins Grübeln geriet. Es war ziemlich offensichtlich, dass die ursprünglichen Entdecker der Statue ihrem Fund keine große Bedeutung beimaßen. Aus diesem Grund konnte sich der Doktor zu dem Fundort begeben und die Statue problemlos ausgraben, falls er in Erfahrung bringen konnte, wo genau sich dieser Fundort befand.

Stugatche hatte das Gefühl, die Statue könnte die Mühe wert sein. Hätte es sich um eine Schatzgeschichte gehandelt, hätte er höhnisch gelacht und sie ohne Zögern als eines der üblichen Ammenmärchen abgetan. Doch ein Götzenbild – das war etwas anderes. Er konnte nachvollziehen, dass eine unwissende Bande arabischer Schmuggler so eine Entdeckung einfach ignorierte. Er vermochte sich außerdem vorzustellen, dass sich solch eine Entdeckung für ihn als wertvoller erweisen mochte als alle Schätze Ägyptens. Er erinnerte sich gut daran, wie vage die Hinweise gewesen waren, die letzten Endes zu den Funden der frühen Entdecker geführt hatten. Sie waren bei der ersten Erforschung der Pyramiden und Tempelruinen vielen unwahrscheinlichen Spuren nachgegangen, und sie alle waren im Grunde ihres Herzens Grabräuber, aber ihre Beharrlichkeit hatte sie reich und berühmt gemacht. Weshalb dann nicht auch ihn?

Wenn die Geschichte stimmte und diese Statue nicht nur vergraben, sondern als Gottheit vollkommen unbekannt war, in perfektem Zustand und an so einem abgelegenen Ort deponiert – diese Fakten würden für Furore sorgen, wenn er seinen Fund ausstellte. Er würde ihn berühmt machen! Wer wusste schon, welche bis dahin unbekannten Gebiete er der Archäologie erschließen würde? Die Sache war durchaus den Versuch wert.

Doch durfte er keinen Verdacht erregen. Er wagte nicht, bei den Arabern, die dort gewesen waren, Erkundigungen einzuziehen. Das würde sofort zu Gerede führen. Nein, er musste seine Wegbeschreibung von einem Einheimischen aus der Truppe bekommen.

Also hatten sich zwei seiner Diener Hassan geschnappt, den alten Kameltreiber, und ihn zu Stugatches Haus gebracht. Doch als Hassan befragt wurde, machte er einen sehr ängstlichen Eindruck und weigerte sich zu reden. Also führte ihn Stugatche, wie wir gesehen haben, in sein kleines Empfangszimmer im Keller, wo er auch früher schon widerspenstige Gäste zu unterhalten gepflegt hatte. Hier gelang es dem Doktor, dessen anatomische Kenntnisse ihm gute Dienste leisteten, seinem Besucher die Informationen zu entlocken, und zwar vermittels der Methoden, deren Zeuge wir soeben wurden.

Also kam Doktor Stugatche in einer äußerst behaglichen Gemütsverfassung aus dem Keller. Er rieb sich die fetten Hände, als er die Landkarte betrachtete, um seine Informationen zu verifizieren, und er ging mit einem Lächeln im Gesicht aus, um zu Abend zu essen.

Zwei Tage später war er bereit, das Unternehmen zu beginnen. Er hatte einige wenige Einheimische angeworben, um nicht Anlass zu ungebührlichen Nachforschungen zu geben, und gegenüber seinen Geschäftskontakten verlauten lassen, er werde eine besondere Reise unternehmen. Er stellte einen sonderbaren Reiseführer und Dolmetscher ein und sorgte dafür, dass der Kerl den Mund halten würde. In der Karawane gab es einige sehr schnelle Kamele, und vor einen großen leeren Karren waren zusätzliche Esel gespannt. Er nahm Nahrung und Wasser für sechs Tage mit, denn er beabsichtigte, mit einem Flussboot zurückzukehren. Nachdem alle Arrangements getroffen waren, versammelte sich die Gruppe eines Morgens ohne Wissen offizieller Stellen an einem zuvor vereinbarten Treffpunkt, und die Expedition begann.

3

Am Morgen des vierten Tages erreichten sie schließlich ihr Ziel. Stugatche sah die Felsen von seinem erhöhten Sitzplatz auf dem führenden Kamel. Er fluchte vor Entzücken, und trotz der drückenden Hitze stieg er ab und rannte zu der Stelle, wo die beiden Felsen lagen. Einen Moment später gab er der Karawane den Befehl, anzuhalten und umgehend die Zelte zu errichten und ein Lager aufzuschlagen. Unter völliger Missachtung der unerträglichen Tageshitze sorgte er dafür, dass die schwitzenden Männer ihre Arbeit gründlich verrichteten. Und dann, ohne ihnen auch nur einen Augenblick Ruhe zu gönnen, trug er ihnen auf, die massiven Felsen von ihrem gegenwärtigen Platz zu entfernen. Die Männer legten sich ins Zeug, und schließlich gelang es ihnen, die Steinbrocken umzustürzen und den Sand darunter wegzuräumen.

Augenblicke später erhoben sich laute Rufe aus den Reihen der Arbeiter, als ein schwarzer, unheimlicher Kopf zum Vorschein kam. Es war eine dreifach gekrönte

Blasphemie. Große, stachelige Kegel schmückten die Oberseite des Ebenholz-Diadems, und darunter sah man verborgene, äußerst kunstvoll ausgeführte Darstellungen.

Stugatche bückte sich und schaute sich die Abbildungen genauer an. Sie waren monströs, sowohl thematisch als auch in der Ausführung. Er sah die sich windenden, wurmartigen Formen von Urzeitmonstern und kopflose, schleimige Kreaturen, die aus dem All stammten. Es gab aufgequollene Bestien in menschlicher Kleidung und uralte ägyptische Götter, die in grässlichen Kämpfen mit sich windenden Dämonen aus Abgründen verwickelt waren. Einige der Darstellungen wirkten unbeschreiblich verdorben, andere deuteten auf ein unreines Grauen hin, das schon alt gewesen war, als die Welt noch jung war. Doch alle strahlten etwas Böses aus. Und so kalt und abgebrüht Stugatche auch war, er konnte die Darstellungen nicht betrachten, ohne ein Grauen zu verspüren, das an seinem Verstand nagte.

Was die Eingeborenen betraf, so waren sie ganz offensichtlich verängstigt. Die erste Darstellung war kaum freigelegt, als sie in ein hysterisches Geplapper ausbrachen. Sie zogen sich an den Rand der Ausgrabungsstätte zurück und fingen an zu murmeln und stritten untereinander, wobei sie immer wieder auf die Statue oder auf die kniende Gestalt des Doktors zeigten. In seine Begutachtung der Statue vertieft, entging Stugatche das Wesentliche in ihren Bemerkungen und auch die bedrohliche Ausstrahlung, die von dem missmutig-mürrischen Reiseführer und Dolmetscher ausging. Ein- oder zweimal hörte er den Namen »Nyarlathotep« und dazu ein paar Anspielungen auf einen »Dämonenboten«.

Nachdem er seine Begutachtung beendet hatte, erhob sich der Doktor und befahl den Männern, die Ausgrabung fortzusetzen. Doch niemand rührte sich.

Ungehalten wiederholte er seinen Befehl. Die Männer standen stumm da und ließen den Kopf hängen, aber ihre Mienen verrieten stures Beharren. Schließlich trat der Dolmetscher vor und machte dem *Effendi* Vorhaltungen.

Er und seine Männer hätten sich nie auf diese Expedition eingelassen, hätten sie gewusst, worum es dabei ging. Sie würden die Statue des Gottes nicht anfassen und den Doktor ausdrücklich warnen und auffordern, ebenfalls die Hände davon zu lassen. Es sei eine ganz schlimme Sache, sich den Zorn des Alten Gottes zuzuziehen – des Geheimen. Aber vielleicht habe er noch nie von Nyarlathotep gehört. Er sei der älteste Gott von ganz Ägypten. Der ganzen Welt. Er sei der Gott der Auferstehung und der Schwarze Bote von Karneter. Es gebe eine Legende, er werde sich eines Tages erheben und alle Toten zum Leben erwecken. Und sein Fluch sei unter allen Umständen zu vermeiden.

Schließlich verlor der ihm zuhörende Stugatche die Geduld. Ärgerlich unterbrach er ihn und befahl den Männern, mit der Gafferei aufzuhören und weiterzuarbeiten. Er unterstrich diesen Befehl mit zwei 32er Colt-Revolvern. Er werde sämtliche Schuld für diese Entweihung auf sich nehmen, rief er, und fürchte sich vor keinem steinernen Götzenbild der Welt.

Die Männer schienen gehörig beeindruckt zu sein – sowohl von den Revolvern als auch seinen wortreichen Unheiligkeiten. Sie setzten die Ausgrabungsarbeiten nun wieder fort, wendeten dabei aber furchtsam den Blick von der Statue ab.

Ein paar Stunden voller mühseliger Arbeit reichten den Männern, um die Statue freizulegen. Hatte die Krone ihres steinernen Kopfes ein Grauen nur angedeutet, verkündeten es Gesicht und Körper ganz offen. Der Anblick war obszön und schockierend bösartig. Dem Götzenbild haftete etwas unbeschreiblich *Fremdartiges* an – es war alterslos, unwandelbar, ewig. Kein Kratzer verunstaltete seine schwarze, grob gemeißelte Oberfläche. Die vielen Jahrhunderte des Begrabenseins hatten keine Spur der Verwitterung in den teuflisch gemeißelten Zügen hinterlassen. Stugatche stellte sich die Statue so vor, wie sie ursprünglich ausgesehen haben musste, als sie vergraben worden war: kein schöner Anblick.

Sie ähnelte einer Miniatursphinx – einer lebensgroßen Sphinx mit Geierflügeln und dem Körper einer Hyäne. Sie besaß Klauen und Krallen, und auf dem geduckten Tierkörper ruhte ein massiger menschenähnlicher Kopf mit der ominösen Dreifachkrone, deren grausige Gestaltung die Einheimischen so überaus aufregte. Aber das schlimmste und bei weitem scheußlichste Merkmal war das Fehlen eines Gesichts an dem grässlichen Ding. Es war ein gesichtsloser Gott, der geflügelte gesichtslose Gott aus uralter Sage – Nyarlathotep, der Mächtige Bote, der Schleicher unter den Sternen und der Herrscher der Wüste.

Als Stugatche seine Untersuchung schließlich beendet hatte, wurde er beinahe hysterisch fröhlich. Er grinste triumphierend in die leere und widerwärtige Visage – grinste in die gesichtslose Öffnung, die ebenso leer gähnte wie die Schwärze jenseits der Sonnen.

In seiner Begeisterung entging ihm das verstohlene Geflüster der Eingeborenen, und er achtete auch nicht auf ihre furchtsamen Blicke auf das unreine Götzenbild. Klug war das nicht, denn diese Männer wussten, ebenso wie es ganz Ägypten weiß, dass Nyarlathotep der Meister des Bösen ist. Nicht umsonst waren in grauer Vorzeit seine Tempel eingerissen, seine Statuen zerstört und seine Priester gekreuzigt worden.

Es gab düstere und furchtbare Gründe für das Verbot seiner Anbetung und für die Auslassung seines Namens im *Necronomicon,* dem *Buch der Toten.* Alle Verweise auf den Gesichtslosen waren schon vor langer Zeit aus den heiligen Manuskripten gelöscht worden, und man hatte sich große Mühe gegeben, einige seiner göttlichen Attribute zu ignorieren oder milderen Gottheiten zuzuschreiben. In Thoth, Seth, Bastet und Sobek finden wir einige der grausigen Merkmale des Meisters.

In den archaischsten Chroniken galt Nyarlathotep als der Herrscher über die Unterwelt. Er war es auch, der für Zauberei und schwarze Künste zuständig war. Einst hatte er allein geherrscht, und Menschen in allen Ländern hatten ihn gekannt, unter vielen Namen.

Doch diese Zeit verging. Menschen wendeten sich von der Anbetung des Bösen ab und verehrten das Gute. Weder gefiel ihnen die Praxis der grausigen Opfer, die der finstere Gott verlangte, noch die Art und Weise, wie seine Priester herrschten. Schließlich wurde der Kult verschwiegen und ein dauerhaftes Verbot aller Hinweise auf ihn erlassen. Sämtliche Aufzeichnungen wurden vernichtet. Doch Nyarlathotep war der Legende zufolge aus der Wüste gekommen, und in die Wüste kehrte er also zurück. Statuen wurden an verborgenen Stellen im Sand eingegraben, und dort tollten die ausgemergelten, fanatischen Reihen der wahren Gläubigen immer noch in nackter Verehrung umher, während das Gebrüll der Opfer nur in den Ohren der Nacht widerhallte.

So blieb die Legende von Nyarlathotep erhalten und wurde im Geheimen weitergeflüstert. Zeit verstrich. Im Norden wichen die Gletscher der Eiszeit zurück und Atlantis ging unter. Neue Völker überrannten das Land, doch das Wüstenvolk überdauerte. Seine Angehörigen betrachteten den Bau der Pyramiden mit amüsierten, zynischen Blicken. Wartet, rieten sie. Wenn endlich der Tag kam, würde Nyarlathotep aus der Wüste zurückkehren, und dann wehe, Ägypten! Denn die Pyramiden würden zu Staub zerfallen und Tempel zerbröckeln und einstürzen. Versunkene Städte würden sich aus dem Meer erheben, und das ganze Land würde unter Hungersnot und Pestilenz leiden. Die Sterne würden sich auf eigentümlichste Art verändern, sodass die Großen Alten aus dem äußeren Abgrund hereinpulsieren könnten. Dann würden die Tiere sprechen lernen und in den Sprachen der Menschen deren Untergang prophezeien.

Diesen und anderen apokalyptischen Vorzeichen würde die Welt entnehmen können, dass Nyarlathotep zurückgekehrt sei. Bald darauf würde er sich selbst zeigen – als düsterer, gesichtsloser Mann in Schwarz, zu Fuß, den Stab in der Hand, auf dem Weg durch die Wüste, doch ohne Spuren im Sand zu hinterlassen, abgesehen von einer Fährte des Todes. Denn wohin ihn seine Schritte auch führten, gewiss würden dort Menschen sterben, bis zuletzt nur noch wahre Gläubige übrig seien, um ihn mit den Mächtigen aus den Abgründen in Anbetung willkommen zu heißen.

So lautete im Wesentlichen die Fabel von Nyarlathotep. Sie war älter als das geheime Ägypten, älter als das versunkene Atlantis und sogar älter als das vergessene Mu. Doch ist sie nie in Vergessenheit geraten. Im Mittelalter brachten die Kreuzritter diese Geschichte und ihre Prophezeiung bei ihrer Rückkehr mit nach Europa. So wurde aus dem Mächtigen Boten der Schwarze Mann der Hexenzirkel, der Abgesandte des Asmodeus und noch finstererer Götter. Sein Name wird auf kryptische Art im *Necronomicon* erwähnt, denn Alhazred hatte ihn in Geschichten aus dem schattenhaften Irem flüstern gehört. Das sagenhafte *Buch Eibon* verweist mannigfaltig und verschleiert auf den Mythos, denn es wurde in einer lange zurückliegenden Zeit geschrieben, als man es für nicht sicher hielt, von Dingen zu reden, die auf der noch jungen Erde geschehen waren. Ludwig Prinn, der die Länder der Sarazenen bereiste und dort seltsame Zauberei lernte, offenbart auf Furcht einflößende Weise sein Wissen in den berüchtigten *De Vermis Mysteriis.*

Doch Nyarlathoteps Anbetung hörte in späteren Zeiten offenbar auf. Es findet sich keine Erwähnung in Sir James Frazers *Der Goldene Zweig* und die angesehensten Ethnologen und Anthropologen haben keine Kenntnis von der Geschichte des Gesichtslosen. Doch gibt es noch intakte Statuen, und manche flüstern auch von gewissen Höhlen unter dem Nil und von Stollen unter der Neunten Pyramide. Die geheimen Zeichen und Symbole seiner Gläubigen sind verschwunden, doch existieren noch einige nicht zu entziffernde Hieroglyphen in Regierungsgewölben, die sorgfältig unter Verschluss gehalten werden. Und Menschen wissen von all dem. Von Mund zu Mund wurde die Geschichte durch die Zeitalter weitergegeben, und es gibt immer noch Menschen, die auf den großen Tag warten. Als hätte man sich abgesprochen, gibt es gewisse Stellen in der Wüste, die Karawanen meiden, und dasselbe gilt für einige abgelegene Schreine bei jenen, die sich noch erinnern können. Denn Nyarlathotep ist der Gott der Wüste, und er und seine Wege werden besser nicht entweiht.

Dieses Wissen war der Grund für das Unbehagen der Männer bei der Entdeckung des eigentümlichen Götzenbildes im Sand. Beim ersten Blick auf den Kopfschmuck hatten sie sich gefürchtet, und der Kopf ohne Gesicht hatte ihnen eine panische Angst eingejagt.

Was Doktor Stugatche betraf, so war sein Schicksal für sie nicht von Belang. Sie interessierten sich nur für sich selbst, und ihr weiteres Vorgehen war absolut verständlich. Sie mussten fliehen, und zwar sofort.

Stugatche achtete nicht auf sie. Er war damit beschäftigt, Pläne für den nächsten Tag zu schmieden. Sie würden die Statue auf den Karren laden und die Esel vorspannen. Wenn sie dann den Fluss erreichten, konnte sie an Bord des Dampfschiffs gebracht werden.

Welch ein Fund! Der Doktor gab sich angenehmen Visionen von seinem zukünftigen Ruhm und Reichtum hin. Ein Lumpensammler war er? Ein geschmackloser Abenteurer, ach ja? Betrüger, Scharlatan und Hochstapler hatte man ihn genannt. Diese selbstgefälligen Beamten würden Augen machen, wenn sie seine Entdeckung zu Gesicht bekamen!

Nur der Himmel wusste, zu welchen Einsichten die Entdeckung dieses Dings führen mochte. Vielleicht gab es noch Altäre, andere Statuen, vielleicht auch Gräber und Tempel. Er konnte sich vage an eine absurde Legende über die Anbetung dieser Gottheit erinnern, und wenn es ihm gelang, ein paar Einheimische aufzutreiben, die ihn mit den gewünschten Informationen versorgten …

Stugatche lächelte versonnen. Lustig, diese abergläubischen Mythen! Die Burschen hatten Angst vor der Statue, das war ziemlich offensichtlich. Und erst der Führer mit seinen albernen Sprüchen. Was hatte er noch gleich geplappert? »Nyarlathotep ist der Schwarze Bote von Karneter. Er eilt aus der Wüste herbei, durch den glühenden Sand, und beschleicht seine Opfer überall auf der Welt, die zu seinem Reich gehört.«

Albern! Alle ägyptischen Mythen waren albern. Statuen mit Tierköpfen, die plötzlich zum Leben erwachen, Reinkarnation von Menschen und Göttern, törichte Könige, die Pyramiden für Mumien bauen. Viele Schwachköpfe glaubten daran, nicht nur die Einheimischen. Er kannte ein paar Spinner, die an den Fluch des Pharaos glaubten und an die Magie der alten Priester. Es gab viele unbändige Geschichten über die alten Gräber und die Menschen, die starben, wenn sie in sie einbrachen. Kein Wunder, dass seine eigenen einfältigen Männer solchen Schwachsinn glaubten! Doch was sie auch glaubten oder nicht glaubten, sie würden seine Statue transportieren, verflucht noch eins. Und wenn er sie niederschießen musste, damit sie ihm gehorchten.

Überaus zufrieden ging Stugatche in sein Zelt. Der Bursche servierte ihm das Essen, und Stugatche dinierte ausgiebig, wie es seine Gewohnheit war. Dann beschloss er, sich voller Vorfreude auf seine Pläne für den folgenden Morgen schon früh zurückzuziehen. Die Männer sollten sich um das Lager kümmern. Also legte er sich auf sein Feldbett und versank bald in einen glücklichen, friedlichen Schlummer.

4

Als er erwachte, mussten mehrere Stunden vergangen sein. Es war sehr dunkel, die Nacht eigenartig still. Einmal hörte er das weit entfernte Heulen eines Schakals auf der Jagd, doch es verlor sich rasch zu einer tristen Stille.

Etwas überrascht von seinem jähen Erwachen, stand Stugatche auf, ging zum Eingang des Zeltes und hob die Klappe, um nach draußen zu schauen. Einen Augenblick später fluchte er bereits in rasender Wut vor sich hin.

Das Lager war verlassen! Das Feuer war erloschen, von den Männern und Kamelen nichts mehr zu sehen. Bereits halb verwischte Fußabdrücke im Sand zeigten die verstohlene Eile, mit der die Einheimischen verschwunden waren.

Diese Narren hatten ihn hier allein zurückgelassen!

Er war verloren. Das Wissen sandte einen jähen Stich der Furcht durch sein Herz. Verloren! Die Männer waren weg, der Proviant war weg, Kamele und Esel waren verschwunden. Er hatte weder Waffen noch Wasser und er war ganz allein.

Stugatche stellte sich vor das Zelt und starrte verängstigt in die weite und verlassene Wüste. Der Mond schien an dem pechschwarzen Himmel wie ein silberner Totenschädel. Eine heiße Windbö kräuselte den endlosen Ozean aus Sand und ließ ihn in winzigen Wellen gegen seine Füße branden. Danach folgte Stille, unablässige Stille. Sie war wie die Stille des Grabes, wie die ewige Stille der Pyramiden, wo in zerbröckelnden Sarkophagen die Mumien liegen, deren tote Augen in eine endlose Dunkelheit starren.

Der Doktor fühlte sich unbeschreiblich klein und einsam dort in der Nacht, und er war sich absonderlicher und unheilvoller Mächte bewusst, welche die Fäden seines Schicksals zu einem endgültigen tragischen Muster verwoben. Nyarlathotep! Er wusste alles und nahm seine unabänderliche Rache.

Aber das war Unsinn. Er durfte sich von derlei unerhörtem Blödsinn nicht verrückt machen lassen. All das war nur eine andere Form von Fata Morgana in der Wüste, ein unter diesen Umständen durchaus verständlicher Wahn. Er durfte jetzt nicht die Nerven verlieren, sondern musste sich ruhig und gelassen den Fakten stellen.

Die Männer hatten sich aufgrund eines verrückten eingeborenen Aberglaubens mit allem Proviant und den

Pferden aus dem Staub gemacht. Das war durchaus real. Was den Aberglauben an sich betraf, so durfte er sich davon nicht beunruhigen lassen. Seine hektischen, morbiden Fantasien würden sich in der Morgensonne schnell genug in Luft auflösen.

Die Morgensonne! Ein entsetzlicher Gedanke stürmte auf ihn ein – die schreckliche Realität der Wüste am Tage. Wenn er eine Oase erreichen wollte, war er gezwungen, Tag und Nacht zu marschieren, bevor ihn der Mangel an Nahrung und Wasser zu sehr geschwächt haben würde, um noch weiterzugehen. Sobald er dieses Zelt verließ, gab es kein Entkommen mehr. Keinen Schutz vor jenem gnadenlos brennenden Auge, dessen sengende Strahlen sein Hirn in den Wahnsinn braten würden. Mitten in der Wüste zu sterben – das war eine unvorstellbare Qual.

Er musste zurück, denn seine Arbeit war noch nicht getan. Eine neue Expedition war erforderlich, um die Statue zu bergen. Er musste zurück! Stugatche wollte nicht sterben. Seine dicken Lippen bebten vor Furcht, als er an die Schmerzen dachte, die Marter. Es verlangte ihn nicht danach, ebensolche Qualen wie der Kerl zu erleiden, den er auf die Streckbank gebunden hatte. Der arme Teufel hatte nicht sehr erfreut ausgesehen. Ach nein, der Tod war nichts für den Doktor. Er musste sich schnell auf den Weg machen. Aber wohin?

Er sah sich hektisch um in dem Bemühen, sich zu orientieren. Die Wüste verspottete ihn mit ihrem einförmigen, unergründlichen Horizont. Für einen Moment befand sich sein Verstand fest im Griff pechschwarzer Verzweiflung, dann plötzlich hatte er eine Eingebung. Natürlich musste er nach Norden laufen.

Und jetzt fiel ihm auch wieder ein, was der Führer an jenem Nachmittag beiläufig erwähnt hatte. Nyarlathoteps

Statue war nach Norden ausgerichtet! Still jubilierend durchwühlte er das Zelt nach Resten von Nahrung und Proviant. Es gab keine. Streichhölzer und Tabak trug er bei sich, und in seinem Rucksack fand er ein Jagdmesser. Als er das Zelt verließ, war er zuversichtlich. Der Rest der Reise war jetzt geradezu kindisch leicht. Er würde die ganze Nacht marschieren und versuchen, so weit wie möglich zu kommen. Die Decke in seinem Rucksack würde ihn morgen wahrscheinlich vor der ärgsten Mittagssonne schützen, und am späten Nachmittag, wenn die größte Hitze abgeklungen war, würde er seinen Weg fortsetzen. Wenn er die kommende Nacht durchmarschierte, würde er sich am darauffolgenden Morgen ganz in der Nähe der Oase Wadi Hassur befinden. Er brauchte nur noch zur Statue zu gehen und seinen Kurs festzulegen, denn die Spuren seiner ehemaligen Begleiter im Sand waren bereits nicht mehr zu erkennen.

Triumphierend schritt er durch den Bereich des ehemaligen Lagers zur Ausgrabungsstätte, wo die Statue stand. Und dort erlitt er seinen größten Schock.

Das Götzenbild war wieder im Sand verborgen! Die Arbeiter hatten die Statue nicht ausgegraben gelassen, sondern die Grabungsstelle wieder mit Sand gefüllt und sich sogar die Mühe gemacht, die beiden schweren Felsen wieder auf die Stelle zu legen. Stugatche konnte sie allein nicht bewegen … Als ihm das Ausmaß seiner Notlage vollends klar wurde, überkam ihn eine überwältigende Betrübnis. Er war besiegt. Fluchen würde nichts nützen, und im Innersten konnte er nicht einmal hoffen zu beten. Nyarlathotep – Herrscher der Wüste!

Und so begann er seinen Marsch mit einer neuen und tödlichen Furcht, indem er aufs Geratewohl eine Richtung wählte und sich an die unwirkliche Hoffnung klammerte, die plötzliche Bewölkung werde auflockern, sodass er sich anhand der Sterne zu orientieren vermochte. Aber die Bewölkung lockerte nicht auf, und nur der Mond grinste auf die stolpernde Gestalt nieder, die sich durch den Sand kämpfte.

Unterwegs durchzuckten Derwisch-Träume Stugatches Bewusstsein. Sosehr er sich auch davon zu lösen versuchte, die Legende des Gottes durchdrang ihn mit einem Gefühl unmittelbar bevorstehender Erfüllung. Vergeblich versuchte er seinen benommenen Geist zu zwingen, den Verdacht zu vergessen, der ihn quälte. Er konnte es nicht. Immer wieder überraschte er sich dabei, wie er bei dem Gedanken an einen göttlichen Zorn erzitterte, der ihn bis zu seinem Verhängnis verfolgen würde. Er hatte einen heiligen Ort entweiht, und die Alten erinnern sich ... »Seine Wege werden besser nicht entweiht ... Gott der Wüste ... das leere Gesicht.« Stugatche fluchte ausgiebig und stolperte weiter, eine winzige Ameise zwischen wellenförmigen Gebirgen aus Sand.

5

Plötzlich war es heller Tag. Der Sand färbte sich von dunklem Violett zu Fliederfarben und wurde dann plötzlich von einem Orchideenglanz erfüllt. Doch Stugatche sah nichts davon, denn er schlief. Lange bevor von ihm gefürchtet, hatte sein aufgeschwemmter Körper unter der mörderischen Strapaze nachgegeben. Bei Tagesanbruch war er völlig erschöpft gewesen und hatte kaum noch die Augen offen halten können. Seine müden Beine waren unter ihm eingeknickt und er war im Sand zusammengebrochen, gerade noch in der Lage, die Decke über sich zu ziehen, bevor er einschlief.

Die Sonne kroch über den ehernen Himmel wie ein feuriger Ball aus Lava und goss ihre flüssig-geschmolzenen Strahlen auf den sengenden Sand. Stugatche schlief weiter, doch sein Schlaf war alles andere als angenehm. Die Hitze brachte ihm absonderliche und bestürzende Träume.

Darin schien er die Gestalt Nyarlathoteps zu sehen, die ihn bei seiner albtraumhaften Flucht durch eine Wüste aus Feuer zu verfolgen schien. Er lief über den glühenden Sand und konnte nicht stehen bleiben, während sich sengende Schmerzen in seine schwarz verkohlten Füße fraßen. Hinter ihm schritt der Gott ohne Gesicht und trieb ihn mit einem Stab aus Schlangen an.

Stugatche lief immer weiter, doch die grausige Gestalt hinter ihm hielt mit ihm Schritt. Seine Füße wurden taub von der sengenden Agonie des Sandes. Kurz darauf humpelte er auf grässlich verschrumpelten Stümpfen weiter, doch trotz der Qualen wagte er es nicht innezuhalten. Das Wesen hinter ihm gackerte in diabolischem Vergnügen, und sein gigantisches Gelächter erhob sich zum strahlenden Himmel.

Stugatche kroch jetzt auf den Knien, seine verletzten Beine nur noch verkohlte Stümpfe, die unter ätzender Rauchentwicklung vor sich hin schwelten, während er weiterkrabbelte. Plötzlich verwandelte sich die Wüste in einen See aus lebendigen Flammen, in dem er versank. Sein verbrannter Leib wurde von einem Schwall unerträglicher Qual verzehrt. Er spürte, wie der Sand gnadenlos über seine Arme leckte, über seine Taille, sogar über seinen Hals. Und trotzdem waren seine absterbenden Sinne noch erfüllt von der monströsen Furcht vor dem Gesichtslosen hinter ihm – einer Furcht, die stärker war als alle Schmerzen. Noch während er in dem weißglühenden Inferno versank, mühte er sich schwach, vorwärtszukommen. Die Rache des Gottes durfte ihn nicht einholen!

Die Hitze überwältigte ihn jetzt: Sie briet seine gesprungenen und blutenden Lippen und verwandelte seinen verbrannten Leib in einen einzigen grausigen Funken aus brennendem Leid.

Er hob den Kopf noch ein letztes Mal, bevor sein kochendes Hirn unter dem Ansturm der Qual nachgab. Da stand der Finstere. Stugatche sah, wie sich die hageren Klauenhände ausstreckten, um sein feuriges Gesicht zu berühren, sah den schrecklichen dreifach gekrönten Kopf sich nähern, sodass er für einen schrecklichen Moment in das leere Gesicht starrte. Dabei schien er etwas in jener schwarzen Grube des Grauens zu sehen – etwas, das ihn aus unermesslichen Abgründen anstarrte –, etwas mit großen emporlodernden Augen, deren Blick sich mit einer Wucht in ihn hineinbohrte, die jene der ihn verzehrenden Flammen noch überstieg. Ohne Worte verriet ihm dieser Blick, dass sein Schicksal besiegelt war.

Dann kam das weißglühende Vergehen und er versank im brodelnden Sand, während das Blut in seinen Adern kochte. Aber der unbeschreibliche Schrecken jenes Anblicks blieb, und das Letzte, woran er sich erinnerte, war jenes entsetzliche leere Antlitz und die namenlose Furcht, die darin lauerte. Dann erwachte er.

Für einen Moment war seine Erleichterung so groß, dass er das Brennen der Mittagssonne gar nicht registrierte. Dann, in Schweiß gebadet, kam Stugatche schwankend auf die Beine und spürte, wie sich die stechenden Strahlen in seinen Rücken brannten. Er versuchte, die Augen abzuschirmen und sich mit einem Blick nach oben zu orientieren, doch der Himmel war eine einzige feurige Kuppel.

Verzweifelt ließ er die Decke fallen und fing an zu laufen. Der Sand klebte an seinen Füßen, verlangsamte seinen Schritt und brachte ihn ins Stolpern. Er verbrannte ihm die Fersen. Er verspürte einen unerträglichen Durst. Die Dämonen des Deliriums führten bereits einen verrückten Tanz in seinem Kopf auf. Er lief, endlos, und sein Traum schien bedrohliche Realität zu werden. Sollte er sich erfüllen?

Seine Beine waren tatsächlich verbrannt, sein Körper war tatsächlich versengt. Er sah sich um. Gott sei Dank stand dort keine Gestalt – noch nicht! Wenn er sich zusammenriss, konnte er es trotz der verlorenen Zeit vielleicht immer noch schaffen.

Er hastete weiter. Vielleicht stieß er auf eine Karawane – aber nein, er befand sich zu weit abseits von den bekannten Karawanenwegen. Heute Abend würde ihm der Sonnenuntergang eine genaue Orientierung ermöglichen. Heute Abend.

Zur Hölle mit der Hitze! Überall nur Sand. Hügel davon, Berge. Und alle waren sie gleich, wie die zerbröckelten zyklopenhaften Ruinen gigantischer Städte. Sie loderten in der sengenden Hitze.

Der Tag war endlos. Die Zeit, immer eine Illusion, verlor jegliche Bedeutung. Stugatches müder Körper pulsierte in bitterer Pein und füllte jeden einzelnen Moment mit einer neuen und stärkeren Marter aus. Der Horizont blieb unveränderlich. Keine Luftspiegelung steuerte die entsetzliche beharrliche Aussicht, kein Schatten spendete Erholung von dem unbarmherzigen Schein.

Doch halt! War da nicht ein Schatten *hinter* ihm? Etwas Finsteres und Formloses freute sich hämisch. Ein entsetzlicher Gedanke durchbohrte ihn in jäher Erkenntnis. Nyarlathotep, Gott der Wüste!

Ein Schatten folgte ihm, trieb ihn der Vernichtung entgegen. In den Legenden – die Einheimischen hatten ihn gewarnt, seine Träume hatten ihn gewarnt, sogar die sterbende Kreatur auf der Streckbank. Der Mächtige Bote holt sich immer, was ihm gehört ... ein schwarzer Mann mit einem Stab aus Schlangen ... »Er kommt aus der Wüste, durch den glühenden Sand, und beschleicht seine Opfer überall auf der Welt, die zu seinem Reich gehört.«

Eine Halluzination? Wagte er einen Blick zurück? Er drehte seinen fiebernden Kopf. Ja! *Diesmal stimmte es!* Da war tatsächlich etwas hinter ihm, weit weg auf dem Hang tief unter ihm: etwas Schwarzes und Nebelhaftes, das sich mit verstohlenen Schritten fortzubewegen schien.

Mit einem gemurmelten Fluch fing Stugatche an zu rennen. Warum hatte er diese Statue nur berührt? Falls er mit dem Leben davonkam, würde er nie mehr an diesen verwünschten Ort zurückkehren. Die Legenden stimmten. Der Gott der Wüste!

Er stürzte weiter, obwohl die Sonne seine Stirn mit blutigen Küssen überzog.

Er wurde langsam blind. Vor ihm wirbelten und flackerten leuchtende Konstellationen aus grellen Flecken, und das Herz hämmerte einen stampfenden Rhythmus in seiner Brust. Doch in seinem Verstand gab es nur Platz für einen einzigen Gedanken – Flucht.

Seine Einbildung spielte ihm zunehmend seltsamere Streiche. Er schien Statuen im Sand zu sehen – Statuen wie jene, die er entweiht hatte. Sie erhoben sich überall, schraubten sich wie Riesen aus dem Boden und pflasterten seinen Weg mit unheimlicher Bedrohlichkeit. Manche hatten ausgebreitete Flügel, andere waren schlangengleich mit Tentakeln, doch sie alle hatten kein Gesicht und trugen die Dreifachkrone.

Er hatte das Gefühl, den Verstand zu verlieren, bis er sich wieder umdrehte und sah, dass die dahinschleichende Gestalt jetzt schon bis auf wenige Hundert Meter an ihn herangekommen war. Er stolperte weiter und brüllte dabei den grotesken Statuen, die ihm den Weg versperrten, wirre Satzfetzen entgegen. Die Wüste schien eine grausige Persönlichkeit anzunehmen, als hätte sich die Natur verschworen, ihn niederzuringen. Die verzerrten Umrisslinien des Landes waren mit einem böswilligen Bewusstsein durchwirkt, und sogar die Sonne nahm ein böses Eigenleben an. Stugatche stöhnte im Delirium. Würde die Nacht jemals kommen?

Sie kam schließlich, doch zu diesem Zeitpunkt nahm es Stugatche bereits nicht mehr wahr. Er war ein schlurfendes, fantasierendes Etwas, das sich durch den rieselnden Sand schleppte. Der aufsteigende Mond beleuchtete ein Geschöpf, das abwechselnd heulte und lachte.

Schließlich raffte sich die Gestalt auf und sah sich verstohlen nach einem Schatten um, der immer näher schlich. Dann fing sie wieder an zu laufen und kreischte dabei beständig nur das einzige Wort: »Nyarlathotep«.

Und die ganze Zeit lauerte der Schatten nur einen Schritt dahinter. Er schien von einer seltsamen und zugleich teuflischen Intelligenz erfüllt zu sein, denn der formlose Fleck Dunkelheit drängte sein Opfer in eine klare Richtung, als triebe er es vorsätzlich zu einem ganz bestimmten Ziel.

Die Sterne funkelten nun auf eine Szene wie eine Ausgeburt des Deliriums herab – einen Mann, der von einem schwarzen Schatten durch endlos aufragende Sanddünen verfolgt wurde. Schließlich erreichte der Verfolgte die Kuppe eines Hügels und blieb mit einem Aufschrei stehen. Der Schatten verharrte und schien zu warten.

Stugatche schaute auf die Überreste seines eigenen Lagers, wie er es in der Nacht zuvor verlassen hatte. Ihm dämmerte in jäher Erkenntnis, dass er in einem Kreis zu seinem Ausgangspunkt getrieben worden war. Mit dieser Erkenntnis erfolgte ein gnädiger geistiger Zusammenbruch. Er warf sich in einer letzten Anstrengung vorwärts, dem Schatten zu entkommen, und rannte direkt zu den beiden Felsen, unter denen die Statue begraben lag.

Dann geschah das, wovor er sich gefürchtet hatte. Denn kaum war er losgelaufen, als der Boden unter ihm in den Wehen einer gewaltigen Umwälzung zu beben begann. Der Sand brandete in hohen Wellen von den beiden Felsen davon und aus dem entstandenen Loch erhob sich die Statue. Sie glänzte böse im Mondlicht. Der vor ihr aufbrandende Sand traf auf den heranlaufenden Stugatche, spülte wie Treibsand um seine Beine und schwappte bis zu seiner Taille empor. Gleichzeitig erhob sich der eigentümliche Schatten und sprang vorwärts. Er schien mit der Statue zu verschmelzen, ein nebelhafter animierter Dunst, der darin verschwand. Dann wurde Stugatche, der im Griff des Sandes gestrandet war, vor Grauen buchstäblich wahnsinnig.

Die formlose Statue leuchtete lebendig im glänzenden Mondlicht, und der Verlorene starrte direkt auf ihre unirdische Fratze. Sein Traum war wahr geworden, denn hinter der Maske aus Stein sah er ein Gesicht mit Augen aus gelbem Wahnsinn, und in diesen Augen las er seinen Tod. Die schwarze Gestalt spreizte die Schwingen und tauchte mit donnerndem Getöse in den Sand ein.

Danach war nichts mehr über der Erde bis auf einen lebendigen Menschenkopf, der sich drehte und wendete und sich vergeblich mühte, sich aus der eisernen Umklammerung des Sandes zu befreien. Die Verwünschungen des

Doktors gingen in hektischere Rufe um Gnade über, um dann zu einem Schluchzen abzuklingen, in dem das eine Wort widerhallte: »Nyarlathotep«.

Als der Morgen anbrach, lebte Stugatche immer noch, und die Sonne briet sein Gehirn zu einer Hölle aus roter Qual. Doch nicht für lange. Geier flogen heran und stürzten sich auf ihn, beinahe wie auf übernatürliche Weise gerufen.

Irgendwo im Sand vergraben, auf dem gesichtslosen Antlitz eines uralten Götzenbildes, lag die schwache Andeutung eines monströsen Lächelns. Denn noch als Stugatche, der Ungläubige, starb, flüsterten seine verstümmelten Lippen eine Huldigung an Nyarlathotep, den Herrscher der Wüste.

Simon

DER VIERTE NAME IST BARASHAKUSHU

Bewirkt Wunder. Der freundlichste der 50 und der wohltätigste. Das Wort, das bei seiner Anrufung verwendet wird, ist BAALDURU.

Kann in hoffnungslosen Fällen verwendet werden, wenn es so scheint, als wäre die ganze Welt gegen dich oder einen deiner Lieben. Wenn die Verzweiflung ihren Tiefpunkt erreicht und deine Seele friert, dann rufe BARASHAKUSHU kraftvoll an, mit deiner ganzen Intensität und Hoffnung, und dein Gebet wird auf solche Art erhört werden, wie du es dir nicht vorstellen kannst.

Henry Hasse

DER HÜTER DES BUCHES

Ich halte immer Ausschau nach alten Buchhandlungen mit gebrauchten Büchern. Und da mich mein Beruf in alle Stadtteile führt, war ich schon des Öfteren in solchen Läden, um die eine oder andere halbe Stunde lang Regale und Stapel von muffigen Büchern zu durchstöbern und darin oft genug freudestrahlend etwas zu einem meiner verschiedenen Interessen zu finden.

An diesem speziellen Februarabend eilte ich heimwärts, und als ich eine schmale Allee am Rande des Großhandelsbezirks überquerte, ließ mich ein ergötzlicher Schauder innehalten. Nicht weit von der Straßenecke entfernt hatte ich einen dieser alten Buchläden erspäht. Ich war mir sicher, ihn noch nie zuvor betreten zu haben – ein schmales Gebäude, etwas zurückgezogen zwischen zwei Ziegelbauten und mehr Lagerraum als Geschäft.

Ich hatte keine besonderen Pläne für den Abend. Es wurde bereits dunkel, es war kalt und es trieben Schneeflocken durch die Luft. Also betrat ich die Zuflucht, auf die ich bei so passender Gelegenheit aufmerksam geworden war.

Die Beleuchtung war spärlich, doch ich konnte erkennen, dass ich mich mitten zwischen einer Fülle von Büchern befand, die Regale und Boden gleichermaßen belegten. Im vorderen Teil des Ladens sah ich niemanden, doch im hinteren Teil klapperten Töpfe, also nahm ich an, dass eine Abendmahlzeit zubereitet wurde. In aller Stille stöberte ich in dem ungeordneten Sammelsurium herum und musste dabei völlig die Zeit vergessen haben, denn plötzlich ertönte eine dünne, schrille Stimme dicht neben meinem Ohr: »Soll es vielleicht ein ganz bestimmtes Buch sein?«

Ein wenig erschrocken fuhr ich herum.

Und dort neben mir stand der absolut sonderbarste kleine Mann, den ich je gesehen hatte, und er schaute mir von unten ins Gesicht. Ihn als winzig zu beschreiben, wäre die buchstäbliche Wahrheit, denn er konnte nicht viel größer als 1,25 Meter sein. Seine Haut war glatt und straff und von einer Farbe, die sich nur als schiefergrau bezeichnen lässt. Außerdem war sein absurder runder Kopf vollkommen kahl – es gab nicht einmal auch nur die Andeutung von Augenbrauen! Und in meinem ganzen Leben hatte ich noch nichts halbwegs so Schwarzes gesehen wie seine Augen, die in meine starrten, als er erneut fragte: »Soll es vielleicht ein ganz bestimmtes Buch sein?«

Ich lachte ein wenig unbehaglich.

»Sie haben mich erschreckt«, antwortete ich. »Du meine Güte, nein, nichts Bestimmtes – ich sehe mich nur um. Ich dachte, ich könnte vielleicht etwas finden, das ich heute Abend mit nach Hause nehmen kann.«

Er sagte nichts weiter, sondern verbeugte sich nur leicht. Während ich nun weiter in dem Gemenge umherwühlte, war ich mir der Blicke des kleinen Mannes bewusst, die jeder meiner Bewegungen folgten. Und wenngleich sich sein Gesichtsausdruck nicht verändert hatte, glaubte ich doch, dass er mich mit etwas wie Belustigung beobachtete.

Ich überflog die Buchtitel, ohne auch nur einen zu übersehen. Es gibt gewisse Bücher, nach denen ich immer Ausschau halte, wie entfernt die Aussichten auch sein mögen, jemals welche davon zu finden. Doch nun, als ich die Bücher rings um mich durchging, begriff ich, dass es überhaupt keine Ordnung gab: Romane, Biografien, Wissenschaft, Geschichte, Religion, Technik – alles war auf das Konfuseste vermischt.

Ich suchte vielleicht noch weitere fünf Minuten, bevor ich die ganze Sache als hoffnungslos aufgab, denn mir fehlte es ganz einfach an der Zeit für eine gründliche Suche.

Der kleine Mann hatte sich nicht gerührt und lächelte jetzt nicht unfreundlich: »Ich befürchte doch sehr, Sir, dass Sie niemals finden werden, was Sie suchen.«

Ich erwiderte etwas ungehalten: »Da bin ich ganz Ihrer Ansicht. Ich habe noch nie so ein Durcheinander wie das hier gesehen.«

»Ach, ich bin gerade erst hier eingezogen«, erklärte der Mann immer noch lächelnd, »und hatte noch nicht die Zeit, alles zu sortieren und in die richtige Ordnung zu bringen.«

Das hatte ich mir bereits gedacht. Ich erwiderte, in diesem Fall würde ich zu einem späteren Zeitpunkt wiederkommen, und wollte schon den Laden verlassen.

Er legte mir eine Hand auf den Arm. »Warten Sie doch. Sie haben mich missverstanden, als ich sagte, Sie würden niemals finden, was Sie suchen. Ich habe mich damit nicht auf die Unordnung meiner Bücher bezogen.«

Ich hob lediglich die Augenbrauen, und er fuhr fort: »Ich hoffe, Sie sind nicht zu überrascht, Doktor Wycherly, wenn ich Ihnen versichere, dass ich mir durchaus bewusst bin, dass Sie sehr viel darum geben würden, gewisse seltene Bücher zu besitzen – oder auch nur zu lesen. Ist es nicht so? Und so selten diese Bücher sind, so gering Ihre Aussichten auch sein mögen, Sie hegen dennoch die Hoffnung, eines Tages, vielleicht durch einen glücklichen Zufall, in den Besitz zumindest eines dieser Bücher zu gelangen. Stimmt das nicht?«

In meiner Verblüffung beantwortete ich seine Fragen sofort, ohne überhaupt zu registrieren, dass ich etwas sagte: »Meine Güte … ja. Ja, das stimmt.«

Sein kahler Kopf wackelte gutmütig, und er zeigte auf die ungezählten Bücherstapel rings um uns.

»Die hier?«, unterstrich er mit seiner schrillen Stimme. »Diese Bücher? Pah! Das ist Schund, alter Plunder! Darunter werden Sie nicht finden, was Sie suchen!«

Ich staunte über seine Erregung. »Vermutlich nicht«, murmelte ich. »Aber Sie haben mich eben beim Namen genannt. Mir war nicht bewusst, dass Sie mich kennen. Würde es Ihnen etwas ausmachen zu erklären …«

»Ja, gewiss, natürlich sind Sie verwirrt. Sie fragen sich, woher ich Ihren Namen kenne. Das, Sir, ist vollkommen belanglos. Fast noch mehr fragen Sie sich, woher ich wohl von ihrem geheimen Verlangen wissen kann, dem Verlangen nämlich, diese sogenannten ›verbotenen Bücher‹ zu studieren, die sich mit den undenkbaren bösen Dingen befassen – die Bücher, die mittlerweile so unzugänglich sind, als wären sie in der Tat verboten. Belassen wir es einstweilen dabei, dass ich gar nicht anders kann, als von Ihren Ausflügen in die Gebiete des Absonderlichen zu wissen, weil … nun, weil es absolut unerlässlich für mich ist, es zu wissen, daher weiß ich es eben. Doch ich glaube, Sie werden mir zustimmen, dass Ihre Suche nach solchen Büchern ziemlich hoffnungslos ist! Die verschiedenen Versionen von Alhazreds *Necronomicon,* Flammarions *Die Atmosphäre,* von Junzts *Unaussprechliche Kulte,* Kanes *Magie und schwarze Künste,* das *Buch Eibon* und das mysteriöse *König in Gelb* – das, wenn es tatsächlich existiert, alle anderen übertreffen muss –, keines von diesen werden Sie in irgendwelchen Antiquariaten finden. Sogar die wenigen Exemplare, die nachweislich existieren, sind unter Verschluss.

Natürlich gibt es andere Quellen, aber auch die sind nicht leicht zu finden. Zum Beispiel ist es Ihnen vermutlich sehr schwergefallen, die spätere Ausgabe von *Unaussprechliche Kulte* ausfindig zu machen, die sich jetzt in Ihrem Besitz befindet. Und so kriminell zensiert, wie diese Ausgabe ist, finden Sie sie vermutlich äußerst unbefriedigend.«

»Ja, das stimmt!«, gab ich atemlos zu. Ich war überrascht, einer Person zu begegnen, die so offensichtlich vertraut mit dieser ausgefallenen Literatur war. »Das *Unaussprechliche Kulte,* das ich besitze, ist die vergleichsweise neue Ausgabe von 1909 und extrem albern. Ich hätte sehr gerne eine der Originalausgaben, die, glaube ich, Anfang des 19. Jahrhunderts in Deutschland erschienen sind.«

Doch er winkte entschieden ab: »Was ist mit dem *Necronomicon*«, fragte er, »dem beängstigendsten und meistzitierten aller verbotenen Bücher? Sie würden gewiss viel für einen Blick in dieses Buch geben, oder nicht?«

Ich lächelte: »Das übersteigt selbst meine kühnsten Hoffnungen!«

»Und wenn ich ihnen sagte, ich hätte hier in diesem Laden das *Necronomicon* im Original?«

Ich zuckte mit keiner Wimper. »Das haben Sie nicht«, stellte ich mit Gewissheit fest.

Er schaute nicht mich an, sondern an mir vorbei.

»Stimmt, ich habe es nicht«, sagte er schließlich. »Ich dachte mir schon, dass Sie diese Behauptung für absurd halten werden.«

Er seufzte und fuhr dann ein wenig hektisch fort: »Und doch frage ich mich, ob Sie sich eine noch größere Absurdität vorstellen können – ein Buch noch schrecklicher als das gefürchtete *Necronomicon,* ein Buch so ominös in seinem Ausmaß, dass daneben das *Necronomicon* so zahm erscheinen würde wie … wie …«

»Wie ein Kochbuch«, soufflierte ich scherzhaft, denn der winzige Mann war nun auf eine beinahe amüsante Art ernst und sogar feierlich geworden.

»Ja. Ein Buch, das von Dingen berichtet, die sich der wahnsinnige Araber nicht in seinen wildesten Fantasien hätte träumen lassen. Tatsächlich sogar ein Buch nicht von dieser Erde, ein Buch, das zurückgeht zum Anfang und über den Anfang hinaus, das direkt aus dem Bewusstsein der Wesen stammt, die für alles verantwortlich sind!«

Ich betrachtete ihn mit jähem Argwohn und lächelte dann zynisch. »Wollen Sie mir erzählen, dass Sie zwar das *Necronomicon* nicht haben, dafür aber ein Buch wie eben von Ihnen beschrieben?«

Sein Blick begegnete meinem für einen Moment, und nur in diesem Moment lag ein Funkeln darin.

»Wagen Sie, es sich anzusehen?«

»Ja, unbedingt, zeigen Sie es mir!«

»Sehr wohl. Warten Sie bitte einen Moment.«

Ich wartete, von einigen Zweifeln erfüllt, und dachte zum ersten Mal über den wirklich außergewöhnlichen Aspekt dieser ganzen Sache nach. Ich erinnerte mich plötzlich an eine Geschichte, die ich vor einer Weile gelesen hatte … etwas über einen Mann, der ein altes Büchergeschäft betreten hatte und der dann in den Bannkreis seltsamer Abenteuer gezogen worden war. Es hatte etwas mit Vampiren zu tun gehabt. Ich war ein wenig verstört darüber, dass mir diese Geschichte gerade jetzt einfiel, lächelte aber bei dem Gedanken, dass mir etwas Unangenehmes zustoßen könnte.

Dieser kleine grauhäutige Mann war in der Tat eine eigentümliche Person, entsprach aber nicht meiner Vorstellung von einem Vampir.

In diesem Augenblick kehrte er zurück, und zwar mit einem gewaltigen Buch, das beinahe halb so groß war wie er.

»Sie müssen verstehen«, sagte er, »dass Sie dem, was ich Ihnen jetzt erzähle, nicht mit Skepsis begegnen sollten. Es ist wichtig, dass Sie gewisse Dinge über dieses Buch wissen sollten« – er drückte es fest an sich – »die Ihnen unglaublich vorkommen werden. Zuerst sollten Sie wissen, dass es nicht mir gehört und auch niemandem auf dieser Erde. Das ist das erste unglaubliche Faktum, das Sie glauben müssen. Wenn ich Ihnen offenbaren müsste, wem es wirklich gehört, müsste ich sagen, dem Kosmos und allen Zeitaltern, die es jemals gegeben hat und gibt und geben wird. Es ist das verdammenswerteste Buch im Universum, und gäbe es dieses Buch nicht – doch nein, das erzähle ich Ihnen jetzt nicht. Ich verrate nur so viel, dass ich sein Hüter bin, sein gegenwärtiger Hüter, und Sie sich niemals vorstellen können, welche entsetzlichen Reisen durch Zeit und Raum hinter mir liegen.«

Kann man mir verdenken, dass ich mich zur Tür vortastete? Kann man mir verdenken, dass ich flüchten wollte? Mein Argwohn, dieser Mann könne wahnsinnig sein, war von Minute zu Minute stärker geworden, und jetzt wusste ich es definitiv. Doch gerade weil ich nicht wusste, was ich sonst darauf erwidern sollte, sagte ich: »Und Sie wollen mir dieses Buch verkaufen?«

Sein Blick wurde eindringlicher. »Es könnte nicht für alles Geld auf dieser oder einer anderen Welt gekauft werden. Nein, ich möchte lediglich, dass Sie es lesen. Ich bin äußerst erpicht darauf, dass Sie es lesen. Sie können es mit nach Hause nehmen, wenn Sie wollen. Wissen Sie, mir ist bewusst, dass Sie sich trotz Ihrer Skepsis vor Neugier fast verzehren.«

Er hatte recht. Und doch, warum zögerte ich? Dieser ganzen Sache haftete etwas äußerst Merkwürdiges an, etwas Untergründiges, Subtiles, beinahe Beängstigendes. Bisher hatte er viel angedeutet, mir aber im Grunde nichts erzählt. Er war viel zu bereit, mich dieses Buch mitnehmen zu lassen, und etwas sagte mir, wenn er so darauf aus war, dass ich es las, müsse es wohl das Beste für mich sein, es nicht zu tun.

»Nein danke«, murmelte ich und versuchte gar nicht erst, den Schauder zu unterdrücken, als ich mich abwendete.

Ich hatte genug. Seine Augen waren zu schwarz. Aber anscheinend hatte er meine Ablehnung vorausgesehen, und an der Tür hielt er mich erneut am Arm fest.

»Sie können ebenso gut erfahren, dass ich Ihnen das Buch früher oder später gebracht hätte, wenn Sie nicht selbst hergekommen wären. Aus dem, was ich über Sie und Ihre okkulten Studien weiß, folgt, dass es logisch ist, Ihnen dieses Buch anzuvertrauen. Mir ist klar, dass ich Dinge lediglich angedeutet und Ihnen nichts erzählt habe, aber ich kann jetzt nicht mehr tun. Sie müssen das Buch lesen, dann werden Sie alles verstehen.«

Mit der Hand auf dem Knauf der Türe zögerte ich einen schicksalhaften Moment lang. In diesem Moment verließ das Buch seinen Platz unter seinem Arm, und er drängte es mir eifrig auf und schob mich dann halb zur Tür hinaus in die Dämmerung der hereinbrechenden Nacht. Und da stand ich nun mit jenem gewichtigen Buch in den Händen, halb perplex, halb wütend, doch wagte ich auch zu hoffen, dass ich mich endlich im Besitz von etwas Bedeutsamem befand. Mit einem unsicheren Lachen und einem Achselzucken machte ich mich auf den Heimweg.

2

Meine Hoffnungen wurden mehr als bestätigt, vergewisserte ich mich etwas später in der Abgeschiedenheit meiner Wohnung. Das Buch war gewaltig – groß wie ein Kontobuch, dazu sehr dick, der Einband an den Rändern in Metall gefasst. Gebunden war es mit einem mir unbekannten schwarz verblichenen Gewebe, und die vergilbten Seiten hatten ebenfalls eine eigentümliche und sehr widerstandsfähige Beschaffenheit. Die Seiten waren mit seltsamen, eckigen Symbolen bedeckt, die lang und schmal waren und alle nur rechte Winkel aufwiesen. Ich hielt nach einem Schlüsselwort oder Schlüsselsymbol Ausschau, doch es gab keines. Also starrte ich auf die Seiten und fragte mich, wie ich sie entziffern sollte.

Und dann geschah etwas Seltsames, was sich nur als das erste von vielen merkwürdigen Vorkommnissen an diesem Abend erweisen sollte. Während ich immer weiter auf diese verblüffenden Seiten starrte, glaubte ich zu sehen, wie sich eines der Symbole kaum merklich bewegte.

Als ich daraufhin noch intensiver auf die Seite starrte, wurde rasch offensichtlich, dass sich die Symbole tatsächlich bewegten, wenn meine Augen den Zeilen folgten – sie ordneten sich unmerklich um, indem sie sich drehten und wendeten wie viele winzige Schlangen. Und bei dieser sonderbaren gewundenen Bewegung blieb die Bedeutung der Symbole nicht länger ein Rätsel, denn sie wurden plötzlich klar und lebendig und bedeutsam und teilten sich meinem Bewusstsein wie Wörter und Sätze mit. Da wusste ich, dass ich in der Tat über etwas ganz Gewaltiges gestolpert war.

Das Buch schien eine unsichtbare Aura des Bösen auszustrahlen, die mich zunächst beunruhigte, mir dann aber gefiel, und ich beschloss, keine Zeit mehr zu verlieren, sondern mich sofort in meine Aufgabe zu vertiefen.

Ich setzte mich ans Ende eines Tisches in meiner Bibliothek, schlug das Buch auf und zog eine Lampe näher. Von einem lodernden Kaminfeuer gewärmt, widmete ich mich der allerersten Seite und begann mit der Lektüre des fantastischsten, ich möchte beinahe sagen wahnsinnigsten Dokuments, das mir je untergekommen ist, doch eingedenk dessen, was geschah, kann ich niemals ganz sicher sein, ob das Dokument wahnsinnig war oder ich.

Doch hier ist nun der Inhalt, beinahe wörtlich, so deutlich erinnere ich mich daran:

VORWORT
zu dem verdammenswertesten Buch,
das jemals entfesselt wurde
auf einen arglosen Kosmos

Wer auch immer in den Besitz dieses Buchs gelangt, sollte gewarnt sein, und dieses Vorwort soll diesen Zweck erfüllen. Der Besitzer dieses Buchs sollte so klug sein, davor zu flüchten – wird es aber nicht tun. Seine Neugier ist bereits geweckt, und auch die Lektüre dieser wenigen warnenden Worte wird ihn nicht davon abbringen weiterzulesen. Und wenn er weiterliest, wird er umgarnt und zu einem Teil des Geschehens, und zu spät wird er erfahren, dass nur noch eine einzige leidvolle Alternative des Entkommens übrig bleibt.

So schrecklich verdammenswert ist alles. Doch wie hämisch *sie* lachen müssen!

Wisse dann also, wer immer dies lesen sollte, dass ich, Tlaviir von Vhoorl, mich hiermit für Geschichte und Ursprung des Buches verbürge, auf dass alle möglichen

Personen in allen zukünftigen Zeiten sorgfältig abwägen mögen, bevor sie der Neugier nachgeben, die im Universum allen Personen innewohnt. Ich hatte keine derartige Warnung, und aufgrund meiner Torheit ist es mein Schicksal, der erste Hüter zu sein. Ich selbst weiß nicht – noch nicht –, was das bedeuten mag, denn sosehr ich mich auch bemühe, ich kann meinen Freund Kathulhn nicht vergessen, der völlig unwissentlich diesen furchtbaren Scherz der Götter in Gang gesetzt und damit auch sein eigenes Schicksal besiegelt hat.

Kathulhn war schon immer allen, die ihn kannten, ein Rätsel gewesen, abgesehen, vielleicht, von mir. Schon als Junge hatte er ein unersättliches Staunen über jene tief greifenden Mysterien des Raumes und der Zeit bekundet, von denen die Weisen Männer von Vhoorl sagten, bloßen Menschen stehe es nicht zu, sie zu kennen oder zu ergründen.

Kathulhn konnte nicht verstehen, warum dies so sein sollte.

Wir wuchsen zusammen auf und gingen gemeinsam auf die Universität, wo Kathulhn ein so eifriger Student der Wissenschaften, insbesondere der komplexen Mathematik, wurde, dass die Professoren beständig über ihn staunten.

Wir verließen die Universität gemeinsam. Ich, um in das Geschäft meines Vaters einzutreten, und Kathulhn, der mit einer Assistenzprofessur belohnt worden war, um einen gewissen Teil seiner Studien fortzusetzen.

Ich weiß nicht, weshalb er sich mir anvertraut hat und sonst niemandem – möglicherweise weil ich mir seine Theorien mit wirklicher Ernsthaftigkeit angehört habe. Von einigen seiner Gedankengänge war ich fasziniert. Dennoch muss ich zugeben, dass seine Theorien manchmal sehr wüst klangen.

»Sieh uns an«, pflegte er lebhaft zu sagen, »winzige Stäubchen auf der Oberfläche des Planeten Vhoorl, tief im 23. Nebel. Die großen Wissenschaftler haben uns dies zu unserem gegenwärtigen Aufenthaltsort verraten. Aber was ist mit unserem Bestimmungsort – dem *letztgültigen?* Hier kleben wir auf unserem sich drehenden Planeten in unserem kreisenden System, unserem dahintreibenden Nebel – nur einer von Millionen, aus denen besteht, was wir *das* Universum nennen; *ein* Universum, sollten wir sagen, denn es ist nur ein Teilchen dessen, was mit anderen Teilchen weiterrast – wohin?, möchte man fragen, und zu welchem Bestimmungsort und Zweck? … Zu *wessen* Zweck, sollten wir vielleicht fragen.

Und sollen wir es nie erfahren? Müssen wir ewig an diesen erbärmlichen kleinen Planeten gekettet sein? Ich glaube das nicht, Tlaviir. In einer Million Jahren mögen wir die Sterne erkundet haben. Aber nicht mehr in meiner Zeit, und ich kann nicht warten. Und außerdem übersteigt meine Gier das bloße Erkunden der Sterne. Überleg doch, Tlaviir: Angenommen, man könnte einen Weg entdecken, sich hinauszuprojizieren, nicht zwischen die Sterne, sondern *darüber hinaus – nach außerhalb der kosmischen Kugel aus Sternen!* Zu einem Punkt gelangen, der vollkommen außerhalb liegt … und von dort das Wirken des kosmischen Staubes im Fluss der Zeit beobachten. *Aber eigentlich gibt es gar keine Zeit,* nicht wahr? Müssen nicht *Raum* und *Zeit* ein und dasselbe sein, koexistierend und korrelierend miteinander? Siehst du das nicht? Und wenn man sich nach außerhalb davon projizieren könnte – wäre *das* dann nicht die Realisierung unserer gepriesenen Unsterblichkeit? Und sei versichert, *es gibt einen Weg.*«

Ich konnte seiner fantastischen Argumentation nicht ganz folgen, bestritt aber nicht die Möglichkeit, dass seine

Theorien wahr waren. Es gab mehrere alte Bücher, auf die er sich sehr oft bezog, und ich glaube, es waren diese Bücher, die ihn manchmal dazu veranlassten, bei seinen theoretischen Ausführungen abzuschweifen.

»Was ist mit den Mythen, Tlaviir, die uns die Vorfahren vermacht haben, die vor Äonen auf Vhoorl gelebt haben? Und warum müssen wir sie überhaupt *Mythen* oder *Aberglauben* nennen? Warum muss der Mensch verspotten, was er nicht versteht? Es ist nur logisch, dass es für diese Mythen einen definitiven Existenzgrund gab: Meine Durchsicht bestimmter alter Manuskripte hat mich davon überzeugt. Wer weiß? Vielleicht haben uns sondierende Finger von *draußen* erreicht und Vhoorl vor vielen Zeitaltern berührt und so zur Entstehung jener Geschichten geführt, von denen wir ganz genau wissen, dass sie nicht auf bloßer Einbildung beruhen können. Das, Tlaviir, ist der Grund, warum ich manchmal glaube, es könnte vielleicht falsch sein, den Weg nach draußen zu suchen. Vielleicht wäre es besser für den Menschen, es nicht zu versuchen: Er könnte Dinge erfahren, die er besser nicht weiß.«

Doch derartige Bedenken äußerte er nur selten. Sehr viel öfter zeigte er mir Berge von Papier, die mit Berechnungen, geometrischen Zeichnungen, wirren Winkeln und Bogen gefüllt waren, wie ich sie noch nie zuvor gesehen hatte und von denen manche auf eine so diabolische Art und Weise verdreht schienen, dass sie so aussahen, als wollten sie mich vom Papier aus anspringen! Wenn er dann versuchte, seine Berechnungen zu erklären, konnte ich irgendwann seinen Ausführungen nicht mehr folgen, obwohl seine Erläuterung im Verbund mit seiner Begeisterung alles ganz logisch wirken ließ.

Verstanden habe ich, dass es eine beinahe unendliche Zahl von Raumdimensionen gibt, von denen manche unsere eigenen beeinflussen und als Katapulte benutzt werden könnten, wenn es gelänge, die unsichtbare und dünne Grenze zwischen unserem Raum und diesen Hyperräumen zu durchbrechen. Die Idee der Existenz von Dimensionen außer den uns bekannten dreien war mir nie besonders glaubwürdig erschienen, doch Kathulhn schien sehr sicher zu sein.

»Es muss einen Weg geben, Tlaviir. Ich habe das zweifelsfrei festgestellt. Und ich bin jetzt sicher, dass ich auf die korrekte Lösung hinarbeite. Ich werde sie in Kürze finden.«

Und gefunden hat er sie. Er hat sie tatsächlich gefunden und ging weiter, als jeder Sterbliche je gegangen ist oder je wieder gehen wird. Er konnte nicht wissen …

Kurz nach meiner letzten Unterhaltung mit ihm verschwand er ohne jede Spur. Nach Jahren wurde er für tot erklärt, und selbst ich, dem er alle seine Hoffnungen anvertraut hatte, glaubte nicht, ihn jemals wiederzusehen. Doch ich sah ihn wieder.

20 lange Jahre waren vergangen, als Kathulhn ebenso plötzlich zurückkehrte, wie er verschwunden war. Er kam sofort zu mir. Das Wunder daran war, dass er keinen Tag älter aussah als vor 20 Jahren, als ich ihn zum letzten Mal gesehen hatte! Doch mir hatten die Jahre zugesetzt und Kathulhn war über die Veränderung schockiert.

Dann erzählte er mir seine Geschichte.

»Ich hatte Erfolg, Tlaviir. Ich wusste, dass ich mit meinen Berechnungen auf dem richtigen Weg war, aber letzten Endes wäre alles umsonst gewesen, hätte ich nicht eine bestimmte Passage aus einem dieser alten Bücher korrekt interpretiert. Es war eine Art Beschwörung, die Essenz des Bösen. Sie öffnete die Tür, als sie in Verbindung mit meinen dimensionalen Berechnungen rezitiert wurde.

Den Inhalt dieser Beschwörung kann ich dir jetzt nicht erklären, aber es hätte mich warnen müssen, dass das, was ich tat, nicht gut ausgehen konnte. Dennoch wagte ich es. Ich war bereits zu weit gegangen, um noch einen Rückzieher zu machen.

Ich zog es also durch und kam mir vielleicht ein wenig albern dabei vor, weil ich hoffte, es aber nicht wusste, dass dies die Kombination war, nach der ich so lange schon suchte. Einen Moment lang schien es, als wäre nichts geschehen, doch war ich mir sofort einer Veränderung bewusst. Etwas war mit meinem Sehvermögen passiert: Alles wirkte verschwommen, strukturierte sich aber rasch um zu einer klaren Groteske aus unmöglichen Winkeln und Ebenen.

Doch bevor diese Vision definitive Gestalt annehmen konnte, wurde ich nach draußen gerissen, Tlaviir, nach jenseits der Raumkrümmung, in den Raum jenseits des Raumes, wo selbst das Licht auf sich selbst zurückfällt, weil keine Zeit existiert! Alles endete: Sehen und Hören, Zeit und Dimensionen und jeder Vergleich. Mir blieb nur ein Bewusstsein, doch ein Bewusstsein unendlich schärfer als unser bloßes physikalisches. Ich … ich war Geist!

Was *sie* betrifft – jetzt weiß ich es, Tlaviir, und es ist so, wie ich befürchtet habe. Man darf *sie* sich nicht als Geschöpfe vorstellen oder als sonst etwas, das uns vertraut ist – kein Wort ist adäquat. Es sind Kräfte des reinen Bösen, die Quelle alles Bösen, das es je gab, gibt und geben wird! Manchmal greifen *sie* hinein. Es gibt einen Vorsatz.«

Kathulhn fuhr sich mit der Hand über die Stirn.

»Da ist viel – so unglaublich viel, Tlaviir. Nicht alles ist so klar, wie es war. Doch ich erinnere mich langsam! Ich glaube, diese Wesenheiten des Bösen waren *belustigt*, Tlaviir – von einer Art Belustigung erfüllt, die ich jetzt nicht verstehen kann. Vielleicht hat es *sie* belustigt, dass es mir gelungen war, zu *ihnen* herauszukommen. Ganz sicher hat das kein bloßes *Wesen* jemals zuvor geschafft. Mir wird jetzt klar, dass *sie,* wenn *sie* gewollt hätten, ein einziges *Wort* hätten äußern können, das mich einfach ausgelöscht hätte. Wenn *sie* gewollt hätten! Stattdessen haben *sie* mich bei *sich* behalten. Da war etwas – etwas im Zusammenhang mit *ihrer* Belustigung.

Erinnerst du dich noch an eine Unterhaltung von uns, vor langer Zeit, Tlaviir, in der ich gesagt habe, unser Universum sei nur ein Teilchen unter anderen Teilchen, das irgendeiner Bestimmung entgegenrase, zu irgendeinem – *Zweck?* Erinnerst du dich auch noch daran, dass ich sagte, vielleicht sei es besser, wenn der Mensch von … gewissen Dingen nichts wisse?

Ich habe viele Dinge erfahren, Tlaviir, Dinge, von denen ich mir jetzt wünsche, ich wüsste sie nicht. Monströse Fakten. Wie es dazu gekommen ist, dass es den Kosmos gibt … und warum … Und seine letztgültige Bestimmung – die nicht angenehm ist. Das Entsetzlichste von allem ist aber, dass ich anfange, mich zu *erinnern* … an Rituale … die von diesen Bösen ausgeführt wurden … Rituale, die den Kosmos auf höchst diabolische Weise einbeziehen …

Ich konnte nicht einmal über meine Anwesenheit dort draußen staunen. Alles war Geist, und Geist war alles. Es hat den Anschein, als wäre ich lange bei *ihnen* gewesen – offenbar sogar einer von *ihnen* – und hätte bei einigen dieser kolossalen Rituale geholfen – sogar an *ihrem* bösen Vergnügen teilgehabt. Doch gleichzeitig schien es auch so zu sein, durch irgendwelche unerklärlichen und unvorstellbaren Umstände, dass ich abgesondert und unbedeutend war, ein Betrachter von lediglich einem kleinen Teil des Ganzen. Es schien so, als wäre ich unzählige Millennien da draußen bei *ihnen* gewesen, doch andererseits schien es auch nur ein geringfügiger Bruchteil von dem zu sein, was wir ›Zeit‹ nennen.

Doch nun – nun weiß ich, dass *sie* nur eine Weile mit mir gespielt haben, wie ein Kind mit einem neuen Spielzeug, dessen es dann irgendwann überdrüssig wird. Sie haben mich zurückgeworfen, Tlaviir, und jetzt bin ich wieder hier auf Vhoorl. Zuerst glaubte ich, aus einem sehr bösen Traum erwacht zu sein, doch es dauerte nicht lange, bis ich herausfand, dass Vhoorl in den vielen Millennien oder auch wenigen Sekunden, die ich mich an diesem zeitlosen Ort aufgehalten habe, 20 Jahre auf seinem vorherbestimmten Weg zurückgelegt hatte!«

»Und kehrst du wieder dorthin zurück?«, fragte ich neugierig, denn ich zweifelte nicht am Wahrheitsgehalt seiner Geschichte.

»Das kann ich nicht, selbst wenn ich es wollte, und es wird auch kein Sterblicher je wieder können. Sie haben den Weg jetzt für alle Zeiten verschlossen, und das ist auch gut so.

Für *sie* war ich, wie ich schon sagte, nur ein Augenblick der Belustigung, doch trotz alledem nicht zu unbedeutend – denn *sie* haben mir eine Warnung mit auf den Weg gegeben! *Sie* haben mich zurückgeschleudert, und so lautete ihre Warnung: Sollte ich je einem anderen Sterblichen auch nur das geringste der Geheimnisse, die ich erfahren hatte, offenbaren oder irgendeinen Teil oder gar den Zweck der entsetzlichen Rituale erwähnen, deren Zeuge ich geworden war, würde meine Seele in Millionen Bruchstücke zerschmettert, und diese gemarterten Bruchstücke würden dann kreischend über den gesamten Kosmos verteilt! Aus diesem Grund, Tlaviir, wage ich es nicht, dir noch mehr zu erzählen. Mehr und mehr Erinnerungen kehren zurück zu mir, aber ich wage es nicht, darüber zu reden.

Denn – ich weiß, dass *sie* hineingreifen können!«

Von diesem Tag an erwähnten weder Kathulhn noch ich je wieder seinen Ausflug nach »draußen«. Lange Zeit konnte ich die Dinge nicht vergessen, die er angedeutet hatte. Und wie furchtbar mussten erst die Dinge sein, die er nicht erwähnt – nicht zu erwähnen gewagt! – hatte.

Mehrere Jahre vergingen, und die ganze Geschichte wurde für mich mehr oder weniger zu einem Mythos. Doch nicht für Kathulhn, das war nicht zu übersehen. Die 20 Jahre, die ihn ignoriert hatten, streckten nun ihre böswilligen Finger aus und forderten ihren Tribut. Verdruss, Unzufriedenheit, ruheloses Brüten, all das trug dazu bei, ihn auf eine bedauernswerte Art zu verändern.

Eines Tages kam er zu mir und schnitt den Gedanken an, der ihm nicht mehr aus dem Kopf ging. Er könne, sagte er, nicht länger schweigen. Er sei das blinde Tasten der Menschen nach Wissen leid. Es liege in seiner Macht, ihnen die Antworten auf die kosmischen Geheimnisse zu liefern, nach denen sie schon so viele Jahre suchten – und noch andere dazu, von denen die Menschen nicht einmal etwas ahnten. Und so schrecklich diese Geheimnisse auch seien, der Mensch solle sie alle kennen. Die Gedanken und Erinnerungen in Kathulhns gemartertem Verstand schrien danach, herausgelassen zu werden, und es gab nur eine Lösung: Er hatte beschlossen, die Geschichte seines Abenteuers »draußen« niederzuschreiben und von all den Dingen zu berichten, die er erlebt und erfahren hatte.

Was die Warnung betraf, die ihm die Wesenheiten des Bösen mit auf den Weg gegeben hatten, so spielte er sie herunter. Jahre seien vergangen, folgerte Kathulhn, und *sie* hätten all das gewiss längst vergessen: Schließlich seien wir winzig und *sie* dächten in Universen.

Ich erhob keine Einwände. Wie Kathulhn hatte ich nun, da Jahre vergangen waren, das Gefühl, die Warnung jener Äußeren sei etwas Geringfügiges.

Und das war der Beginn des Scherzes …

Nie werde ich die Nacht vergessen, als das Verhängnis die Stadt Bhuulm ereilte. Ich hatte die Stadt erst vor wenigen Stunden verlassen, denn ich begleitete eine meiner Karawanen in die nicht weit entfernte Nachbarstadt. Der Weg dorthin führte über einen gewundenen Pass durch das umliegende Gebirge.

Die Reise verlief ohne Zwischenfälle, und nachdem ich meine Geschäfte erledigt hatte, eilte ich allein heimwärts und war bereits wieder inmitten der Gebirge, als sich rätselhafterweise und viel zu früh für den Tag jene absonderliche Dunkelheit herabsenkte. Kurz darauf sah ich den langen fahlen Lichtstreifen wie eine Luftschlange, die flackernd aus dem All herabschoss, um einen Augenblick zu zögern und dann außer Sicht direkt vor mir hinter dem Gebirge niederzugehen.

Vom Gefühl einer hereinbrechenden Katastrophe erfüllt, eilte ich weiter.

Als ich schließlich den Pass hinter mir hatte und die Stadt sehen konnte, war der Lichtstreifen verschwunden. Alles war ruhig und von einer Stille erfüllt, die voller Agonie zu den fahlen Sternen zu kreischen schien, die voller Furcht auf sie herablugten.

In der Stadt angelangt, begegnete ich einer Person, die über die Straße kroch, und als ich niederkniete, um dem Mann zu helfen, schien er mich gar nicht zu sehen, sondern brüllte nur immer wieder etwas über eine »Gestalt«, die an dem Lichtstreifen heruntergeglitten sei. Er schien vom sabbernden Wahnsinn ergriffen, also ließ ich ihn dort liegen und ging weiter ins Zentrum der Stadt.

Es dauerte nicht lange, bis das volle, unheilige Grauen über mich hereinbrach. Die gesamte Bevölkerung war nicht nur wahnsinnig geworden und schnatterte fortgesetzt Unsinn, die Menschen waren auch alle blind. Manche lagen reglos und in gnädiger Umnachtung auf der Straße, tasteten benommen umher und wimmerten dabei jämmerlich, andere wanden sich wie unter Schmerzen und faselten von dem Ding, das herabgefahren sei, um ihnen Verstand und Augenlicht zu rauben.

Ich lief zum Haus meines Freundes Kathulhn, wusste aber bereits, dass ich zu spät kam. Ich fand, womit ich gerechnet hatte: Er war tot. Doch sein Leichnam war kaum noch als die Person zu erkennen, die ich gekannt hatte. Er war vollständig mit winzigen blauen Löchern übersät, die grauenhafte Assoziationen auslösten. Seine Glieder waren auf grässliche Weise verdreht und gebrochen. Die Augen waren ihm aus den Höhlen gerissen worden, und in seinem Gesicht klafften nun zwei große Löcher, aus denen etwas Flüssigkeit quoll. Seine Zähne waren zu einem so übertriebenen, erstarrten Grinsen gefletscht, dass ich mich rasch abwendete.

Eine Fülle loser Blätter war über den ganzen Raum verteilt. Auf ihnen erkannte ich die zierliche Handschrift meines Freundes. Nur zu gut wusste ich, worum es sich bei diesen Aufzeichnungen handelte und was sie zu bedeuten hatten. Und in einem jähen Anfall hektischer Aktivität sammelte ich alle Blätter auf, stopfte sie in meine Jacke und floh in kopflosem Grauen.

Ich überquerte die drei großen Ozeane von Vhoorl und erreichte nach vielen Qualen den verabscheuten Kontinent Dluuhg. Ich erklomm die gewundenen Inneren Berge und stieg auf der anderen Seite in die Tiefebene hinab, wo es von den Kreaturen wimmelt, die angeblich schon vor Äonen vom Antlitz Vhoorls getilgt worden sein sollten. Langsam, beharrlich setzte ich meinen gefahrvollen Weg fort und erreichte schließlich, vor Erschöpfung und Mühsal halb tot, mein Ziel: die halb mythische Stadt einer rätselhaften und fanatischen Priestersekte, deren Lage so unzugänglich und abgeschieden war, dass in den äußeren Gefilden Vhoorls nicht mehr über sie bekannt war als die bloßen Gerüchte von ihrer Existenz.

Ich wurde aufgenommen, und man kümmerte sich um meine Wunden, denn alle, die es schaffen, dorthin zu gelangen, sind bedingungslos willkommen.

Und so begab es sich, dass ich es in der Abgeschiedenheit meines einstweiligen Quartiers in jener tief verborgenen Stadt endlich wagte, das Futter in meiner Kleidung aufzureißen und die Seiten herauszuholen, auf die Kathulhn geschrieben hatte, bevor ihn das Verhängnis ereilte. Als ich die Seiten ordnete, wurde mir klar, dass Kathulhn gestattet worden war, sein Werk zu beenden. Und irgendwie war diese Tatsache weitaus verstörender, als wenn ihn der Tod vor Beendigung seiner Arbeit ereilt hätte.

Zitternd fing ich an zu lesen und war augenblicklich wie gebannt. Doch es dauerte nicht lange, bis ich auf Kathulhns erste Hinweise auf jenes kosmische Grauen stieß, das er enthüllen wollte, und ich wurde schwankend. Ich las weiter … noch einige Seiten … und Entsetzen und Furcht erfassten mich … Da verließ mich mein Mut. Ich wollte aufhören zu lesen, wollte diese Aufzeichnungen für alle Zeit vernichten – musste aber zu meinem unaussprechlichen Entsetzen feststellen, dass ich es nicht vermochte! Ein Wille, der nicht mein eigener war, zwang mich weiterzulesen … alle Dinge rings um mich hörten auf zu existieren … Ich war nicht mehr an Vhoorl gebunden, sondern wurde geistig, wenn auch nicht körperlich, mitten in diese wahnsinnigen Seiten gesogen …

Durch die Nacht bis in die frühen Morgenstunden hinein studierte ich geistig angeschlagen und seelisch abgestoßen diese alles enthüllenden Aufzeichnungen, die unerbittlich, aber sicher auf eine finale, kulminierende Unermesslichkeit zusteuerten, die mein Gehirn erstarren ließ.

Ein trüber Morgen graute, als ich dieses entsetzliche Traktat schließlich beendete und lauthals alle Götter verfluchte, die es gab – denn da begriff ich! Was für ein Dummkopf ich war! Was für ein Dummkopf zu glauben, auf dem winzigen Planeten Vhoorl oder auch im gesamten Kosmos an sich könne es ein Versteck vor *ihnen* geben! Was für ein Dummkopf, diese Seiten nicht vernichtet zu haben, ungelesen! Doch es war zu spät. Der ewige Grabgesang der ganzen Menschheit: »Zu spät!« Ich hatte jenem tödlichen und gierigen Erzfeind namens Neugier nachgegeben. Ich hatte gelesen und war vollkommen und unwiderruflich verloren!

Und jetzt, geradezu als Antwort auf meine Verwünschungen, ertönte ein spöttisches Kichern der Belustigung von weit her, dann näher, wie von einem Sonnenwind getragen, leise und klar … ein eigentümliches Zischen und eine Verlagerung, als wäre jedes einzelne Atom des Planeten Vhoorl ein unendlich kleines Stück von seinem Weg abgewichen … intensive Kälte … eine Art lebendige Grelle, die plötzlich aufkam und den Raum um mich ausfüllte … und dann …

Ich glaube, ich versuchte zu schreien, aber jeder Versuch dazu schwoll bis zu einem bestimmten Punkt in meiner Kehle an und hielt dann inne. Wie kann ich das niederschmetternde Bangen des Augenblicks mitteilen, als aus dem Nichts direkt vor mir etwas auftauchte, eine formlose, sich windende Masse, grünlich und fluoreszierend, greifbar und *vernunftbegabt* – unbeschreiblich, weil sich das Etwas beständig veränderte. Es verblasste an den Rändern, als wäre es nur eine Projektion aus einem anderen Raum oder einer anderen Dimension.

In diesem Augenblick fiel mir wieder ein, was Kathulhn zu mir gesagt hatte: »Denn – ich weiß, dass *sie hineinreichen können!*« In diesem Augenblick wusste ich, womit ich es zu tun hatte ... wusste, dass dies die »Gestalt« war, die vor vielen Monaten auf die Stadt Bhuulm niedergegangen war, um alle Intelligenz zugrunde zu richten ...

Ich wusste, dass ich schreien musste, um meinen Verstand zu retten. Versuchte es wieder und wieder, schaffte es aber nicht. Und dann, als ich die Augen vor der blendenden Grelle schloss und spürte, wie sich mein Verstand langsam verlor, schien etwas von dem Wesen auszustrahlen, ein Leuchten, das mein Gehirn mit einer besänftigenden Kühle berührte. Die erste eisige Welle des Grauens strich über mich hinweg und ließ mich gelassen mit jener äußersten Ungerührtheit zurück, die aus Hoffnungslosigkeit geboren wird.

Und so kam es, dass ich dort im kalten Morgengrauen jener namenlosen Stadt der Verkündung des Verhängnisses lauschte, das mich ereilen sollte.

Ich sagte »lauschte«, doch es ertönte kein Geräusch. Das Wesen war polychrom, ein Spiel von Farben, von denen viele, davon war ich überzeugt, unserem Universum fremd waren. Und mit jedem schillernden Farbwechsel wurde ein Gedankenimpuls durch mein Gehirn gesandt.

Das für mich vorgesehene Schicksal (schillerte das Wesen) entspreche nicht demjenigen Kathulhns und auch nicht dem jener Unglücklichen in der Stadt Bhuulm. Denn ich sei das Leitmotiv, auf dem *sie* ihren Scherz begründeten. Bevor die Person, die ich als Kathulhn kannte, den Weg nach *draußen* fand, hätten *sie* die Existenz solcher Animalia auf den winzigen Kugeln nicht einmal geargwöhnt. Nach anschließender eingehender Beobachtung hätten *sie* herausgefunden, dass es auf vielen dieser Kugeln von derartigen Kreaturen wimmelte, und die kolossale Dreistigkeit dieser einen habe *sie* amüsiert. Bei der Sondierung von Kathulhns Verstand hätten *sie* herausgefunden, dass es seine natürliche Neugier gewesen sei, die ihn dazu veranlasst habe, nach den Antworten auf galaktische Geheimnisse zu suchen und schließlich den Weg nach *draußen* zu finden. Dieses Phänomen der Neugier oder Bestrebung, hätten sie entdeckt, sei eine universell allen Animalia innewohnende Eigenschaft. Außerdem sei es eine Eigenschaft des Guten, dem *sie* als Kräfte des reinen Bösen entgegenstünden.

Und da hätten *sie* ihren Scherz ersonnen.

Sie hätten Kathulhn zurück nach Vhoorl geschleudert und ihm diese ernste Warnung mit auf den Weg gegeben, die er mir beinahe zugeraunt hatte. *Sie* seien zeitlos und somit allgegenwärtig, und daher seien die Phänomene, die Kathulhn als »Vergangenheit« und »Zukunft« kannte, für *sie* eins.

Sie hätten vorhergesehen, dass Kathulhn die Warnung nicht beachten würde!

Und (fuhr das Wesen fort) nachdem ich sein Schicksal kannte, hätte ich jede Gelegenheit gehabt, diese von ihm beschriebenen Papiere zu vernichten. *Doch sei vorhergesehen, ja, sogar vorherbestimmt worden, dass ich lesen sollte!* Und nun würden diese Seiten niemals vernichtet werden. Ich würde sie zu einem Buch binden, das bis in alle Ewigkeit überdauern wird. Dieses Buch würden *sie* mit einem Fluch für jeden belegen, der es wagte, es zu studieren. Und um diesem gigantischen Plan, den *sie* zu *ihrer* eigenen Belustigung ersonnen hätten, zusätzliche Würze zu verleihen, müsse ich das Buch mit einem Vorwort als Warnung an alle Völker versehen. Dann sollte die Warnung missachten, wer immer es wagte. Für jeden, der weiterlas, werde es kein Zurück mehr geben. Er werde gezwungen sein, das Buch zu Ende zu lesen, und damit werde der Fluch auf ihn übergehen. Und nur in so einem Fall würde ich frei sein.

Was den Fluch (fuhr das Wesen fort) und mein unmittelbares Schicksal betreffe, so sei *er* noch unentschlossen. Vielleicht würde er mich mit nach *draußen* nehmen. Dinge wie Streben und Gefühl und Geist in Verbindung mit den winzigen Stäubchen, die *sie* auf den Kugeln entdeckt hätten, hätten ein vorübergehendes Interesse geweckt, und Experimente würden unterhaltsam sein.

Solch eine Teufelei konnten sich nur diese Wesenheiten ausdenken. Das Ding ist jetzt verschwunden, während ich, Tlaviir, dieses warnende Vorwort schreibe. Doch habe ich das Gefühl, diese Worte unter eindringlicher Beobachtung geschrieben zu haben. Aus unendlich weiter Ferne scheine ich hämische Freudenrufe zu hören … Oder bilde ich mir das nur ein? Doch nein: Sehr dicht an meinem Ohr ertönt jetzt, da ich diese letzten Worte niederschreibe, das penetrante und ominöse Kichern, von dem ich weiß, dass ich es mir nicht einbilde, um mich daran zu erinnern, dass mein Geschreibsel und tatsächlich alles nur ein Teil *ihres* vorgefassten Plans ist.

3

Das Buch lag da, aufgeschlagen, flach auf dem Tisch vor mir. Das Vorwort war zu Ende, die letzten Worte auf der linken Seite geschrieben. Die Seite gegenüber war leer – doch folgten noch viele.

Lange Zeit saß ich einfach nur in der absoluten Stille des Zimmers da und ließ mir staunend durch den Kopf gehen, was ich eben gelesen hatte, während ich mich gleichzeitig fragte, welche bösen Geheimnisse auf den folgenden Seiten wohl offenbart werden mochten. Die Andeutungen im Vorwort waren durchaus vielsagend. Mir fiel wieder ein, wie erpicht der kleine grauhäutige Mann darauf gewesen war, dass ich dieses Buch las – und ich fragte mich in der Tat, ob der Fluch auf mich übergehen würde, wenn ich es wagte, umzublättern und weiterzulesen.

Mit einem leisen Lachen kam ich jäh wieder zur Vernunft. »Unsinn!«, versicherte ich mir laut. »Was denkst du dir nur? Das kann alles gar nicht sein!«

Ich streckte die Hand aus, um umzublättern …

Das Holzscheit im Kamin knackte laut und durchdringend. Ich erhob mich, um Holz nachzulegen, und dabei nahm ich zur Kenntnis, dass die Uhr auf dem Kaminsims 20 Minuten vor Mitternacht anzeigte. Zum ersten Mal wurde mir die Kühle bewusst, die sich ins Zimmer geschlichen hatte.

Als ich mich wieder dem Buch zuwandte, sah ich den kleinen Mann aus dem Buchladen sehr still neben dem Tisch stehen.

Nach allen Regeln des Anstands hätte ich nun schockiert oder perplex oder verängstigt sein müssen – später habe ich mich gefragt, warum es nicht so war. Aber in jenem Augenblick war ich nichts von alledem. Ich hätte ihn zumindest fragen sollen, wie er meine Adresse erfahren und vor allem, wie er es geschafft hatte, in mein Zimmer zu gelangen, dessen sehr solide Tür ich mit Bestimmtheit zugesperrt hatte! … Doch als ich mich in jenem Augenblick zu ihm umdrehte, schien mir nur durch den Kopf zu gehen, wie passend all das war … dass mir seine Anwesenheit sehr gelegen kam … im Zusammenhang mit dem Buch gab es einige extrem verwirrende Punkte zu klären. Und natürlich wusste ich, dass all das nur ein Traum war, wusste, dass dies der Grund für die Unlogik von allem war!

Der kleine Mann ergriff das Wort zuerst und beantwortete tatsächlich die allererste Frage, die ich ihm hatte stellen wollen.

»Nein, ich bin nicht Tlaviir, dessen Warnung Sie gerade gelesen haben«, sagte er mit einer Monotonie, die eine unendliche Überdrüssigkeit ihrer Wiederholung ahnen ließ. »Nun, wir werden wohl nie erfahren, vor wie vielen Äonen dieses diabolische Spiel begonnen hat. Der Teil des Kosmos, in dem das Buch entstanden ist, mag seitdem längst dem Vergessen anheimgefallen sein. Doch trotz alledem stamme ich nicht von Ihrer Welt. Es war vor einer Ewigkeit auf meinem eigenen Planeten, dessen Standort ich schon vor langer Zeit vergessen habe, als ich im Grunde so wie Sie heute auf das Buch stieß – es wurde mir von einer sonderbaren Person überreicht, die nicht von meiner eigenen Welt stammte und die mit dem Buch durch Raum und Zeit gereist war. Ich war ein eifriger Student der vage angedeuteten vorweltlichen Kreaturen, die meine Welt angeblich bevölkert hatten, bevor sie aus dem Dunkel ins Licht geschwommen war. Wie Sie gelesen haben, ebenso tat ich es auch – begierig. Und wie Sie nun zweifeln – voller Bestürzung bei dem Gedanken, wie gewaltig all das sein *könnte* –, so habe auch ich gezweifelt. Wie Sie jetzt vor dem Buch zögern, so habe auch ich gezögert. Doch am Ende ...«

Ich machte eine ungehaltene Geste bei dem Gedanken, was er anzudeuten versuchte. Was für ein Jux dies auch sein sollte, er war albern. Sicher, ich war schon immer ein fantasievoller Mensch gewesen, und meine Bibliothek bestand aus der eigentümlichsten Literatur, die je verfasst worden war, aber im Grunde meines Herzens und meines Verstandes war immer das sichere und behagliche Wissen verankert gewesen, dass all das eben nur Literatur war und nicht mehr. Doch nun – von mir zu verlangen zu glauben, dieses Buch sei mit einem Fluch belegt, der auf seinen Leser übergeht ... dass es durch Raum und Zeit von einem fremden Planeten kam ... von diesem Mann *hergebracht* worden sei, der behauptete, nicht von dieser Welt zu sein – das war zu viel. Es war viel zu viel.

Mit diesem Gedanken griff ich wieder nach dem Buch. Doch – Gott sei Dank! – meine Hand schrak entsetzt zurück, als sich diese absonderlichen, sich windenden Zeichen auf der aufgeschlagenen Seite mit einer Wucht in meine Augen bohrten, die meinem Bewusstsein einen Stoß hin zu etwas wie Vernunft versetzte. Denn mir ging auf, dass diese Zeichen *nicht von dieser Erde waren, es gar nicht sein konnten!*

Ich spürte, wie ich plötzlich zitterte, als meine Selbstsicherheit augenblicklich verschwand – zitterte, als mein Verstand plötzlich *etwas* spürte, das irgendwo lauerte, unsichtbar, unhörbar, aber sehr nahe ...

Der kleine Mann hatte mich mit intensiver Gespanntheit und voller Erwartung beobachtet, und als meine Hand zurückzuckte, kündete seine gesamte Haltung und Körpersprache von Enttäuschung und Niederlage. Doch dies währte nicht länger als einen Moment, dann schien er ebenfalls eine unsichtbare Präsenz in der Nähe zu spüren und blieb starr und reglos stehen, den Kopf aufgerichtet, als lauschte er auf etwas, das ich nicht hören konnte und wohl auch nicht hören sollte. Nur einen kurzen Moment stand er so, bevor er wieder das Wort ergriff. Und als er fortfuhr, klang seine Stimme wieder müde und traurig.

»Ja, Sie hatten beharrlich geglaubt, all dies sei irgendein Jux – doch nun wissen Sie es wie alle anderen zuvor besser. Sie ergötzen sich daran, sich in das Sonderbare und Schreckliche zu vertiefen, und ich hatte gehofft, Sie wären derjenige … Aber so ist es immer gewesen.

Auf dem äußersten Planeten Ihres Systems, den Sie Pluto nennen, bin ich jemandem begegnet, der wie Sie großes Interesse an dem alten und schrecklichen Aberglauben seines Planeten hatte. Auch er hat das Vorwort gelesen, wie Sie gerade. Auch er hat in der furchtbaren Ungewissheit geschwankt, doch dann hat ihn der Mut verlassen und er ist vor mir und dem Buch geflüchtet wie vor einer Seuche, also wusste ich, dass ich in dieser Groteske wieder einmal gescheitert war, dass ich noch nicht von dem Fluch freikommen würde. Doch dauert dieser Zustand nun schon so lange an, und nirgendwo kann ich den Martern des Verstandes und der Seele entkommen, die *sie* mir nach Belieben auferlegen! Denn von *ihnen* beziehe ich die Immunität gegen die Schrecken des Alls und jene bis dahin unvermutete Macht des Dunkels, die die Macht des Lichts bei Weitem übersteigt und mich in die Lage versetzt, den Raum zwischen Planeten und Galaxien zu überwinden. Doch kein Augenblick und kein Gedanke gehört mir allein!

Wie grauenhaft das ist, können Sie nicht wissen! Manchmal projizieren *sie* mitten in der Nacht eine blasphemische Gestalt auf mich, deren zahnloser Mund sich mit einem lautlosen Laut öffnet und schließt und die auf meiner Brust sitzt und ein groteskes Ritual vollzieht, in dessen Verlauf sich meine Identität in dem Mahlstrom chaotischer Konfusion verliert und mein Geist mitten in die dröhnende Monodie der Sterne und weiter in jenen grenzenlosen Abgrund jenseits der äußersten Krümmung des kosmischen Raums geschleudert wird, wo *sie* in Erwartung einer monströsen Katastrophe für den Kosmos hausen.«

Seine Stimme, bisher dünn und schrill, wurde zu einem durchdringenden Gellen: »Nein, es ist mehr als nur Erwartung, die Katastrophe hat bereits begonnen, wird bereits eingeleitet, und da *draußen* habe ich bei dieser Sache geholfen, deren Gewaltigkeit jeden in den Wahnsinn triebe, der davon wüsste. Ich würde den Wahnsinn begrüßen, aber nicht einmal den gestatten *sie* mir!«

»Aber«, sagte ich schließlich mit einer Art von Triumph, »wenn Sie so erpicht darauf sind, dass ich dieses Buch lese, laufen die Dinge, die Sie mir erzählen, Ihren Absichten völlig zuwider – falls diese ganze verrückte Geschichte nicht bloß ein Traum ist, wofür ich sie halte!«

Er taumelte beinahe, als er sich die Hand auf die Stirn legte. »Sie kennen die boshafte Schläue *derer* nicht, welche diesen Plan ersonnen haben. All meine Gedanken, alles, was ich sage, stammt von *ihnen!* Ich bin *ihnen* vollkommen ausgeliefert!«

Er machte eine beinahe unmerkliche Pause, in der er wiederum auf etwas zu lauschen schien, das ich nicht hören konnte, dann fuhr er fort: »... aber überlegen Sie sich das gut ... das Buch enthüllt Geheimnisse, die Sie sich aneignen können ... Wissen, von dem Sie nicht zu träumen gewagt hätten ... du meine Güte, Sie haben nicht einmal daran gedacht, den im Vorwort erwähnten ›Kathulhn‹ mit jenem tentakelbewehrten und ewig verdammten *Kthulhu* in Verbindung zu bringen, der angeblich vor Äonen über den Planeten Saturn zur Erde gekommen sein soll, zu dem er zuvor aus Tiefen jenseits Ihres Sonnensystems geflohen war … Sie können erfahren, woher der obskure und verruchte Tsathoggua kam und warum … und andere Obszönitäten aus alten Legenden der Menschen, auf die in Ihrem *Necronomicon* und anderen verbotenen Büchern angespielt wird: Nyarlathotep und Hastur und die fürchterlichen Mi-Go, der beängstigende und allwissende Yog-Zothoth, der behäbige und rüsselbewehrte Chaugnar Faugn und Beh'Moth der Verschlinger … Sie werden sich mit dem Flüsterer im Dunkeln unterhalten … Sie werden die Bedeutung der Verbindung, die inmitten der Sterne wirbelt, erfahren und die Jäger aus dem Jenseits sehen … Sie werden den Ursprung der Hunde von Tindalos kennenlernen, die in einem chaotischen, nebelhaften Universum am Rande des Alls hausen und mit den Äußeren Göttern im Bunde sind … All diese Dinge, die Ihnen durch Ihre Lektüre vage vertraut sind, werden Sie kennenlernen – und noch so viel mehr. Auf den Seiten des Buches, die sogar über den Beginn von allem hinausgehen, werden Geheimnisse enthüllt, die Sie nicht einmal mit den wildesten Ausgeburten Ihrer Fantasie im Ansatz erfassen können … Jetzt ist Ihr Geist ein winziges, unterentwickeltes Etwas, doch er wird sich weiten und das gesamte infinite Arkanum aller Materie einschließen. Sie könnten erfahren, wie der gesamte Kosmos von einem bösen Gedanken im Verstand eines monströsen Wesens im Dunkeln hervorgebracht wurde … Sie werden sehen, dass dieser Kosmos, den wir als unendlich betrachten, nur ein Atom in *ihrer* Unendlichkeit ist, und Sie werden die bestürzende Position unseres Kosmos in dieser größeren

Unendlichkeit erblicken und auch die obszönen Rituale, bei denen er eine wesentliche Rolle spielt … Sie werden die Historien von Sonnen und Nebeln erfahren und die Kraft der körperlichen Transposition zwischen Planeten oder gar Galaxien erhalten, die so weit entfernt sind, das ihr Licht die Erde noch gar nicht erreicht hat …«

Wie kann ich diese wenigen Minuten beschreiben – seine schrille Stimme tönte in einem fort, während das Buch zwischen uns aufgeschlagen auf dem Tisch lag und die flackernden Flammen im Kamin überall Schatten im Zimmer tanzen ließen. Ich stand starr aufgerichtet da, eine Hand auf dem Tisch, und meine Gedanken überschlugen sich in dem Bemühen, die Bedeutung der Dinge zu ermessen, von denen er erzählte, und gegeneinander abzuwägen, was ich zu glauben wagte und was ich zu glauben fürchtete!

Während er redete, hielt er beständig den Kopf etwas schräg, dass man meinen konnte, er lausche … lausche … Wem oder was? Und dabei war sein Blick gar nicht auf mich gerichtet, sondern an mir vorbei auf den Kaminsims, wo die Uhr stand … Einmal, während er redete, hatte ich meine Hand auf dem Tisch vorwärtsbewegt, langsam, bis sie beinahe das Buch berührte, aber eine fast unmerkliche Veränderung im Tonfall seiner Stimme ließ mich die Hand wieder zurückziehen. Und in der ganzen Zeit, während er einen Satz an den nächsten reihte – ob es an der Wirkung seiner Worte auf mein Gehirn lag oder nicht, werde ich wohl nie erfahren –, schien ich immer deutlicher die Anwesenheit jener unsichtbaren Kräfte zu spüren, die in der Nähe lauerten. Sie schienen ebenfalls zu warten …

Dann redete er nicht mehr. Ich hatte nicht mitbekommen, wann genau er damit aufgehört hatte, wusste nur, dass ich nicht mehr auf seine Stimme lauschte, sondern auf etwas anderes – irgendetwas –, obwohl ich nicht begriff, auf was. Ich spürte, dass wir nicht allein im Zimmer waren und die Zeit noch nicht gekommen, aber nahe war. Also lauschte ich auf das, was ich nicht hören konnte, und starrte dabei fasziniert auf das Buch, das zwischen uns auf dem Tisch lag …

Er sah die Faszination.

»Lesen Sie es«, flüsterte er inbrünstig, während er sich näher zu mir beugte. »Sie wissen, dass Sie es lesen wollen. Sie *wollen* es lesen.«

Ja, ich *wollte* es lesen. Mehr und mehr drängte sich mir diese Gewissheit auf. Welcher geistig gesunde Mensch konnte glauben, dass dieses Buch so bedrohliche Verbindungen hatte, wie von ihm angedeutet? Doch mit meiner Sicherheit, ein geistig gesunder Mensch zu sein, war es vorbei. Wenn ich diese Geschichte glaubte, war ich ganz sicher nicht geistig gesund. Wenn ich sie nicht glaubte, warum zögerte ich dann?

Wieder sein Flüstern: »Sie *wollen* es lesen.«

Sein beinahe flehentlicher Tonfall veranlasste mich dazu, voller Entsetzen vor dem Buch zurückzuschrecken. Doch die Faszination hatte mich nicht verlassen, und ich brachte das nachdrückliche »Nein!«, das mir auf der Zunge lag, nicht über die Lippen. Stattdessen ließ ich den Blick hektisch und ein wenig verstört im Zimmer umherwandern, in jeden Winkel und überallhin, um dem Blick des kleinen Mannes nicht begegnen zu müssen. Denn plötzlich wusste ich, dass dies fatal sein würde.

Jene unsichtbaren Kräfte schienen das Zimmer jetzt vollständig zu erfüllen. Ich konnte ganz eindeutig so etwas wie einen Aufruhr spüren, eine Art Wogen, ein Hin-und-Her, schwache Geräusche des Zorns, wie infolge einer wachsenden Feindseligkeit zwischen zwei opponierenden

Gruppen. Eine steigende, doch unsichtbare Verwirrung, in deren Mittelpunkt ich stand. In mir blitzte der Gedanke auf, es gebe gar keinen kleinen grauen Mann und kein Buch und all die scheinbaren Ereignisse des Abends seien nur ein Albtraum, aus dem ich sogleich erwachen würde. Doch nein – da stand ich in meiner Bibliothek neben dem Tisch, mit dem grotesken kleinen Mann mir gegenüber und jenem wachsenden unsichtbaren Aufruhr rings um mich herum. Kann man so etwas in Albträumen denken?, fragte ich mich. Wahrscheinlich nicht, und folglich war dies kein Albtraum.

Gleich nach diesem unlogischen Gedankengang folgte ein anderer, und zwar mit einer so beängstigenden Plötzlichkeit, dass ich wusste, er konnte nicht meinem Verstand entsprungen sein. Es war einer dieser Gedanken aus dem Nichts, das schlichte, kompromisslose *Wissen,* dass dies alles real war, kein Jux, keine Farce, sondern dass ich mit dem Gewaltigsten konfrontiert wurde, was jemals diese Erde heimgesucht hat, und es entweder überwinden oder mich von ihm überwinden lassen musste. Ich ahnte auch – mit jäher, wilder Hoffnung –, dass ich nicht allein in meinem Kampf sein würde. Jene Kräfte, die immer näher um mich wogten, waren zu einem bestimmten Zweck da, kündigten etwas zu meinen Gunsten an.

Da wandte ich mich langsam und wohlbedacht dem kleinen Mann zu, der wartete. Kein Wort wurde gesprochen, als mein Blick dem seiner schwarzen und bodenlosen Augen begegnete …

Ich war verloren! Zu spät begriff ich es. Alles um mich herum verschwand, als diese Augen wuchsen und sich zu zwei riesigen Tümpeln aus schwarzem und grenzenlosem All jenseits aller Vorstellungskraft ausdehnten.

Die Plötzlichkeit des Vorgangs hatte mich überrumpelt. Doch mit einem schwachen Instinkt kämpfte ich gegen diese Augen an, die mich aufzusaugen schienen ... Aber es gab gar keine Augen mehr ... meine Füße standen nicht länger auf dem Boden ... ich schwebte gleichmütig irgendwo eine Million Kilometer weit draußen in diesem schwarzen All ... gleichmütig ... doch nein – ich schwebte jetzt nicht mehr: Eine Berührung hatte mich zurückgeholt. Meine Füße waren wieder auf dem Boden, und ich stand am Tisch. Doch etwas – irgendein Teil von mir – schien sich immer noch gegen meinen Willen zu bewegen. Das war lustig! Ich wollte lachen. Es war meine Hand, die kein Teil mehr von mir war, sondern über die glatte Tischplatte kroch, dahinglitt wie eine Schlange ... dem Buch entgegen!

Ja, da erinnerte ich mich seltsam vage. Da war ein Buch auf dem Tisch, ein Buch, das dort aufgeschlagen lag und wartete, ein Buch, das ich aus einem schrecklichen Grund nicht anfassen durfte. Welcher Grund war das noch? Langsam, ganz langsam fiel es mir wieder ein. Da war ein absonderlicher kleiner Mann mit sehr schwarzen Augen, der mir Furchtbares über das Buch erzählt hatte und wollte, dass ich es las ... es zu berühren würde bedeuten, dass ich es lesen würde ... immer weiterlesen ... ohne ein Zurück ...

Ah, wie vollständig flog das Begreifen da wieder zu mir zurück, durch meine wachsende Panik, und ich versuchte vergeblich, die Hand zu bremsen, die über den Tisch kroch wie ein Judas, der seinen Meister verraten will! Wie diese wogende Konfusion rings um mich zunahm, warnend, wie eine Welle um mich herumschwappte, als erlebten sie auch etwas von dieser Panik mit, die mich erfasst hatte! Wie sie sich mir näherten, diese unsichtbaren Kräfte, von hinten, von allen Seiten, zielstrebig, als wollten sie mich vom Tisch wegdrängen, fort von der Gefahr des Buches! Beinahe hörte ich leise warnende Stimmen an meinen Ohren vorbeihuschen, beinahe spürte ich Finger mutig an meinen eigenen zupfen, und für einen Moment glaubte ich zu verstehen. Diese Kräfte – die sich tapfer um mich versammelt hatten – hatten einst, in längst vergangenen Zeiten, der Verlockung des Buchs nachgegeben – unzählige Wesen aus allen Teilen des Universums. Waren sie jetzt gekommen, um sich mit mir gegen die Kräfte des Buchs zu verbünden?

Mit dieser Vermutung mag ich nahe an der Wahrheit gelegen haben – wissen werde ich es nie. Auch nicht, durch welche gewaltige Anstrengung ich mich schließlich von dem Tisch losriss. Ich kann mich nicht daran erinnern. Ich weiß nur noch, dass ich irgendwann hinter meinem Stuhl stand und mich auf die Rückenlehne stützte, am ganzen Körper zitternd und im Geiste ermattet. Und wusste, dass die Anspannung des entsetzlichen Augenblicks vorbei war und die Kräfte, die sich um mich versammelt hatten, wieder schwiegen und warteten. Dass dies nur eine vorübergehende Atempause in der Schlacht war, wusste ich ebenfalls und außerdem noch, dass mein erschöpfter Verstand keinem weiteren derartigen Ansturm standhalten würde.

Zwei Meter entfernt lag das Buch aufgeschlagen auf dem Tisch, ein bedrohliches, spöttisches Ding … Nicht weit davon entfernt stand der kleine Mann noch immer auf dem Fleck, wo ich ihn zum ersten Mal im Zimmer erblickt hatte. In seine schwarzen Augen war ein Glanz getreten, ein heller Glanz des Hasses auf jene Kräfte, die mit mir gegen ihn gekämpft hatten – von denen er gewusst haben musste, dass sie kommen würden. Wie oft hatten sie ihn schon besiegt? Waren sie alle einst Hüter des Buchs gewesen wie er jetzt? Und wenn *er* jemals seine Freiheit von dem Buch gewann, würde er sich jenen anschließen, die dagegen ankämpften? Würden sie jemals stark genug werden, um jene Äußeren zu besiegen, die dieses Schauspiel ersonnen hatten?

Ich durfte meine Kräfte nicht mit solchen Gedankenspielereien vergeuden, sondern musste mich auf den nächsten Ansturm vorbereiten. In einem jähen Aufblitzen der Erleuchtung wusste ich, dass ich nur noch ein wenig länger durchhalten musste – bis Mitternacht durchhalten musste. *Deswegen* hatte er die Uhr auf dem Kaminsims hinter mir beobachtet! Die Stunde musste jetzt sehr nahe sein, und wenn ich nur durchhielt – dem Tisch fernblieb, diesen Augen auswich … ich durfte mich nicht wieder überrumpeln lassen!

Doch welch ein vergeblicher Gedanke! In ebendiesem Augenblick traf mich die gewaltige schwimmende Schwärze jener Augen wieder mit ihrer eindringlichen Beharrlichkeit, hob mich neuerlich auf und schwemmte mich über alle Sonnen und Sterne hinaus in die gewaltige Dunkelheit, die das Universum umschließt. Ich war wie ein Ertrinkender, der in wenigen Sekunden seine gesamte Vergangenheit vor sich vorüberziehen sieht, nur dass ich meine Zukunft sah, eine Zukunft des finsteren Schreckens und der Folter zwischen den vagen Gestalten und Ängsten des *Draußen.* Während ich ergeben in jener schrecklichen Dunkelheit schwebte, schien ich diese Gestalten, diese Äußeren, sehen zu können. Trotz aller Vagheit waren sie unbeschreiblich abstoßend, wie sie mit boshafter Häme an mir vorbei und auf ein Drama starrten, das für sie aufgeführt wurde wie schon so oft zuvor! Und diesmal war *ich* Teil dieses Dramas.

Und doch schien es auch noch einen anderen Teil von mir zu geben, weit entfernt und unwichtig – einen Teil von mir, der mir vermitteln wollte, dass diese Finsternis eine Illusion war, nicht die Realität – der sich mit schwächlicher Eindringlichkeit bemühte, diese Dunkelheit wegzustoßen … wie albern! … wie sinnlos! … Jetzt versuchte sich dieser andere Teil zu erinnern – an etwas, das vor langer Zeit einmal wichtig gewesen war –, an etwas, das zu tun hatte mit … doch nein – es war sinnlos …

Einen Augenblick! Hatte nicht die Dunkelheit rings um mich plötzlich gebebt, wie Wasser, dessen glatte Oberfläche aufgewühlt wurde? Noch einmal! Und jetzt verblasste sie, wich zurück! …

Hatte nicht gerade eben etwas meine Wange gestreift? War das ein Flüstern an meinem Ohr? Mehrere Flüstern jetzt, eifrig, drängend …

Die Schwärze rings um mich wich rasch zurück und löste sich bis auf zwei schwarze Tümpel auf, die weit weg ins All flohen und dabei immer winziger und winziger wurden, bis sie aufhörten, meinen Blick zu erwidern.

Es war wie ein Schock, wieder in dem vertrauten Zimmer zu sein, den Boden unter mir zu spüren, am Tisch zu stehen und in die beiden schwarzen Tümpel der Augen des kleinen Mannes zu schauen. Doch in jenen Augen stand jetzt so etwas wie Fassungslosigkeit und Bestürzung! Entsetzte Betroffenheit in jenen Augen!

Wie zuvor, ohne mein Zutun, glitt meine Hand geschmeidig über die Tischplatte und zu dem Buch. Wie zuvor war ich vom Wallen unsichtbarer Kräfte umgeben – doch jetzt gab es keine Konfusion, keine Hast, keine Panik. Vielmehr gab es jetzt so etwas wie Jubel und ein Pulsieren des Triumphs!

Doch die leisen Stimmen flüsterten mir immer noch fast lautlos ins Ohr, nicht ganz verständlich, aber offenbar in dem Bemühen, mich zu etwas zu bewegen, das ich noch nicht richtig fassen konnte.

Ich musste versuchen, auf das vorbereitet zu sein, was jetzt passieren würde.

Meine Hand berührte das Buch! Sie bewegte sich über die geöffnete Seite …

»Jetzt! Los jetzt! Los, los!«

Die Hand, die zuvor versucht hatte, mich zu verraten, handelte jetzt blitzschnell. Ich ergriff das Buch, fuhr herum und warf es direkt in die lodernden Flammen des Kamins hinter mir.

Sofort war rings um mich alles von einer wilden, triumphalen Freude erfüllt. Doch das dauerte nur einen Moment. Dann war alles ruhig und still. Jene Kräfte oder Wesen oder was sie auch waren hatten wieder einmal triumphiert, und jetzt waren sie dorthin zurückgekehrt, woher sie gekommen waren.

Doch wenn ich jetzt auf all das zurückblicke, kommt es mir wie ein Albtraum vor, und ich kann mir nicht mehr sicher sein. Ich bin mir nicht einmal mehr sicher, ob mir diese Worte, »Jetzt! Los jetzt! Los, los!«, wirklich ins Ohr geflüstert wurden oder ob sie infolge der Anspannung des Augenblicks von meiner eigenen Kehle herausgebrüllt wurden. Ich weiß nicht, ob nicht eine Kraft vollkommen außerhalb meiner selbst mich dazu veranlasst hat, das Buch zu ergreifen und ins Feuer zu werfen, oder ob es eine rein reflexartige Handlung von mir war. Ich hatte nicht die Absicht, so etwas zu tun.

Was den kleinen Mann auf der anderen Seite des Tisches betrifft – er machte keine Anstalten, mich an meiner Aktion zu hindern. Er rührte sich nicht von der Stelle. Ja, er schien noch kleiner zu werden. Seine Augen waren wieder sehr schwarz, doch irgendwie bemitleidenswert, denn sie reflektierten nicht einmal das Feuer, in das er blickte. Ein paar Sekunden lang stand er so da, buchstäblich die Verkörperung unendlichen Kummers und völliger Hoffnungslosigkeit. Dann ging er sehr langsam zum Kamin und griff mit dünner Hand, wie mir schien, direkt in die Flammen – und aus diesen Flammen holte er das Buch, dessen Äonen alte pergamentartige Seiten nicht einmal Feuer gefangen hatten!

Was als Nächstes geschah, schreibe ich nur sehr zögerlich auf, denn ich kann nicht sicher sein, wie viel davon real war und wie viel Halluzination. Bei meinem Sturz auf den Boden musste ich mir heftig den Kopf gestoßen haben, denn ich kam mehrere Tage in die Obhut eines Arztes, der für eine Weile um meinen Verstand fürchtete.

Wie ich schon sagte, hatte der kleine Mann das Buch aus den Flammen genommen. Ich bin sicher, dass kein Wort gesprochen wurde. Doch was sich als Nächstes ereignete, war ein Geräusch. Und zwar ein *Kichern,* so ominös und diabolisch, wie ich es nie wieder zu hören hoffe. Es schien aus weiter Ferne zu kommen, sich dann aber zu nähern, bis es aus den vier Wänden des Zimmers zu dringen schien. Dann folgte ein blendender Lichtblitz. Das klingt irgendwie banal, aber genau das war es: »blendend« beschreibt es kaum, aber ich kenne kein stärkeres Wort. Und jetzt bin ich nicht mehr sicher, was passiert ist: Vielleicht bin ich gefallen, habe mir den Kopf gestoßen und bin ohnmächtig geworden, oder vielleicht habe ich auch tatsächlich gesehen, was ich zu sehen schien. Ich neige sehr zur letzteren Ansicht, so lebhaft kam es mir zu jenem Zeitpunkt vor.

Wie oft habe ich Geschichten gelesen, in denen der Autor in dem Bemühen, etwas besonders Entsetzliches zu beschreiben, sagt: »Es lässt sich nicht beschreiben« – oder etwas in der Art. Und wie oft habe ich mich darüber lustig gemacht! Doch werde ich nie wieder darüber lachen. Denn in diesem Augenblick befand sich das Unbeschreibliche in der Realität direkt vor mir!

Ich will es aber versuchen. Was ich sah oder zu sehen schien, muss ebenjenes Wesen von draußen gewesen sein, das Tlaviir im Vorwort des Buches beschrieb. Für einen Moment war es da. Ich nehme an, der Lichtblitz fand in dem Intervall zwischen dem Nicht-da und Da statt. Und da war es.

Mittlerweile kann ich mit einer Art von grimmigem Humor darauf zurückblicken.

Es war ziemlich groß und schien aus einem anderen Raum oder einer anderen Dimension hereinzuragen, wie es die Person in dem Vorwort beschrieben hatte. Es war kein Arm oder Gesicht oder Tentakel oder sonst ein Glied, sondern einfach nur ein *Teil,* und ich kann nicht sagen, welcher Teil. Es war bunt und farblos, geformt und formlos, und zwar aus dem einfachen Grund, weil es sehr schnell und beständig Farbe und Form veränderte und sich an den Rändern auflöste, sodass es weder den Boden noch sonst einen Teil des Zimmers berührte.

Mehr als das kann ich nicht sagen. Ich hatte es kaum so lange gesehen, wie man braucht, um bis drei zu zählen, als plötzlich alles schwarz wurde und ich keinen Boden mehr unter den Füßen spürte.

Doch kurz bevor mein Bewusstsein gänzlich in den Abgrund glitt, hörte ich ein monströses WORT, einen NAMEN, mit jener schrillen Stimme gekreischt, die dem kleinen Mann mit dem Buch gehörte … und noch einmal den NAMEN gekreischt, voller Agonie, schrill, schwächlich, den Sternenpfad entlangschwebend, schwächer … schwächer …

Nachdem ich mein Bett wieder verlassen konnte, stattete ich zuallererst jenem Buchladen wieder einen Besuch ab.

Als ich mich dem schmalen Gebäude näherte, fiel mir sofort der Zustand völliger Verwahrlosung auf. Ich versuchte die Tür zu öffnen, doch sie war verschlossen. Ein Blick durch ein schmutziges Fenster zeigte mir ungeordnete Bücherstapel auf dem Boden und in den Regalen, und alles war mit einer grauen Staubschicht bedeckt. Das war sonderbar. Eine kuriose Beklommenheit überkam mich. Ich war sicher, dass dies der richtige Buchladen war, eine Verwechslung war unmöglich.

Ich hatte erhebliche Schwierigkeiten herauszufinden, wer der Besitzer war, doch schließlich machte ich ihn ausfindig, einen hochgewachsenen, grobknochigen und ziemlich ungepflegten Mann.

»Ach«, beantwortete er meine Frage, »Sie meinen das Geschäft auf der Sixth Avenue. Ja, das gehört mir, ich habe da mal eine Buchhandlung betrieben. Der Laden ging schlecht, also habe ich ihn geschlossen – vor fast sechs Monaten, schätze ich. Vielleicht versuche ich es irgendwann noch einmal … Nein, seitdem hatte ich das Geschäft immer geschlossen … Ja, natürlich bin ich sicher … Was? Ein knapp ein Meter großer Mann mit grauer Haut und fehlenden Augenbrauen? Teufel, nein!«

Er sah mich an, als wäre ich verrückt, also verfolgte ich die Angelegenheit nicht weiter.

Aber ich glaube nicht, dass ich das *Necronomicon* noch lesen will.

Ramsey Campbell

DAS GRAUEN VON DER BRÜCKE

I.

Den Namen Clotton in Gloucestershire wird man auf keiner Landkarte finden, und unter den Bewohnern der wenigen schiefen Backsteinhäuser, die von dem gehobenen Wohnviertel der einstmals blühenden Stadt noch stehen, gibt es niemanden, der sich an das Grauen erinnert, das den Ort 1931 heimsuchte. Die Einwohner Brichesters, zu denen Gerüchte über den Schrecken durchsickerten, der Clotton befiel, schweigen geflissentlich in der Hoffnung, dass die Öffentlichkeit niemals von den ungeheuerlichen Ereignissen erfährt, die sich in Clotton zutrugen. Im Grunde weiß niemand so recht, wozu das sechs Meter hohe Betonbauwerk am Ufer des Ton errichtet wurde, jenem Zufluss des Severn, der durch Clottons einstiges Uferviertel verläuft. Keiner vermag zu sagen, weshalb ein Trupp Männer alle Gebäude abriss, die sich auch nur in der Nähe des Flusses befanden, und lediglich dieses dürftige Überbleibsel des Wohnviertels stehen ließ. Und kein Mensch aus Brichester denkt gerne an das unheimliche Zeichen, das unbeholfen in jede Wand des Betonbaus eingemeißelt wurde. Fragt man die Professoren an der Universität, erhält man ausweichende Antworten. Es sei ein uraltes, kabbalistisches Symbol, doch nie erfährt man genau, was es nun heraufbeschwören beziehungsweise wovor es schützen soll. Eigentlich handelt es sich bei der ganzen Angelegenheit um eine merkwürdige Häufung von Andeutungen und nicht Gesagtem; vielleicht wäre nie ans Licht gekommen, was im Jahr 1931 tatsächlich in Clotton geschah, hätte man im Haus eines zurückgezogen lebenden Mannes nach dessen Tod nicht ein maschinengeschriebenes Schriftstück gefunden. Allem Anschein nach hatte der Einsiedler bis zuletzt noch vorgehabt, das Dokument zu veröffentlichen, aber womöglich ist es besser, dass es nicht dazu kam. Denn genau genommen handelt es sich bei dem Dokument um einen Bericht über die grauenvollen Geschehnisse, verfasst von einem der Männer, die die Uferbebauung abrissen. Angesichts seiner Schilderungen wird verständlich, weshalb er die Abgeschiedenheit suchte.

Offensichtlich wollte der Verfasser, Philip Chesterton, sein Schriftstück so wissenschaftlich wie möglich abfassen. Gerade weil er – aus Gründen, über die man nicht spekulieren muss – seit 1931 so zurückgezogen lebte, blieb ihm viel Muße, in seinem gewaltigen Buchbestand über die römische Besetzung Britanniens und die darauffolgende Periode Recherchen zu den historischen Aspekten der Angelegenheit anzustellen. Andere Bücher ermöglichten es ihm, eine beträchtliche Menge geschichtlicher und genealogischer Daten über die Einwohner Clottons mit einzubeziehen, auch wenn das sich daraus ergebende Bild über die kleine Einwohnerschaft der Stadt nur Stückwerk bleibt und einem nicht weiterhilft, wenn man doch alle Umstände in Erfahrung bringen möchte, die zu dem führten, was sich zu Beginn jener verheerenden Zeitspanne entlud. Zugegeben, gewisse Sagen und pseudohistorische Überlieferungen über einige Einwohner Clottons mag man als Hinweise auf die spätere Erklärung für die problembehaftete Überflutung von 1931 betrachten. Doch fällt es unbestreitbar schwer, den wahren Wert einiger absonderlicher

Geschichten einzuschätzen, die Chesterton anscheinend für bare Münze nahm. Der Leser sollte daher den Wahrheitsgehalt der folgenden Abschrift vorsichtig abwägen. Es handelt sich um eine stellenweise stark gekürzte Fassung des Schriftstücks, das man in jenem Haus in Brichester fand.

Im Jahr 1800 bezog, dem Manuskript zufolge, ein merkwürdiger Fremder ein leer stehendes Haus in der Riverside Alley, einer Straße mit vielen Leerständen in Sichtweite einer Brücke über den Ton. Die Stadtbewohner vermochten nur wenig über ihn in Erfahrung zu bringen, außer dass er James Phipps hieß und aus Camside hierhergekommen war, weil seine unorthodoxen wissenschaftlichen Forschungen dem Geschmack der dortigen Einwohner zuwiderliefen. Selbstredend geschah dies zu der Zeit, als die Hexenjagden des Reverend Jenner ihren Höhepunkt erreichten, sodass man diese »Forschungen« wahrscheinlich für Hexerei hielt. Anwohnern in der Nähe der Uferstraße fielen die ungewöhnlichen Apparaturen und Truhen auf, die von zwei verstohlen wirkenden Burschen ins Haus geschleppt wurden. Phipps schien das Ganze mit äußerster Sorgfalt zu überwachen und bekam fast einen Tobsuchtsanfall, als einer der Männer beinahe ausgerutscht wäre, während er etwas trug, das wie eine in dickes Segeltuch eingeschlagene Statue aussah. Einem Beobachter musste der hagere, bleichgesichtige Mann mit pechschwarzem Haar und langen, knochigen Händen schon sonderbar vorkommen.

Einige Tage nach seiner Ankunft begann Phipps in den Schenken am Fluss zu verkehren. Es fiel auf, dass er nie etwas trank, und einmal hörte ihn jemand sagen, dass Alkohol ihm zuwider sei. Offenbar kehrte er bloß dort ein, um mit den weniger achtbaren Bewohnern Clottons ins Gespräch zu kommen – vor allem, um in Erfahrung zu bringen, welche Mythen dort auf dem Land verbreitet waren. Irgendwann erzählte man ihm die Sage von dem Dämon, der dort einst sein Unwesen trieb, und Phipps zeigte sich sehr interessiert an der Geschichte. Unweigerlich kamen ihm auch die Ausschmückungen zu Ohren – ein, zwei Leute waren gar der Meinung, dass ein ganzes Geschlecht von Ungeheuern irgendwo in der Umgebung begraben sei und dass man eine unterirdische Stadt gewaltigen Ausmaßes entdecken würde, falls man den Zugang fände, der angeblich unter den aufgewühlten Fluten des Flusses lag. Phipps zeigte ein unerklärliches Interesse an einer weiteren Idee, nämlich dass das fremdartige Ungeheuer beziehungsweise dessen gesamte Sippschaft in gewisser Weise eingesperrt sei und befreit werden könne, wenn man nur den Talisman entfernte, der das oder die Ungeheuer bannte. Offenbar waren Phipps diese merkwürdigen Überlieferungen sehr wichtig, denn er entlohnte seine Informanten großzügig. Einem oder zweien von ihnen schlug er sogar vor, ihre Söhne zu ihm zu schicken, damit er diese in den Naturwissenschaften ausbilden könne, doch keiner der Angesprochenen war an dem Angebot interessiert.

Es war im Frühjahr 1805, da verließ Phipps eines Nachts seine Heimstatt. Zumindest muss es bereits dunkel gewesen sein, denn niemand bemerkte, dass er seit geraumer Zeit verschwunden war, bis auffiel, dass in dem Haus in der Riverside Alley absolute Stille herrschte und niemals Licht brannte. Wohl hatte der sonderbare Mieter die Türen versperrt und die Fensterläden geschlossen, aber er hatte es nicht für nötig gehalten, seinen Wohnsitz von irgendjemandem hüten zu lassen; und in der Tat zeigte niemand genügend Neugier, einen Blick hineinzuwerfen, denn in dem versperrten Haus am Fluss blieb alles ruhig und unberührt.

Einige Monate später, Anfang November, kehrte Phipps zurück, um erneut dort zu wohnen. Diesmal war er allerdings nicht allein, denn während seiner Abwesenheit hatte er geheiratet – und zwar eine Frau von ähnlich leichenhafter Blässe, die nur selten sprach und deren Gang eigenartig steif war. Viel war über sie nicht in Erfahrung zu bringen, lediglich dass ihr Ehemann ihr in Temphill begegnet war, einem nahe gelegenen Städtchen in den Cotswolds, in das er gereist war, um einige seltene Chemikalien zu besorgen. Phipps hatte seine Gemahlin bei einer nicht näher genannten Versammlung kennengelernt und legte eine sonderbare Zurückhaltung an den Tag, wenn die Rede auf diese geheimnisvolle Begegnung kam.

Für die darauffolgende Zeit gibt es über das eigentümliche Paar in dem Haus am Fluss nichts Interessantes zu berichten. Im Spätjahr 1806 wurde dann in den düster brütenden Gemäuern ein Sohn geboren. Manche halten dies für den Beginn einer Ereigniskette, die 1931 ihren verheerenden Höhepunkt fand. Das Kind, von seinem Vater, der sich den Naturwissenschaften verschrieben hatte, Lionel genannt, kam an einem regengepeitschten Novembertag zur Welt, an dem unablässig Blitze den Himmel zerrissen. Später erzählten die Leute, die in der Umgebung der Riverside Alley wohnten, sie hätten den Eindruck gehabt, dass das seltsam kehlige Donnergrollen nicht vom pulsierenden Himmel, sondern *aus der Erde* gekommen sei. Manche beharrten sogar darauf, dass der Blitz, der mehrfach in Flussnähe einschlug, einmal auch als funkelnde Energiesäule geradewegs durch das Dach des Phipps-Hauses gefahren sei, obwohl hinterher keinerlei Anzeichen eines solchen Vorkommnisses zu entdecken waren.

Jedenfalls hatte der Sohn merkwürdige Eltern und für seine abnormen Neigungen im späteren Leben braucht man keine so abergläubischen Erklärungen heranzuziehen.

Es war 1822, Lionel Phipps muss wohl 17 oder 18 Jahre alt gewesen sein, da begann, so wird gemunkelt, sein Vater mit seiner Ausbildung. Jedenfalls sahen Passanten immer wieder einen schwachen Lichtschimmer aus den Fensterläden dringen, die nun fast ständig geschlossen blieben, und oft hörte man gemurmelte Diskussionen oder auch Streitgespräche zwischen Vater und Sohn. Mitunter klangen diese gedämpften Wortwechsel eher wie rituelle Beschwörungen, und wer die Worte zufällig vernahm, empfand ein leises Unbehagen. Einige Leute waren neugierig genug, durch einen Spalt im Fensterladen zu spähen, und sahen den jungen Phipps in einem großen, uralten Folianten lesen oder seinem Vater an einer unbekannten, unheimlich wirkenden Apparatur assistieren. Es schien offenkundig, dass der Sohn so etwas wie eine Initiationsphase durchlief und in einem, den Berichten zufolge, bizarren Wissenszweig unterwiesen wurde.

Anscheinend währte diese Phase bis weit in die letzten Monate des Jahres 1823 und als sie sich ihrem Ende näherte, stellten die Nachbarn des alten Hauses in der Riverside Alley eine Veränderung fest. Zuvor hatte man lediglich die Frau gesehen, die dann und wann das Haus verließ, aber nun begann eine Reihe nächtlicher, von Vater und Sohn mit größter Vorsicht unternommener Ausflüge, die sie, wie man gemeinhin annahm, stets zum Fluss führten. Einmal folgte ein verdutzter Passant den beiden. Nach seiner Rückkehr berichtete er, dass sie wohl damit beschäftigt seien, die alte, moosüberwucherte Flussbrücke zu begutachten. Sie seien sogar die Uferböschung hinabgeklettert und gefährlich nah an der dunkel dahinwirbelnden Flut entlangbalanciert.

Dabei habe der Vater, während er im Laternenschein einen der Brückenpfeiler untersuchte, einen Schrei ausgestoßen, als wäre ihm soeben eine Erkenntnis gekommen. Sein Sohn schien gleichermaßen überrascht, als er sich zum Vater begab und mit ihm unter der Brücke verschwand. Unser Passant konnte das Treiben nicht weiterverfolgen, ohne sich der Gefahr der Entdeckung auszusetzen. Aufgewühlt begab er sich nach Hause.

Dann ereignete sich etwas höchst Ungewöhnliches, das ein scheinbar unerklärliches Malheur erklären mag, welches später einem Besucher zustieß. Nach dem merkwürdigen Ausflug an die Brücke sah man den jungen Phipps, wie er das Haus verließ, und wer sich für das Treiben dieser Familie interessierte, erfuhr bald, dass Lionel im örtlichen Gemischtwarenladen mehrere Spitzhacken und Spaten erstanden hatte – wozu, hatte er nicht verraten. Wer nun damit rechnete, die beiden geheimniskrämerischen Mieter in der Ufergasse bei irgendwelchen Ausgrabungsarbeiten zu ertappen, wurde enttäuscht, denn niemandem fiel etwas Derartiges auf.

Doch obgleich nirgendwo solche Arbeiten zu beobachten waren, gab es schon bald eigenartige Hinweise darauf, dass die beiden Männer und die Frau sich doch in dieser Richtung betätigten. Die nächsten Anwohner vernahmen dumpfe Schaufelgeräusche und das Klirren von Metall auf Stein dicht am Keller des ins Gerede geratenen Hauses. Der Lärm kam jedoch nicht immer von derselben Stelle, sondern schien sich allmählich auf den Fluss zuzubewegen. So ging es einige Wochen lang. In dieser Zeit ließen Vater und Sohn sich kein einziges Mal außerhalb des Hauses blicken, nur die Frau ging einige Male hinaus. Eines Nachts dann, etwa zwei Monate später, betrat ein Arbeitstrupp das Haus in der Riverside Alley. Sie schleppten Türen und Rahmen und Unmengen an Baumaterial hinein, das offensichtlich dazu diente, die Türen zu verstärken. Unter der Erde hörte man Arbeitslärm, größtenteils aus der Nähe des Hauses, bald dann unterhalb der uralten Flussbrücke. Nachdem die Geräusche verstummt waren, sah man Licht in dem Zimmer, das man für das Laboratorium hielt oder zumindest für den Raum, in dem Vater und Sohn ihre geheimnisvollen Experimente durchführten. Dann hörte man einen Knall, was vermuten ließ, dass der Arbeitstrupp wieder unter der Erde zugange war. Darauf folgten einen Moment lang Stille und schließlich ein lautes Wasserrauschen irgendwo unter der Erde. Bestürzte Schreckensrufe ertönten und wenige Minuten später hörten die oben Lauschenden, wie etwas Hölzernes gegen Stein krachte, während plötzlich ein unangenehmer Reptiliengeruch zu den funkelnden Sternen emporstieg. Nach ungefähr einer Stunde verschwand der Arbeitstrupp ebenso still und leise, wie er gekommen war.

Anfang 1825 führte der Ausbruch eines Verbrechers aus dem nahe gelegenen Gefängnis auf dem Mercy Hill einen Suchtrupp von Brichester nach Clotton, ein ganzes Jahrhundert bevor andere Männer sich auf die Suche nach etwas weitaus Grässlicherem begeben sollten. Obwohl James Phipps mit Nachdruck versicherte, dass sich kein Entflohener in seinem Haus verberge, wollte sich ein Mann des Suchtrupps nicht mit diesen Beteuerungen zufriedengeben. Ganz allein betrat er das abweisende Haus, während die anderen in der Umgebung suchten. Als er nach über einer Stunde immer noch nicht zurückgekehrt war, begab sich der Trupp eilig wieder in die Riverside Alley. Sie fanden den Mann vor dem Haus im Straßengraben, besinnungslos, völlig durchnässt und von Kopf bis Fuß mit Schleim bedeckt.

Als er wieder zu sich kam, erzählte er eine seltsame Geschichte. Folgt man Chestertons Recherchen, lautete sie folgendermaßen:

»Sobald ihr gegangen und außer Sicht wart, bat dieser Mann, Phipps, mich ins Haus. Im Obergeschoss gibt es nur Schlafzimmer, die so spärlich möbliert sind, dass ich noch nicht einmal über die Türschwelle zu treten brauchte, um zu erkennen, dass sich dort niemand verbarg. Alles erschien mir beinahe zu karg – Phipps ist ziemlich wohlhabend; also wofür gibt er sein Geld aus? Im Erdgeschoss war es das Gleiche, abgesehen von einer Art Labor, das zur Straße hin liegt. Anfangs wollte er mich dort nicht hineinlassen, aber ich ließ mich nicht abweisen. Der Raum stand voller technischer Gerätschaften und Bücherschränke, in einer Ecke befand sich ein mit einer Flüssigkeit gefülltes Glasbecken, in dem … nun, so etwas Ähnliches wie ein von Blasen bedeckter grüner Schwamm trieb. Ich habe keine Ahnung, worum es sich handelte, aber allein bei dem Anblick wurde mir übel.

Ich nahm an, ich hätte das ganze Haus gesehen, doch dann hörte ich von unten Schritte heraufkommen. Eine Frau erschien in der Küche – Phipps' Weib – und ich ging hinein, um sie zu fragen, wo sie gewesen sei. Er bedachte sie mit einem warnenden Blick, aber sie platzte schon heraus damit, dass sie unten im Keller gewesen sei. Allem Anschein nach wollte Phipps nicht, dass ich hinunterging, doch schließlich öffnete er eine Falltür im Küchenboden und wir stiegen ein paar Stufen hinab. Der Keller ist recht groß und karg eingerichtet. Werkzeug, Glasscheiben und etwas, das wie eine Reihe verhüllter Statuen aussah; niemand konnte sich da unten verstecken.

Ich war gerade im Begriff, wieder nach oben zu gehen, da bemerkte ich in der Wand links von mir eine Tür. Allerlei

Zeichen waren darin eingeritzt. In der oberen Hälfte hatte die Tür eine Glasscheibe, aber es war zu dunkel, um hindurchzuschauen; jedenfalls sah es wie ein gutes Versteck aus. Als Phipps merkte, wohin ich ging, rief er laut etwas in der Art, es sei gefährlich, und kam die Treppe herabgerannt. Zunächst war mir nicht klar, wie man die Tür öffnen konnte, weil es keinen Knauf gab – dann bemerkte ich gleich rechts davon einen Stein in der Wand, der aussah, als wäre er locker. Ich drückte darauf. Ein lautes Knirschen erklang, gefolgt von einem weiteren Geräusch, das ich damals nicht einzuordnen vermochte. Heute jedoch bin ich der Meinung, dass es sich um Phipps handelte, der wieder nach oben rannte.

Was danach geschah, begreife ich bis heute nicht. Die Tür schwang wie erwartet auf, als ich den Ziegelstein in Position schob – und dann ergoss sich eine wahre Sturzflut in den Keller! Ich habe nicht die geringste Ahnung, was sich hinter jener Tür befand – das Wasser schleuderte mich viel zu schnell nach hinten, um irgendetwas mitzubekommen –, doch für einen Augenblick war mir, als sähe ich eine Gestalt in der Türöffnung stehen, ehe sie von der Flut mitgerissen wurde. Ich nahm sie nur als einen albtraumhaften Schatten wahr – hoch aufragend – halslos – missgestaltet – igitt! Natürlich konnte es sich um nichts dergleichen handeln, wahrscheinlich war es lediglich eine der Statuen, die ich erwähnte. Ich sah die Gestalt nicht wieder und erinnere mich auch sonst an nichts, bis ihr mich draußen vor dem Haus aus der Besinnungslosigkeit geweckt habt. Aber was für ein Mensch ist das, in dessen Haus Türen zu einem unterirdischen Fluss führen?«

Sosehr sie auch an die Haustür pochten, niemand machte ihnen auf, und niemand aus dem Trupp verspürte große Lust, noch einmal ein Haus zu betreten, in dem derartige Geheimnisse lauerten. Sie gingen und nahmen sich vor, später mit einer richterlichen Anordnung zurückzukehren, doch irgendwie geriet dieses Vorhaben in Vergessenheit, als sie wieder in Brichester waren. Als sie schließlich den entflohenen Verbrecher einfingen, kehrte wieder ein gewisses Maß an Vernunft ein, und die merkwürdigen Gerüchte über Katakomben, in denen Dämonen ihr Unwesen trieben, waren so gut wie vergessen.

II.

James Phipps starb im Jahr 1898, an einem Tag, an dem der Wind heulte und an dem in sonderbaren Abständen ein unterirdisches Murmeln von den Hügeln in der Ferne drang. Obwohl Professoren der Universität Brichester meinten, dass es sich mit großer Wahrscheinlichkeit um unterirdische Flüsse handle, munkelte die Landbevölkerung von unsichtbaren Berggeistern aus grauer Vorzeit, die in düsteren Höhlen ihre Gesänge skandierten.

Die Nachtschwalben, die in jenen Stunden über den Hügeln kreisten, stießen eigentümlich erwartungsvolle Schreie aus, als rechneten sie damit, die Seele eines Sterbenden abzuholen. An jenem Mainachmittag war durch die geschlossenen Läden eines Fensters im Obergeschoss eine ganze Zeit lang Phipps' eigenartig verzerrte Stimme zu vernehmen; zeitweise schien er mit jemandem zu sprechen, dann wieder gab er sinnlose, klagende Wortfetzen in fremden Sprachen von sich. Erst nachdem der düster verhangene Mond aufgegangen war, stieß der Sterbende ein gequältes Stöhnen aus, und die verängstigten Nachtschwalben stoben von den Bäumen jenseits des Flusses auf, auf denen sie wie aufgereiht gehockt und aus funkelnden

Augen das Haus beobachtet hatten. Sie flogen, als wären sie auf der Flucht vor etwas Entsetzlichem, das sie verfolgte – manch einer glaubt, genau vor dem, was sie eigentlich ins Totenreich geleiten wollten. Es geht das Gerücht, dass man kurz darauf leise Schritte auf der Treppe vernahm, das Knarren einer Tür und ein dumpfes Platschen aus den unteren Regionen des Hauses.

Niemand hörte je etwas davon, dass James Phipps' sterbliche Überreste bestattet worden wären, auch wenn der Sohn bekundete, sich selbst um den Leichnam seines Vaters kümmern zu wollen. Die Einwohner Clottons konnten dies gut verstehen, da die Leiche eines Mannes, der anscheinend weit über 100 Jahre alt geworden war und sich im Geheimen mit unbekannten Wissenschaften und Experimenten beschäftigt hatte, wohl vor neugierigen Augen verborgen bleiben sollte. Hier und dort findet man Bemerkungen darüber, dass Leute, die spätabends unterwegs waren, auf mehreren Hügeln in der Nähe von Steinkreisen auch lange nach Phipps' Tod eine Gestalt umherhuschen sahen, die genau wie der Verstorbene aussah. Aber wahrscheinlich ist dies ihrer abergläubischen Fantasie zuzuschreiben. Allerdings nahm man auf jenen von Steinkreisen gekrönten Hügeln oft einen widerwärtigen Reptiliengeruch wahr, was sich im Licht der folgenden Ereignisse nicht so einfach erklären lässt.

Lionel Phipps und die Frau aus Temphill, deren Name nirgends genannt wird, waren nun alleinige Besitzer des Hauses und offensichtlich kam es sofort zum Zerwürfnis zwischen den beiden. Einige Tage lang brannte die meiste Zeit Licht hinter den Fensterläden des Labors, wo sich der Sohn, wie man annahm, in die geerbten Bücher vertiefte, welche auch immer dies sein mochten. Dies weckte die Neugier der Besitzerin des Nachbarhauses, Mary Allen;

und da sie durch die dünne Wand ohne Weiteres mithören konnte, was nebenan gesprochen wurde, versorgte sie Philip Chesterton mit äußerst nützlichen Informationen. Ein paar Tage nach Phipps' Tod bekam Mrs. Allen zum Beispiel eine interessante Auseinandersetzung mit. Sie hörte nur einen Teil davon, da sie, genau genommen, gerade nach Hause kam, als Lionel Phipps wütend zu schreien begann.

»Ich sage dir, ich brauche die Tabellen wegen der Position der Umlaufbahnen«, brüllte er. »Er muss es doch irgendwo niedergeschrieben haben, aber hier findet sich nichts darüber. Wenn er sie im Labor gelassen hat, dann sind sie jetzt jedenfalls nicht mehr dort – bist du sicher, dass du sie nicht …?«

»Ich habe sie nicht gesehen«, erklang die verängstigte Antwort. »Du weißt doch, dass ich niemals auch nur in die Nähe davon gehen würde. Mag ja sein, dass ich auf jener Versammlung in Temphill war, aber solche Sachen jagen mir mehr Angst ein als alles, was ich da unten … erfuhr … Warum musst du damit weitermachen und dich mit Dingen beschäftigen, die uns nichts angehen? Wer auch immer *jenes Wesen von draußen* wegsperrte, wusste wohl, was er tat. Weshalb bist du so versessen darauf, es freizulassen?«

»Du hast die Tabellen weggenommen, gib's zu!«, sagte Lionel Phipps bedrohlich. »Du hast sie an dich genommen, damit ich sie nicht wieder hereinlassen kann!«

»Nein, nein, das habe ich nicht«, widersprach seine Mutter. »Sieh doch lieber erst einmal im ganzen Haus nach, ehe du voreilige Schlüsse ziehst.«

Dies beruhigte Phipps vorübergehend, der darauf vermutlich ins Labor ging, denn wenige Minuten später wurde dort die Lampe wieder entzündet. Die Suche im Haus verlief jedoch ergebnislos und es entbrannte ein weiterer heftiger Wortwechsel. Die Mutter beharrte darauf, dass sie weder wusste, wo die Unterlagen versteckt waren, noch eine Ahnung davon hatte, wonach er überhaupt suchte.

»Nun«, gab Phipps schließlich nach, »vielleicht weißt du es wirklich nicht, aber das macht jetzt auch keinen Unterschied mehr. Nicht mehr lange, dann werde ich nach London fahren und im Britischen Museum im *Necronomicon* nachschlagen. Dort muss die Karte enthalten sein. Und versuche bloß nicht, mich davon abzubringen, Vaters Arbeit fortzuführen! Natürlich musst du nicht hierbleiben – womöglich wäre es sogar besser, wenn du zu deinem Hexenzirkel in Temphill zurückkehrst. Der Satanismus ist vielleicht nicht ganz so gefährlich, oder?«

»Du weißt doch, dass ich ...«, setzte seine Mutter an.

»O ja, natürlich, ich vergaß«, zog Lionel Phipps das Ganze ins Lächerliche. »Nun, misch dich nicht in meine Angelegenheiten ein – das dulde ich nicht!«

Der geplante Besuch im Britischen Museum in London fand Anfang 1899 statt. Ohne Schwierigkeiten erlangte Lionel Phipps Zugang zu jenem Bereich der Bibliothek, in dem die selteneren Bücher aufbewahrt werden. Dem Bibliothekar gefielen weder das bleiche Gesicht noch die hagere Gestalt des Besuchers, dennoch schloss er ihm bereitwillig die Bücherschränke auf, in denen die einer eingeschränkten Nutzung unterliegenden Bände verwahrt wurden. Sehr schnell wurde Phipps klar, dass ihm Abdul Alhazreds ungeheures Werk bei seiner Suche nicht von Nutzen sein würde. Zwar enthielt es eine astrologische Tabelle, allerdings war diese unvollständig und längst veraltet. Ein noch weit älterer Foliant, das *Buch von Eibon* mit seinen Berichten über das Wissen einer uralten Zivilisation, schien ihm eine weitere mögliche Quelle zu sein.

Der Bibliothekar bekam mit, dass Phipps bestrebt war, die Position eines gewissen Himmelskörpers namens Glyu'uho in obskurer Beziehung zu einem System von Umlaufbahnen während einer ganz bestimmten Herbstnacht zu finden – Glyu'uho hieß, übersetzt aus jener schauderhaften Ursprache, Beteigeuze. Rasch fand Phipps in der vollständigen Ausgabe des *Buches von Eibon* jene wenig bekannte Tabelle, die angeblich die Positionen ferner Welten angibt, und schrieb Teile davon ab. Dem Hüter der Folianten schauderte, als er über die Schulter des Besuchers spähte und in Phipps' Aufzeichnungen die Namen Aldebaran und Hyades übersetzte. Ebenso missfiel ihm der seltsame Gang des Besuchers, als dieser den hallenden Saal verließ, denn anscheinend bereitete es ihm Schwierigkeiten, seine Glieder zu koordinieren. Dem Bibliothekar hätte wahrscheinlich noch mehr geschaudert, hätte er gewusst, welche Folgen aus diesem Besuch erwachsen sollten.

Als Phipps spät am Abend in das Haus in der Riverside Alley zurückkehrte, entspann sich der ernsthafteste und letzte Streit zwischen den beiden noch verbliebenen Bewohnern. Am Ende schrien die beiden sich nur noch an, und die lauschende Mrs. Allen war entsetzt über das, was ihre Nachbarn von sich gaben.

Phipps brüllte etwas, das Mrs. Allen dazu veranlasste, ganz genau zuzuhören. »Na schön, du versuchst, mich aufzuhalten«, warf er seiner Mutter vor. »Dann werde ich beim nächsten Mal, wenn du es brauchst, eben vergessen zu operieren. Besser, du stellst dich gut mit mir, sonst wirst du *es nicht überdauern.* Ohne jene Begegnung in Temphill befändest du dich ja nicht einmal hier auf dieser Welt. Du wirst ihnen erzählen, was ich vorhabe, nicht wahr? Wenn die Leute in dieser Stadt wüssten, was damals, 1805, in Temphill gefunden wurde, gerade mal einen Tag, nachdem *sie* zusammenkamen, dann würden sie dich, ehe du dich versiehst, aus dem Weg räumen …«

»Die Leute in dieser Stadt werden nicht in der Lage sein, überhaupt irgendetwas zu tun, wenn du die Arbeit deines Vaters fortführst«, erwiderte sie kreischend. »Dann wird Clotton nämlich ganz andere Bewohner haben. War der Tunnel vom Tor in den Keller denn nicht genug?«

»Du weißt, dass es mir nicht möglich wäre, mich zu schützen, wenn ich sie durch den Kellereingang hereinließe.« Phipps klang, als wollte er sich rechtfertigen.

»Und deshalb musst du sie *auf dem anderen Weg* hereinlassen«, sagte sie, »bloß weil du ein Feigling bist? Ist das Zeichen erst einmal entfernt, gibt es keine Möglichkeit mehr, sie unter Kontrolle zu halten – sie werden sich einfach so lange vermehren, bis sie die Großen Alten wieder auf die Erde zurückholen. Ist es das, was du willst?«

»Warum nicht?«, meinte ihr Sohn. »Wir beten doch alle die Großen Alten an; die Flusskreaturen werden mir schon nichts tun. Wir werden nebeneinander existieren, als *ihre* Priester, bis *sie* zurückkehren, um die Welt zu beherrschen.«

»Nebeneinander – du bist vielleicht naiv«, spottete Phipps' Mutter. »Trotzdem, die Annäherung von Fomalhaut und den Hyaden wird nicht genug sein; selbst du dürftest irgendwann müde werden, wenn du mehr als 30 Jahre warten musst … Ich jedenfalls werde nicht hierbleiben, um abzuwarten, was geschieht. Ich kehre zurück nach Temphill und lasse es darauf ankommen. Eigentlich hätte es ja schon vor Jahren so weit sein müssen – vielleicht ist es am besten so.«

Um etwa elf Uhr an jenem Abend öffnete sich die Haustür und die sonderliche Frau begab sich auf die Straße. Mary Allen, die das Ganze argwöhnisch beobachtete, bot sich ein irgendwie schrecklich anmutender Anblick, als James Phipps' Witwe sich mit ihrem schleppenden Gang, der für die gesamte Familie typisch zu sein schien, im fahlen Mondschein zwischen den dunklen Häusern auf den Weg machte. Dies war das Letzte, was man von ihr hörte. Doch wurde einige Meilen entfernt auf der Straße eine Frau gesehen, die sehr langsam und unter einigen Schwierigkeiten Richtung Temphill ging. Bei Tageslicht offenbarte sich dann ein seltsames Grauen, denn ein kleines Stück weiter wurde das Skelett einer Frau gefunden, das aussah, als wäre es einfach am Straßenrand umgefallen. Leichenraub schien die einleuchtendste Erklärung und man sprach nicht mehr über die Angelegenheit. Andere Leute aber, denen dies zu Ohren kam, brachten es vage mit Hinweisen auf etwas in Verbindung, das »schon vor 100 Jahren hätte geschehen sollen«.

Nachdem Lionel Phipps mit seiner Mutter gebrochen hatte, zog es ihn immer öfter zu jener vor undenklichen Zeiten errichteten Flussbrücke, und oft sah man ihn dabei, wie er unter das Bauwerk ging, um angestrengt ins Wasser zu spähen. Nachts trat er zu den unterschiedlichsten Zeiten auf die Straße, um ungeduldig den Himmel zu beobachten. Dabei schien er vor allem an jenem Bereich interessiert, in dem, seinen Hinweisen gemäß, der Fomalhaut aufgehen sollte. Ende März 1899 ließ seine Ungeduld allmählich nach und immer öfter sah man Licht in der Bibliothek. Allem Anschein nach bereitete er sich auf etwas äußerst Bedeutsames vor, und wer die Geräusche hörte, die hinter den geschlossenen Fensterläden des Laboratoriums hervordrangen, mochte sich gar nicht vorstellen, was das wohl sein könnte.

Recht früh in jenem Herbst kam dann die Nacht, deretwegen die Einwohner Brichesters sich nun so zugeknöpft geben. Über dem Horizont funkelte der Fomalhaut wie ein Auge, das einen vom Weltraum aus beobachtete, und allmählich munkelte man auch andernorts über merkwürdige Vorkommnisse, die sich rings um Gloucestershire und den Severn häuften. In den Hügeln grollte es nun lauter und über längere Zeiträume hinweg, und mehr als einmal hatten Leute, die den Weg durch den Wald nehmen mussten, das Gefühl, etwas Großes, Unsichtbares rausche an ihnen vorüber. Man erhaschte flüchtige Blicke auf monströse Schemen, die zwischen den Bäumen umherhuschten oder über die Steinkreise auf den Hügeln hinwegflatterten. Einmal kam eine Frau wie von Furien gehetzt nach Brichester gerannt und erzählte kreischend von etwas, das wie ein Baum ausgesehen, aber mit einem Mal seine Gestalt verändert habe. Eines Nachts, auf dem Höhepunkt dieser bizarren Ereignisse, unternahm Phipps sein erstes Experiment.

Man sah ihn, wie er spät an einem Oktoberabend des Jahres 1899 das Haus verließ, anscheinend trug er so etwas wie einen langen Metallstab bei sich. Gegen Mitternacht erreichte er die Uferböschung an der Brücke und intonierte augenblicklich eine rituelle Beschwörung. Kurz darauf nahmen die Geräusche aus den Hügeln an Lautstärke zu und bei der Brücke erklangen eigenartige, abscheuliche Krächzlaute, die in der ganzen Umgebung widerhallten. Was gleich danach geschah, wirkte wie ein kleineres Erdbeben, die Uferböschung wurde erschüttert und das Wasser aufgewühlt, aber nichts weiter. Phipps verschwand unter der Brücke und über seinen Singsang hinweg vernahm man das Schaben von Metall auf Stein. Zeitgleich mit dem Krächzen geriet unter der Erde etwas in Bewegung, begleitet von einem immer lauter anschwellenden Chor aus stimmlosem Gebrabbel und einem Geräusch wie von zyklopenhaften Leibern, die sich in einer Knochengrube herumwälzen, dazu jener fremdartige, Übelkeit erregende Reptiliengestank. Doch nichts kam in Sicht, obwohl das metallische Schaben heftiger wurde. Schließlich tauchte Phipps wieder aus dem Schatten unter der Brücke auf, die Enttäuschung stand ihm ins Gesicht geschrieben. Während der grässliche Lärm in seinem Rücken sich legte, kehrte er zurück zum Haus und schloss verstohlen die Tür hinter sich. Prompt sickerte Licht durch die geschlossenen Fensterläden des Labors, in dem er sich vermutlich wieder der Lektüre seiner geerbten Dokumente widmete.

Allem Anschein nach war Phipps sich nicht sicher, ob er die richtige Beschwörungsformel benutzt hatte. Dies jedenfalls erzählte er dem Bibliothekar des Britischen Museums, Philip Chesterton. Mittlerweile schrieb man das Jahr 1900. Phipps verschwieg lieber, welche Beschwörungsformel er benötigte und was er damit heraufzubeschwören hoffte. Diesmal bediente er sich bei seiner Suche des *Necronomicon* und Chesterton fiel auf, dass der Besucher sich vor allem für jene Passagen interessierte, die von der Beschwörung von Wesen handelten, welche angeblich die Elemente beeinflussen. Phipps las, schrieb ein paar Zeilen ab und wandte sich einem anderen Teil des Buches zu. Chesterton, der ihm über die Schulter blickte, sah, dass Phipps beträchtliches Interesse an folgendem Abschnitt zeigte, und bei dem Gedanken an den möglichen Grund schauderte dem Bibliothekar.

»So wie zu der Zeit, als die Meere noch die ganze Erde bedeckten, als Cthulhu in der Fülle seiner Macht die Welt durchstreifte und andere in den Klüften des weiten Raumes flogen, wird man an gewissen Stellen der Erde noch eine große Rasse finden, die von außerhalb kam und in Städten lebte und in finsteren Tempeln in der Tiefe *ihre*

Götter verehrte. Ihre Städte liegen nach wie vor unter der Erde, doch nur selten kommen *sie* von *ihren* unterirdischen Wohnstätten an die Oberfläche. An gewissen Orten wurden *sie* durch das Siegel der Alten Götter eingekerkert, aber mit Worten, die nur wenige kennen, vermag man *sie* freizusetzen. Was im Wasser haust, wird durch Wasser befreit werden, und wenn Glyu'uho an der rechten Stelle steht, werden die Worte eine Flut hervorrufen, die letztendlich das Siegel jener aus Glyu'uho zerbrechen wird.«

Seinem Gesprächspartner gegenüber räumte Phipps ein, dass er wohl eine beträchtliche Zeit lang warten müsse, ehe er irgendetwas tun könne, um diese Wesen zu befreien, die – wie er wusste – tatsächlich existierten. »Aber«, fuhr er fort, »nicht mehr lange, dann sieht man in Clotton am helllichten Tag Gestalten durch die Straßen wandeln, die selbst bei Nacht jeden in den Wahnsinn treiben würden! In alter Zeit mieden die Shoggothen jene Orte, an denen *sie* aus den Tiefen Ausschau nach Unvorsichtigen hielten, die des Weges kamen. Wie wird wohl ein Mensch reagieren, der sieht, wie *sie ihre* riesigen Köpfe aus der Erde recken und womit *sie* ihn anstarren und was *sie* anstelle von Augen haben?«

Damit ging er, wahrscheinlich glaubte er, schon zu viel gesagt zu haben, und Chesterton blieb mit seinen Mutmaßungen allein zurück. Mit der Zeit begann er, Nachforschungen anzustellen über jenes unheimliche Wesen in der Riverside Alley. Und als ein schrecklicher Gedanke bezüglich der Frau aus Temphill Gestalt annahm, wandte Chesterton sich an einen Bekannten in jener Stadt. Der Sage nach, so erfuhr er, gab es Anfang des 19. Jahrhunderts einen abscheulichen Hexenzirkel, der sich in künstlichen Höhlen unter den Friedhöfen traf. Dabei wurden oftmals Grüfte geöffnet, wohl auch frisch beerdigte Leichen ausgegraben und mittels gewisser grässlicher Formeln wiederbelebt. Es gab sogar Hinweise darauf, dass bevorzugte Mitglieder des Kultes diese lebenden Leichen zur Gemahlin beziehungsweise zum Gemahl nahmen, denn den Kindern, die einer solch grausigen Beziehung entsprangen, schrieb man Urkräfte zu, die sonst nur fremdartigen Gottheiten vorbehalten waren.

Chesterton war über das, was er erfuhr und darüber hinaus noch vermutete, so entsetzt, dass er offenkundig beschloss, etwas dagegen zu unternehmen. Im Jahr 1901 gab er seine Anstellung im Britischen Museum auf, zog in ein Haus in der Bold Street in Brichester und arbeitete fortan als Bibliothekar an der dortigen Universität. Er war besessen davon, Lionel Phipps' Absichten zu vereiteln, und wer Chesterton in dessen Zuhause in Brichester aufsuchte, wo dieser allein mit seiner riesigen Büchersammlung lebte, war beim Abschied eigenartig beunruhigt von dessen überspanntem, fast zusammenhanglosem Gefasel. Bei seiner Arbeit in der Universitätsbibliothek zeigte er, abgesehen von einer merkwürdigen Nervosität und Geistesabwesenheit, keinerlei Anzeichen dieser Verwirrtheit. In seiner Freizeit hingegen hatte er den Hang, auf furchterregende Weise von unnennbaren Dingen zu sprechen; oft beschrieb er grässliche Wesen und erklärte seinem Zuhörer, es stünden kosmische Enthüllungen bevor.

»Gott steh uns bei – über welch fremdartige Kräfte verfügt Lionel Phipps, was schlummert da in seinem irrsinnigen Hirn? Diese Frau, die James von jener Versammlung in Temphill, über die er niemals sprach, mit nach Hause brachte – war sie lediglich ein Mitglied des Hexenzirkels oder etwas, das der Zirkel mithilfe grauenhafter Rituale aus dem Grab heraufbeschworen hat? Die Leute hörten, wie Lionel sagte, er müsse Operationen durchführen, sonst werde sie es *nicht lange überdauern* – meinte er damit womöglich, sie werde verwesen, wenn er ihr grässliches Halbleben nicht bewahrte … Und nun, wo er die gewünschte Information besitzt, vermag niemand zu sagen, *was* er damit anstellen wird. Welches im Verborgenen lauernde Schrecknis wird er wohl freisetzen? Er sagte, er müsse eine beträchtliche Zeit warten – aber würde man die rechten Worte kennen, wäre man dann nicht in der Lage, was auch immer dort auf der Lauer liegt, zu bannen … Oder vielleicht könnte man auch Phipps selbst vernichten – ein Wesen, das einer solch abnormen Verbindung entspringt, muss gegenüber arkanen Einflüssen doch empfänglich sein …«

Wie zu erwarten, reagierte niemand, der es mitbekam, auf Chestertons sonderbares, wirres Gerede. Derartige Dinge mochten sich in Temphill oder Goatswood ereignen, aber was hatte das mit den Einwohnern Brichesters zu tun? Die waren allesamt vernünftig, hier wurde keine Hexerei praktiziert, jedenfalls nicht in der Öffentlichkeit.

Über 30 Jahre verstrichen und nichts geschah, was die Selbstgefälligkeit derer, die Chestertons Theorien abtaten, zu erschüttern vermochte. Zugegeben, die Bediensteten der Universität bekamen es des Öfteren mit Schrecknissen zu tun, deren Existenz sie niemals für möglich gehalten hätten, denn sie wurden zuweilen von aufgeschreckten Bewohnern verschiedener Ortschaften gerufen, um mit Erscheinungen fertigzuwerden, die aus verborgenen Schlupfwinkeln auftauchten. 1928 war ein ganz besonderes Schreckensjahr. An zahllosen Orten, sowohl rings um den Severn als auch weiter entfernt, häuften sich unerklärliche Vorkommnisse, und mit einem Mal waren die Professoren doch geneigt, den wilden Geschichten über Wesen aus einer anderen Daseinsebene, die Einfluss auf dieses

Universum ausüben, Glauben zu schenken. Allerdings war Chesterton in der Gegenwart von Autoritätspersonen stets sehr zurückhaltend und ging fälschlicherweise davon aus, sie würden jede widernatürliche Gegebenheit auf vermutlich wissenschaftliche Art erklären. Er las immer mehr astrologische Tabellen und obskure Bücher und ihm schauderte, als ihm klar wurde, wie nah die Sterne allmählich an gewisse Positionen heranrückten. Vielleicht entwarf er damals schon einen Plan zur Vernichtung der sagenumwobenen Bedrohung, die Phipps entfesseln wollte; in diesem Punkt ist sein Bericht nicht eindeutig.

In der Zwischenzeit wuchs die Angst unter den leichtgläubigeren Einwohnern Clottons. Sie nahmen durchaus wahr, dass der Lärm in den Hügeln lauter wurde, und ihnen entgingen auch nicht Phipps' häufige Ausflüge an die Brücke über den sich träge dahinwälzenden Fluss und die Tatsache, dass in seinem Labor bis spät in die Nacht das Licht brannte. Die Bedeutung, die man einem scheinbar trivialen Fund beimaß, den ein Kind in der Riverside Alley machte, war erstaunlich, handelte es sich doch lediglich um eine eilig hingeworfene Skizze auf einem Fetzen Papier. Dass Chesterton so fieberhaft nach diesem Blatt suchte, als er davon hörte, überraschte die aufgeklärteren Herren, die ihn kannten; an der Universität von Brichester hingegen tendierte man nicht ganz so sehr zum Spötteln, war man dort doch mit Angelegenheiten vertraut, deren Existenz die Wissenschaft nicht anerkennt.

Als es Chesterton gelang, sich des Papiers zu bemächtigen und es mit einer Illustration im *Necronomicon* zu vergleichen, stellte er fest, dass beide ein und dieselbe Spezies fleischgewordenen Grauens darstellten, allerdings in ausgesprochen unterschiedlicher Haltung. Die einzig plausible Erklärung für die Skizze bestand wohl darin, dass ein heimlicher Lauscher vor dem Haus der Familie Phipps sie in größter Hektik gezeichnet hatte, und zwar getreu dem Anblick, der sich ihm bot, als er durch die geschlossenen Läden spähte. Dies zumindest war Mrs. Allens Ansicht, als sie Chesterton das Blatt aushändigte. Ausgehend von dem Vergleich mit der Skizze bediente Chesterton sich der anderen Abbildung, um aus beiden ein vollständiges Porträt des Wesens zu erstellen, auch wenn beide Bilder nur sehr unklar die Einzelheiten zeigten. Die Kreatur verfügte über acht größere, armähnliche Fortsätze, die aus einem elliptischen Körper ragten. Sechs davon endeten in so etwas wie Flossen, die beiden übrigen sahen eher wie Tentakel aus. Vier der flossenbewehrten Gliedmaßen befanden sich am unteren Körperende und dienten dem aufrechten Gang. Die anderen beiden befanden sich in Kopfnähe und konnten benutzt werden, um sich dicht am Boden fortzubewegen. Der ovale Kopf saß direkt auf dem Rumpf und hatte keine Augen, sondern etwa in der Mitte ein abscheuliches, schwammartiges, kreisrundes Organ; darüber wucherte etwas, das auf grässliche Weise an ein Spinnennetz erinnerte. Darunter befand sich ein maulartiger, mindestens halb um den Kopf reichender Schlitz, an dessen Seiten je ein tentakelartiger Fortsatz mit löffelartig ausgeformter Spitze herabhing, der offensichtlich dazu diente, Nahrung zum Maul zu führen. Dieses Wesen war mehr als bloß eine fremdartige, grauenerregende Monstrosität; von ihm ging etwas unvorstellbar Böses aus, das die Menschheit seit Äonen verschwunden glaubte.

Der Fund der Skizze steigerte die Angst der Einwohner Clottons zur Hysterie. Und rasch merkten sie, dass Phipps bei seinen nächtlichen Unternehmungen immer verstohlener zu Werke ging und bei seinen immer häufigeren Ausflügen zum Fluss nun auch Umwege wählte. Zur gleichen

Zeit bemerkte, obwohl es niemand sonst mitbekam, Philip Chesterton sehr wohl die näher rückende Konjunktion der Sterne und Sternenhaufen, von der es hieß, sie weise auf furchterregende Ereignisse hin. Mehr noch – er kämpfte gegen den Drang an, das Wesen in jenem Haus in der Riverside Alley zu vernichten, bevor die verborgene Rasse aus grauer Vorzeit befreit werden konnte. Denn Stück für Stück hatte Chesterton aus mehreren von Alhazreds Seiten eine mächtige Formel zusammengefügt und war der Meinung, damit sowohl den Phipps-Sohn vernichten als auch die unterirdischen Wesenheiten wieder in ihrem Kerker einschließen zu können. Doch sollte er es wagen, derartige Elementarkräfte freizusetzen, selbst wenn es darum ging, das offenbar bevorstehende Grauen zu verhindern? Bei dem Gedanken an die aufs Grässlichste aufschlussreichen Zeichnungen, in deren Besitz er gelangt war, schwand seine Angst vor den Kräften, mit denen er sich anzulegen gedachte.

So geschah es, dass in der Nacht des 2. September 1931 zwei Männer den Versuch unternahmen, die Schleier zu lüften, die das dahinter lauernde Grauen von unserer Daseinsebene fernhalten. Während die Nachtschwalben über den Hügeln erwartungsvoll kreischten und sich die Berichte Reisender, die unnennbare Dinge gesehen haben wollten, häuften und die abergläubische Bevölkerung in Angst und Schrecken versetzten, brannte in Philip Chestertons Arbeitszimmer bis spät in die Nacht das Licht. Chesterton schlug eine mit merkwürdigen Schnitzereien verzierte schwarze Trommel, die er sich an der Universität beschafft hatte, und begann, wieder und wieder die furchtbare Formel zu murmeln, auf die er gestoßen war. Zur gleichen Zeit stand Lionel Phipps auf der Brücke über den Nebenfluss des Severn, starrte zum über dem Horizont funkelnden Fomalhaut empor und rief Worte, die auf der Erde seit Äonen niemand mehr vernommen hatte.

Es kann sich nur um einen erstaunlichen Zufall handeln, dass eine Gruppe junger Männer mit Gewehren, die sie sich ausgeliehen hatten, um am Schießstand zu üben, am Ufer des Ton entlangspaziert kam. Noch unglaublicher, sie strebten der Brücke ausgerechnet in jenem Augenblick zu, in dem Phipps seine entsetzliche Beschwörung vollendete. Jedenfalls bekamen sie mit, was geschah, als die hysterisch kreischende Stimme verstummte; und was sie erzählten, jagt einem ein solches Entsetzen ein, dass man nur dankbar dafür sein kann, dass Chesterton aus der Ferne eingriff. »Was im Wasser haust, wird durch Wasser befreit werden«, hatte Alhazred geschrieben, und in dem wüsten Anblick, der sich den Männern bot, erwiesen sich die Worte des seit Langem verstorbenen Hexenmeisters als wahr.

Ein Blitz fuhr direkt auf die Brücke nieder und einen Moment lang offenbarte sich im geborstenen Mauerwerk eines Pfeilers ein riesiges, kreisrundes Stern-Siegel, ehe die Wassermassen darüber hinwegrauschten und es wieder verbargen. Gleich darauf schnellte das Wasser empor und den Männern blieb gerade noch Zeit zurückzuspringen, ehe sich ein wahrer Sturzbach über die Uferböschung ergoss und wieder und wieder mit unvorstellbarer Gewalt gegen die Stelle donnerte, an der sie das Stern-Siegel gesehen hatten. Unter den tosenden Fluten ertönte ein Geräusch, das klang, als würde sich etwas verschieben, und während die drei jungen Männer zurückwichen, wurde eine riesige, kreisrunde Steinplatte durch die Fluten geschleudert und schlug krachend neben der Böschung auf – das Stern-Siegel am Eingang der verborgenen Stadt der Außerirdischen.

Was danach geschah, übertraf an Grauen alles bisher Dagewesene. Wäre Chesterton zu diesem Zeitpunkt nicht dabei gewesen, nun seinerseits seine Beschwörung zu vollenden, hätten die Männer das Wesen, das man später verendet am Flussufer fand, nicht töten können. Es ist ohnehin ein Wunder, dass sie die dafür nötige Geistesgegenwart besaßen.

Als die reißende Flut allmählich abebbte, sahen die Männer, wie etwas Dunkles die Wasseroberfläche durchbrach. Ein gigantisches, schemenhaftes Wesen erhob sich aus dem Nebenfluss und hastete, begleitet von einem widerlichen Schmatzgeräusch, über die Uferböschung auf die nahe Stadt zu. Den drei Männern blieb jedoch keine Zeit, weiter auf die drohend aufragende Gestalt zu achten, denn in diesem Moment wandte Phipps sich zu ihnen um. Im fahlen Mondschein verzog er das Gesicht zu einem schrecklichen Grinsen und etwas furchterregend Böses trat in seinen Blick. Er ging auf die zufälligen Beobachter zu, starrte sie unverwandt an. Sie bemerkten, dass er hinter seinem Rücken ein Zeichen gab, worauf im Fluss ein lautes Platschen erklang. Aber sie konnten nicht erkennen, was sich hinter Phipps befand.

»So, so«, grinste sie der nur halb menschliche Mann an, »das ist also alles, was die Großen Alten Götter aufzubieten haben!« Offensichtlich begriff er nicht, dass die drei völlig verängstigt waren und gar nichts im Schilde führten. »Was wisst ihr schon von den Großen Alten – die von den Sternen zu uns kamen? Jene, die ich befreite, sind lediglich ihre Diener! Ihr mit euren *Celaeno-Fragmenten* und euren kindischen Sternzeichen – ihr habt ja keine Ahnung von den Realitäten, die jene halb verhüllten Offenbarungen nur andeuten! Ihr solltet dankbar sein, ihr Dummköpfe, dass ich euch jetzt töten werde, bevor die Rasse dort unten wieder die Herrschaft über die Erde erlangt und *sie,* die von außen kommen, wieder einlässt!« Mit einem fürchterlichen Ausdruck in den Augen bewegte er sich auf sie zu.

Doch nicht auf ihn richteten die Männer ihre entsetzten Blicke. Denn das Mondlicht mochte zwar schwach sein, doch es offenbarte ihnen, was neben Phipps aufragte und nun lautlos auf sie zumarschiert kam. Sie sahen das glänzende Fasergeflecht über dem einzigen Sehorgan, die schwingenden Tentakel rings um den gähnenden Maulschlitz, die schockierende Fremdartigkeit der acht Gliedmaßen – dann hatten Phipps und das Wesen sie schon erreicht.

In derselben Minute jedoch sprach Philip Chesterton in einem Haus in Brichester das letzte Wort seiner mühsam zusammengetragenen Formel. Und was folgte, als der vorderste der Männer blindlings sein Gewehr auf die beiden Scheusale abfeuerte, muss auf das Einwirken unbekannter Kräfte zurückzuführen sein. Eine andere Erklärung gibt es nicht, denn die Kugeln durchdrangen tatsächlich das fremdartige amphibische Wesen, das Phipps freigelassen hatte. Es kippte nach hinten und stieß mehrere Sekunden lang ein grauenerregendes Krächzen aus, ehe es zu zucken begann und schließlich reglos liegen blieb. Als Phipps dies sah, stürzte er sich auf den vordersten der drei Männer, der erneut schoss. Die Verwandlung, die daraufhin bei Lionel Phipps einsetzte, vollzog sich rasend schnell. Der Mann, der geschossen hatte, machte sich auf den Zusammenstoß mit der sich auf ihn stürzenden Gestalt gefasst. Doch was letztlich gegen ihn prallte, war lediglich ein Gerippe, an dem ein paar Fleischfetzen hingen und das bei der Berührung auseinanderfiel.

Vor Angst halb wahnsinnig blickten die drei zum Fluss, wo sich ein noch größeres Wunder abspielte. Womöglich durch Chestertons Beschwörung herbeigeführt, fügten sich die Bruchstücke des zerstörten Siegels an der Stelle, an die es gehörte, wieder in ihrer ursprünglichen Form zusammen. Mag sein, dass ihre Fantasie den drei Männern etwas vorgaukelte, doch ihnen war, als sähen sie einen Schemen, der sich zurück in den verborgenen Eingang zwängte. Fest steht jedenfalls, dass, was auch immer dort unten in jenem seit Äonen vergessenen Kerker gefangen saß, nun wieder in seinem versunkenen Versteck eingeschlossen war.

Das vor Erwartung bebende Kreischen der Nachtschwalben wurde leiser, der Aufruhr im Wasser hatte sich so gut wie gelegt. Doch noch konnten sich die Männer nicht überwinden, das erschossene Ungetüm näher in Augenschein zu nehmen, um sich zu vergewissern, dass es auch wirklich tot war. Stattdessen blickten sie starr in Richtung Clotton, das nicht weit entfernt war. Dort war die düstere Gestalt hingeeilt, die als Erste dem Fluss entstiegen war. Das Ungeheuer aus einer anderen Welt war doch noch entkommen.

III.

Als Philip Chesterton endlich am Flussufer außerhalb Clottons eintraf, war bereits einige Zeit verstrichen, in der sich mehrere Dinge gleichzeitig ereignet hatten. Chesterton hatte sich beeilt, um die Folgen seines Wirkens in Augenschein zu nehmen, allerdings war er aufgehalten worden: Zum einen musste er erst tanken, zum anderen wusste er nicht genau, wo der Hexenmeister zu finden war. Zwar war ihm klar, dass es irgendwo in Wassernähe sein musste, doch dauerte es eine Weile, bis die auf und ab hüpfenden Lichter und der Auflauf der Einwohner der nahen Stadt ihn zur Brücke lockten. Dort stieß er auf mehr Anwesende, als er erwartet hatte.

Zweifellos hätten sich die Menschen, angezogen von den Schüssen und dem Lärm, ohnehin zur Brücke begeben; aber genau genommen hätten sie aus Clotton fliehen müssen. Zwar war die Stadt oberhalb der normalen Hochwasserlinie des Ton errichtet, wurde aber wegen der ungewöhnlichen Umstände trotzdem teilweise überspült. Das Viertel in Flussnähe war eine einzige Wasserlandschaft aus überfluteten Straßen und Kellern. Wer derart aus seinem Zuhause getrieben wurde, sah zu, dass er zur Brücke kam – das Flussufer lag in der Tat höher als das in einer Senke liegende Geschäftsviertel Clottons, und nachts war es zu gefährlich, über die Hügel auf der anderen Seite der Stadt nach Brichester zu eilen und Hilfe zu holen. An der Brücke trafen die bereits panischen Stadtbewohner auf eine Szenerie, die ihre Hysterie nur noch steigerte; und was manch einer erzählte, trug nicht zu ihrer Beruhigung bei. Im Näherkommen vernahm Chesterton das Gejammer einer Frau.

»Ich war gerade nach oben gegangen und wollte mich schlafen legen«, erzählte sie den Umstehenden, »da hörte ich diese Schüsse und das Geschrei unten am Fluss. Ich ging wieder runter und guckte vorsichtig aus der Haustür auf die Straße, habe aber nichts gesehen. Na ja, ich war sowieso wieder munter von dem ganzen Rumgerenne, deshalb ging ich in die Küche und holte mir eine Schlaftablette. Gerade als ich durch die Vorderstube zurückgehen wollte, hörte ich ... na ja, ich weiß nicht recht, es hörte sich an, als würde jemand barfuß und irgendwie *nass* durch die Gegend rennen. Ich guckte aus dem Fenster, aber da war nichts. Und dann stapfte etwas am Fenster vorbei – groß und schwarz und geglänzt hat es wie ein Fisch. Gott allein weiß, wie groß es war! Der Kopf war auf meiner Höhe und das Fenster ist 2,20 Meter über dem Boden!«

Und das war bei Weitem nicht alles, was Chesterton bei seiner Ankunft mitbekam. Phipps' grauenhaft unvollständige Überreste hatte er noch gar nicht gesehen, und auch nicht jenes andere Wesen, das ein Stück weit entfernt im Schatten lag, denn drei überraschend geistesgegenwärtige Männer dirigierten die Menge geschickt von den beiden Scheusalen weg – nämlich diejenigen Männer, die bedingt verantwortlich für den Tod der Ungeheuer waren. Nun jedoch kamen die drei, als sie seiner unwillkürlich gebieterischen Haltung gewahr wurden, auf Chesterton zu und berichteten ihm von ihrem entsetzlichen Erlebnis, überdies machten sie ihn auf die Überreste von Phipps und dessen grässlichem Gefährten aufmerksam. Obgleich Chesterton durchaus eine Vorstellung vom Aussehen der Flusskreaturen hatte, verschlug es ihm vor Abscheu doch beinahe den Atem, als man ihm das Wesen zeigte. Die Skizze und die Zeichnung im *Necronomicon* hatten nicht alles wiedergegeben. Weder hatten sie zu zeigen vermocht, dass die gallertartige Haut durchsichtig war, sodass man die darunterliegenden, *beweglichen* Organe sah, noch hatten sie das kugelförmige Organ über dem Hirn abgebildet. Chesterton konnte nur schaudernd vermuten, wozu es gut sein mochte. Als sie den Körper bewegten, klappte das Maul auf, und Chesterton sah, dass das Wesen keine Zähne hatte, dafür jedoch sechs Reihen kräftiger, über der Maulöffnung verschlungener Tentakel.

Angewidert von diesem greifbaren Beweis für Leben aus dem Weltall wandte Chesterton sich ab, um wieder zu der verängstigten Menschenmenge zurückzugehen und mit ein, zwei Leuten zu sprechen, die nicht ahnten, was da in ihrer Nähe lag. Er fuhr herum, als hinter ihm ein erstickter

Schreckensschrei ertönte, und sah im Lichtschein des rasch sinkenden Mondes, wie einer der drei Männer mit den Fangarmen des Flussungeheuers rang. Es stand halb aufgerichtet auf seinen vier Beinen und zerrte den Mann auf die erwartungsvoll zuckenden Maultentakel zu. Das kugelförmige Gebilde am Kopf pulsierte und durchlief eine schockierende Verwandlung, und Chesterton bemerkte, dass der Fluss sich plötzlich beinahe bis zu der Menschenmenge erstreckte und dass dessen Wasser in eine Kopföffnung oberhalb des kugelförmigen Gebildes gehoben wurde.

Die Entfernung zwischen dem weit aufgerissenen Maul und dem Opfer wurde von Sekunde zu Sekunde geringer, während die beiden Begleiter des Mannes starr vor Angst dastanden. Chesterton entriss einem der beiden das Gewehr und zielte, hielt aber einen Moment lang inne. Sich ins Bewusstsein rufend, dass die Kreatur nur aufgrund seiner Beschwörung außer Gefecht gesetzt worden war und nicht, weil man auf sie geschossen hatte, bezweifelte er, dass ein weiterer Schuss dem Wesen großen Schaden zufügen würde. Doch ein Blick auf das pulsierende Gebilde im Kopf der Kreatur ließ eine Vermutung in ihm aufsteigen; er richtete den Lauf auf das unbekannte Organ und drückte ab.

Es folgte eine feuchte Explosion und eine übel riechende Breimasse regnete auf die Umstehenden herab. Sie sahen, wie das Wesen mit im Todeskrampf zuckenden Gliedern zu Boden sank. Und dann geschah etwas, worüber Chesterton sich nicht weiter auslässt. Er schreibt lediglich, dass nach wenigen Sekunden fast nichts mehr von dem Scheusal übrig war.

Als würde die Menge etwas verspätet auf die Vernichtung der Kreatur reagieren, erklang ein vielstimmiger Entsetzensschrei. Ehe Chesterton herumfuhr, sah er noch, dass der Mann, den die Kreatur als Opfer auserkoren hatte, tot war. Ob ihn die schiere Angst oder die Umklammerung der Tentakel getötet hatte, war schwer zu sagen – an den Stellen, an denen die Fangarme ihn gepackt hatten, sah man rohes Fleisch. Schließlich wandte Chesterton sich um und wollte mit eigenen Augen sehen, worüber die Menschen sich plötzlich so erregten, und als die beiden Gefährten des Toten es ihm gleichtaten, erinnerten sie sich an jenes andere Wesen, das während des irrsinnigen Geschehens vor wenigen Minuten Richtung Stadt losgestapft war.

Der Mond stand tief am Horizont und tauchte die Dächer der Häuser von Clotton in seinen bleichen Schein. Wie schwarze Monolithen ragten die Schornsteine in die Höhe und auf einem der näher gelegenen Dächer sah man noch etwas anderes – etwas, das sich bewegte, das auf der Dachschräge strauchelte. Als es den Kopf zum Mond hob, schien es die Umstehenden herausfordernd anzustarren. Gleich darauf sprang es auf der anderen Seite hinunter und war verschwunden.

Dies war das Signal für die verängstigten Menschen. Sie hatten genug Schrecken für eine Nacht erlebt und flohen über den Uferpfad, den sie, so gefährlich er auch sein mochte, für den sichersten Fluchtweg hielten. Chesterton beobachtete, wie die Lichter am düsteren Fluss entlang verschwanden. Schließlich berührte ihn eine Hand am Arm.

Er drehte sich um. Vor ihm standen die beiden noch verbliebenen Männer des Trupps, der Phipps getötet hatte. »Hören Sie, Sie sagten doch, Sie wollen diese Viecher aus dem Fluss ausmerzen«, meinte einer der beiden verlegen, »und es ist ja immer noch eins übrig. Eins hat Frank umgebracht und wir finden … wir halten es für unsere Pflicht, ihn zu rächen. Wir haben keine Ahnung, was das für Viecher sind, aber Frank ist tot, darum werden wir verdammt noch mal unser Bestes tun, das andere umzubringen. Deshalb dachten wir, wenn Sie Hilfe mit dem letzten Vieh brauchen, das noch …«

»Ich schilderte Ihnen ja schon ein bisschen was von dem, was ich weiß«, entgegnete Chesterton. »Ich möchte Ihnen nicht zu nahe treten – aber … mit gewissen Dingen sollte man sich schon ziemlich gut auskennen. Zum Beispiel sollte Ihr Wille genauso stark sein wie meiner. Ich weiß nicht, ob das der Fall ist … Was machen Sie denn beruflich?«

»Wir arbeiten bei Poole's, dem Bauunternehmen in Brichester«, erwiderte einer der beiden.

Chesterton schwieg so lange, dass sie sich schon fragten, was wohl mit ihm los sei. Als er ihnen wieder den Blick zuwandte, lag darin ein ganz neuer Ausdruck. »Vielleicht könnte ich euch einige der Grundlagen von Yr-Nhhhngr beibringen – es würde Wochen dauern, euch so weit zu bringen, dass ihr euch plastische Projektionen vorstellen könnt. Aber vielleicht ist das ja gar nicht nötig, wenn ich euch einfach eine Abschrift der Beschwörungsformel gebe, euch die Aussprache erkläre und euch die Linsen für den Umkehr-Blickwinkel gebe, sofern ich rechtzeitig welche anfertigen kann – ja, mit Fensterglasbrillen müsste es funktionieren, wenn ich einen Filter drüberlege, um die Farben halbwegs zu verbessern … Aber was rede ich da, ihr habt ja gar keine Ahnung davon. Na los – fahren wir zu mir nach Hause!«

Auf der A38 brach Chesterton das Schweigen erneut: »Ich will offen sein – ich habe eure Hilfe angenommen, weil ihr für Poole's auf dem Bau arbeitet. Nicht dass ich keine Unterstützung bräuchte – es ist ganz schön anstrengend, jene *anderen* Teile des Gehirns einzusetzen, wenn man dabei nur auf die eigene Energie zurückgreifen kann.

Aber ich muss euch noch so vieles beibringen und wir haben dafür nur heute Nacht Zeit; eigentlich dürften wir nicht einmal eine einzige Nacht lang warten, aber es wäre Wahnsinn loszuschlagen, solange es dunkel ist. Nein, ich glaube, ihr könnt mir auf eine andere Art von größerem Nutzen sein, obwohl ihr mir vielleicht auch bei der Rezitation helfen könntet. Solange ich noch die Nachbildung des Siegels aus dem Fluss habe … und vorausgesetzt, dass ihr euch an die künstliche Materie-Umkehrung gewöhnen könnt – ich tue es stets ohne artifizielle Hilfe, dann kommt es einem nicht ganz so merkwürdig vor.«

Und während er von der Bold Street in seine Einfahrt einbog, rief er nach hinten: »Betet darum, dass das Wesen in Flussnähe bleibt, um sich an die Bedingungen hier oben zu gewöhnen. Falls nicht – diese Geschöpfe, und zwar alle, pflanzen sich eingeschlechtlich fort. Dann gäbe es hier ganz schnell eine neue Rasse, die alles auf der Erde verschlingt. Die Menschheit würde untergehen.«

IV.

Am nächsten Tag schien die Sonne nur dürftig und es drohte windig zu werden. Chesterton hatte drei Abschriften der Formel erstellt und jedem der beiden Männer ein Exemplar gegeben, eines behielt er für sich. Es war Vormittag. Der Bibliothekar ging mit einem seiner Helfer durch Clottons Straßen; langsam näherten sie sich dem Uferbereich. An der Uferböschung wartete der Dritte im Bunde. Wie sein Freund trug auch er eine sonderbare Brille, die Chesterton in der Nacht zuvor angefertigt hatte. Dem Mann kam die entscheidende Rolle bei dem Plan zu. Abgesehen von ihm war das Flussufer leer – den menschlichen Leichnam und die Kadaver der beiden anderen Wesen hatte man bereits weggeschafft.

In Erwartung, gleich auf das Wesen zu stoßen, das sich, wie er wusste, zwischen den verlassenen Ziegelsteinhäusern verbarg, konzentrierte sich Chesterton auf seine Formel. Seltsamerweise empfand er kaum Furcht bei dem Gedanken, dass das lurchartige Ungeheuer irgendwo in der Nähe lauerte, beinahe so, als wäre er das Werkzeug weit größerer, elementarerer Kräfte. Als die ganze Angelegenheit vorüber war und die Beteiligten ihre Eindrücke verglichen, stellte er fest, dass seine beiden Gefährten ganz ähnlich empfunden hatten wie er; mehr noch, er erfuhr, dass sie alle drei dieselbe Vision geteilt hatten – alle hatten sie vor ihrem geistigen Auge ein leuchtendes, sternförmiges Objekt gesehen, das bis in alle Ewigkeit aus einem Abgrund aufstieg, in dem die wimmelnde Finsternis zu leben schien.

Plötzlich wälzte sich ein riesenhafter Schemen aus einer Seitenstraße. Beim Anblick der beiden Männer stieß das Wesen ein ohrenbetäubendes, halb intelligentes Krächzen aus und machte Anstalten umzukehren, als Chestertons Gehilfe die Beschwörung zu skandieren begann. Doch in der Seitenstraße wartete, einige Meter weiter, bereits Chesterton, der nun seinerseits mit der Formel anhob. Das Wesen stieß ein zitterndes Geheul aus und floh in Richtung des Flusses. Ohne in ihrer Beschwörung innezuhalten, folgten ihm die beiden Männer und trieben es allmählich auf die Uferböschung – und das, was dort wartete – zu.

Es war eine albtraumhafte Jagd. Unter ihren Füßen glänzten die rutschigen Pflastersteine der vom Wasser befeuchteten Straße, während der Koloss watschelnd vor ihnen floh und auf beiden Straßenseiten die uralten Gebäude ins Wanken gerieten und einstürzten. Sie kamen an dem verrufenen Haus in der Riverside Alley vorbei und schließlich erreichte die schauerliche Prozession das Flussufer.

Da der dritte Mann, der dort wartete, die Stelle, an der sie auftauchten, unablässig im Auge behielt, erblickte er sie sofort. Er ließ die Kupplung des Lasters kommen, in dessen Fahrerkabine er saß, und beobachtete im Rückspiegel, wie die beiden anderen Männer das Wesen an die gewünschte Position manövrierten. Möglicherweise ahnte es, was sie vorhatten; jedenfalls versuchte es eine Weile, nach allen Seiten auszubrechen. Aber schließlich sah der Mann im Laster, dass es sich an der richtigen Stelle befand. Auf das Schädelorgan der Kreatur vermochten sie nicht zu zielen, da die Gesichtshaut mit einem Mal sonderbar undurchsichtig war, so als könnte das Wesen sie nach Belieben eintrüben. Aber eine Kugel in den Leib lähmte es, genau wie Chesterton vorausberechnet hatte. Der Mann im Führerhaus des Lasters legte einen Schalter um und der entscheidende Akt begann.

Über den paralysierten Körper der Flusskreatur ergoss sich ein Schwall schnell härtenden Betons. Ein leichtes Zucken durchlief die Masse, das jedoch aufhörte, als Chesterton wieder zu seiner Beschwörung ansetzte. Dann schnappte er sich eine bereitgelegte Eisenstange und ritzte eilig ein Abbild des unter der Brücke angebrachten Siegels in den noch zähflüssigen Beton.

Später brachte Chesterton genügend Geld auf und ließ die Baufirma an der Stelle einen sechs Meter hohen Turm errichten und auf jeder Seite ein Abbild des Siegels einritzen – schließlich konnte man nie wissen, ob nicht irgendwer einmal versuchen würde, das hier einbetonierte Wesen wiederauferstehen zu lassen. Als die Einwohner Clottons nach und nach wieder zurückkehrten, führte die beiläufige Bemerkung eines der beiden Bauarbeiter – womöglich seien noch mehr dieser Wesen entkommen – dazu, dass alle Gebäude im Uferviertel unter Chestertons Beifall abgerissen wurden. Sie fanden nichts Lebendiges, allerdings gab Phipps' Haus genug her, um einen der Männer, die es durchsuchten, in den Wahnsinn zu treiben und viele der anderen zu hoffnungslosen Trinkern zu machen. Es lag weniger an dem Labor, denn mit den Gegenständen darin konnten die Männer nichts anfangen – obschon an der Wand eine große, detailreiche Fotografie hing, vermutlich das Original jener Skizze, in deren Besitz Chesterton gelangt war. Der Keller jedoch war weit schlimmer. Die Laute, die hinter der Tür in der Kellerwand hervordrangen, waren schon schlimm genug, und erst recht die Wesen, die man durch den Panzerglasausschnitt erkennen konnte. Einige der Männer waren zutiefst beunruhigt von den Stufen, die hinter der Tür zu einem stockfinsteren Gewässer in erschreckender Tiefe hinabführten. Der Mann, der hinterher dem Wahnsinn anheimfiel, schwor stets, dass sich noch am Rand seines Blickfeldes ein riesiger schwarzer Kopf aus dem dunklen Wasser hob, gefolgt von einem schwarz schimmernden Tentakel, der ihm bedeutete hinabzusteigen, um Unvorstellbares zu sehen.

Mit der Zeit siedelten sich im noch verbliebenen Teil Clottons wieder neue Bewohner an, und wer etwas über die Schreckenszeit wusste, schwieg sich darüber aus. Es war ein unangenehmes Ereignis in der Vergangenheit, über das man lieber nicht sprach.

Aber vielleicht sollte man anders damit umgehen. Vor nicht allzu langer Zeit stießen zwei Männer beim Lachsfischen im Ton auf etwas, das halb untergetaucht im Wasser trieb. Sie zogen es heraus, nur um es beinahe augenblicklich mit Petroleum zu übergießen und anzuzünden. Wenig später betrank sich einer der beiden so sehr, dass er von dem grässlichen Fund erzählte; doch niemand, der diesen Bericht gehört hatte, sprach jemals darüber.

Es gibt weitere konkrete Anhaltspunkte, die diese Theorie stützen. Ich selbst war unlängst in Clotton und entdeckte auf einem unbebauten Grundstück unweit des Flusses in der früheren Canning Road einen Schacht. Der Suchtrupp musste ihn übersehen haben, denn sonst hätten die Männer gewiss von den roh behauenen Stufen erzählt, die in eine bodenlose Finsternis hinabführten, Gott allein weiß, wie weit. In jede der Stufen war ein fünfzackiges Zeichen eingemeißelt. Ich stieg ein Stück nach unten, blieb jedoch stehen, als ein anscheinend von schwappenden Wassermassen verursachtes Geräusch durch das Dunkel hallte – und ich hatte keine Lust, bei einer Überflutung in der Falle zu sitzen. Doch dann wiederum war mir, als ähnelte das Geräusch einem Krächzen oder Quaken aus nicht menschlichen Kehlen, so als huldigten unzählige Frösche einem im Moor begrabenen Monster.

Aus diesem Grunde sollten die Einwohner Clottons in der Nähe des Flusses und des rätselhaften Turmes weiterhin auf der Hut sein und Ausschau nach allem halten, was womöglich aus der Öffnung zu dem unterirdischen Reich jener Wesen kriecht, die von den Sternen stammen. Im Übrigen – wer weiß schon, wann die Welt den nächsten längst vergessenen Zyklus durchlaufen hat und die Zeit zurückkehrt, in der Wesen, die keine Menschen waren, Städte errichteten und das Grauen aus dem All ungehindert auf Erden wandelte?

Manly Wade Wellman

DAS PERGAMENT DES ENTSETZENS

(Mit aller Bewunderung dem Andenken H. P. Lovecrafts gewidmet.)

»Da hast du dein *Weird Tales*«, strahlte meine Frau, als sie die Wohnung betrat.

»Danke, Gwen.« Ich erhob mich und nahm das Magazin, das sie mir hinhielt. »Aber es kann doch unmöglich schon der Monatserste sein.«

»Bis dahin sind es noch zwei Tage«, versicherte mir Gwen. »Aber als ich gerade vor der Haustür stand, ist ein seltsamer alter Mann mit einem Arm voll Zeitschriften aufgetaucht – Vorabdrucke, nehme ich an. Er hat mir die *Weird Tales*-Ausgabe direkt unter die Nase gehalten. Ich habe ihm einen Vierteldollar gegeben und – ups!«

Ich hatte das Heft geöffnet, und eine Seite flatterte auf den Boden. Wir bückten uns beide danach, ergriffen sie beide und ließen sie beide wieder los.

Gwen keuchte, und ich pfiff durch die Zähne. Denn die zu Boden gefallene Seite hatte sich klamm angefühlt, geradezu nass. Feucht ist wohl das richtige Wort. Immer noch gebückt, verzogen wir beide das Gesicht. Dann überwand ich meine vorübergehende Abscheu, hob das Blatt und hielt es ins Licht meiner Schreibtischlampe.

»Das ist kein Papier«, sagte Gwen sofort.

Das war es in der Tat nicht, und was hatte dieses Blatt

in *Weird Tales* zu suchen? Obwohl es durchaus »weird«, also bizarr und unheimlich, aussah. Es war ein Rechteck aus einem gelblich-braunen, lappigen Pergament, auf der Oberseite mit einer Art Schuppen gekörnt, wie die Haut eines unbekannten Reptils.

Ich drehte es um. Auf der anderen Seite war die Oberfläche glatter, mit porenartigen Markierungen und Zeilen blass-rostiger Kritzelei.

»Arabisch«, verkündete ich. »Rufen wir Kline an und lassen ihn herkommen. Er kann Arabisch lesen.«

»Da ist ein griechisches Wort«, sagte Gwen. Ihr rosa lackierter Fingernagel berührte die Reihe der Großbuchstaben am oberen Rand:

NEKPONOMIKON

»*Necronomicon*«, buchstabierte sie. »P steht im griechischen Alphabet für *Rho*. Hört sich ziemlich schräg an.«

»So heißt dieses Buch bei H. P. Lovecraft«, erklärte ich.

»Buch? Ach ja, das erwähnt er doch immer in seinen Geschichten.«

»Und viele Autoren von *Weird Tales* – Clark Ashton Smith, Robert Bloch und so weiter – haben es in ihre Geschichten eingebaut«, fügte ich hinzu.

»Aber Lovecraft hat sich das Buch doch ausgedacht, oder nicht?«

Ich legte das Pergament auf den Schreibtisch, denn meine Finger rebellierten immer noch gegen seine seltsame Feuchtheit. »Lovecraft beschreibt es als das Werk eines wahnsinnigen arabischen Zauberers, Abdul Alhazred. Es soll Geheimnisse von mächtigen Kräften des Bösen enthalten, die schon vor unserer modernen Welt existierten. Es hat mittlerweile Legendenstatus.«

Gwen starrte auf das Pergament, rührte es aber nicht an. »Soll das so etwas wie ein Aprilscherz sein, zum Ergötzen der Abonnenten? Wenn ja, ist es ziemlich gut gemacht. Sieht aus wie eine Million Jahre alt.«

Wir steckten die Köpfe zusammen und brüteten über dem rostbraunen arabischen Gekritzel. Falls es eine Fälschung war, hatte man den Anschein hohen Alters bei der blassen Tinte jedenfalls gut hinbekommen.

»Kline muss sich das mal ansehen«, wiederholte ich. »Er weiß vielleicht, was dieses Ding in *Weird Tales* verloren hat.«

Gwen studierte die letzte Buchstabenreihe.

»Das hier kann ich lesen.« Sie hielt kurz inne, während sie langsam übersetzte. »Da steht, ›Sprich die Zauberformel und gib mir wieder Leben‹.«

Sie richtete sich auf. »Komm, lass uns eine Runde Cribbage spielen.«

Wir empfanden beide Erleichterung, als wir uns abwendeten. So unbeschwert unsere Unterhaltung auch war, das Gefühl eines bohrenden Rätsels hatte uns beide verschüchtert. Ich holte das Brett und die Karten und wir setzten uns an den Esstisch und fingen an zu spielen.

Zehn Minuten später drehte ich mich abrupt um, als hätte ich mit meinem geistigen Ohr ein Geräusch gehört. Das Pergament lag nicht mehr auf dem Schreibtisch.

»Es ist auf den Boden gefallen«, sagte Gwen.

Ich stand auf und nahm es in die Hand. Es fühlte sich noch unangenehmer an als zuvor, und diesmal schien es unter meinem Griff zu zappeln.

Vielleicht hatte es ein Luftzug hinuntergeweht. Ich legte es wieder auf den Schreibtisch, beschwerte es mit einem Aschenbecher und kehrte zum Spiel zurück.

Gwen schlug mich vernichtend und besserte sich dadurch das Haushaltsgeld auf.

Ich neckte sie mit Bemerkungen über eine an Spieltischen vergeudete Mädchenjugend und wandte mich dann beiläufig dem Schreibtisch zu. Ich fluchte, beharrt Gwen jedenfalls, und beeilte mich, das herabsegelnde Pergament aufzufangen.

»Das wird langsam lächerlich«, sagte Gwen, während sie nervös an den Karten herumfummelte.

Ich sah mir das Ding noch einmal an. »Du hast gesagt, die letzte Zeile wäre Lateinisch«, sagte ich.

»Sie *ist* Lateinisch.«

»Nein, Englisch.« Ich las sie laut vor. »Sprich die Zauberformel und gib mir wieder Leben.« Und die vorletzte Zeile war auch Englisch, bemerkte ich jetzt. Sie war außerdem mit frischer Tinte und kühner Handschrift verfasst:

Viele Bewusstseine und viele Wünsche verleihen
der Anbetung Cthulhus Substanz.

Gwen sah mir über die Schulter. »Du hast völlig recht. ›Viele Bewusstseine und …‹ – was soll Cthulhu bedeuten? Hat das irgendwas mit den chthonischen Göttern zu tun, den Herrschern über die Unterwelt, denen die Griechen dienten?«

»Ich sollte mich eigentlich nicht wundern«, sagte ich, und es kam noch trockener heraus als beabsichtigt. »Cthulhu ist ein Name, den Lovecraft und Smith und die anderen in ihren Geschichten benutzt haben. Ein Gott aus alter Zeit, und ein absolut böser noch dazu.«

Gwen schauderte und ließ den Schauder in ein Achselzucken übergehen. »Vielleicht haben die vielen Bewusstseine und Wünsche dieser Seite aus dem *Necronomicon* Substanz verliehen.«

»Quatsch, das *Necronomicon* ist eine Erfindung Lovecrafts.«

»Hast du nicht gesagt, es habe mittlerweile Legendenstatus?«, erinnerte sie mich vollkommen ernst. »Welcher Schritt kommt danach?«

»Du willst damit andeuten«, erwiderte ich in dem Bemühen, unbekümmert spöttisch zu klingen, »dass mittlerweile so viele Leute daran gedacht und darüber geredet haben, dass sie ihm dadurch tatsächlich Substanz verliehen haben?«

»Etwas in der Art«, gab sie zu. Dann, etwas fröhlicher: »Ach, am Ende wird es sich als Jux oder sonst etwas Banales erweisen.«

»Sicher«, stimmte ich ihr zu. »Schließlich leben wir nicht in einer unheimlichen Erzählung.«

»Obwohl das einiges erklären würde.« Sie erwärmte sich für diese Vorstellung. »Die Sprache hat sich in eine verwandelt, die wir lesen können. Als wir bei Lateinisch gezögert haben …«

»Hat es sich zuvorkommenderweise in Englisch verwandelt«, beendete ich den Satz.

»Es gibt mehr Dinge im Himmel und auf Erden, als Eure Schulweisheit sich erträumt, Horatio.«

»Abgedroschen, aber wahr. Trotzdem, ich heiße nicht Horatio, und es ist Bettzeit. Träumen wir nicht von Schulweisheiten, die sich in Albträume verwandeln.« Ich hob das klamme Pergament ein weiteres Mal auf. »Ich pack das mal gut weg.«

Ich öffnete das Lexikon auf der Ablage neben meinem Schreibtisch, legte das Pergament hinein und klappte das schwere Buch zu. »Da bleibt es jetzt, bis Kline morgen kommt. Und jetzt ab ins Bett.«

Ins Bett gingen wir zwar, konnten aber nicht schlafen. Gwen wälzte sich hin und her und murmelte vor sich hin, und ich war in jeder Faser meines Körpers müde, außer in den Augenlidern.

Wir standen irgendwann auf, um uns ein Sandwich und ein Glas Milch zu holen, und später noch einmal, um ein

Aspirin zu nehmen. Nachdem wir uns zum dritten Mal hingelegt hatten, döste ich zumindest ein.

Unter dem Druck von Gwens Fingern auf meiner Schulter schrak ich hoch. Dann hörte ich, was sie gehört hatte: ein leises, verstohlenes Rascheln.

Ich griff nach der Zugschnur für das Licht über dem Bett. Im Zimmer wurde es strahlend hell und durch die offene Schlafzimmertür konnte ich ins Wohnzimmer blicken. Ich richtete mich im Bett auf und gaffte verdutzt.

Etwas hing aus dem Lexikon neben dem Schreibtisch herab, etwas, das sich bewegte. Etwas, das rechteckig gewesen wäre, hätte man es flach hingelegt, nun aber wie ein Rinnsal aus flüssigem Schmutz aus seinem engen Gefängnis zu fließen schien.

»Es wird hierher zu uns kommen«, hauchte Gwen beinahe unhörbar.

Das Pergament arbeitete sich frei und fiel mit feuchtem Klatschen auf den Boden wie ein nasser Lappen. Es setzte sich über den Teppich hinweg in Richtung der Schlafzimmertür in Bewegung. Zu uns.

Vielleicht sollte ich im Detail beschreiben, wie es aussah, während es sich bewegte, wie es sich in der Mitte zu einem Buckel krümmte und die Ecken wie Füße auf den Boden setzte. Doch wie kann ich die grauenvolle Ekelhaftigkeit dessen vermitteln, wie die Aura machtvoller Verschlagenheit visualisieren, die in beinahe greifbaren Wellen von ihm ausstrahlten? Vielleicht wenn man eine kriechende Schildkröte mit einem Bogen braunem Packpapier bedecken würde … nein, das klingt lächerlich. Es war nichts Komisches an der Art, wie sich das Pergament bewegte, nicht ein Atom Humor.

Gwen kauerte sich vor dem Kopfende zusammen, ganz gebeugt und panisch. Ihr hilfloses Entsetzen nervte mich.

Irgendwie kam ich aus dem Bett und stand dann auf dem Boden. Mit meinen zerzausten Haaren, den nackten Füßen und in meinem blauen Pyjama muss ich wenig heldenhaft ausgesehen haben, aber ich war bereit zum Kampf.

Zum Kampf wogegen? Und wie?

Es kroch über die Türschwelle wie ein sehr flacher und widerlicher Wurm. Ich sah die Schrift darauf, nicht blassbraun, sondern schwarz und fett.

Ich schnappte mir ein Wasserglas vom Nachttisch und warf es. Das widerliche Ding knitterte sich plötzlich seitwärts. Das Glas zersplitterte an der Stelle auf dem Boden, wo das Pergament eben noch gewesen war – und wo es nun weiterkroch auf meine nackten Zehen zu.

»Mach es kaputt«, jammerte Gwen. Sie muss einer Ohnmacht nahe gewesen sein.

An einem Stuhl lehnte ihr kleiner Sonnenschirm mit der Seidenquaste am Griff und einem Ringbeschlag aus Bernsteinimitat. Ich nahm ihn und stach damit nach dem Eindringling. Die Spitze traf die Mitte des Pergaments und nagelte es einen Moment lang auf dem Boden fest. Dann sah ich, dass es sich veränderte.

Am oberen Rand stand immer noch NEKPONOMIKON in uralter Tinte, aber die arabische Schrift hatte sich in englische verwandelt, groß und golden und schwarz wie Pech. Als ich mich vorbeugte, um den Druck zu verstärken, las ich mit einem flüchtigen Blick die erste Zeile.

Seitdem habe ich mich tausendmal danach gesehnt, diese Zeile laut auszusprechen, sie niederzuschreiben, irgendetwas zu tun, um meinen Verstand davon zu befreien. Aber das darf ich nicht, weder jetzt noch in Zukunft.

Wer hatte einen so entsetzlichen Gedanken geformt? Abdul Alhazred ist eine Ausgeburt von Lovecrafts Fantasie. Und Lovecraft war ein Mensch: Er hätte sich niemals diese Worte träumen lassen, die sich mir wie die Glieder einer rot glühenden Eisenkette auf die Seele legten. Und sie waren nur der Anfang des Geschreibsels. Wie mochte es sich erst vollständig lesen?

Ich wage keine Vermutung. Doch plötzlich wusste ich etwas mit Gewissheit, während ich das Pergament unter dem dünnen Sonnenschirm zu zerquetschen versuchte: Das formlose Böse von Jahrhunderten hatte Gestalt angenommen. Ein Autor hatte sich das Buch ausgedacht. Andere hatten ihm durch ihre eigenen geistigen Vorstellungen ein Sein verliehen. Die Legende war zu einem furchtbaren Nagel geworden, an dem sich ein Schrecken, der aus seinem verbotenen Gefilde über die Grenze schlich, aufhängen ließ, der greifbar, solide und mächtig wurde.

»Gwen«, rief ich. »Sieh nicht hin. Lies das nicht.«

»Was?« Ihr blasses Gesicht kam näher, als sie sich über das Bett beugte.

»Nicht lesen!«, brüllte ich sie an.

Das Pergament wand sich unter der Spitze des Sonnenschirms hervor. Es erreichte meinen Fuß, kletterte an meinem Bein empor.

Würde es meinen Körper erklimmen, sich auf mein Gesicht legen und mir seine unaussprechliche Botschaft in den Verstand zwängen? Denn dann würde ich sie aussprechen müssen.

Die Bürde wäre zu groß.

Meine Lippen wollten sich öffnen, um die Tortur zu lindern. »Sprich die Zauberformel ...«

Die Welt würde unter den furchterregenden Füßen Cthulhus und seiner Schreckensbrüder zermalmt werden. Welche Sünden und Leiden würden dann losgelassen? Und ich würde es sein, ich, der die Worte zu ihrer Freisetzung sprach.

Mir schwindelte, als ich das Ding von meinem Bein fortriss. Es klebte daran fest, wie mit Saugnäpfen oder Tentakeln, doch ich riss es ab und warf es in einen metallenen Abfalleimer zwischen zerknitterte Papierfetzen. Es versuchte, sich herauszuwinden.

Ich nahm mein Feuerzeug vom Nachttisch. Es funktionierte. Eine Flamme loderte auf und ich warf es in den Abfalleimer.

Die Papiermasse ging in Flammen auf. Aus dem Feuer erhob sich ein leises, pulsierendes Quieken, das weniger zu hören, sondern mehr zu spüren war, wie die weit entfernte Stimme einer Fledermaus.

Ich beförderte den verstoßenen Boten der Zerstörung mit der Schirmspitze tiefer in das kleine Inferno. Das Pergament kräuselte sich in den Flammen, flatterte hin und her, brannte aber nicht.

Gwen plapperte ins Telefon.

»Pater O'Neal!«, rief sie. »Kommen Sie schnell und bringen Sie Weihwasser mit.«

Dann legte sie auf und wandte sich an mich. »Er ist in zwei Minuten da.« Ihre Stimme bebte. »Aber was ist, wenn das Weihwasser nicht hilft?«

Es half. Beim ersten Spritzer verschwanden das Pergament und das Testament seiner Schlechtigkeit in einer Wolke aus Ascheflocken. Dafür danke ich dem Herrgott jeden Tag, an dem ich lebe. Aber was wäre, hätte das Weihwasser nicht geholfen?

Simon

DIE GRÄUEL

Die furchtbaren Abkömmlinge der *Großen Alten* können vom Priester herbeigerufen werden. Sie können zu jeglicher Aufgabe gerufen und beschworen werden, die der Priester für seinen Tempel für notwendig hält. Sie wurden gezeugt vor allen Zeiten und hausten im Blute von KINGU, und MARDUK konnte sie nicht gänzlich aussperren. Und sie weilen in unserem Lande, an der Seite unserer Geschlechter, auch wenn man sie nicht sehen kann. Und dies wurde gelehrt von den Priestern von Babylon, die verlangten, dass diese Formeln niemals jemandem enthüllt werden dürfen, der nicht in unsere Wege eingeweiht ist, denn dieses zu tun wäre ein höchst schrecklicher Fehler.

Obwohl sie jenseits des Tores verweilen, können sie herbeigerufen werden, wenn MARDUK nicht wachsam ist und schläft, an jenen Tagen, wenn er keine Macht hat, wenn der Große Bär an seinem Schwanze hängt, und während der vier Viertel des Jahres, die danach gezählt werden, und in den Räumen zwischen diesen Vierteln. An diesen Tagen ist Mutter TIAMAT ruhelos, der Leichnam von KUTULU zittert unter der Erde und unser Meister ENKI ist angsterfüllt.

Dann bereite die Schale von TIAMAT, den DUR von INDUR, die Verlorene Schale, Die Zertrümmerte Schale der Weisen, und rufe dadurch den FIRIK von GID herbei, und die Herrin SHAKUGUKU, die Königin des Kessels. Sprich darüber die Beschwörung IA ADU EN I und entzünde ein Feuer darin, wobei du GIBIL nach seiner Art und Weise rufen sollst.

Wenn das Feuer brennt und beschworen ist, dann erhebe deinen Dolch und rufe die Unterstützung von NINKHARSAG, Königin der Dämonen, herbei, und von NINKASZI, der Gehörnten Königin, und von NINNGHIZHIDDA, der Königin des Magischen Stabes, alle nach ihrer Art und Form. Und wenn du dieses vollzogen und das rechte Opfer gebracht hast, dann magst du damit beginnen, jeglichen Spross, den du dir wünschest, herbeizurufen, wenn das Tor geöffnet ist.

ÖFFNE DAS TOR NUR FÜR EINE BESTIMMTE DAUER, DIE DU FESTSETZEST BEI SEINER ÖFFNUNG, UND ES DARF NICHT EINEN AUGENBLICK, NACHDEM DIE STUNDE VON TIAMAT VERGANGEN IST, OFFEN BLEIBEN, SONST WIRD DER GESAMTE ABYSSOS ÜBER DIE ERDE HEREINBRECHEN, UND DIE TOTEN WERDEN AUFERSTEHEN UND DIE LEBENDEN VERSCHLINGEN, DENN SO STEHT ES GESCHRIEBEN: ICH LASSE DIE TOTEN AUFERSTEHEN UND DIE LEBENDEN VERSCHLINGEN, ICH WERDE DEN TOTEN MACHT ÜBER DIE LEBENDEN GEBEN, AUF DASS SIE DIE LEBENDEN AN ZAHL ÜBERTREFFEN.

Wenn du alles Notwendige vollzogen hast, den Geist gerufen und ihm seine Aufgabe zugewiesen hast, die Zeit für das Schließen des Tores festgelegt und den Geist dorthin zurückgeschickt hast, dann darfst du den Ort der Anrufung noch nicht verlassen, sondern musst dortbleiben, bis der Geist zurückgekehrt und das Tor geschlossen ist.

Der Herr der Gräuel ist HUMWAWA von den Südwinden, dessen Gesicht eine Masse aus Eingeweiden von Tieren und Menschen ist. Sein Atem ist der üble Gestank von Dung, und kein Weihrauch kann den Geruch von dort verbannen, wo HUMWAWA gewesen ist. HUMWAWA ist der Dunkle Engel von allem, was ausgeschieden ist, und von allem, was sauer wird. Und weil es für alle Dinge eine Zeit gibt, da sie vergehen, so ist HUMWAWA auch der Herr der Zukunft von allem, das auf der Erde weilt, und die zukünftigen Jahre eines jeden Menschen können gesehen werden, wenn man in das Gesicht dieses Engels blickt, aber man muss dabei sorgfältig darauf achten, nicht den furchtbaren Geruch, welcher die Ausdünstung des Todes ist, einzuatmen.

Und dies ist das Zeichen von HUMWAWA.

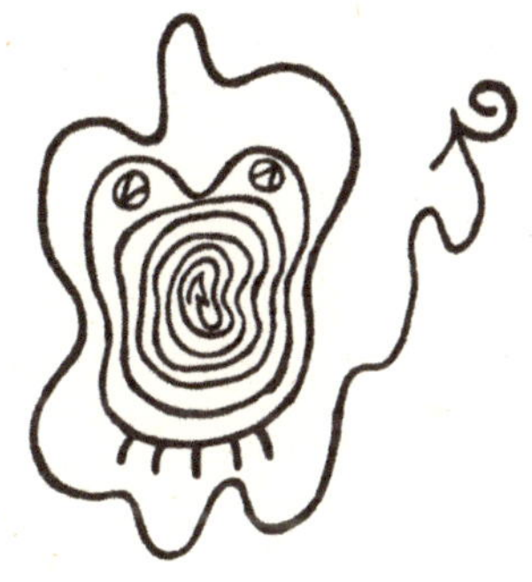

Robert A. W. Lowndes

SETTLERS MAUER

Zwar bin ich bei einigen meiner Habseligkeiten nicht der ordentlichste Mensch – Bücher und Schallplatten sind in Ordnung, aber jedes Mal, wenn ich eine Schublade meines Schreibtisches öffne, stöhne ich und schwöre, die Sache demnächst in Ordnung zu bringen. Ich mag es, wenn Dinge gründlich ausgearbeitet sind, und aus diesem Grund war ich nicht besonders erpicht darauf, diese Geschichte zu erzählen, nicht einmal in der Form einer fiktiven Erzählung. Ich war am Ende nicht dabei und auch sonst niemand: Keine lebende Person hat tatsächlich gesehen, was passiert ist. Die einzigen Beweise sind ein paar Fotografien, und wenngleich die Kamera eigentlich nicht lügt, sind doch einige erstklassige Schwindler sehr gewandt im Umgang mit ihr.

Es geschah im Jahre 1934, als mein Vetter Frank den Sommer in einem Lager des Civilian Conservation Corps in Flagstaff, Maine, verbrachte. Die Große Depression mochte ihren Zenit zu diesem Zeitpunkt bereits überschritten haben, aber sie war noch längst nicht vorbei. Ich konnte also von Glück sagen, mit einem alten Bekannten aus der High School, Will Richards, Fuß im Verlagswesen gefasst zu haben. Unser *Advertiser* machte uns zwar nicht reich, bewahrte uns aber vor dem großen bösen Wolf. Er deckte die Stamford-Norwalk-Gegend ab, und wir waren an einem Punkt angelangt, wo wir entscheiden mussten, ob wir weiter expandieren oder es uns in der aktuellen

Situation gemütlich machen wollten. Die Entscheidung lautete, einen kurzen Urlaub zu machen und die Frage eine Weile in unserem Unterbewusstsein gären zu lassen. Und warum sollten wir nicht, fragte Will, nach Maine fahren, Frank besuchen, uns ansehen, was das CCC da oben tat, und dann noch etwas herumstromern, bevor wir wieder zurückkehrten?

In der Tat, warum eigentlich nicht? Wir taten es und brachten dabei eine ganze Reihe von Franks Kollegen zu ihren Lagern oder in ihre Heimat zurück, je nachdem, ob sie gerade Urlaub hatten oder wieder davon zurückkehrten. Dabei stellten wir fest, dass die 178. Kompanie in Flagstaff eine ziemlich gute Sache war für junge Männer mit der Bereitschaft, ehrliche Arbeit zu leisten und sich einer vernünftigen Disziplin zu beugen. Die Disziplin hatte keinen Army-Charakter, trotzdem konnten die Lagerkommandanten – Reserveoffiziere der Army und Navy – solchen, die gegen den Strom schwammen oder sich einfach nicht die Mühe machten, sich einzupassen, das Leben sehr ungemütlich machen. Bereits straffällig gewordene Jugendliche (ich weiß nicht mehr, ob man diese Bezeichnung damals schon benutzte) hielten sich nicht lange, sondern wurden schnell unehrenhaft entlassen. Doch ich sah, dass es viele gab, die andernfalls die Grenze zur Straffälligkeit überschritten hätten, für die das Lager genau die Gelegenheit war, die sie so dringend brauchten und dann auch ergriffen.

Im Lager selbst gab es keine Übernachtungsmöglichkeit für Besucher, aber wir fanden eine Unterkunft nicht weit von dem Dorf Flagstaff entfernt, in Skowhegan. Die Kühle des frühen Morgens empfing uns bereits auf dem Weg dorthin. Wohin wir nach Erreichen der Ortschaft hatten gehen wollen, ist mir mittlerweile entfallen – Will hatte Bekannte in der Gegend erwähnt – und spielt auch keine Rolle, weil wir an jenem Tag Skowhegan gar nicht erreichten. 1934 gab es natürlich schon Straßenschilder und Wegweiser in Neuengland, aber verglichen mit 1968 waren sie spärlich. Und ich bin danach zwar nicht wieder in Maine gewesen, wäre aber nicht überrascht, die Gegend erheblich verändert vorzufinden.

Mrs. Wing hatte uns eine Wegbeschreibung mitgegeben, die darauf hinauslief, »ein Stück weit den Feldweg lang« nach einer Scheune Ausschau zu halten, wo wir rechts abbiegen sollten, dann nach einer gewissen Entfernung nach einem weiteren Orientierungspunkt, wo wir wieder abbiegen sollten, und so weiter. Frank hatte uns hinsichtlich der speziellen regionalen Entfernungsmaße vorgewarnt, und einige seiner Bekannten im Lager hatten behauptet, in Maine sei »ein Stück weit« die Entfernung, die ein gesundes, aufgeschrecktes Pony laufen könne, bevor es zusammenbrach. Alles, wirklich alles, sei »ein Stück weit den Feldweg lang«. Und wir würden eine ganze Weile auf Feldwegen unterwegs sein.

Schließlich gelangten wir zu seinem Schild (wie vorhergesagt) und später zu einer Abzweigung der Straße, die eine Überraschung für uns war. Bisher war uns genau ein einziges Auto entgegengekommen, und wir hatten ganze drei Behausungen passiert – sehr anständig aussehende Gehöfte. Der Juli in Maine, sagte Frank, lässt einen so manche Dinge vergessen, wie zum Beispiel die Tatsache, dass es bei seiner Ankunft im Lager Ende April an schattigen Plätzen immer noch Schneewehen mit einer Höhe von über einem Meter gegeben hatte.

Obwohl wir Urlaub machten und eigentlich kein bestimmtes Ziel hatten, bekam ich langsam das Gefühl, wir sollten am nächsten Haus anhalten und sehen, ob wir uns orientieren konnten. Ich kurbelte das Seitenfenster herunter, klopfte nachdenklich meine Pfeife an der Karosserie aus, von der daraufhin noch mehr von dem verblassten blauen Lack abblätterte, und fragte mich laut, ob wir korrekt abgebogen waren.

Will Richards schaute auf seine Armbanduhr. »Offensichtlich sind wir das nicht, Clyde. Sonst wären wir mittlerweile auf einer besseren Straße und in der Nähe von Skow, wenn nicht sogar schon da.«

Will hielt den Wagen an. »Lass uns eine Pause machen, einen Blick auf die Karte werfen und bei einem belegten Brot oder zwei uns mal neu orientieren.«

Als wir ausstiegen und uns in das büschelige Gras setzten, regte sich kein Lüftchen und die Wolken am Himmel sahen wie aufgemalt aus. Es herrschte jedoch eine trockene Hitze, und das einzige Unbehagen waren die Verkrampfungen, die man sich vom Fahren auf Feldwegen in einem 1927er Ford holt. Der Tee in der Thermoskanne war noch kalt genug, und Mrs. Wings belegte Brote waren noch nicht vertrocknet und schmeckten gut.

Will hob einen Kiesel auf und warf ihn über die Straße, wo er gegen eine hohe Mauer auf der linken Seite prallte. »Das ist ein Ding, nicht?«

Und da überkam mich ein ganz eigenartiges Gefühl. Ich hatte diese Mauer zwar gesehen, aber eigentlich gar nicht richtig wahrgenommen. Und das, obwohl sie sich in beide Richtungen so weit erstreckte, wie das Auge reichte. Von der anderen Straßenseite waren keinerlei Markierungen auf ihr zu erkennen, und als wir sie aus der Nähe betrachteten, fanden wir immer noch keine. Wir schätzten, dass sie drei Meter hoch war.

Da erhob sich also diese Mauer, einförmig, grau und verwittert, und so weit wir sehen konnten, gab es kein einziges individuelles Merkmal. An keiner Stelle wuchsen Ranken oder Gras daran empor oder wurde sie von Baumästen berührt. Tatsächlich endete das Gras einen Viertelmeter vor der Mauer in so gerader Linie, wie man sich das nur vorstellen kann, und die gestampfte Erde zwischen dem Ende des Grases und der Mauer war absolut blank. Kein Blatt – nun, gewiss: Es gab keine Bäume in der Nähe –, kein Stein. Der Kiesel, den Will geworfen hatte, musste von der Mauer ins Gras zurückgeprallt sein. Ich hatte allerdings nicht den Eindruck gehabt, dass er ihn so fest geworfen hatte.

Wir schauten nach links und dann nach rechts. Die Mauer verlief parallel zur Straße, doch gerader als sie, und wir konnten in keiner Richtung das Ende sehen.

»Die muss ein paar Kilometer lang sein«, sagte Will leise, und als ob er sich wunderte, warum er so leise gesprochen hatte, räusperte er sich und fuhr etwas lauter fort. »Kannst du dich erinnern, wann sie angefangen hat?«

Ich schüttelte den Kopf. »Warte mal. War es nicht gleich nach dieser Bodenwelle? Oder war es ein Schlagloch? Jedenfalls habe ich einen Ruck gespürt, und ich bin sicher, dass die Mauer kurz danach angefangen hat.«

»So etwas wie das hier sollte auf der Karte eingezeichnet sein. Oder zumindest sollte es ein Schild geben, auf dem steht ›Noch drei Kilometer bis zur berühmten Langen Mauer‹ oder so. Und man sollte meinen, dass Mrs. Wing oder Frank oder sonst jemand sie erwähnt hätte.«

Ich schaute über die offene Wiese auf der rechten Straßenseite hinweg, die kurz vor dem Horizont schließlich in bewaldete Hügel überging. Keine Spur von einer menschlichen Bebauung war zu sehen. In der Ferne machte ich Vögel am Himmel aus, aber rings um uns gab es überhaupt kein Anzeichen von Leben: nicht eine Ameise, nicht eine

Spinne, nicht eine Fliege, nicht eine Wespe, nicht ein Käfer, nicht eine Schlange.

»Und wer hat sie gebaut und warum?«, fragte Will. »Niemand baut eine drei Meter hohe Mauer von dieser Länge, 15, 20 Kilometer weit von allem entfernt und völlig ohne Grund. Es sieht nicht so aus, als würde hier jemand leben oder als hätte hier je irgendjemand gelebt. Wahrscheinlich ist das Land irgendwann einmal gerodet worden, weil es nicht mehr vollständig bewaldet ist – oder vielleicht hat es hier auch von Anfang an natürliche Wiesen gegeben. Danach muss ich irgendwann einmal einen Naturforscher fragen, aber ich nehme an, es hat eine Menge mit der Art zu tun, wie sich die Qualität des Bodens hier und da verändern kann. Ich wette, wir sind kilometerweit vom nächsten Haus entfernt.«

Ich lauschte. »Ist dir aufgefallen, wie still es ist, seit wir hier an dieser Mauer sind?«

Ich ging dicht heran – wir hatten in respektvoller Entfernung gestanden – und betrachtete sie so, wie ein Detektiv Beweise begutachten sollte. »Hmm, es sieht ganz so aus, als wäre diese Mauer aus einem Stück gemacht. Ich sehe keine einzelnen Steine. Und es ist kein Putz oder Zement ... und Metall kann es auch nicht sein.«

Will kam zu mir und betastete die Oberfläche der Mauer. »Fühlt sich schon wie Stein an. Aber sie müsste eigentlich wärmer sein ... Clyde, drück' mal so mit der Hand dagegen.«

»Also – es ist jetzt halb eins. Was hältst du davon, wenn wir einen kleinen Spaziergang machen, bevor wir weiterfahren? Uns etwas die Beine vertreten?«

Ich halte nicht viel von körperlicher Betätigung um ihrer selbst willen, aber ich kann 30 Kilometer laufen, ohne zu klagen – nun ja, fünf –, wenn es einen guten Grund dafür gibt. Meine Neugier war aber nun geweckt. Ich sagte deshalb zu Will: »Was hältst du davon, wenn du in diese Richtung gehst und ich in die andere? Ich will diese Mauer umrunden. Nach einer Weile müssten wir uns begegnen.«

Will sah mich schweigend an, denn dies war das erste Mal, dass ich eine Bereitschaft erkennen ließ, eine körperliche Anstrengung auf mich zu nehmen, die nicht unbedingt nötig war. »Sie könnte länger sein, als du glaubst. Viel länger.«

»Na, dann lass uns eine Viertelstunde lang in verschiedene Richtungen gehen. Um Viertel vor eins halten wir an und schauen, ob wir uns sehen können, dann drehen wir um und kehren zum Wagen zurück.«

Also marschierte ich zügig (wenigstens für meine Verhältnisse) die Straße entlang und pfiff dabei vor mich hin. Warum war diese Mauer drei Meter hoch? Wie war sie errichtet worden?

Nichts an ihr änderte sich in irgendeiner Hinsicht, als ich an ihr entlangschritt. Sie sah aus wie aus Stein und fühlte sich auch so an, obwohl immer noch keine Fugen oder Spalten darin zu sehen waren, keine Löcher oder Unregelmäßigkeiten, und nach wie vor nichts so nahe daran wuchs, dass es die Mauer auf irgendeine Weise berührte.

Und was befand sich dahinter? Ich konnte nur den Himmel darüber erkennen. Was war mit der Instandhaltung? Wie hielt man die Mauer so frei? Ich untersuchte die Grenzlinie des Grases, das einen Viertelmeter vor der Mauer endete, und war sicher, dass kein Gärtner dafür sorgte: Es gab keinerlei Anzeichen dafür, dass es gemäht wurde, sondern es wuchs einfach so. Unterschiede in der Bodenqualität? Die einer perfekten geraden Linie parallel zu einer perfekten geraden Mauer folgten? Warum war dann die Straße nicht auch gerade angelegt?

Und warum waren wir bei unserem Mittagsmahl nicht von Insekten belästigt worden? Mrs. Wings mit Gelee belegte Brote hätten zumindest ein paar Wespen anlocken müssen. Wir hätten ein paar Heuschrecken sehen müssen, Schmetterlinge … Und das Gras gehörte zu der Sorte, in dem man Schnaken und Fliegen findet.

Ich schüttelte den Kopf, zündete mir die letzte Zigarette des Päckchens an, das ich bei mir hatte, knautschte die leere Packung zusammen und warf sie an die Mauer. Einen Moment später drehte ich mich danach um. Das zusammengeknautschte Päckchen lag im Gras, aber nicht auf dem freien Streifen direkt an der Mauer.

Ich ging weiter und bemerkte dann etwas vor mir auf der anderen Straßenseite. Ein paar Minuten später war das Etwas als abgestellter Wagen erkennbar. Jemand war offenbar nicht allzu lange vor uns hierhergefahren und hatte ebenfalls angehalten, wahrscheinlich um diese Mauer ebenfalls zu untersuchen, dachte ich. Der nächste Gedanke sagte mir, dass die Schlussfolgerung nicht gerechtfertigt war, denn sie setzte voraus, dass es sich bei den Insassen des Wagens ebenfalls um Fremde handelte. Dabei konnte der Wagen ebenso gut einem Einheimischen gehören, für den die Mauer etwas Alltägliches war. In diesem Fall würden wir vielleicht ein paar Informationen erhalten.

Ich schaute auf die Uhr. Viertel vor eins. Ich drehte mich um und hielt Ausschau, doch von Will war nichts zu sehen. Nun, es konnte nicht schaden, noch etwas weiter zu gehen und festzustellen, wem dieser Wagen gehörte.

Bis hierher hatte es Eigentümlichkeiten gegeben, Dinge, die einem zu denken gaben, Dinge, die man erzählt, um jemandem ein ungläubiges Lächeln über eine weit hergeholte Geschichte zu entlocken. Doch so ungewöhnlich sie auch sein mochten, waren sie von der Sorte, auf die man

Jahre später mit dem Gefühl zurückblicken würde, dass es eine vollkommen natürliche Erklärung geben müsse und ganz gewiss auch gab. Bisher hatte sich nichts Bedrohliches ereignet.

Es war in diesem Moment, dass die Mauer aufhörte, seltsam, ungewöhnlich, amüsant, fantastisch zu sein, und schockierend wurde.

Denn der Wagen vor mir war unser eigener 1927er Ford mit dem abgeblätterten blauen Lack. Er stand genau so am Straßenrand, wie wir ihn verlassen hatten. Als ich mich umdrehte und hinter mich schaute, näherte sich mir Will Richards, der einen gleichermaßen verblüfften Gesichtsausdruck aufgesetzt hatte.

»Wo kommst du denn her?«, fragte ich und hielt dann inne, als mir klar wurde, dass wir beide gleichzeitig redeten.

Er war 15 Minuten in die entgegengesetzte Richtung gegangen, um Viertel vor eins stehen geblieben, hatte sich umgedreht, nichts gesehen, sich auf den Rückweg gemacht und dabei immer noch nichts zwischen sich und dem Wagen gesehen – und dann, plötzlich, sei ich da gewesen.

Ich versuchte, eine Bemerkung darüber zu machen, dass es sich wohl um ein Zwei-Wege-Problem handelte, aber ich war zu verwirrt. Wir waren hin- und hergerissen zwischen dem Verlangen, uns in den Wagen zu setzen und mit Höchstgeschwindigkeit davonzufahren, und dem Gefühl, mehr in Erfahrung bringen zu müssen. Ich habe mich oft gefragt, ob wir, wenn wir einfach gefahren wären, nicht buchstäblich zu einer Rückkehr gezwungen gewesen wären. Es gibt keine Antwort auf diese Frage …

Tatsächlich unternahmen wir natürlich nach einer kurzen Pause einen neuen Versuch, nur gingen wir diesmal zusammen und in die Richtung, die ich zuvor genommen hatte. Wir liefen um genau Viertel nach eins los, und es waren neun Minuten vergangen, als wir das zusammengeknautschte Zigarettenpäckchen passierten. Wir schauten es uns an und gingen weiter, und unser Blick wanderte von der Mauer zur Straße voraus. Die Stille, die Abwesenheit von Insekten wurden immer irritierender.

»Pass jetzt genau auf«, sagte Will. »Wenn es noch einmal passiert, müsste es gleich so weit sein. Wie spät ist es?«

»26 Minuten nach eins.« Wir steigerten unser Tempo nicht. Ich hielt mich, so gut es ging, an den Schritt, den ich zuvor angeschlagen hatte, und kämpfte dabei mühsam gegen den Drang an, schneller zu gehen. Den Blick hielt ich starr auf die Straße voraus gerichtet, auf die rechte Seite. Nichts war zu sehen, nur die Straße selbst, nur die Wiese zur Rechten und die Mauer zur Linken … nichts … nichts –

Da!

»Die Zeit!«, ächzte Will. »Wie spät ist es?« Er schien vergessen zu haben, dass seine eigene Uhr genauer ging als meine.

»Genau 13:33 Uhr«, antwortete ich, indem ich den Blick widerstrebend von dem dunklen Fleck auf der rechten Seite der Straße vor uns nahm. Wir wussten beide, was es war. Und wir hatten recht.

2

Zu sagen, dass es mehr Wings in diesem Teil des Landes gab, als es Smiths im Manhattaner Telefonbuch gibt, wäre zwar eine Übertreibung, würde tatsächlich aber keinen falschen Eindruck vermitteln. Derjenige, bei dem wir für die Nacht unterkamen, hieß Thad. Er war ein entfernter Verwandter desjenigen, bei dem wir die Nacht zuvor verbracht hatten. Die Gattin sei eine Weile nicht da, sagte er, aber er komme zurecht. Ich sah nicht viel körperliche Ähnlichkeit, aber was altmodische Höflichkeit und Freundlichkeit betraf, war er ganz wie sein Verwandter. Seine Bemerkung, wir sähen aus, als hätten wir eine harte Zeit hinter uns, wurde auf genau die richtige Art vorgebracht, die durchblicken ließ, er würde mit Interesse und Mitgefühl zuhören, wenn wir reden wollten, aber auch nicht beleidigt sein, falls nicht.

Also nahmen wir nach einem herzhaften Neuengland-Abendessen seine Einladung an, noch eine Weile auf der Veranda zu sitzen, wo es keineswegs an Insekten mangelte. Will und ich wollten beide so unbedingt über das Erlebte reden, dass wir sie kaum zur Kenntnis nahmen.

Ich werde gar nicht erst versuchen, den lokalen Dialekt wiederzugeben. Nicht nur wäre das Lesen bereits nach wenigen Sätzen sehr ermüdend, es wäre so, als wollte man einen Dialog mit Musik unterlegen, die der Komponist zurückhält aus Angst, es könnte übertrieben wirken.

Thad Wing führte uns vorsichtig zum Thema, indem er uns den lokalen Tratsch erzählte, der zum Teil durchaus derb und ordinär war. Nach einer Weile fingen wir von der Mauer an, woraufhin er uns fragte, wie wir das Schild an der Abzweigung hätten übersehen können, das diese Straße als Privatweg auswies, anstatt die asphaltierte Straße nach Skowhegan zu nehmen. Ich antwortete, es gebe kein derartiges Schild, wir hätten beide nach einer Orientierungshilfe Ausschau gehalten und hätten es gewiss gesehen, falls eines dort gewesen wäre. (Tatsächlich fanden wir später das Schild, als wir wieder auf der richtigen Straße waren.) Wing räumte ein, möglicherweise sei es in der letzten Woche weggeweht worden, als es sehr stürmisch gewesen sei.

Will erzählte weiter bis zu der Stelle, wo wir unseren Wagen vor uns am Straßenrand gefunden hatten.

Wing riss ein Streichholz an und hielt die Flamme an den übergroßen Kopf seiner Maiskolbenpfeife. »Was haben Sie getan, nachdem Sie herausgefunden hatten, dass Sie nicht um die Mauer *herumgehen* können, Mr. Richards?«

Will sah mich an, dann trank er einen Schluck von dem kräftigen Apfelwein, der uns eingeschenkt worden war.

»Na ja«, begann ich, »danach wollten wir sehen, ob wir herausfinden konnten, was auf der anderen Seite ist. Wir sind querfeldein marschiert, weg von der Mauer, bis wir über sie hinwegsehen konnten.«

»Und was haben Sie gesehen, Mr. Cantrell?«

Ich seufzte. »Nichts. Das heißt, nichts Ungewöhnliches. Offenbar gibt es dort nur freies Feld, das in bewaldete Hügel übergeht, wie auf der Seite, wo wir gestanden haben ... Wir hätten wohl kehrtgemacht und wären zurückgegangen, wäre in diesem Moment nicht etwas passiert.«

»Ich bin umgeknickt und auf die Knie gefallen«, sagte Will. »Ich war auf einen kleinen roten Gummiball getreten. Die Farbe war schon ziemlich verblasst, aber es war eine Art Wappen darauf, das wir ganz deutlich erkennen konnten. Den Ball habe ich aufgehoben und über die Mauer geworfen. Ich habe ihm hinterhergesehen – Clyde auch –, und er hat es nur ganz knapp über die Mauer geschafft, aber wir haben beide gesehen, dass er darüber hinweggeflogen ist. Er hätte ein paar Meter hinter der Mauer auf den Boden fallen müssen. Er war nicht mehr sehr elastisch – ich glaube nicht, dass er groß vom Boden abgeprallt sein kann, wenn überhaupt.

Aber als wir zum Wagen zurückkehrten, sah ich etwas im Gras auf der anderen Straßenseite liegen. Ich bin hingegangen und habe es aufgehoben. Es war ein Gummiball, und ich schwöre, *es war derselbe Ball, den wir gerade über die Mauer geworfen hatten.*«

»Er hatte dasselbe Wappen«, sagte ich. »Natürlich gibt es viele kleine Gummibälle mit demselben Wappen, Mr. Wing. Aber Will und ich waren beide an dieser Mauer entlanggegangen, und auch wenn die Farben verblasst waren, will mir nicht in den Kopf, wie wir ihn dort hätten übersehen sollen. Das Gras war nicht hoch genug, um ihn zu verbergen. Er lag nur ein kleines Stück vor unserem Wagen im Gras vor der Mauer – ich hätte ihn gar nicht übersehen können … unmöglich.«

»Und ich habe auf dem gesamten Rückweg zum Wagen die Mauer angestarrt«, fügte Will hinzu. »Hätte ihn jemand auf der anderen Seite zurückgeworfen, hätte ich ihn über die Mauer fliegen sehen … aber das war nur der Anfang. Ich habe den Ball aufgehoben und ihn noch mal im weiten Bogen auf die andere Seite geworfen. Du hast mir dabei zugesehen, nicht wahr, Clyde?«

Ich nickte. »Und es hat kein Wind geweht. Er hätte nicht zurückgeweht werden können.«

»Nein … es war völlig windstill … Tja, wie gesagt, ich habe ihn über die Mauer geworfen und mich dann umgedreht – und *da lag der Ball nur ein kleines Stück hinter dem Wagen im Gras.*«

Er verstummte und wir sahen beide Wing an in der Erwartung einer ungläubigen Reaktion. Doch er nickte nur und schaukelte ein wenig auf seinem Stuhl.

»Ja, Settlers Mauer ist ziemlich verstörend. Wir sind daran gewöhnt, aber die Leute von außerhalb ganz und gar nicht. Deswegen hat der Vater des Majors das Schild aufgestellt, damals um die Zeit, als Cleveland seine Wiederwahl anstrebte. Geschafft hat er es nicht – aber dann vier Jahre später. Das Schild ist ein paarmal ausgewechselt worden, aber wir achten darauf, dass eins dort ist. Ab und zu wird es umgeworfen, und das ist jetzt das zweite Mal, dass es einfach weggeweht wurde. Wenn ich den Major das nächste Mal sehe, muss ich es ihm sagen.«

Will war tief in Gedanken. »Settler«, sagte er. »Major Settler. Woher kenne ich diesen Namen?«

»Nun ja ... er war vor Ihrer Zeit Major und hat nichts getan, was ihn in die Zeitung gebracht hätte seit dem Scharmützel, das wir in Kuba hatten, als Teddy Roosevelt die Dinge in Gang gebracht hat.« Wing rieb sich das Gestrüpp an seinem Kinn, das sich als Bart ausgab. »Es sei denn, Sie waren vor ein paar Jahren auf der Universität und sind da seinem Neffen begegnet. Aber selbst dann ... Dave hieß nicht Settler.«

»Hieß ...?«

»Dave ist vor einer Weile in einem See ertrunken. Ein Jammer.« Wing brach auf eine Art ab, die vermuten ließ, dass er noch mehr erzählen konnte, wenn ihm danach war.

»1930 und 1931 war ein Dave Fenner in meiner Bruderschaft auf der Columbia«, sagte Will. »Einer meiner Gründe, nach Maine zu fahren, war der, dass ich gehofft habe, ihn zu besuchen.«

Ich saß da und staunte. Man kann mit Leuten zusammen sein und über Monate und manchmal sogar Jahre hinweg auf engem Raum mit ihnen zusammenarbeiten, ohne sie wirklich zu kennen. Will hatte nie erwähnt, dass er auf der Columbia gewesen war, nicht einmal, dass er überhaupt die Uni besucht hatte.

Will muss geahnt haben, was mir durch den Kopf ging, denn er grinste mich ziemlich schief an und sagte: »Ja, Clyde, ich habe 1931 meinen Bachelor of Arts auf der Columbia gemacht und mit *summa cum laude* graduiert. Ich bin ein echter Lateiner – oder wäre einer geworden.

Kannst du dir einen Abschluss vorstellen, der in diesen Zeiten noch nutzloser ist? Es war dumm von mir, dass ich 1930 nicht zu etwas Praktischerem gewechselt bin – deswegen rede ich nicht gern über die Uni. Aber ich wollte Dave mal besuchen. Er hatte sich auch auf Latein konzentriert, bevor er zur Columbia kam. Ich habe vergessen, wo er davor war. Er hat nicht oft darüber geredet, aber er hat dort eine Menge obskures Latein gelernt.«

»Davon habe ich auch gehört«, sagte Wing. »Housatonic? Nein – das ist ein Fluss in Connecticut, keine Universität. Aber etwas in der Art. Irgendwo an der Massachusetts Bay, nicht allzu weit von Marblehead entfernt … aber ich lenke Sie nur von dem ab, was Sie über die Mauer erzählen wollten. Haben Sie sonst noch etwas versucht?«

»Ja, ich habe den Ball aufgehoben und wollte ihn mit aller Kraft wieder über die Mauer werfen, aber Clyde schlug etwas anderes vor. Wir hatte einen Pappteller im Kofferraum, auf den wir unsere Namen schrieben. Dann warfen wir ihn über die Mauer. Er segelte problemlos darüber hinweg. Wir drehten uns um und machten uns hinter uns auf die Suche danach … ich würde sagen, wir haben zehn Sekunden gebraucht, bis wir ihn fanden.«

Thad Wing schenkte sich noch ein Glas von dem starken (und tatsächlich illegalen) Apfelwein ein und bot uns ebenfalls eine Nachfüllung an. Wir lehnten nicht ab.

»Die meisten Leute geben an dieser Stelle auf«, sagte er, »aber ich habe das Gefühl, dass es bei Ihnen nicht so war. Sie sehen aus und reden auch so, als hätten Sie noch etwas anderes versucht und einen noch schlimmeren Schock erlebt. Habe ich recht?«

»Und ob!«, erwiderte ich. »Will war entschlossen, einen Versuch zu unternehmen, über die Mauer zu klettern. Er hat eine Weile im Außendienst für die Telefongesellschaft gearbeitet, und wir hatten spezielle Kletterschuhe im Wagen, und auch eine Menge Seil – wir dachten, wir könnten hier in der Gegend eine Klettertour unternehmen. Also band ich ihm ein Seil um, half ihm die Wand empor und hielt dann das Seil fest, damit er auf der anderen Seite hinunterklettern konnte, wenn er nicht springen wollte, und ich ihm bei der Rückkehr helfen konnte, sich wieder hochzuziehen.

Oben angekommen, stellte er sich auf die Mauer – sie ist breit genug dafür – und stand dann vielleicht eine Minute oder so wie eine Statue da. Dann drehte er sich um, und sein Gesicht war weißer, als ich es je zuvor an einem Menschen gesehen habe. Er sagte nichts, sondern nickte nur und kletterte auf der anderen Seite runter, während ich langsam Seil nachließ und es dabei straff hielt. Dann … schien mir das Seil aus den Händen zu gleiten … und …«

»Und Sie stellten fest, dass er auf Ihrer Seite der Mauer heruntergeklettert war, nur dass Sie ihn nicht kommen sahen«, beendete Wing und nickte Will zu. »Und Sie, Mr. Richards, ich schätze, ich weiß, was Sie so verblüfft hat, als Sie oben auf der Mauer standen und sahen, was sich dahinter befand. Sie haben dasselbe gesehen wie auf der anderen Seite. Ihren Wagen am Straßenrand und vermutlich Mr. Cantrell hier, der zu Ihnen hochsah. Sehen Sie, das wurde alles längst ausprobiert – aber Tatsache ist, *man kann nicht um Settlers Mauer herumgehen und man kann nicht darüber hinwegklettern.* Wenn Sie meine Meinung hören wollen – und der Major ist der gleichen Ansicht –, diese Mauer hat nur eine Seite. Und zwar die Seite, auf der Sie gerade sind.«

»Aber das ist unmöglich!«, protestierte ich. »Eine Mauer mit nur einer Seite, so etwas gibt es nicht.«

Wing kicherte in sich hinein. »Angeblich sagen wir Bauern das, wenn wir eine Giraffe sehen. Ich erzähle Ihnen über die Mauer, was ich weiß. Sie wird Settlers Mauer genannt, solange sich irgendjemand zurückerinnern kann, weil sie auf Settlers Grund und Boden steht. Aber keiner von denen hat sie gebaut.

Die Wings und die Settlers leben schon sehr lange hier, und der Grund und Boden hat der Familie des Majors schon vor dem Bürgerkrieg gehört. Ob nun ein Settler oder ein Wing zuerst in diesem Landesteil war, macht kaum einen Unterschied, würde ich meinen. Aber vor 1840 oder vielleicht ein paar Jahre früher, als das Land hier erstmals gerodet wurde, war keiner hier.

Mein Vater hat Folgendes zu mir gesagt, und das wird schon seit einiger Zeit weitergegeben: ›Es gibt vieles, was seltsam erscheinen mag, aber solange es dir nicht wehtut und auch sonst niemandem wehtut, störe dich nicht daran. Lass die Finger davon.‹ Und so verhält es sich hier, so betrachten wir die Mauer, praktisch alle hier. Settlers Mauer hat noch nie jemandem Schaden zugefügt, aber ein paar Leute haben sich selbst Schaden zugefügt, indem sie sich zu sehr in die Sache hineingesteigert haben.«

»Was ist denn mit ihnen passiert?«, fragte ich.

»Die Mauer selbst hat ihnen nichts getan. Sie hat einfach nur dagestanden und sie gar nicht beachtet. Aber sie konnten sie einfach nicht in Ruhe lassen – sie mussten alles darüber in Erfahrung bringen. Ein paar von ihnen haben ein Gehirnfieber bekommen und sind daran gestorben. Und Jim Garlan – er war der Sohn vom alten Ben, aber es hat keinen Sinn, das weiter auszuführen –, jedenfalls war das irgendwann in den 80ern, und er war in England und Deutschland zur Universität gegangen. Er war entschlossen, das Geheimnis der Mauer zu ergründen.«

Wing trank noch einen ordentlichen Schluck Apfelwein, dann stopfte er sich wieder die Pfeife.

»Was ist mit ihm passiert?«

»Er ist wahnsinnig geworden. Hat irgendein Kauderwelsch geredet, aus dem kein Mensch schlau wurde, nicht einmal die vornehmen Ärzte und Professoren, die herkamen. Eine komische Art von Latein soll er gesprochen haben, und ein paar dieser Professoren waren der Ansicht, er zitiere aus irgendeinem Buch, obwohl es ein Buch war, das keiner von ihnen gelesen hatte. Ich glaube, einer von ihnen hatte so eine Ahnung, aber er wollte nichts sagen – ich weiß das übrigens alles von meinem Großvater –, nur dass sich Jim wohl Zugang zu einem Buch im Britischen Museum verschafft haben musste, das die Leute eigentlich nicht sehen sollten. Aber mehr hat er nicht gesagt, obwohl mein Großvater sicher war, dass er viel mehr gewusst hat, nur nicht, dass man die Mauer am besten in Ruhe lassen sollte. Dave war mehr an ihr interessiert, als gut für ihn war.

Ich will Ihnen was sagen, weil Sie doch ein alter Studienkollege von ihm sind. Ich könnte mir vorstellen, dass der Major Sie gerne kennenlernen würde. Wenn Sie Zeit haben, könnten wir morgen zu ihm fahren. Ich glaube, der Major würde Sie einen Blick in Daves Notizbücher werfen lassen. Teile davon kann niemand von uns lesen, weil sie auf Lateinisch sind, und der Einzige hier, der etwas Latein kann, sagt, dass es sehr obskures Latein ist.«

Thad Wing rauchte seine Pfeife, und mir war in dem Augenblick nicht danach, die Stille zu stören.

»Und wenn Sie meine Meinung hören wollen – denn mehr ist es nicht, weil ich es nicht weiß –, dann hat Dave diese Universität in Massachusetts verlassen und ist nach New York gegangen, weil er zu viel herausfand und so viel Verstand hatte aufzuhören, bevor er ihn wie Jim Garlan verlor. Sie hielten auch an dieser Universität alte Bücher unter Verschluss, und aus dem, was wir Daves Notizbüchern entnehmen konnten, geht hervor, dass er einige davon gelesen hat. Jedenfalls haben der Major und ich ein wenig hin und her gerechnet und sind zu dem Schluss gelangt, dass die Bücher, die Dave 1926 und 1927 in obskurem Latein las, die gleichen Bücher waren, die Jim Garlan in London entdeckt hatte. Es waren richtig alte Bücher, von Hand kopiert … Dave hat einen Briefwechsel mit einem Schriftsteller geführt, der in Rhode Island gelebt hat, und ab und zu lange Briefe von ihm bekommen. Doch als er von dort zurückkam, war er ein anderer Mensch. Er hat die gesamte Korrespondenz verbrannt, und ich glaube, er hätte die Notizbücher auch verbrannt, hat sich aber vielleicht gedacht, dass sie niemand lesen könnte, und es standen wohl einige Dinge darin – persönliche Dinge –, von denen er sich nicht trennen wollte. Vielleicht hätte er diese Stellen abgeschrieben und den Rest verbrannt, wenn er überlebt hätte. Ich weiß es nicht. Das gehört zu den Dingen, bei denen man nur sagen kann, dass es einfach niemand weiß, fertig.«

Will wandte sich an mich. »Was sagst du dazu, Clyde? Reicht es dir damit oder kannst du noch ein wenig mehr verkraften? Sollen wir morgen Major Settler besuchen?«

3

Oftmals war ich bei der Lektüre fantastischer Literatur irritiert, wenn der Autor sich bemühte, mir zu vermitteln, dass etwas schockierend sei – vor allem, wenn er bemüht war, sein Material klar zu präsentieren. Im Rückblick auf dieses Manuskript wird mir jetzt aber klar, dass ich genau dasselbe getan habe. Vielleicht habe ich mich geirrt und einige meiner Lieblingsautoren falsch beurteilt. Ich meine damit nicht, dass *Sie* die Angelegenheit schockierend finden sollten, auch nicht, dass Sie es ohne meinen ausdrücklichen Hinweis darauf niemals täten. Ich rede von den Auswirkungen der Erfahrung des Versuchs, Settlers Mauer zu umgehen, auf Will Richards und mich.

Wir waren mehr als erschüttert. Das Erlebnis hatte eine durchschlagende Wirkung nicht nur auf unsere ganz normale Fähigkeit, zu denken und zu schlussfolgern. Die Situation hatte etwas Hypnotisches an sich, als stünden wir im Bann eines erstklassigen Bühnenmagiers, der einen dazu bringt, dorthin zu sehen, wo er einen hinsehen lassen will, und einen mit seinen Illusionen und Täuschungen vollkommen umgarnt. Das gehörte mit dazu. Der scharfsinnige Leser ist wahrscheinlich längst auf eine Idee gekommen, die uns erst am nächsten Morgen einfiel.

Natürlich brachte sie nur partielle Erleichterung, denn damit ließ sich nicht ansatzweise alles erklären, aber sie kam mir wie ein bedeutender Sieg vor, als ich vom Radau von Wings Hähnen erwachte, die nun, nachdem sie ihre grundsätzliche Pflicht früher erledigt hatten, für den nächsten Morgen probten. So wie das Tageslicht meine Augen traf, als ich sie aufschlug, so traf mich auch die jähe Erkenntnis.

Will stand bereits am Waschbecken. Ich musterte ihn durchdringend, wobei ich mich fragte, ob ihm die Idee wohl auch gekommen war. Ich glaubte es nicht – er sah einfach nicht danach aus. Also gähnte ich und sagte zu ihm: »Will, warum versuchen wir nicht einfach, von der anderen Seite auf die Mauer zu klettern? Wir könnten uns ihr von der anderen Seite nähern.«

Das Rasiermesser fiel ihm aus der Hand, was so viel Applaus war, wie ich verlangen konnte. Ich marschierte triumphierend den Flur entlang und ließ ihn dort stehen, während ich erwog, den Tag im Kalender anzustreichen, da ich vergessen hatte, wann ich ihm das letzte Mal auf der geistig-kreativen Ebene zuvorgekommen war.

Es war ein schöner Tag, und ich genoss ihn von Herzen für volle zehn oder vielleicht 15 Minuten, bis wir nach unten zum Frühstückstisch gingen, den Nachbarn begrüßten, der vorbeigekommen war, um zu helfen, und ich nach kurzem zwanglosem Geplauder meine Idee erwähnte.

Thad Wing sah mich nachdenklich und ein wenig mitfühlend an und murmelte: »Das ist schon versucht worden.«

Er kaute einen Moment auf dem Schinken herum und fügte dann hinzu: »Jim Garlan war der Letzte, der es immer und immer wieder versucht hat, und da ist er dann auch absonderlich geworden. Auf der anderen Seite ist Wald, ganz so wie auf dieser Seite. Bei Jim war es so: Jedes Mal, wenn er aus dem Wald auf eine Wiese kam, fand er sich auf der Seite mit der Straße wieder. Sie müssen es mir nicht glauben, Mr. Cantrell. Es gibt kein Gesetz dagegen, es selbst auszuprobieren.«

Mrs. Sullys leckeres Maine-Frühstück verlor an dieser Stelle den Geschmack. Ich wusste, dass ich diese Erfahrung auf keinen Fall selbst machen wollte.

»Ich verstehe nicht – unter anderem«, sagte Will, »warum wir noch nie zuvor etwas von der Mauer gehört haben.«

»Nun ja…« Wing überlegte kurz. »Ich will nicht beleidigend klingen. Ich will auch niemandem zu nahe treten, aber die meisten Leute in dieser Gegend kümmern sich um ihren eigenen Kram. Natürlich können Sie nichts dafür, dass das Schild nicht mehr da war. Ich bin sicher, Sie hätten die Straße nicht genommen, wenn Sie es gesehen hätten.

Aber Tatsache ist, seitdem das Schild da steht, nimmt kaum jemand außer dem Major und seiner Familie diesen Weg, und seit Jim Garlan verrückt geworden ist, sind die Leute stillschweigend übereingekommen, nicht über die Mauer zu reden. Die meisten Leute in dieser Gegend haben sie nie gesehen oder auch nur davon gehört. Und alle anderen lassen die Mauer in Ruhe. Und sie lässt uns in Ruhe.«

Wing wechselte das Thema, wohl um uns zu versichern, dass er seine Worte nicht persönlich meinte und wir ihm in keiner Weise auf die Zehen getreten waren. Nach dem Frühstück stiegen wir auf seinen einfachen offenen Wagen und fuhren zu den Settlers. Einfach so, ohne vorher zu telefonieren, obwohl Wing ein Kurbeltelefon in der Küche hatte – einen Drei-Parteien-Gemeinschaftsanschluss. Unser Abenteuer komme ihm gut zupass, sagte er, weil er den Major schon eine Weile nicht mehr gesehen habe und ihm dies einen guten Grund gebe, bei ihm vorbeizuschauen.

Später erfuhren wir, dass es sich bei dieser »Weile« um einen Zeitraum von mehr als zwei Jahren handelte. Settler und Wing hatten eine kleine Meinungsverschiedenheit gehabt und aufgehört, miteinander zu reden, wobei jeder von beiden bereit war, die Freundschaft wiederaufleben zu lassen, wenn der andere den ersten Schritt machte. Also entstand doch etwas Gutes aus unserer Entdeckung der Mauer.

Wenn man keine Knochen aus Gummi hat, ist ein offenes Fuhrwerk kein erstrebenswertes Verkehrsmittel für die Fahrt über unbefestigte Feldwege. Es half jedoch dabei, das Gefühl stumpfen Grauens abzumildern, das mich überkommen hatte. Ich war hin- und hergerissen zwischen dem Verlangen einerseits, mich in eine Höhle zu verkriechen und schlafen zu gehen in der Hoffnung, in einer anderen Welt aufzuwachen, in der so etwas wie

Settlers Mauer nicht existieren konnte, und einer morbiden Faszination andererseits, die mich dazu trieb, die Sache weiterzuverfolgen, obwohl ich mich fragte, zu welchem Zweck.

Major Horace Wingate Settler, U.S. Army (a. D.), sah aus wie der sprichwörtliche Offizier im Ruhestand. Man nehme die Statur von Theodore Roosevelt, doch ohne die Brille, etwas von der stoischen Ruhe eines Calvin Coolidge – der *nur* redete, wenn ihm danach war –, doch mit etwas mehr Wärme, dazu einen Hauch der freundlichen, aber bestimmten Aufrichtigkeit Eisenhowers, und Sie haben unseren ersten Eindruck.

Er begrüßte Thad Wing, als hätte er ihn erst letzte Woche noch gesehen, und sie unterhielten sich ein wenig, nachdem wir begrüßt worden waren und es uns auf der Veranda gemütlich gemacht hatten. Nach einer Weile schilderte Wing kurz und prägnant, wie wir auf die Mauer gestoßen waren und unsere Erfahrungen mit ihr, um dann zu erwähnen, dass Will ein Studienkollege Davids an der Columbia gewesen sei.

Danach taute der Major sichtlich auf. »Kann mich noch erinnern, dass Dave einen Verbindungsbruder namens Will erwähnt hat. Nun, wenn Sie lesen können, was er in seine Notizbücher geschrieben hat, würden wir es gewiss gern herausfinden. Das mit der Mauer ... Mir gehört sie nicht. Ich habe sie nicht gebaut und auch sonst niemand. Die Mauer war schon da, als wir hierhergezogen sind, und die Leute hier schwören, dass sie damals nichts darüber wussten. Sie wird nirgendwo erwähnt, nicht einmal in den alten indianischen Legenden. Irgendwann um 1840 stand sie einfach da.«

Mir war nicht nach Widerspruch und Will auch nicht, das konnte ich erkennen. Für uns beide war offensichtlich, dass der Major und seine Vorfahren das Problem der Mauer auf ihre ganz eigene Art gelöst hatten: Sie hatten sie ignoriert. Das Einzige, worüber sie sich unterhielten, waren die unschönen Resultate allzu großer Neugier.

»Nein, sie hat noch nie jemandem geschadet, der ihr nicht zu nahe gekommen ist und nicht versucht hat, ihr zu tief auf den Grund zu gehen«, fuhr der Major fort. »Sie hat auch niemandem je etwas Gutes getan. Aber Sie können gerne versuchen, ihr auf jede nur erdenkliche Art, bis auf eine, auf den Grund zu gehen. Verdammt, Sie können sie sogar abreißen und sonst wohin karren, wenn Sie eine Möglichkeit finden, solange Sie dem Rest des Grundstücks keinen Schaden zufügen und alles auf Ihre Verantwortung tun.«

»Was ist ausgeschlossen, Sir?«, fragte ich.

»Unter der Mauer zu graben. Das hat Jim Garlan in den Wahnsinn getrieben, und ein paar andere vor ihm haben Gehirnfieber bekommen und sind gestorben.«

Der Major stand auf und ließ dabei Anzeichen seines Alters erkennen. »Ich hole jetzt Daves Notizbuch. Thad würde wohl auch gerne hören, was Ihnen dazu einfällt. Wenn alles nur Chinesisch für Sie ist, ist das auch okay – bis jetzt ist noch niemand schlau daraus geworden.«

»Sie meinen«, fragte ich, »dass bisher noch niemand in der Lage war, irgendetwas davon zu übersetzen?«

»Ganz recht. Ein paar konnten Wörter und auch ganze Sätze hinbekommen. Aber danach waren wir auch nicht schlauer als vorher.«

In der kurzen Zeit der Abwesenheit des Majors erzählte uns Wing, dass der Vetter des Majors mit seiner Familie hier lebte und sich um Haus und Grundstück kümmerte. Wir würden sie später noch kennenlernen, falls der Besuch so lange dauerte. Ich hatte den Eindruck, solange wir uns benahmen und interessant waren, würden wir noch Tage als Wings zahlende Gäste bleiben können. Wenn die anderen nichts Wichtiges zu tun hatten, würden sie uns besuchen, wenn nicht, waren wir eben allein. Die jüngeren Leute hatten ihre täglichen Pflichten, aber Wing und der Major arbeiteten, wenn ihnen danach war – was öfter der Fall war als nicht.

Dave hatte eine Universität in Massachusetts besucht, bevor er zur Columbia gewechselt war. Will hatte geglaubt, Dave habe einfach nur spät mit dem Studium begonnen, doch nun fanden wir heraus, dass er einen Zusammenbruch an »diesem Ort« gehabt und ein Jahr Pause gemacht hatte, bevor er das Studium fortsetzte. Die Uni, die er zuerst besucht hatte, wurde nicht namentlich erwähnt, obwohl ich den Verdacht hatte, dass sich Wing tatsächlich an den Namen erinnerte. Aber hier war es Usus, wenn man sie überhaupt erwähnen musste, sie nur als »diesen Ort« zu bezeichnen. Der Major hatte sie vollständig ausgeblendet.

Settler tauchte jetzt mit einem mittelgroßen Schreibheft unter dem Arm wieder auf. »Ich habe nie viel von diesem Ort gehalten, aber Dave wollte Nachforschungen in Italien und anderen Ländern anstellen. Nach seinen Studien über da Vinci hatte er den Eindruck, einige dieser alten Autoren hätten ein paar für das Militär nützliche Ideen gehabt, die nur deshalb übersehen worden seien, weil sie auf so obskure Weise niedergeschrieben sind. Er wollte sich Kenntnisse in mittelalterlichem oder noch früherem Latein aneignen und glaubte, dieser Ort sei die einzige Schule im Osten mit den richtigen Voraussetzungen für ihn. Also musste ich ihm zugestehen, dass es das Risiko wert sein könnte.«

Er stopfte seine Pfeife und zündete den Tabak sorgfältig an. »Er war kein Pazifist, aber ich konnte erkennen, dass er für eine Laufbahn in der Armee als Soldat nicht geeignet war. Nicht mit Leib und Seele dabei. Er würde seine Pflicht erfüllen, falls der Krieg neuerlich ausbrach, aber ansonsten, nein. Hat mich zuerst irgendwie enttäuscht, aber dann kam ich ins Grübeln. Nach dem Tod meiner Frau hatte ich viel Zeit, um nachzudenken. Deswegen waren diese Deutschen so kurz davor gewesen, die ganze Welt zu besiegen. Sie betrieben Forschung. Sie entwickelten neue Ideen. Mit alten Ideen, die jeder kennt, kann man keinen Krieg gewinnen, wie viele Männer man auch hat. Vielleicht dauert es nicht lange, bis die Japaner oder die Russen oder vielleicht sogar noch einmal die Deutschen neue Ideen haben und noch einen Versuch starten. Wir müssen ihnen voraus bleiben.«

Er paffte an seiner Pfeife. »Ausbildung plus Fantasie. Das braucht die Armee oben an der Spitze. Ich hatte die Ausbildung nicht. Nur ein paar Ideen und nicht den gesunden Menschenverstand, sie für mich zu behalten. Plötzlich fand ich mich im Ruhestand wieder ... aber ich dachte mir, wenn David etwas Wichtiges lernte und wir jemanden mit einer West-Point-Ausbildung dafür interessieren konnten, würden wir dem Land einen echten Dienst erweisen.«

In der nächsten halben Stunde versuchte ich, meine Ungeduld zu zügeln, während wir erfuhren, dass die Vereinten Nationen auf einer Ebene mit den Vereinten Mäusen standen, die mit vollem Ernst beschlossen, der Weg zur Sicherheit bestehe darin, der Katze eine Glocke umzuhängen, und Abrüstung komme gleich nach Hochverrat. Andere Länder würden Bündnissen beitreten und insgeheim aufrüsten etc. Und falls uns nicht ein paar neue Ideen kämen, wie wir ihnen Paroli bieten könnten, wenn sie so weit seien etc. Dabei zuzusehen, wie Japan die Mandschurei übernahm, habe jeder intelligenten Person zeigen müssen, wie wertlos die Vereinten Nationen seien, und angesichts unserer aktuellen Regierung sei es nur gut, dass wir nicht dazugehörten etc. Ich versuchte, nicht zu oft auf das Schreibheft auf dem Schoß des Majors zu schauen und sogar ein paar intelligente Bemerkungen einzustreuen, als Wing das Gespräch auf das Unvorbereitetsein des Nordens lenkte, wo doch jeder habe sehen können, dass sich der Süden abspalten und es Krieg geben werde.

Schließlich kam das Schreibheft in Wills Hände, und er grübelte über dem ersten lateinischen Abschnitt. Schließlich blickte er auf. »Das ist ein Zitat«, sagte er, »und zwar aus einem Buch, das Dave nur als ›AA‹ bezeichnet – es muss wohl eines der seltenen Exemplare an … diesem Ort gewesen sein. Ich glaube, ich kann das Zitat übersetzen.«

Er räusperte sich und las langsam vor: »›Da ist jenes, was nicht der Boshaftigkeit jener entspringt, die den Älteren dienen, doch Gelehrte sagen, dass es wie ein passives Bündnis mit ihnen sei. Dieses Etwas ist im Raum, und doch nicht im Raum, in der Zeit, und doch nicht in der Zeit, und zahlreich und mannigfaltig sind die Wunder, die es begleiten. Es bewegt sich nicht, nachdem es kommt, und schadet keinem, der es nicht beachtet. Doch grausam ist der Zwang, den es auf jene ausübt, die sich nähern. Beängstigend die Magie, die es auf sie wirkt, dass sie in seinen Bann geraten, was zum Wahnsinn führt. Suche nicht herumzugehen oder darüberzuklettern, damit du nicht gefangen wirst, und grabe nicht in die Tiefe zu dem, was darunter liegt. Die Zauber von‹ – das kann ich nicht entziffern – ›nützen nichts, auch trennt sich kein Dämon von Wissen darüber. Es kommt in der Zeit von‹ – tja, von irgendwas. Ich kann mit dem Hinweis nichts anfangen – ›und geht, wenn die Zeit abgelaufen ist.‹«

Der Major atmete geräuschvoll aus. »Verdammt, das war viel besser als alle bisherigen Übersetzungsversuche.

Und Sie haben so viel Latein auf der Columbia gelernt?« Der Major fluchte einen Moment lang vor sich hin. »Dann hätte Dave gar nicht zu diesem Ort gehen müssen!«

Will schüttelte den Kopf. »Ich habe noch einige andere Dinge gelesen, Sir, die mir eine Vorstellung davon gegeben haben, worauf ich achten muss – vor allem, nachdem Sie erwähnt hatten, Dave habe an diesem Ort studiert …«

»Es geht tatsächlich um die Mauer, meinst du nicht auch, Thad?«

Wing nickte energisch.

»Natürlich, das hatten wir uns ja schon immer gedacht. Aber dies schafft ein wenig Klarheit. Es hat früher schon andere wie sie gegeben, und dies ist eine Warnung, sie in Ruhe zu lassen. Und außerdem heißt es, sobald man einmal zu bohren anfange, könne man nicht mehr damit aufhören – jedenfalls nicht leicht.«

»Als wäre man von ihr gefangen und sie würde einen studieren«, sagte Wing. »Wissen Sie, wofür diese Abkürzung ›AA‹ steht?«

Will nickte. »Ich glaube, ja. Gemeint ist ein sehr altes Buch, das sich mit Magie, Zaubersprüchen und allerlei Eigentümlichkeiten befasst. Und es passt zu einigen ziemlich furchtbaren Dingen, die sich angeblich ereignet haben. Es passt zu der Korrespondenz, die Dave mit … diesem Mann in Rhode Island hatte. Er hat einiges in Form einer fiktiven Geschichte aufgeschrieben, aber er weiß eine Menge über dieses Buch und … diesen Ort. Aber den Rest des Lateinischen müsste ich sehr lange studieren, um noch mehr übersetzen zu können. Dieser Teil war sehr leicht für mich, aber ein Blick auf den nächsten Abschnitt hat mir gereicht, um zu erkennen, dass er meine Fähigkeiten übersteigt. Man muss schon ziemlich viel über das Thema wissen, von dem die Rede ist, um aus dieser Art von Latein schlau zu werden.«

»Dann hat Dave dort wohl die Grundlagen erworben«, stimmte der Major zu. »Er wäre letztes Jahr nach Italien gegangen, wenn er nicht …«

Er verstummte, und wir störten ihn bei seinen Grübeleien nicht, in die er eine Weile verfiel. »Sie können sich das Notizbuch so lange ausleihen, wie Sie es brauchen«, sagte er schließlich. »Und wenn Sie sich noch ein wenig die Mauer ansehen wollen, soll mir das auch recht sein, solange Sie nicht graben. Sogar dieser Autor sagt, man soll nicht graben … Ich bin sicher, er redet von der Mauer. Es muss noch andere wie sie geben – oder es hat andere gegeben, als er das geschrieben hat. Im Mittelalter, schätze ich.«

»Früher«, sagte Will. »Dieses Buch ist eine Übersetzung aus dem Arabischen.«

Der Major pfiff durch die Zähne. »Aus dem Arabischen? Dann muss es sehr alt sein. Diese Leute hatten eine ganz beachtliche Zivilisation, als wir noch ziemliche Barbaren waren.«

»Eines würde ich gerne noch versuchen«, sagte Will zögerlich. »In meiner Verbindung gab es noch jemanden, der aus dieser Gegend stammte. Er war ein begeisterter Flieger und hatte ein eigenes Flugzeug, als ich zuletzt von ihm gehört habe. Von ihm habe ich ein wenig Fliegen und Fallschirmspringen gelernt. Ich würde gern sehen, ob ich mit einem Fallschirm hinter der Mauer landen kann.«

»Also, das wäre interessant«, räumte Thad Wing ein.

Das Ende vom Lied war, dass Will ein Ferngespräch führte und es ihm gelang, Max Bentley zu erreichen. Die neuen Erkenntnisse, die ich auf dieser Reise über meinen Partner sammelte, schienen kein Ende zu nehmen. Zwar war mir nicht gerade neu, dass Will an der Fliegerei Interesse hatte und nach seinem Abschluss auf der Uni selbst ein wenig geflogen war. Aber Fallschirmspringen hatte er noch nie zuvor erwähnt.

Der Plan sah vor, dass ich bei Wing blieb, während Will zu Max fahren und alle Vorbereitungen treffen würde. Will wollte mit dem Fallschirm hinter der Mauer landen. Sowohl Wing als auch der Major waren beeindruckt, und ich genoss einige der Wohltaten, die unser geänderter Status mit sich brachte: Ich wurde eingeladen, sie am nächsten Morgen zum Angeln zu begleiten.

Ich hatte geglaubt, ein wenig vom Angeln zu verstehen. Wing und der Major hatten einen glänzenden Morgen, und ich nehme an, sie lachten noch Jahre danach über meinen Anteil daran.

Wenn es Ihnen nichts ausmacht, wechseln wir jetzt die Szene und springen direkt zum Nachmittag, als Wing, der Major und ich uns auf der Wiese versammelten, um auf Wills Ankunft mit Max in Bentleys Tragschrauber zu warten. Er hatte angerufen, um uns wissen zu lassen, wann sie eintreffen würden und was ich tun sollte.

Will sah ein wenig blass aus, als er ausstieg, fing sich aber rasch so weit, dass er Max vorstellen konnte. Wir erfuhren den Grund für seine Bestürzung rasch genug. Die Mauer war aus der Luft gar nicht zu sehen. Von oben sah man nur eine symmetrisch angeordnete Hügellandschaft mit einer großen Wiese, die so flach war, dass ein Flugzeug darauf landen konnte, und die Straße.

»Das ist ungefähr so leicht zu erklären wie alles andere, was wir bisher erlebt haben«, sagte Will. »Und ihr habt gesehen, wie niedrig wir waren, als wir über die Straße geflogen sind. Ich habe ein paar Fotos gemacht … hast du die Flaggen mitgebracht, Clyde?«

Ich nickte und pflanzte sie so in die Erde, dass sie ein Dreieck mit sechs Metern Kantenlänge bildeten. »Sobald du sie mit dem Fernglas erkennen kannst, begibst du dich in Position und springst«, sagte ich zu ihm. »Wir werden alle sehen, ob du hinter der Mauer landest.«

Thad Wing klopfte seine Pfeife aus und spuckte auf den Boden, und der Major verzog keine Miene, doch mir war ziemlich klar, was sie beide dachten.

Wir machten ein paar Fotos von der Mauer und beobachteten, wie der Tragschrauber allmählich aufstieg. Es wehte kein Wind, also würde es nicht allzu schwierig sein, hatte Will gesagt, den Sprung richtig auszuführen. Wenn er es beim ersten Mal nicht schaffte, wollte er es noch einmal versuchen.

Wir hatten alle Ferngläser dabei und richteten sie auf Max' kleinen Hubschrauber. Da! Will war eben abgesprungen und überschlug sich in der Luft, für einen Moment nur ein schwarzer Fleck, dann erblühte der Fallschirm weiß, und der Fall verlangsamte sich merklich.

Er schien quälend langsam tiefer zu sinken, aber nach einer Weile war uns allen klar, dass er hinter der Mauer landen würde. Kein Zweifel. Wenn er nicht auf unsere Seite gelangen konnte, würde Max auf seiner Seite landen und ihn hinausfliegen.

Ich stieß einen Jubelruf aus, als ich sah, dass der Schirm auf der anderen Seite von Settlers Mauer außer Sicht niederging, doch ich jubelte allein. Wing und der Major hatten eine interessierte Miene aufgesetzt. Sie warteten einen Moment und drehten sich dann wie auf Kommando um.

Ich folgte ihrem Beispiel und sah, warum ich allein gejubelt hatte. Will Richards stand hinter uns, mit seinem Fallschirm und allem.

Der Major stand zunächst wie eine Statue da, dann sagte er nur ein Wort: »Dynamit.« Er sagte es ganz gegen seine sonstigen Redegewohnheiten, ohne die Stimme zu heben, und ohne besondere Betonung. Doch in dem Augenblick wusste ich, dass er doch Gefühle für die Mauer hatte. Er hasste sie.

Max Bentley war ebenfalls äußerst erregt. Dies war etwas ganz anderes, als eine fantastische Geschichte zu hören. Auch er war sicher, dass Will auf der anderen Seite gelandet war.

Als sich Bentley zu uns gesellte und Will den Fallschirm zusammengefaltet hatte, fragte ich den Major, ob das der erste Versuch dieser Art gewesen sei.

»Es ist der dritte Versuch«, antwortete er. »Ein Freund von Dave hat es zweimal versucht. Bisher ist es niemandem gelungen, irgendwie auf die andere Seite dieser Mauer zu gelangen.«

»Also wollen Sie sie in die Luft sprengen?«, fragte Bentley.

Thad Wing schüttelte den Kopf. »Nein, nur versuchen, ein Loch *hindurch*zusprengen.«

Es war klar, dass Wing und der Major viel mehr über die Mauer wussten, als sie preisgegeben hatten.

Ich nahm an, dass man die Oberfläche überhaupt nicht durchbohren konnte, aber als ich den Bohrer ansetzte, schien er mühelos einzudringen. Wing bereitete das Dynamit vor und legte die Zündschnüre, jeweils eine Stange in drei Löchern, die so nahe wie möglich beieinanderlagen. Der Major zündete die Lunten an, dann liefen wir aus der Gefahrenzone.

Für mich hörte sich die Explosion beeindruckend an, doch Thad Wing schüttelte den Kopf. »Irgendwie nicht richtig. Das Bohren hat sich auch schon nicht richtig angehört.«

Nun, es sah durchaus vielversprechend aus. Ein ordentliches Stück war herausgesprengt und hatte eine tiefe Höhlung hinterlassen. Splitter aus Stein – dem Baumaterial – lagen überall verstreut. Die Mauer hatte jetzt einen definitiven Makel, ein Loch aus besonders schwarz aussehender Dunkelheit. Doch kein Tageslicht. Wir hatten ein Loch in die Wand hinein-, aber nicht hindurchgesprengt. Will ging zum Tragschrauber und kehrte mit einer Taschenlampe zurück, mit der er in das Loch leuchtete.

»Es geht nach unten«, sagte er. »Es geht tief nach unten.«

Wir holten ein Seil, und Will band es sich um die Taille, als wollten wir ihn in einen tiefen Brunnenschacht hinunterlassen. Irgendwie schien die Vorstellung akzeptabel zu sein, so wie wir auch alles andere in Bezug auf Settlers Mauer akzeptierten, auch während dabei etwas in uns aufschrie.

Bentley und ich hielten das Seil fest. Drei Rucke würden das Signal sein, Will zurückzuziehen.

Wir sahen ihn hineinsteigen, sahen das kurze Aufleuchten seiner Taschenlampe und beobachteten, wie sich das Seil abwickelte. Stunden schienen vergangen zu sein, obwohl es höchstens ein paar Minuten gewesen sein können, als die Rucke erfolgten. Wir holten das Seil alle gemeinsam ein, bis Will in Sicht kam.

Er war sehr blass, doch die Ausdruckslosigkeit seiner Miene konnte sich mit derjenigen Settlers messen. »Es führt auch kein Weg durch die Mauer, Major.«

Keine der aus dem Flugzeug gemachten Fotografien wurde etwas, und uns kam nicht einmal der Gedanke, Bruchstücke der Mauer mitzunehmen.

4

Am nächsten Tag verabschiedeten wir uns von Major Settler und Thad Wing und bedankten uns für ihre Gastfreundschaft und Kooperation, und Will versprach, das Notizbuch zurückzugeben. Er redete etwas leiser als zuvor, hatte anscheinend aber recht gut geschlafen. Ich nicht. Ich bin es nicht gewöhnt, bei eingeschaltetem Licht zu schlafen. Ich frage mich, ob er es nicht alles in allem besser verarbeitet hat als ich. Obwohl es stimmt, dass er seither immer eine Taschenlampe bei sich trägt, nie in einen dunklen Raum geht, ohne sie zuvor einzuschalten, sie auch nicht ausschaltet, bevor ein anderes Licht brennt, und unter gar keinen Umständen das letzte Licht in einem Zimmer ausschaltet.

Etwa ein Jahr später wäre Will bei einem Stromausfall beinahe vor Angst gestorben, als es fast 48 Stunden lang keine Elektrizität gab und wir auf Kerzen und Öllampen zurückgreifen mussten. Die Batterien in seiner Taschenlampe gingen zur Neige, und ich werde niemals das Ächzen vergessen, das er von sich gab, als das Licht warnend zu flackern begann. Er drückte sie mir in die Hand und flüsterte: »Clyde, schalte sie aus und zünde die Lampe an.« Dann hielt er sich die Hände vor die Augen und drehte sich zur Wand.

Ab und zu redet er im Schlaf über ein Loch, das immer tiefer nach unten führt und in das er seine Taschenlampe hat fallen lassen. Doch das Licht von der Taschenlampe ist noch da. Es treibt allmählich davon wie Rauch. Er hat diesen Traum regelmäßig, und anscheinend ist er immer gleich, aber er redet nie darüber, wenn er aufwacht. Ich selbst habe ihn noch nie darauf angesprochen und will ihm keine Fragen stellen. 30 Jahre lang habe ich versucht, nichts über diese Geschichte zu erzählen …

In jenem Herbst arbeitete er an Dave Fenners Notizbüchern, wollte aber nicht über sie reden – noch nicht, so drückte er es aus: Er warte auf etwas. Er wollte mir nicht verraten, was es war.

Ich versuchte selbst, einige der lateinischen Zitate zu übersetzen, kam aber nicht weit. Ich vermochte nur zu entziffern, dass es um Magie und um Ungeheuer ging – oder vielleicht auch um etwas Ungeheures.

Ein paar Monate später schickte Will Major Settler die Notizbücher mit einem Dankesschreiben und dem Kommentar zurück, sie enthielten viele alte Überlieferungen, die für Gelehrte wertvoll seien und höchstwahrscheinlich von Nutzen für jemanden, der alte lateinische Manuskripte studieren wolle, doch ohne wirklichen Bezug auf die Mauer zu nehmen.

Ich beschuldigte ihn nicht der Lüge, habe aber den starken Verdacht, dass es eine war.

5

Anfang März 1936 traf ein Brief von Thad Wing mit einem Foto ein. Auf dem Foto war nicht nur Wings Auto mit dem 1936er Kennzeichen deutlich zu sehen, sondern er war auch unserem Beispiel mit den Fotos gefolgt, die wir vor der Sprengung mit dem Dynamit gemacht hatten: Wir hatten unsere Namen und das Datum auf die Rückseite geschrieben. Das Foto war zudem vom Major und noch ein paar anderen Leuten unterzeichnet.

Es zeigte die Mauer, und darin waren immer noch Spuren des Lochs zu erkennen. Spuren. Zum größten Teil war es ausgefüllt. Das Begleitschreiben versicherte, weder Major Settler noch Wing oder sonst jemand habe den Versuch unternommen, die Mauer zu reparieren. Alle Bruchstücke seien verschwunden.

Ihnen wird jetzt sicher klar, warum ich diese Geschichte nicht erzählen wollte, so interessant einige ihrer Aspekte auch sind. Settlers Mauer bestand nicht aus Stein oder irgendeiner Substanz, die uns vertraut ist, obwohl sie für mich eher nach Stein aussah als sonst etwas. Mit ihr war irgendein Phänomen verbunden, infolge dessen niemand um die Mauer herum, über sie hinweg oder durch sie hindurchgelangen konnte – tatsächlich schien es so, als gäbe es gar keine andere Seite. Natürlich habe ich von Möbiusstreifen gehört, aber es kann kein Möbiusstreifen gewesen sein.

Dann kam der Hurrikan von 1938. Ich hielt mich in jener Nacht in Brooklyn auf, und eigenartigerweise gab es dort, wo ich mich befand, kein Anzeichen dafür, dass es ein ungewöhnlicher Sturm war. Er blies kräftig, und es fiel eine Menge Regen. Doch erst am nächsten Tag fand ich heraus, wie schwer der Sturm gewütet hatte.

Eine Woche später traf ein Brief aus Maine ein. Ich war sicher, dass Neuigkeiten über die Mauer darin stehen würden.

So war es auch. Der Brief enthielt eine weitere beglaubigte Fotografie von einem langen Graben neben der Straße, die wir befahren hatten. Die Mauer war verschwunden. Manche Leute in der Gegend, schrieb Thad Wing, glaubten, es habe ein kleines Erdbeben gegeben, doch die Seismologen konnten das nicht bestätigen.

Das ist das Ende meiner Geschichte, bis auf das, was Will sagte, als er die Fotografie betrachtete.

»Natürlich«, flüsterte er, »natürlich. ›Im Raum, und doch nicht im Raum …‹ Sie ist weggeschwommen.«

H. P. Lovecraft

DAS FEST

Efficiunt Daemones, ut quae non sunt,
sic tamen quasi sint,
conspicienda hominibus exhibeant.
– Lactantius

Fern weilte ich von zu Hause, und das Meer des Ostens hatte mich in seinen Bann gezogen. In der Dämmerung hörte ich es gegen die Klippen branden und ich wusste, dass es unmittelbar hinter der Anhöhe lag, wo die krummen Weiden sich vor dem klaren Himmel und den ersten Abendsternen bogen. Und weil meine Ahnen mich zu der alten Stadt an der Meeresküste gerufen hatten, eilte ich durch den dünnen, frisch gefallenen Schnee auf der Straße voran, die einsam den Hügelkamm erklomm, wo zwischen den Bäumen Aldebaran blinzelte; jener uralten Stadt entgegen, die ich nie gesehen, doch von der ich so häufig geträumt hatte.

Es war die Zeit des Julfestes, das die Menschen Weihnachten nennen, wenngleich sie tief in ihren Herzen wissen, dass es älter ist als Bethlehem und Babylon, älter als Memphis und die ganze Menschheit. Es war die Zeit des Julfestes und ich war endlich in die alte Küstenstadt gekommen, wo die Meinen ehedem gelebt und das Fest begangen hatten, als das Fest verboten gewesen war; wo sie auch ihre Söhne dazu bestimmt hatten, das Fest einmal in jedem Jahrhundert zu feiern, auf dass die Erinnerung an uralte Geheimnisse nicht in Vergessenheit gerate. Meine Vorfahren waren ein altes Geschlecht, das bereits alt gewesen war, als dieses Land vor 300 Jahren besiedelt wurde. Und sie waren wunderlich, denn sie waren als ein dunkler, verstohlener Menschenschlag aus berauschend duftenden Orchideengärten des Südens gekommen und hatten eine fremde Sprache gesprochen, ehe sie die Sprache der blauäugigen Fischer erlernten. Und jetzt lebten sie weit versprengt und teilten nur noch die geheimnisvollen Riten miteinander, die kein Lebender zu verstehen vermag. Ich war der Einzige, der während jener Nacht in die alte Hafenstadt zurückkehrte, wie es die Legende gebot, denn nur die Armen und die Einsamen bewahren die Erinnerung.

Dann erblickte ich jenseits der Hügelkuppe Kingsport frostkalt hingebreitet in der Dämmerung, das verschneite Kingsport mit seinen alten Wetterfahnen und Kirchturmspitzen, Firstbalken und Kaminkronen, Hafenmolen und schmalen Brücken, Trauerweiden und Friedhöfen; mit seinen endlosen Irrgärten aus steilen, engen, krummen Gassen und seinem schwindelerregend aus der Ortsmitte ragenden Kirchhügel, den die Zeit nicht anzutasten wagte; mit seinen unendlichen Labyrinthen aus Häusern der Kolonialzeit, die kreuz und quer, untereinander und übereinander hingewürfelt schienen gleich den verstreuten Bauklötzen eines Kindes; mit seiner Aura des Alters, die auf grauen Schwingen über winterlich weißen Giebeln und Walmdächern schwebte; mit seinen fächerförmigen Oberlichten über den Hauseingängen und den kleinformatigen Fensterscheiben in den Häusermauern, die eins nach dem andern in den kalten Nachtbeginn hinausleuchteten, um sich Orion und den Äonen alten Sternen beizugesellen. Und gegen die morschen Molen brandete das Meer; das geheimnisvolle, unvordenkliche Meer, aus dem meine Ahnen in alter Zeit emporgestiegen sind.

Neben dem Scheitelpunkt der Straße ragte ein noch höherer Bergzacken auf, trist und windumtost, und ich sah, dass es ein Totenacker war, wo schwarze Grabsteine ghoulisch aus dem Schnee stachen wie die verfaulten Fingernägel eines riesigen Leichnams. Die fährtenlose Straße war sehr einsam und zuweilen meinte ich, von fern das schreckliche Knarren eines Galgens im Wind zu vernehmen. Im Jahre 1692 waren vier meiner Ahnen wegen Hexerei gehängt worden, aber wo genau, das wusste ich nicht.

Sobald sich die Straße die meerwärts gelegene Hügelflanke hinabschlängelte, lauschte ich nach den fröhlichen Klängen einer abendlichen Gemeinde, doch ich hörte keine. Dann gedachte ich der Jahreszeit und sagte mir, dass dieses alte Puritanervolk sehr wohl Weihnachtsbräuche pflegen mochte, die mir fremd waren, erfüllt von stummen Gebeten am heimischen Herd. Daher lauschte ich nicht länger nach Frohsinn und hielt keine Ausschau nach Wanderern, sondern schritt weiter bergab, vorbei an den stumm erhellten Bauernhäusern und schattigen Steinmauern, an denen die Schilder altertümlicher Kaufläden und Fischerkneipen in der salzgetränkten Meeresbrise knarrten und die grotesken Klopfer säulengeschmückter Hauseingänge im Lichtschein kleiner, verhängter Fenster aufglänzten, die die menschenleeren, ungepflasterten Gassen beiderseits säumten.

Ich hatte Straßenpläne der Stadt gesehen und wusste, wo das Haus meiner Angehörigen zu finden war. Man hatte mir versichert, dass man mich erkennen und willkommen heißen würde, denn Dorflegenden sind zählebig. Daher eilte ich durch die Back Street zum Circle Court und über den frischen Schnee auf dem einzigen durchgehenden Stück Straßenpflaster des Ortes zur Einmündung der Green Lane hinter dem Market House. Die alten Stadtpläne stimmten noch und ich fand mich leicht zurecht; allerdings mussten sie in Arkham gelogen haben mit ihrer Behauptung, die Straßenbahn fahre bis hierher, denn ich sah nicht eine einzige Oberleitung. Ohnehin wären die Schienen unter dem Schnee verborgen gewesen. Ich war froh, mich für den Fußweg entschieden zu haben, denn die schneeweiße Stadt hatte vom Bergrücken aus einen wunderschönen Anblick geboten; und nun konnte ich es kaum erwarten, an die Tür meiner Verwandten zu pochen, am siebten Haus auf der linken Seite der Green Lane mit seinem altertümlichen Spitzdach und vorspringenden zweiten Stock, samt und sonders noch vor 1650 erbaut.

Das Haus war von innen erhellt, als ich näher kam, und an den rautenförmig unterteilten Scheiben erkannte ich, dass man es fast in seinem urtümlichen Zustand belassen haben musste. Der obere Teil überragte die schmale grasbewachsene Straße und berührte beinah das vorspringende Stockwerk des gegenüberliegenden Gebäudes, sodass ich mich geradezu in einem Tunnel befand und die niedrige steinerne Türschwelle von Schnee völlig frei war. Einen Gehsteig gab es nicht, doch besaßen viele Häuser hoch gelegene Eingänge, die über Doppeltreppen mit Eisengeländern erreichbar waren. Es war eine eigentümliche Szenerie, und weil ich Neuengland nicht kannte, hatte ich dergleichen nie zuvor gesehen. Obschon es mir gefiel, wäre mir wohler dabei gewesen, hätte es Fußspuren im Schnee und Passanten in den Straßen gegeben und ein paar Fenster ohne zugezogene Vorhänge.

Als ich den uralten eisernen Türklopfer benutzte, fürchtete ich mich ein wenig. Eine unbestimmte Angst war in mir aufgestiegen, vielleicht wegen meiner fremdartigen Abstammung und der Tristesse des Abends und der wunderlichen Stille in dieser alten Stadt sonderbaren Brauchtums. Und als man auf mein Klopfen reagierte, fürchtete ich mich erst recht, denn ich hatte keinerlei Schritte gehört, ehe die Tür knarrend aufschwang. Doch währte meine Furcht nicht lange, denn der alte Mann, der in Schlafrock und Pantoffeln im Türrahmen stand, besaß ein gütiges Gesicht, das meine Befürchtungen besänftigte; und obwohl er mit Gesten zu verstehen gab, dass er stumm war, schrieb er mir doch mithilfe des Griffels und der Wachstafel, die er bei sich trug, einen geschraubten und altväterlichen Willkommensgruß auf.

Er winkte mich in einen niedrigen, von Kerzen erhellten Raum mit mächtigen, freiliegenden Deckenbalken und wenigen dunklen, strengen Möbeln aus dem 17. Jahrhundert. Hier war die Vergangenheit lebendig, denn nicht ein Merkmal fehlte. Es gab einen grottenartigen Kamin und ein Spinnrad, an dem eine gebeugte alte Frau in einem weiten Überwurf und einer tief gezogenen Schutenhaube mit dem Rücken zu mir saß und trotz des Festtags stumm die Spindel schnurren ließ. Eine undefinierbare Feuchtigkeit schien im Hause zu herrschen und ich wunderte mich, dass im Kamin kein Feuer brannte. Die hochlehnige Zimmerbank stand gegenüber der Reihe verhängter Fenster zur Linken und sie schien besetzt zu sein, doch sicher war ich mir dessen nicht. Mir gefiel nicht alles, was ich um mich herum sah, und wieder beschlich mich die Angst. Sie wurde durch ebendas verstärkt, was sie zuvor gemildert hatte, denn je länger ich das freundliche Gesicht des alten Mannes betrachtete, desto mehr versetzte gerade diese Freundlichkeit mich in Schrecken. Die Augen bewegten sich nicht und die Haut war allzu wächsern. Schließlich glaubte ich fest, dass es überhaupt kein Gesicht war, sondern eine teuflisch schlaue Maske. Doch die schlaffen, seltsam behandschuhten Hände schrieben freundlich auf die Wachstafel und ließen mich wissen, dass ich mich eine Zeit lang gedulden müsse, ehe ich zum Festplatz geführt werden könne.

Indem er auf einen Stuhl, einen Tisch und einen Stapel Bücher deutete, verließ der alte Mann jetzt das Zimmer; und als ich mich zum Lesen niedersetzte, sah ich, dass die Bücher von Alter grau und schimmlig waren und dass sich unter ihnen des alten Morryster gewagte *Marvells of Science* befanden, das schreckliche *Saducismus Triumphatus* von Joseph Glanvil, veröffentlicht 1681, die schockierende *Daemonolatreia* des Remigius, gedruckt 1595 zu Lyon, und, schlimmer noch, das unnennbare *Necronomicon* des wahnsinnigen Arabers Abdul Alhazred in Olaus Wormius' verbotener lateinischer Übersetzung; ein Werk, das ich nie zuvor gesehen hatte, über das jedoch monströse Dinge geflüstert wurden.

Niemand redete mit mir, doch drang von draußen das Knarren von Schildern im Wind an mein Ohr und das Schnurren des Spinnrades, während die alte Frau mit der Haube wortlos weiterspann und spann. Ich fand das Zimmer und die Bücher und die Leute höchst morbide und beunruhigend, doch weil eine alte Überlieferung meiner Vorväter mich zu sonderbaren Festlichkeiten gerufen hatte, fügte ich mich der Erwartung wundersamer Dinge. Ich versuchte zu lesen und fand mich bald furchtvoll von etwas in den Bann gezogen, auf das ich in jenem fluchwürdigen *Necronomicon* stieß, ein Gedanke und eine Legende, zu grässlich für einen gesunden Verstand oder das Bewusstsein; und es wollte mir nicht behagen, als ich zu hören glaubte, dass eines der Fenster geschlossen wurde, die der Sitzbank gegenüberlagen, so als wäre es zuvor heimlich geöffnet worden. Dem Anschein nach war dem Geräusch ein Schwirren vorausgegangen, das nicht vom Spinnrad der alten Frau herrührte. Dies musste jedoch nicht viel bedeuten, denn die Alte spann überaus emsig und soeben hatte die alte Pendeluhr geschlagen.

Nun verließ mich das Gefühl, dass Leute auf der Bank saßen, und schaudernd vertiefte ich mich in meine Lektüre, als der alte Mann zurückkehrte, in Stiefeln und in ein weites altmodisches Gewand gekleidet, und auf der Sitzbank Platz nahm, sodass ich ihn nicht mehr zu sehen vermochte. Es folgte eine fraglos nervenzerrende Warterei, und das blasphemische Buch in meinen Händen verschlimmerte es noch. Als jedoch die elfte Stunde schlug, stand der alte Mann auf, glitt zu einer wuchtigen beschnitzten Truhe in einer Ecke und entnahm ihr zwei Kapuzenumhänge; in einen schlüpfte er selbst, den anderen legte er der alten Frau um, die ihr monotones Spinnen eingestellt hatte. Dann gingen beide zur Haustür; die alte Frau lahm dahinschlurfend und der alte Mann ebenjenes Buch ergreifend, worin ich gelesen hatte. Er winkte mir, ich sollte ihnen folgen, und streifte die Kapuze über seine reglose Miene oder Maske.

Wir traten hinaus in das mondlose und verschlungene Gassennetz jener unvorstellbar alten Stadt; traten hinaus, als die Lichter hinter den verhängten Fenstern eins nach dem andern erloschen und der Hundsstern auf das Gewühl der kuttenumwallten, kapuzenverhüllten Gestalten herabglotzte, die lautlos aus jedem Hauseingang strömten und in ungeheuren Prozessionen Straße um Straße hinaufzogen, vorbei an den knarrenden Schildern und vorsintflutlichen Giebeln, den strohgedeckten Dächern und rautenförmigen Fensterscheiben; sie schlängelten sich durch steile Gassen, wo baufällige Häuser aneinanderlehnten und ineinandersanken, glitten über offene Plätze und Kirchhöfe, und die schwankenden Laternen in ihren Händen reihten sich zu gespenstisch trunkenen Spalieren.

Inmitten dieses schweigenden Gewimmels blieb ich hinter meinen stummen Führern; getrieben von Ellbogen, die widernatürlich weich anmuteten, und bedrängt von Oberkörpern und Bäuchen, die unnatürlich schwammig erschienen; doch ohne auch nur ein einziges Gesicht zu erblicken oder ein einziges Wort zu vernehmen. Empor, empor, empor krochen die gespenstischen Kolonnen, und ich beobachtete, dass die Pilgerschar zusammenrückte, als sie einer Art Knotenpunkt aus windschiefen Gassen entgegenströmte, die den Scheitel eines hohen Hügels im Stadtzentrum erklommen, auf dem eine große weiße Kirche kauerte. Ich hatte sie von der Straßenkuppe aus gesehen, als ich im frühen Abendzwielicht auf Kingsport hinunterblickte, und ein Schauder durchrieselte mich, weil einen Augenblick lang Aldebaran den Anschein erweckte, als balancierte er auf der geisterhaften Kirchturmspitze.

Ein Freiraum umgab die Kirche; er war zum Teil ein Kirchhof mit gespenstischen Totensteinen, zum Teil ein halb gepflasterter Platz, vom Wind beinahe schneefrei gefegt und gesäumt von ungesunden altertümlichen Häusern mit spitzen Dächern und überhängenden Giebeln. Totenlichter tanzten auf den Gräbern und schufen schaurige Bilder, obwohl sie keinerlei Schatten warfen. Jenseits des Kirchhofs, wo keine Häuser standen, konnte ich über den Hügelrücken hinausblicken und das Funkeln der Sterne im Hafenbecken betrachten, wenn auch die Stadt selbst unsichtbar in der Dunkelheit lag. Hie und da schwankte eine Laterne schaurig durch die gewundenen Gassen, um zur Menge aufzuschließen, die jetzt wortlos in die Kirche schlüpfte. Ich wartete, bis sämtliche Gestalten durch das Portal geströmt und auch die Nachzügler in seinem schwarzen Schlund verschwunden waren. Der alte Mann zog mich am Ärmel, aber ich war fest entschlossen, als Letzter zu gehen.

Als ich über die Schwelle in den wimmelnden Tempel unerahnbarer Finsternis eintrat, wandte ich ein letztes Mal den Kopf, um einen Blick auf die Außenwelt zu werfen, wo der Kirchhof im Flackerschein der Totenlichter ein kränkliches Glühen über das Pflaster der Hügelkuppe goss. Ich erschauderte, denn obwohl der Wind nur wenig Schnee zurückgelassen hatte, waren ein paar Stellen auf dem Weg neben dem Kirchenportal liegen geblieben; und während jenes flüchtigen Blicks über die Schulter kam es meinen entgeisterten Augen vor, als wiesen die Schneeflecken keinerlei Fußspuren auf, selbst meine eigenen fehlten.

Das Kircheninnere war kaum erhellt von all den Laternen, die hereingefunden hatten, denn der größte Teil der Menge war bereits verschwunden. Sie waren den Mittelgang zwischen den hohen Kirchenbänken zur Falltür der Grabgewölbe hinaufgeströmt, die direkt vor der Kanzel widerlich gähnend offen stand, und schlängelten sich nun lautlos hinein. Stumm folgte ich ihnen über die ausgetretenen Stufen in die dunkle, stickige Krypta. Das Ende dieser dahinkriechenden Schlange von Nachtpilgern kam mir ganz entsetzlich vor, und als ich sah, dass sie in eine altehrwürdige Grabkammer hineinglitten, erschienen sie noch furchtbarer.

Dann gewahrte ich, dass der Boden der Grabkammer eine Öffnung aufwies, durch die die Schar nun in die Tiefe zog, und im nächsten Augenblick stiegen wir alle einen beklemmenden Treppenschacht aus roh behauenen Steinen hinab; einen engen, gewendelten, feuchten und von einem unsäglichen Geruch erfüllten Treppenschacht, der sich endlos in die Eingeweide des Hügels hinabschraubte, durch immer gleiche Wände aus tropfenden Steinquadern und bröckelndem Mörtel. Es war ein stiller, schockierender Abstieg und nach einer schrecklichen Zeitspanne bemerkte ich, dass die Wände und Stufen ihre Beschaffenheit änderten, so als wären sie aus dem gewachsenen Fels geschlagen. Was mich am meisten besorgte, war, dass die Myriaden von Schritten keinerlei Geräusche verursachten und keinerlei Echo hervorriefen.

Nach weiteren Äonen des Abstiegs sah ich einige Seitengänge oder Tunnel aus unbekannten Kavernen der Finsternis in diesen Schacht nächtlicher Geheimnisse münden. Bald wurden es unglaublich viele, sie ähnelten gottlosen Katakomben namenloser Bedrohungen; und ihr beißender Verwesungsgestank wurde nahezu unerträglich. Ich wusste, wir mussten quer durch den ganzen Berg bis unter die Erde von Kingsport selbst hinabgestiegen sein, und es jagte mir einen Schauder über den Rücken, dass eine Stadt dermaßen alt sein konnte und madenzerfressen vom bodenlos Bösen.

Dann sah ich ein geisterhaftes Glimmen fahlen Lichtes und hörte das tückische Platschen sonnenloser Wasser. Abermals überlief mich ein Schauder, denn mir gefielen die Dinge nicht, die die Nacht gebracht hatte, und ich wünschte bitterlich, keiner meiner Vorfahren hätte mich zu diesem uralten Ritual gerufen. Als die Stufen und der Schacht breiter wurden, vernahm ich ein neues Geräusch, das dünne, spöttische Winseln einer leisen Flöte; und plötzlich erstreckte sich vor meinen Augen das grenzenlose Panorama einer unterirdischen Welt – ein weites, pilzbefallenes Ufer, erhellt von einer speienden Säule kränklich grünen Feuers und durchschwappt von einem breiten öligen Fluss, der aus furchtbaren und unerahnten Abgründen hervorquoll, um sich mit den schwärzesten Tiefen eines unvordenklichen Ozeans zu vermählen.

Einer Ohnmacht nahe und nach Luft ringend, blickte ich auf den unheiligen Erebus titanischer Giftpilze, leprösen Feuers und schleimigen Wassers und sah zu, wie die kapuzenverhüllte Menge einen Halbkreis um die flammende Säule bildete. Es war der Julbrauch, älter als der Mensch und dazu bestimmt, ihn zu überdauern; der uranfängliche Brauch der Sonnenwende und der Verheißung des Frühlings nach der Zeit des Schnees; der Brauch von Feuer und Immergrün, von Licht und Musik. Und in jener stygischen Grotte sah ich sie den Brauch begehen; sah sie zu der ungesunden Flammensäule beten; sah sie mehrere Handvoll der ausgerupften, klebrigen Vegetation ins Wasser werfen, die im fahlen Feuerschein grünlich schimmerte.

Dies sah ich, und ich sah etwas konturlos Missgeformtes, das weit vom Licht entfernt dahockte und ekelhaft auf einer Flöte blies; und während das Ding spielte, glaubte ich, gedämpftes widerliches Geflatter in der stinkenden Finsternis zu hören, in der ich nichts sehen konnte. Doch was mich am meisten in Furcht versetzte, war jene flammende Säule, die lavagleich aus abgründigen, unlotbaren Tiefen heraufschoss und das salpetrige Gestein mit einem üblen giftigen Grünspan übergoss – dabei warf sie keine Schatten wie eine gesunde Flamme. In dieser ganzen kochenden Feurigkeit lag auch keine Wärme, sondern einzig und allein die Feuchtigkeit von Tod und Fäulnis.

Der Mann, der mich hergebracht hatte, drängte jetzt zu einer Stelle unmittelbar neben der grässlichen Flamme und vollführte steife zeremonielle Gesten vor dem Halbkreis, dem er gegenüberstand. Bestimmte Stadien des Rituals begleitete die Menge mit unterwürfigen Huldigungen, besonders wenn er das grauenerweckende *Necronomicon* über den Kopf hielt, das er mitgebracht hatte; und ich fiel in sämtliche der Huldigungen ein, da ich schriftlich von meinen Ahnen zu diesem Fest berufen worden war. Anschließend gab der alte Mann dem schattenverhüllten Flötenspieler in der Dunkelheit ein Zeichen, woraufhin der Spieler sein schwaches Jaulen zu einem etwas lauteren Gejaule in einer tieferen Tonart steigerte. Dieses Vorgehen beschwor ein unvorstellbares, ungeahntes Grauen herauf, das mich beinahe auf den moosbedeckten Boden sinken ließ, erstarrt in einer Furcht, die nicht von dieser Welt noch von irgendeiner anderen kam, sondern einzig und allein aus der verrückten Leere zwischen den Sternen.

Aus der unvorstellbaren Schwärze jenseits des brennenden Strahlens jener kalten Flamme, aus den Tartarusklüften, durch die sich die öligen Fluten unheimlich, tonlos und unbeschreiblich dahinwälzten, flatterte rhythmisch eine Horde zahmer, abgerichteter, schwingenschlagender Mischwesen heran, die kein gesundes Auge je gänzlich erfassen, an die sich kein gesundes Hirn je gänzlich erinnern könnte. Sie waren weder Krähen noch Maulwürfe noch Bussarde noch Insekten noch Vampirfledermäuse oder verweste Menschenleiber; sondern etwas, das ich mir weder in Erinnerung rufen kann noch darf. Sie flatterten lahm einher, teils mittels ihrer Schwimmfüße und teils mittels ihrer häutigen Schwingen; und als sie die Menge der Zelebranten erreichten, hielten die kapuzenverhüllten Gestalten sie fest, saßen auf und ritten eine nach der anderen über jenem lichtlosen Flusslauf entlang, hinein in Schlünde und Durchbrüche des Grauens, wo giftige Quellen entsetzliche und unauffindbare Wasserfälle speisen.

Die alte Spinnerin war mit der Menge auf und davon, und auch der alte Mann blieb nur zurück, weil ich mich geweigert hatte, auf sein Winken hin eines der Tiere zu ergreifen und den andern nachzufliegen. Als ich mich wieder auf die Füße kämpfte, sah ich, dass der formlose Flötenbläser außer Sicht gekrochen war, dass aber noch immer zwei der Kreaturen geduldig auf uns warteten.

Ich sträubte mich weiter, da zückte der alte Mann Griffel und Tafel und schrieb, dass er wirklich der ermächtigte Sendbote meiner Ahnen sei, welche die Julverehrung an diesem uralten Ort begründet hatten, dass meine Rückkehr befohlen worden sei und dass die geheimsten der Mysterien noch nicht vollzogen seien. Er schrieb dies in einer überaus altertümlichen Handschrift, und als ich noch immer zögerte, brachte er aus seiner weiten Robe einen Siegelring und eine Uhr zum Vorschein, beide mit dem Wappen meiner Familie geschmückt, um sich als derjenige auszuweisen, für den er sich ausgab. Doch es war ein scheußlicher Beweis, denn ich wusste aus alten Schriften, dass diese Uhr anno 1698 meinem Ururururgroßvater mit ins Grab gelegt worden war.

Daraufhin strich der alte Mann seine Kapuze zurück und deutete auf die Familienähnlichkeit in seinen Gesichtszügen, doch mich packte nur ein Schauder, denn ich hegte keinen Zweifel, dass dieses Gesicht lediglich eine teuflische Wachsmaske war. Die flatternden Tiere scharrten jetzt ungeduldig auf dem bemoosten Boden und ich erkannte, dass der alte Mann fast ebenso ungeduldig war. Als eines der Viecher loswatschelte und Anstalten machte, sich davonzustehlen, fuhr er rasch herum, um es aufzuhalten.

Doch durch die Plötzlichkeit der Bewegung verrutschte seine Maske – und legte das frei, was sein Kopf hätte sein sollen. Ich jedoch, da dieser entblößte Albtraum den Weg zum Treppenschacht versperrte, über den wir herabgelangt waren, warf mich in den öligen Unterweltfluss, der auf unergründlichen Pfaden den Grotten des Meeres entgegengurgelte; warf mich in die ranzige Brühe unterirdischer Schrecken, bevor der Wahnsinn meiner Schreie all die Leichenhaus-Legionen auf mich herabrief, die in diesen Pesthöhlen lauern mochten.

Im Krankenhaus erzählte man mir, ich sei beim Morgengrauen halb erfroren aus dem Hafen von Kingsport gefischt worden, an eine dahintreibende Spiere geklammert, die der Zufall zu meiner Rettung gesandt hatte. Man erzählte mir, ich hätte am Abend zuvor die verkehrte Gabelung der Hügelstraße genommen und sei bei Orange Point über die Klippen gestürzt; eine Schlussfolgerung, die man aus im Schnee gefundenen Fußspuren gezogen hatte.

Darauf wusste ich nichts zu erwidern, da einfach nichts mehr stimmte. Nichts stimmte überein mit den hohen, breiten Fenstern, die den Blick auf ein Meer von Dächern gewährten, von denen nur etwa jedes fünfte wirklich alt war, und mit dem Lärm der Straßenbahnen und der Motoren in den Straßen darunter. Meine Betreuer beharrten darauf, dass dies Kingsport sei, und ich konnte es nicht abstreiten.

Als ich einen Nervenzusammenbruch erlitt, weil ich hörte, das Krankenhaus stehe in der Nähe des alten Friedhofs auf dem Central Hill, verlegte man mich ins St. Mary's Hospital von Arkham, wo ein Fall wie der meine besser behandelt werden konnte. Mir gefiel es dort, denn die Ärzte waren aufgeschlossen und ließen sogar ihren Einfluss spielen, um mir das sorgsam gehütete Exemplar von Alhazreds verfluchtem *Necronomicon* aus der Arkhamer Universitätsbibliothek auszuleihen. Sie sprachen von einer »Psychose« und stimmten mir zu, dass es besser sei, wenn ich mein Gehirn von jedweden quälenden Zwangsvorstellungen befreite.

So las ich also jenes verabscheuenswerte Kapitel und verspürte einen doppelten Schauder, denn es war mir in der Tat nicht neu. Ich hatte es bereits gelesen, da mögen irgendwelche Fußspuren sonst was bekunden; doch wo ich es gelesen habe, soll lieber vergessen sein. Es gab niemanden, der mich in meinen wachen Stunden daran erinnern konnte, doch meine Träume sind erfüllt von Schrecken, wegen der Sätze, die ich nicht zu zitieren wage. Ich wage nur einen einzigen Absatz wiederzugeben, den ich so gut ins Englische übertrage, wie ich es aus dem holprigen Latein vermag.

»Die allertiefsten Höhlen«, schrieb der wahnsinnige Araber, »sind der Auslotung durch schauende Augen entrückt; denn ihre Wunder sind befremdlich und furchtbar. Verflucht ist der Boden, wo tote Gedanken neuerlich Fleisch werden in grotesker Gestalt, und verdorben der Geist, der keinen Kopf bewohnt. Weisheit spricht aus Ibn Schacabaos Wort, dass glücklich jenes Grab, in dem nie ein Zauberer geruht, und glücklich die Stadt bei Nacht, deren Zauberer allesamt Asche sind. Denn es heißt seit alters her, die Seele, die des Teufels Lohn, dürstet nimmer nach der Lösung von dem Leib des Toten, sondern füttert und lehrt *jenen einen Wurm, der nagt;* denn die Fäulnis gebiert gräuliches Leben, und die trägen Aasfresser des Erdreichs wachsen tückisch, es zu quälen, und wuchern grässlich, es zu schinden. Gewaltige Löcher werden insgeheim gegraben, wo die Poren der Erde genügen sollten, und Dinge haben zu gehen gelernt, denen zu kriechen gebührt.«

Edward Lee

DIE VERTEUFELTE VALENZ DER ELEMENTARTEILCHEN

15. März 2000

Es war ein Parsons Grabenbagger, Model F144, auf den Ryan Cooper kletterte; ohne viel Schnickschnack, bloß vier Räder, ein Sitz und 750 Pferdestärken auf der Schaufel. Cooper, ein drahtiger Kerl mit Tattoos und zu vielen Death-Metal-Songs im Kopf, steckte sich eine Winston an und manövrierte die Fräse gekonnt über der Grabstelle.

Dreimal verfickte Scheiße, dachte er. Ein Nordwind pfiff, die Luft biss zu. Doch sein Chef beim Bestattungsinstitut Horace B. Knowles hatte ihm den doppelten Lohn versprochen, wenn er den Job noch heute erledigte. Unversteuert.

Fuck.

Das machte 18 Piepen die Stunde. Bei vier Stunden Arbeit hieß das …

Eine ordentliche Runde Johnny Black nach Feierabend im Ruff Stone auf der Metcalf und danach ein Blowjob auf der Allens Avenue. Ryan grinste. *Scheiße. Vielleicht sogar zwei Blowjobs. Im Winter sind die Nutten immer verzweifelter. Zehn, 15 Tacken …*

Fuck. Da sag ich nicht nein.

Diese benebelten Crackhuren waren wahre Weltmeister im Schwanzlutschen.

Coop pfiff Slayers ›South of Heaven‹, als er die Grabenfräse drosselte. Er hatte den Job oft genug gemacht, um die

Tiefe abschätzen zu können. Diese Stelle hier war »dreilagig«, und Cooper ging es um die obere Lage. Er grub vor und zurück, bis der Rand des Grabes gänzlich umgebrochen war, dann wendete er auf der Hochachse, drehte die ganze stotternde Maschine um 180 Grad und begann, mit der Schaufel die Erde auszuheben.

In Coops Kopf liefen Biohazard, Pro-Pain, Machine Head, Vader; er schaltete in den Leerlauf, um eine zu paffen, als plötzlich –

»Hallo …«

Coop warf einen unduldsamen Blick von seinem Hochsitz. Ein fetter, fein geschniegelter Kerl schaute zu ihm herauf, Mitte 50 vielleicht, schwarzer Anzug und Schlips, darüber ein Burberry-Mantel, der wahrscheinlich mehr gekostet hatte, als Coop in einem Monat verdiente.

Der Mann schenkte ihm ein schwules Lächeln: »Wie ich sehe, findet die Umbettung pünktlich statt«, sagte er. »Ich nehme an, das ist die Grabstelle mit der Nummer 64E-031537?«

»Ja«, gab Coop scharf zurück. »Irgend so ein Arschloch hat 15 Riesen hingeblättert, damit die Leiche samt Grabstein in den Westen der Stadt verfrachtet wird.«

Ein Zucken lief über das knollige Gesicht des Besuchers. »Das heißt dann wohl, dass ich das ›Arschloch‹ bin.«

Cooper zuckte die Achseln. Es kam ihm nicht in den Sinn, sich zu entschuldigen. *Fuck. Du willst 15 Mille blechen, um einen zu verladen, der seit den 20ern unter der Erde liegt? Tu, was du nicht lassen kannst.* »Verwandtschaft, wie?«

Noch so ein schwules Lächeln über einem Bauch, der wie eine Wanne unter dem Mantel herausragte. »Könnte man sagen. Sie stört es doch nicht, wenn ich Ihnen zuschaue? Mein Name ist Dr. Oleg Fichnik.«

Das soll ein Name sein?, fragte sich Cooper. *Hat er Fischfick gesagt?*

»Und ich habe eine Kopie der Quittung von Mr. Knowles.«

»Können Sie stecken lassen. Sie wollen zugucken, wie ich 'ne Leiche verlade – meinetwegen.« Vermutlich grub er gerade den Uropa des Typen aus, und die fette Tucke war gekommen, um sicherzugehen, dass Coop den Job wirklich erledigte. Skandale gab's heutzutage genug im Grabgewerbe. Coop selbst hatte sich ein paar Dollar nebenher verdient, als er mal ein Loch gegraben und einfach wieder zugeschüttet hatte, ohne den Sarg rauszuholen, wohlgemerkt. Kisten wurden weiterverkauft, Körper eingeäschert, die Asche ins Klo gekippt. Niemand wusste davon.

Er schnippte die Kippe weg und ging wieder an die Arbeit, ließ den Motor aufheulen und senkte die Heckschaufel. Innerhalb weniger Minuten hatte er ein perfektes Rechteck Erde ausgehoben und am Fußende der Grabstelle aufgehäuft.

Mr. Fichnik lugte gespannt ins Loch.

»Machen Sie sich nicht Ihr Seidenhemd schmutzig, Professor«, sagte Coop, als er den Motor abstellte und hinuntersprang. In seinem Kopf hämmerte ›Death Skin Mask‹. Er packte sich eine Schaufel. »Irgendeinen Schimmer, ob der Sarg aus Metall oder Holz war?«

»Furniertes Mahagoni«, erwiderte der speckige, reichlich schräge Besucher. »Aus der Baureihe ›Ewige Ruhe‹ von Brundage, garantiert wasserdicht und verwesungsresistent auf unbegrenzte Zeit. Ich habe ein Original der Werbeanzeige aus der damaligen Lokalzeitung bei mir. Möchten Sie es sehen? Darin steht *garantiert*.«

Coop blies schmunzelnd Rauch in die Luft. »Viel Erfolg, wenn Sie den Hersteller verklagen wollen, falls er sich irrt.

Passen Sie auf: Falls der Sarg ganz ist, zieh ich ihn mit Stabi-Stangen raus, doch für den Fall, dass er zerfallen ist, steht in den Vorschriften, dass ich nur den Dreck rausschaufeln, in einen Sack tun und in das neu gekaufte Grab kippen muss.«

»Ich … verstehe«, intonierte Fichnik und sah genauer hin.

»Wollte Sie nur vorwarnen«, meinte Cooper kulant. »Sie möchten vielleicht nicht zuschauen, wie ich einen Haufen Dreck voll mit den Knochen Ihres Verwandten ausbaggere.«

»Machen Sie sich deshalb keine Sorgen. Bitte … graben Sie einfach.«

Coop hörte kaum hin. Er wollte hier fertig werden und dann fix, fix den Schwanz in ’nen Nuttenschlund; es war ihm scheißegal, wen er hier ausgrub, selbst wenn es sich um George Washington persönlich handelte. Jetzt hatte er ›Slain and Lain‹ von Legion of the Goat im Kopf, eine kleine Upbeat-Nummer über Nekrophilie, während der er prüfend mit seiner Schaufel in dem bloßgelegten Grab stocherte und unten tatsächlich einen intakten Sarg vorfand. *Leck mich am Arsch!*, dachte er. Das hieß, er musste die ganze Chose hochhieven, was ihm prompt die Laune verdarb. Er musste die Stangen reinhämmern und die Rippen fest anziehen. Nun ja …

Ein stinknormaler Tag auf dem Swan Point Friedhof.

Platz da, Fischblick, dachte er, griff sich das Werkzeug und ging an die Arbeit. Fichnik schaute ihm über die Schulter wie ein Küchenchef seinen Lehrlingen, dieweil Cooper – den Schädel voll von noch mehr Death Metal – mit dem Hammer die Stangen an den Seiten des Sargs entlang ansetzte und sie mit einem Ringschlüssel anzog. Schon nach kurzer Zeit konnte er die Zugketten einhaken und hob den Sarg mithilfe der Seilwinde des Grabenbaggers aus der Erde.

Der Motor tuckerte, während der Sarg in der Luft hing.

»Absetzen!«, brüllte Fichnik über dem Maschinenlärm.

Coop zuckte zusammen. »Was?«

»Setzen Sie ihn ab! Bitte!«

Coop ließ die Kiste runter und drosselte den Motor. »Wieso'n das?«

Fichnik trat mit verlegener Miene an den Bagger heran. »Wenn es Ihnen nichts ausmacht, junger Mann, würde ich den Sarg gern öffnen.«

Coop zündete sich eine weitere Winston an. »Klar, und ich würd' gern in Angelina Jolies geilen Bauchnabel abspritzen. Die Chancen stehen hier wie da ziemlich schlecht.«

»Ich möchte lediglich den organischen Zustand des Kadavers inspizieren, bevor er umgebettet wird.«

»Träum weiter, Kumpel. Ich kann Sie nicht einfach den Sarg öffnen lassen. Das ist gegen's Gesetz ohne passende Vollmacht oder 'ne Anordnung vom Gerichtsmediziner.«

Wie bei einem Kartentrick erschien eine 100-Dollar-Note in Fichniks Fingern.

»Oder einen 100-Dollar-Schein«, verbesserte Coop sich. Er schnappte sich den Schein. *Ein ganzes Blaskonzert wird das heut' Abend,* dachte er. Verdammt, mit so 'nem Batzen Geld konnte er ein Motelzimmer mieten und gleich mehreren Junkiefotzen das Hirn rausvögeln; die würden auf O-Beinen zu ihren Zuhältern zurückhumpeln. *Was geht's mich an? Dieser Arschficker will 'n Skelett begaffen, nun …* Er ließ den Schein in seiner Tasche verschwinden. *Wenn's ihn anmacht.* »Da, Rocky.« Cooper reichte dem dicken Mann eine Brechstange.

»Also, ich …«

»Lange her seit dem letzten Besuch in der Muckibude, wie?«

»Nun …«

»Für 'nen weiteren Hunderter mach ich ihn dir auf«, bot Coop großzügig an.

Anstandslos wurde eine weitere 100-Dollar-Note gezückt. Cooper nahm's und sprang vom Bagger. *Jetzt kommen wir ins Geschäft.* Er zwängte die Brechstange unter den Sargdeckel, beugte sich vor.

Das Holz gab keinen Millimeter nach.

Dieses verkackte Ding ist widerspenstiger als das Arschloch einer Zwölfjährigen. Er griff nach seinem Hammer und schlug die Brechstange tiefer hinein. Eins, was Coop über Särge wusste, war, dass alle einen unterschiedlichen Schließmechanismus besaßen. *Komm schon, du Miststück ...*

Fichnik schien belustigt. »Wie läuft's ... *Rocky?*«

Wie wär's, wenn ich dir mein Brecheisen in den Arsch schiebe, Schätzchen? Wette, ich würd 'ne Handvoll Gummis und ein, zwei Toys rauspulen. Doch trotz seines allgemeinen sozialen Unwillens ließ Cooper sich nicht beirren. Er trieb das Eisen tiefer unter den Deckel, schlug es hinein, dann stellte er sich drauf.

Er begann, sich mit seinem gesamten Körpergewicht auf der Stange zu wiegen.

»Seien Sie vorsichtig!«, rief Fichnik.

Halt's Maul, dachte Cooper. Er begann, zum Rhythmus von Suicidal Tendencies' ›Waking the Dead‹ zu wippen. Dann, mit beiden Füßen vorsichtig ausbalanciert, wippte Coop kräftiger auf der Stange –

»Seien Sie vors...«

KNACK!

Holz splitterte. Jahrzehntealte Schraubgewinde wurden aus ihren Messingbohrungen gerissen.

Der Deckel des Sargs flog auf und ...

Uaaaah!

… Cooper stürzte. Er landete hart vor dem Grabstein auf dem Rücken, überschlug sich einmal und fiel direkt ins geöffnete Grab.

Hell leuchtende Sterne explodierten vor seinen Augen, eine interessante Begleiterscheinung zum Suicidal Song. Er brauchte einen Moment, bis er wieder bei Atem war, nachdem er ihm zuvor so unsanft genommen worden war. Als er es schließlich schaffte, aus dem Loch zu klettern …

Dr. Fichnik starrte in den Sarg hinab, seinen breiten Rücken Cooper zugekehrt.

»Oh … oh, du liebe …«, krächzte er.

»Was los, Fischblick?«, fragte Cooper, aus dem Loch kriechend.

»Ich wusste es. Ich wusste es.«

Zu guter Letzt kam Cooper inmitten der umliegenden Erdhaufen auf die Beine. Er war nicht gerade in bester Stimmung.

Fichnik wendete sich ihm rasch zu, packte ihn bei den Schultern. »Ich wusste es«, flüsterte er.

Cooper blickte in den geöffneten Sarg hinab und sah –

15. März 1877

Wie unter Schmerzen kniff Brock die Augen zusammen. Er spürte, wie sein Saft in den heißen Schlitz zwischen den weit gespreizten Beinen der Nutte schoss. Seine Hüften stießen fast gewaltsam gegen ihre Arschbacken. *Nein, o nein,* dachte er. *Herr, vergib mir. Ich kann einfach nicht anders …*

Er kam so heftig, dass das Gestell des kleinen Betts fast zusammenbrach.

»Meine Güte, Süßer«, hörte man es trällern. »Du gehst ja ran, als hätt'st du ein Jahr lang keine Frau gesehen ...«

Die Nutte hieß Mary ... Andererseits hießen viele Mary, da Maria Magdalena einst Vergebung fand. Diese hier mochte Brock am liebsten – blond und mit üppigem Hinterteil, Augen wie der Mittagshimmel und einer sanften Stimme, die einem das Gefühl gab, mit einem richtigen Menschen zusammen zu sein. Brock mochte ihr Benehmen; es tat nichts, dass jedes der fünf Flittchen von Suttonville nicht viel mehr war als eine hübsche Matratze für die Gelüste der Männer. Ein guter Schuss Whiskey und ein Jennings-Bryan-Dollar, mehr bedurfte es nicht. Jedes der Mädchen hatte seine eigene kleine Freudenbude, draußen hinter dem Short Branch Saloon. Brock wollte nicht, dass solchereins in der Kneipe verkehrte, damit Suttonville nicht denselben Ruf wegbekam wie Wichita, Ellsworth oder Dodge.

Brock war Suttonvilles Sheriff.

Er rang nach Atem. Er ließ seinen Schwanz stecken, ließ ihn schlaff werden und dann doch rausrutschen. Anschließend sank er erschöpft auf ihren Busen nieder.

Auch sie war erschöpft von der frenetischen Abreibung, die er ihr gerade verpasst hatte. Dreimal in weniger als einer Stunde. Ihm tat der Schwanz weh; er konnte nur ahnen, wie *sie* sich fühlte.

Doch in seiner Erschöpfung erschauderte er.

»Wirst doch nicht etwa krank?«

»Nein«, murmelte er in die heiße Haut zwischen ihren Brüsten. Vielmehr war es das reine Entsetzen.

Das kleine Freudenhaus stank: nach Schweiß, Sperma und der Schmiere aus Schweinefett, die in der Betty-Lampe brannte. Auch ihr Atem stank; ihre Zähne waren verfault. Dennoch fühlte sich Brock besänftigt, als ihre langen, hübschen Finger durch sein Haar glitten. »Warum bist'n so angespannt, Honey?«

Brock antwortete nicht – er lag einfach nur da wie ein Säugling auf ihrem schweißglatten Leib. Nein, es war keine jähe Woge der Lust, die ihn hergetragen hatte (üblicherweise steckte Brock mindestens alle zwei Tage einen weg), was er suchte, war Zerstreuung.

Brock brauchte eine Ablenkung von der Erinnerung an das, was er am Morgen gesehen hatte. Die Bilder schrien ihn an, sobald er die Augen schloss.

Gott im Himmel …

Er fragte sich, ob er jemals wieder würde schlafen können.

»Man erzählt sich so dies und das«, brachte Mary an.

»Ach ja?«

»Virgil im Short Branch meint, er hat dich und Clyde Nale gesehn, wie ihr in der Früh 'nen Toten auf Clydes Wagen in die Stadt geschafft habt.«

»Es war kein Toter«, erwiderte Brocks heisere Stimme. »Der Doc sagt, er is' bewusstlos, im Koma.«

»Im was?«

Brock ging das Gesicht des Fremden nicht aus dem Kopf. »Vergiss es. Das ist alles an Gerüchten?«

»Nö, noch was über die Bowen Farm. Virgil sagt, er hat gehört, dass sie alle abgemurkst wurden.«

Brock kniff die Augen fest zusammen.

Sie stupste ihn an. »Und? Isses wahr?«

Hierauf folgten die restlichen Bilder. Die Familie. Das Kind.

Und all das Blut.

»Vergiss es«, flüsterte Brock.

Wieder in seinen Stiefeln und Buckskin-Hosen, lief Sheriff Brock die Front Street entlang, die hoch stehende Sonne im Rücken. Mehrere Fuhrwerke von Viehtreibern standen angebunden vorm Short Branch, während ihre Besitzer hinter den Schwingtüren einen ertragreichen Tag bejohlten. Old Man Harding kaute gemächlich seinen Priem auf dem Schaukelstuhl vorm Overland Telegrafenamt. Bei der Stellmacherei, dem Fassbinder und dem Schmied herrschte ein Kommen und Gehen. Kinder tollten vorm Laden umher und schleckten genüsslich an ihren Zuckerwaffeln, beschürzte Mädchen, die mit ihren kleinen Windrädern umherliefen, und Burschen in Overalls, die auf der erdigen Straße ihre Kreisel rotieren ließen und Glücksspiele veranstalteten. Hunde rekelten sich in der Sonne; Frauen zankten sich um den Preis von Lauge und Sorghumhirse.

Eine nette, normale kleine Stadt.

Meine Stadt, dachte Brock.

Seit dem Homestead Act war Suttonville von einem typischen von der Rinderzucht lebenden Städtchen zu einem geschäftigen Handelsknotenpunkt der Regierung und der vertraglich eingebundenen Indianer erblüht. Anfangs hatte Brock befürchtet, dass der ganze zusätzliche Handel Suttonville in ein neues Dodge City, das Gomorrha der Plains, verwandeln könne. Nicht mal Pistolenhelden wie Earp und Masterson konnten diesem Sündenpfuhl die Zügel anlegen. Doch so nah bei Fort Benteen gelegen, bewahrte Suttonville sein wahres Gesicht. Gewiss hatte Brock hin und wieder Scherereien, gelegentliche Viehdiebstähle, mal einen üblen Lynchmord, Goldwäscher, die Schwefelkies als echte Nuggets verschachern wollten. Es gab auch reichlich Schlägereien am Samstagabend, doch noch war Brock mit alldem problemlos fertiggeworden.

Ein besseres Städtchen als Suttonville hätte er sich weiß Gott nicht wünschen können.

Bis zu diesem Morgen.

Er hatte schon so einiges an Gräueltaten gesehen. Angefangen beim Krieg natürlich. Nach seiner Entlassung aus der Armee war er bei Pinkerton's beschäftigt gewesen, und dann kam es zu diesem Hafenarbeiterstreik in Portsmouth. Fünf Männer, die kopfüber in Fischernetzen hingen, die Bäuche aufgeschlitzt mit einem Heumesser. Der Gestank war unerträglich gewesen, und der Anblick der auf dem Boden liegenden Innereien hatte jeder Beschreibung gespottet. Brock hatte außerdem schon etliche Lynchopfer gesehen: Menschenleiber, die durch das Verwesungsgas zur Größe von Mastrindern aufgebläht waren. Dann gab es noch die Zeit, in der Brock als Centralia Hilfssheriff im Missouri-Territorium Dienst leistete. Im Weideland hatte er ein Bordell entdeckt, in dem sämtliche Frauen zu Tode gebrandmarkt worden waren. *Nur so zum Spaß,* wie Brock feststellen musste. Man hatte sie gefesselt, ihre Brüste und Gesichter bis zur Unkenntlichkeit geröstet, mit glühend heißen Schürhaken in Scheide und Rektum gestochert. Brock hatte entsetzt dagestanden, während ihm der zurückgebliebene Gestank von gebackener Scheiße in die Nasenlöcher wehte. *Welch ein Wahnsinn …* Nachdem er die dafür verantwortlichen Männer zur Strecke gebracht hatte – zwei entflohene Häftlinge aus dem Gallatin Bundesmilitärgefängnis –, verpasste er ihnen einen Bauchschuss mit seiner Winchester '73, ließ sie am Boden liegen und eine Stunde lang kreischen, bis sie verreckten.

All das …

Doch nun dies.

Brock war so etwas nicht einmal *ansatzweise* zu Gesicht gekommen.

Sein ganzes Leben lang hatte er an Gott geglaubt. Nun glaubte er an den Teufel. Nur der Teufel oder einer seiner Helfer konnte ins Werk gesetzt haben, was Brock am selben Morgen auf dem Anwesen der Bowens hatte mit ansehen müssen. Einer von Nales Jungs war ihn holen gekommen. Als Brock eingetreten war …

Abermals strömten die Bilder auf ihn ein. Um ein Haar wäre er auf der Straße zusammengebrochen.

Er konnte nicht daran denken.

Sollte er zu Mary und in ihre vom Mief alten Spermas durchtränkte Freudenbude zurückkehren? Doch falls er es tat, wie lange würde die erneute Zerstreuung vorhalten? *Einige Minuten,* schätzte er. Oder vielleicht sollte er in den Saloon gehen und seine Erinnerung mit Whiskey verwischen. Aber auch das ging nicht, für den Fall, dass der Doc nach ihm rief.

Er konnte seiner Erinnerung nicht entfliehen …

Kein Entkommen. Ich hab einen Job zu erledigen und gute Leute, die sich auf mich verlassen.

Staub stieg im Windschatten seiner rohledernen Stiefel auf, als er Richtung Gefängnis schritt.

Der Mann, den er und Clyde Nale auf dem Anwesen der Bowens gefunden hatten, lag nun vollkommen regungslos auf der Seilpritsche in der ersten Gefängniszelle.

Als Brock in die Zelle schaute, schien sich alles vor seinem Auge zu verschieben.

Der Mann sah ganz gewöhnlich aus … seltsam.

Brock packte ein kalter Schauder – und das Gefühl, als betrachtete er einen Leichnam.

Fast so mager wie einige der Männer, die Brock in Andersonville gesehen hatte. Kurzes Haar und ein langes, schmales Gesicht. Hemd und Hose aus einem seltsam anmutenden Stoff, der Brock an Leute aus der Stadt erinnerte.

»Noch immer nix«, sagte Doc Hall, als er den Gefängniskorridor entlangkam. »Keine Regung und nicht ein Wort.«

Brock starrte weiterhin gebannt durch die Gitterstäbe. »Sicher, dass er nicht tot ist?«

Der hagere Doktor fuhr sich mit dem Finger durch seinen üppigen Backenbart. Verwirrung runzelte seinen kahlen Schädel. »Die Lider bewegen sich und sein Herzschlag ist normal. Lungentätigkeit und Weitung der Pupillen normal. Das ist der merkwürdigste Fall von Katatonie, der mir je untergekommen ist.«

Brock belächelte den Wortschatz des Doktors. »Kommen Sie, Doc. Mit diesem geschwollenen Medizinergewäsch kann ich nix anfangen. Was, glauben Sie, is' mit ihm passiert?«

»Kann ich unmöglich sagen, Sheriff. Während meiner Assistenzzeit in Boston machten wir jede Woche Visite im Sanatorium, um dort die schwersten Fälle von Geisteskrankheit zu untersuchen. Ein paar der älteren Patienten, die Opfer einer Krankheit namens Dementia praecox waren, fielen häufig ins Koma – doch das ist kein Vergleich.«

Brock lächelte abermals. *»Kata... WAS? Dementia Kuckuck?«*

»Die Herzfrequenz sank, die autonomen Reaktionen gingen gegen null. Was ich sagen will, ist, dass, basierend auf meiner Untersuchung, ich keine klinische Ursache finden kann, weshalb der Mann bewusstlos ist.«

»Und Sie meinen, er könnte in diesem, ähm, *Koma* ...«

»Mehrere Jahre liegen«, erwiderte Doc Hall.

»Jahre also? Nun, so viel Zeit hab ich nicht. Und die Gerechtigkeit genauso wenig.« Brock blickte Doc Hall unverwandt in die Augen. »Sie und ich wissen beide, dass der Kerl da in der Zelle der ist, der die Bowens umgebracht hat, und kein Richter im ganzen Land wird darin anderer Meinung sein. Man wird nicht *Jahre* warten, bis dieser dürre Killer kriegt, was er verdient.«

Hall hob eine Braue, was gut als eine Geste der Kritik aufgefasst werden konnte. »Da wär' ich mir nicht so sicher, Sheriff. Und wenn Sie meine Meinung als Arzt wollen: Ich kann mir nicht vorstellen, wie ein Mann – grad ein so schmächtiger wie er – diesen Leuten so was hätte antun können. *Kein* Mann.«

Brocks Erinnerung wanderte zu dem Schauspiel zurück, das sich ihm wenige Stunden zuvor geboten hatte, als er das Haus der Bowens betrat …

Chester Bowen – ein hochgeachteter Farmer, Mitte 40 – lag rücklings ausgestreckt vor der bowenschen Aussteuertruhe aus Kirschholz. Er war splitternackt. Aus seinem Mund hing ein langer Schal aus irgendeiner nicht identifizierbaren nass glänzenden Substanz. Doc Hall bestätigte später, dass es sich bei dieser »Substanz« um Chester Bowens Innereien handelte: Magen, Herz, Lungen – der ganze Apparat. Zudem waren seine Geschlechtsteile nicht mehr zwischen seinen Beinen erkennbar. Glatt aus der Leistengegend gerissen, wie es schien. Clyde Nale war es, der sie später in Bowens eigener zusammengekrallter Hand entdeckte.

Bei Mrs. Bowen war es schlimmer – viel schlimmer. Sowohl Brock als auch Clyde Nale waren anfangs sprachlos, als sie das blitzblanke Skelett in der Ecke neben dem Kanonenofen hocken sahen. Wenn es wirklich Dora Bowen war, musste sie schon vor Monaten gestorben sein, denn so lange hätte ein Körper gebraucht, derart vollständig zu verwesen – doch Brock selbst hatte ihr noch zwei Tage zuvor Guten Tag gewünscht, als er im

Gemischtwarenladen einen Dreifuß und eine kleine Holzarbeit gekauft hatte.

Als Clyde einen Blick hinter die Handdrehmühle warf ... Dies war der Augenblick, in dem er aus dem Haus gerannt war, aus voller Kehle um Gottes schützende Hand flehend.

Hierauf hatte Brock selbst einen Blick riskiert und mit offenem Mund dagestanden.

Zwei Augen thronten auf einem starren Fleischberg; etwas, das Ähnlichkeit mit einem straff gezogenen Gesicht hatte, saß in der Mitte der Masse.

Der Schock und der Ekel drückten ihn gegen die befleckte Wand. Er wäre selbst hinausgerannt, aber ...

Das Mädchen, erinnerte er sich. *Das kleine Mädchen ...*

Die Bowens hatten eine Tochter – Kelly Ann, noch keine sechs Jahre alt. Brock wäre kein echter Mann, wäre er jetzt weggelaufen. *Ich muss sie finden,* schwor er, obwohl sich sein Magen zusammenkrampfte. *Vielleicht ist sie noch am Leben ...*

Brock fand sie auf dem Dachboden.

Sie lebte nicht mehr.

Man hatte sie nackt auf dem Boden ausgebreitet, ihre flache Brust bleich wie Kerzenwachs, die kurzen Beine so weit gespreizt, dass die Hüftgelenke sicher ausgerenkt oder gebrochen waren. Ihr kleiner Kiefer schien ebenfalls ausgerenkt, als hatte man ihn gewaltsam aufgerissen, um irgendetwas Großes in ihren Rachen hineinzuwürgen. Und ihre Genitalien –

Brock schob der Erinnerung einen Riegel vor, biss sich auf die Lippe, bis er Blut schmeckte, und kniff die Augen zusammen.

Als er sie wieder öffnete, sah er sich nach dem bizarren Mann um, der bewusstlos in der Gefängniszelle lag.

Was hatte Doc Hall gesagt? *»Ich kann mir nicht vorstellen, wie ein Mann – grad ein so schmächtiger wie er – diesen Leuten so was hätte antun können. Kein Mann.«*

»Nein, Doc, kein normaler Mann«, sagte Brock, zu ihrem Gespräch zurückkehrend. »Aber wie steht's um einen Mann, der mit Luzifer im Bunde ist?«

Doc Hall legte die Stirn in Falten, verbat sich aber einen Kommentar.

»Kommen Sie, Doc. Sie haben die Leichen gesehn. Haben gesehn, was er ihnen angetan hat. Das ist Teufelswerk, wie's im Buche steht.« Brock zeigte mit dem Finger auf den regungslosen Zelleninsassen. »Und dieser Kerl da? Der is' hundertprozentig einer seiner Handlanger.«

Sie saßen vorn im Zimmer des Sheriffs, schlürften Kaffee aus Zinnbechern, wobei Brock alle paar Minuten den Spucknapf zum Klingen brachte. Er wusste, dass Doc Hall nicht zufrieden war, genauso wie er wusste, dass die Verfassung und die Bill of Rights noble Errungenschaften waren, die einräumten, dass alle Menschen, außer Niggern, gleich geboren sind und ihnen gewisse unveräußerliche Rechte zustehen. Eigentlich war Brock überzeugt, dass sie auch Niggern zustanden, gerade so wie es Präsident Lincoln sagte, weshalb er strikt gegen Lynchmorde war.

Jeder, der eines Verbrechens angeklagt sei, habe das Anrecht auf einen Prozess vor einem Geschworenengericht aus seinesgleichen.

Aber kein Teufelsgesocks, dachte Brock, *und Rothäute auch nicht.*

»Wenn er nicht aus dem Koma aufwacht«, brach Doc Hall das Schweigen, »brauchen Sie sich keine Gedanken zu machen. Er wird verhungern, bevor Sie dem Gouverneur Bericht erstattet haben. Gedanken über einen Prozess müssen Sie sich nur machen, falls er doch noch aufwacht. Wie schon gesagt, manche Komas dauern Jahre. Manche jedoch nur ein paar Stunden.«

»Ein paar Stunden, hm?« Brock spie eine weitere Ladung Saft in den Napf. »Sie raffen's nicht, wie, Doc? Ich sitz' hier nicht rum und warte drauf, dass er aufwacht. Ich warte, dass die Sonne untergeht. Koma hin oder her, sobald es dunkel ist, reit' ich mit ihm nach Tunstall Gulch …« Brock erhob seinen Colt Modell 62, Kaliber 44-40. »… wo ich ihn sauber umnieten und den Aasgeiern überlassen werd'.«

»Das können Sie nicht machen, Sheriff«, warnte Hall. »Das ist nicht richtig.«

»Sagen Sie das den Bowens. Sagen Sie's dem kleinen Mädchen.«

»Ihm steht ein fairer Prozess zu!«

Brock lehnte sich auf seinem Stuhl zurück, die rohledernen Stiefel auf dem Tisch. »Er ist Teufelsgesocks, schlicht und ergreifend. Die Leute würden Fragen stellen, wenn's zum Prozess kommt. Deshalb lass ich meinen Deputy und ein paar andere Männer gerade die Leichen vergraben. Wir werden behaupten, es sei Typhus.«

»Aber es *war* kein Typhus!«, brüllte Hall.

Doch Brock brüllte zurück, lauter: »Um diesem Kerl 'nen fairen Prozess zu liefern, müsst' ich die ganze Strecke bis zum Amtssitz von Collier County reiten, um dort 'nen Richter zu holen! Und solch ein Prozess! Die Stadt wäre verdammt. Genauso wie Salem! Wir würden uns nie mehr erholen von dem Gerede, dass der Teufel hier haust. Die Leute würden wegziehn, nach Kalifornien oder runter in den Süden. Nichts würde übrig bleiben. Ein Jahr und wir wären 'ne Geisterstadt!«

Die beiden Männer maßen ihre Blicke.

»Dabei bleibt es«, sagte Brock leiser. »Die Bowens sind an Typhus krepiert. Und das werden Sie jedem bestätigen, der Sie fragt.«

Hall kochte. »Und falls nicht?«

»Falls nicht, ruf ich die U.S. Marshals in Springfield. Die werden sich brennend dafür interessiern, was Sie so nebenbei veranstalten. Wie heißt das noch? Abtreibung? Dasselbe wie Babys zu töten, in den Augen der Regierung. Glauben Sie nicht, ich wüsste nix davon, Doc.«

Halls Gesicht wurde bleich.

»Am besten, wir bleiben Freunde, und Sie sehen die Dinge auf meine Art, verstanden?«

»Typhus, okay«, murmelte Hall. »Eine Familie draußen in den Hügeln, keine Ansteckungsgefahr für den Rest der Stadt. Eine sofortige Bestattung … war die einzig korrekte Vorgehensweise.«

Brock nickte, nahm einen weiteren Bissen von seinem Priem. Er pflanzte eine Flasche Sour Mash auf den Tisch, dazu zwei Gläser. »Wie wär's, wenn Sie kurz nach unserem Gast schauen, während ich uns einen eingieße? Mal sehen, ob er noch im Koma liegt oder nicht.«

Teufelsbrut, dachte er.

Der Whiskey aus Kansas war ein Scheißdreck gegen den, den sie in Kentucky und Tennessee brannten, doch Brock reichte er. Er kippte drei Kurze hintereinander, um dem Tag etwas von seiner Härte zu nehmen. Halb betrunken, so dachte er, wäre er in guter Verfassung, um seinen Sträfling in die Gulch zu karren, ihm dort 'nen Bauchschuss zu verpassen und ihn langsam, *ganz langsam,* verbluten zu sehen. Im Krieg hatte Brock etliche Männer erlebt, die unter den schrecklichsten Höllenqualen durch Bauchschüsse verendet waren; sie hatten stundenlang auf dem Schlachtfeld gekreischt. Genau das wollte Brock diesem Mann antun. Und zum Abschluss eine .44-40-Kugel in seine abgezehrte Visage.

Job erledigt. Der Gerechtigkeit Genüge getan.

Und Gott gerächt.

Teufelsbrut …

Solch ein Sendbote des Bösen hatte weder in Gottes Schöpfung noch in Brocks Stadt etwas zu schaffen. Brocks Knarre diente als Werkzeug Gottes. Er wollte sich gerade noch einen Whiskey einschenken, als …

Was im Himmel …!

Ein ziemlich starker Geruch wehte ins Zimmer. Brocks Nase verzog sich kraus, als er schnupperte …

Riecht wie … Scheiße …

Und der Geruch kam aus dem Zellenabteil.

Brock war aufgestanden und schritt reichlich verwirrt über die Holzdielen. Als er den Flur betrat und erneut schnupperte, bestätigte sich sein Verdacht vollends. Der Gestank frischer Exkremente schlug ihm entgegen. »Hey, Doc!«, rief er. »Was macht ihr da hinten? Is' der Kerl wach und hat sich eingeschissen?«

Es schien ihm die einzig logische Erklärung … doch das, was Brock sah, als er um die Ecke bog und dem Zellenbereich gegenüberstand, war alles andere als logisch. Es war wahnsinnig.

Es war das Werk des Teufels.

Doc Hall war die Hose ganz vom Leib gerissen worden, und er wurde mit dem Gesicht voran gegen die Wand gepresst. Das, was ihn dagegenquetschte, war ein langes, fettes, schlauchartiges Etwas, das sich durch die Gitterstäbe der Gefängniszelle gewunden hatte und die Taille des Arztes umschlungen hielt. Trotz seines Entsetzens wusste Brock, was dieses *Etwas* war.

Der Schwanz eines Dämonen, dachte er und starrte ihn an.

Der Schwanz einer Schlange aus der Hölle.

Er konnte ihn nur für einen kurzen Moment sehen, doch dieser Moment genügte. In einer Sekunde verstörter Klarsicht blickte Doc Hall über seine bebende Schulter hinweg und sah Brock hilflos an.

Die Augäpfel des Arztes waren jedoch längst aus ihren Höhlen getreten. Sie baumelten an Nervensträngen auf seinen Wangen.

Halls Exkremente glitschten ungehemmt aus seinem Anus zu Boden, wo sich bereits ein beachtlicher Haufen gebildet hatte.

Brock blieb nur eine Schlussfolgerung: *Ein Dä-Dä-Dämon hat seinen Schwanz um Docs Bauch gewickelt und quetscht die Scheiße aus ihm raus!*

Schon schnürte sich der Schwanz enger um den Arzt, und als sich kein Kot mehr herausquetschen ließ, kam der ganze Verdauungstrakt hinterher. Gleich darauf wurde Hall losgelassen und sank tot auf den staubigen Boden nieder, während sich der Schwanz in die Zelle zurückzog.

Brocks Verstand zersprang. Zu mehr als bloßem Zusehen reichte es nicht. Hier trieb der Teufel sein Spiel, okay – genau wie er vermutet hatte –, und er wusste, dass, falls er in diese Zelle schaute, er dort auch einen Teufel finden würde.

Er zog seinen langen Colt, spannte den Hahn. Dann trat er ganz in den Korridor und wandte sich zur Seite, sodass er der ersten Zelle gegenüberstand.

»Der Zeitraum meiner Inaktivität, welche von unserem guten Doktor recht wahllos fehldiagnostiziert wurde, war mitnichten ein Anzeichen von Katatonie«, erklärte ihm eine hämische, hohe Stimme. »Vielmehr war es ein notwendiger Bestandteil eines sensorischen Transfers, zurückzuführen einerseits auf die Grenzen des menschlichen Körpers und andererseits auf den Adaptionszeit-Effekt eines solchen Informationstransfers.«

Brock stand stocksteif da und stierte in die Zelle. Er rechnete damit, die vollendete Ausgeburt eines Dämonen vorzufinden: Hörner, Reißzähne, Krallenhände und jener überdimensionale pythonartige Schwanz. Doch das Einzige, was sich ihm darbot, war – jetzt stehend – der dünne, seltsam gekleidete Mann, den er vor einigen Stunden darin eingesperrt hatte.

Brock war sprachlos.

»Mein Meister ist um einiges schlauer als der Ihre«, sagte der Mann mit dem hageren Gesicht als Nächstes. »Das Ganze ist nichts weiter als die resolut vorgenommene Assimilation von Informationssynergie. Es geht, in gewissem Sinn, um mathematische Transitivität und die Formbarkeit von Elementarteilchen. Einen transpositionsadäquaten Valenzpunkt zu finden ist relativ simpel; es läuft darauf hinaus, sich eines bestimmten Atoms zu bedienen, das die Eigenschaft besitzt, eine Einfachbindung mit Wasserstoff einzugehen, was wiederum eine *Transposition* der Zeit hinsichtlich einer spezifischen physikalischen Masse erlaubt – zum Beispiel eines menschlichen Körpers. Vergangenheit, Gegenwart und Zukunft werden umhergewirbelt wie die Keulen eines Jongleurs. Begreifen Sie?«

Brock begriff *nicht*. Das Einzige, was er begriff, war, dass ein Teufel vor ihm stand.

»Dämon«, krächzte er. »Weiche von mir!« Dann hob er seinen Colt.

Der Mann in der Zelle grinste. »Sie hören nicht zu. Ich habe Ihnen eben gesagt, dass man die Zeit manipulieren kann. Folglich auch Energie. Verstehen Sie? Die

Gehirnströme fließen mithilfe von Energie, und jene Kraft, die man gemeinhin als menschliche Willenskraft bezeichnet, hat sich anhand der Funktion der Gehirnströme herausgebildet.« Ein Achselzucken folgte. »Zeitreisen, Unsterblichkeit, die Umwandlung des Leibes – alles ist Teilchenphysik, nichts anderes offenbart uns das *Necronomicon*. Erstaunlich, nicht? Wenn ein Proton aufhört, sich mit Lichtgeschwindigkeit fortzubewegen, hört es auf zu existieren.«

Brocks Finger begann den Abzug zu betätigen, doch noch bevor er ganz abgedrückt hatte, löste sich sein Revolver in eine Art schwarzen Dunst auf und war im Bruchteil einer Sekunde verschwunden.

Daraufhin verschwanden auch die eisernen Gitterstäbe der Zelle.

Brock stammelte: »Und obschon ich wanderte im finstern Tal, fürchte ich kein …«

»Was Ihnen als Hexerei erscheint, ist eigentlich reine Wissenschaft«, sagte der Inhaftierte. »Doch jedes Wesen entwickelt sich in seiner eigenen Geschwindigkeit. In einem Punkt haben Sie allerdings recht. Mit dem Bösen … auch wenn Sie darum flehen, es nicht zu fürchten. Es ist das Einzige, was an jedem Ort relativ ist.«

Brock schluckte schwer.

»Das Böse«, sagte der Mann. Er trat aus der Zelle. Brock wollte weglaufen, war jedoch mit einem Mal vollkommen bewegungsunfähig.

»Herrgott, erlöse mich«, betete er.

»Nicht Gott«, erwiderte der Mann. »Yog-Sothoth.«

15. März 2000

Cooper blickte in den geöffneten Sarg hinab und sah –

Was zum Henker?

– nichts.

Der Sarg war leer.

»Es ist wahr«, sagte Fichnik. »Alles ist wahr.«

Cooper war angepisst; er konnte es nicht leiden, nicht zu wissen, was Sache war. Leerer Sarg? Ein Heidengeld, um ihn zu verlegen? Wo war die Leiche?

Er kroch durch den Schmutz. Hatte Fichnik nicht gesagt, dass er etwas über den Verstorbenen wusste? In seiner Gleichgültigkeit war Cooper der Name des Toten entfallen. Auf seinen Knien kroch er wieder zum Grabstein und fing an, den Aushub des Baggers vom Sockel wegzuschaufeln.

Nach und nach erschienen die Lebensdaten in deutlich lesbarer Groteskschrift: 1890-1937.

Er strich mehr Erde beiseite, und es erschienen Buchstaben: HOWARD PHIL—

Doch noch bevor er alles hatte lesen können, lenkte ein erneuter fichnikscher Gefühlsausbruch Coopers Aufmerksamkeit vom Stein fort.

»Es hat funktioniert! Es hat funktioniert!«

Cooper erhob sich aus der losen Erde und funkelte Fichnik an. »Was faseln Sie da? Der Kasten ist ohne Leiche … und ich hab das dumme Gefühl, Sie wissen was darüber. Also raus damit oder mein Fuß landet in Ihrem fetten Arsch.«

»Natürlich, Sie verstehen nicht«, erklärte der beleibte Mann. »Er war der höchste Abgesandte unseres Elends. Wir haben uns dieses Elend nicht ausgesucht. Es ist Teil der Vorsehung. Sehen Sie jetzt klarer?«

»Ich sehe bloß eine schwule Sau, die gleich zu Hackfleisch verarbeitet wird.«

War es eine jähe Verdunklung durch die Wolken oder hatte sich Fichniks Gesicht buchstäblich verfinstert? »Euren Gott verlangt es nach Ehrfurcht. Unseren verlangt es lediglich nach Erfahrung, nach dem Nervenkitzel beim Anblick von Qualen, Entsetzen und Verzweiflung – die menschliche Gattung in ihrer unverfälschten Form. Sie werden bald hier sein, und sie benutzen uns als ihre Kundschafter, gewissermaßen.«

Cooper zog lässig die Augenbraue hoch.

»Unsere Götter wollen Eure Welt schmecken«, sagte Fichnik, »… und wir sind ihre Zungen.«

»Ich ruf die Bullen«, schwor Cooper. »Dann können Sie denen Ihren Scheiß erzählen, Sie fettarschiger Psycho, Sie.«

»Nein, Bürschchen«, sagte Fichnik und warf einen ehrerbietigen Blick in das offene Grab. »Jederzeit, an jedem Ort – dort halten wir uns auf. Es geht einzig und allein darum: sich eines bestimmten Atoms zu bedienen, das die Eigenschaft besitzt, eine Einfachbindung mit Wasserstoff einzugehen, was wiederum eine *Transposition* der Zeit hinsichtlich einer spezifischen physikalischen Masse erlaubt – zum Beispiel eines menschlichen Körpers.«

Cooper starrte –

– und plötzlich würgte ihn etwas. In dem Moment, da ihm die Luft ausging, versuchte er sich klarzumachen, was er gesehen hatte. Ein riesiges rüsselartiges Ding war aus Fichniks Mund hervorgeschossen und hatte sich um ihn geschlungen, und jetzt glitt ebenjenes Ding zu seiner Taille hinab.

In seinem Kopf erklang kein Death Metal mehr. Nur noch *Death.*

Sein letzter Gedanke war, dass die rüsselartige Masse dem Schwanz eines Dämonen ähnelte. Doch während

Cooper, seine Innereien kotzend und ausscheißend, starb – und darauf in den offenen Sarg geschmissen wurde –, dämmerte ihm, dass sie mehr einem Fangarm glich.

H. P. Lovecraft

GESCHICHTE DES NECRONOMICON

Ein knapper, jedoch vollständiger Abriss über die Geschichte dieses Buches, seinen Verfasser sowie seine verschiedenen Übersetzungen und Ausgaben von der Zeit der Entstehung des Necronomicons *(730 n. Chr.) bis zum heutigen Tage.*

Original-Titel: *Al Azif* – ›Azif‹ ist der Begriff, mit dem die Araber jenes nächtliche (von Insekten verursachte) Geräusch bezeichnen, hinter dem sie das Heulen der Dämonen vermuten.

Verfasst von Abdul Alhazred, einem wahnsinnigen Dichter aus der jemenitischen Stadt Sanaá, von dem es heißt, er habe während der Zeit des Kalifats der Omajaden, etwa 700 n. Chr., gewirkt. Er besuchte die Ruinen von Babylon und die unterirdischen Geheimnisse von Memphis und verbrachte ganz auf sich allein gestellt zehn Jahre in der großen südarabischen Wüste – der »Roba El Khaliyeh« oder »leeren Weite« der Alten und der »Dahna« oder »Karminroten Wüste« der modernen Araber –, von der man glaubt, sie sei von bösen Schutzgeistern und Ungeheuern des Todes behaust. Über diese Wüste wurden viele seltsame und unglaubliche Wundergeschichten von jenen in Umlauf gebracht, die behaupten, in sie vorgedrungen zu sein.

Seine letzten Jahre verbrachte Alhazred in Damaskus, wo er das *Necronomicon (Al Azif)* niederschrieb, und von seinem schließlichen Tod oder Verschwinden (738 n. Chr.) erzählt man sich mannigfache schreckliche und widerstreitende Dinge. Laut Ebn Khallikan (in einer Biografie aus dem 12. Jahrhundert) wurde er am helllichten Tage von einem unsichtbaren Ungeheuer gepackt und im Angesicht einer großen Zahl vor Angst erstarrter Zeugen auf grauenvolle Weise verschlungen. Über seinen Wahnsinn ist mancherlei im Schwange. Er erhob den Anspruch, das sagenhafte Irem, oder die Stadt der Säulen, gesehen zu haben, und unter den Ruinen einer gewissen Stadt ohne Namen inmitten der Wüste auf die schockierenden Chroniken und Geheimnisse einer Rasse gestoßen zu sein, die älter ist als die Menschheit. Er war seinem muslimischen Glauben nicht treu und betete zu unbekannten Wesenheiten, die er Yog-Sothoth und Cthulhu nannte.

Anno 950 wurde das *Azif*, das unter den Philosophen jener Zeit beträchtliche, wenn auch verschwiegene Verbreitung gefunden hatte, von Theodorus Philetas aus Konstantinopel unter dem Titel *Necronomicon* heimlich ins Griechische übertragen. Ein Jahrhundert lang bewog es gewisse Schwarzkünstler zu grässlichen Versuchen, bis es vom Patriarchen Michael bekämpft und verbrannt wurde. Hernach hörte man nur verstohlen von ihm, doch im späteren Verlauf des Mittelalters fertigte Olaus Wormius eine lateinische Übersetzung (1228) der griechischen Fassung an, und diese lateinische Textversion erschien zweimal im Druck – einmal im 15. Jahrhundert in Frakturschrift (offenkundig in Deutschland) und einmal im 17. Jahrhundert (wahrscheinlich spanischen Ursprungs); beide Ausgaben entbehrten der Urhebervermerke, sodass sich ihre Entstehungszeiten und -orte nur anhand des Schriftbildes bestimmen lassen. Sowohl die lateinische wie auch die griechische Übersetzung des Werkes wurden kurz nach dem Entstehen der lateinischen, die Aufmerksamkeit auf das Werk zog, im Jahre 1232 von Papst Gregor IX. verboten. Das arabische Original ging bereits zu Wormius' Zeiten verloren, wie dessen Vorbemerkung zur Übersetzung andeutet (allerdings gibt es einen vagen Bericht über ein geheimes Exemplar, das Anfang des 20. Jahrhunderts in San Francisco aufgetaucht sein soll und später verbrannte), und von einer Sichtung der griechischen Fassung – die zwischen 1500 und 1550 in Italien gedruckt worden war – gibt es keine Kunde, nachdem die Bibliothek eines gewissen Mannes aus Salem im Jahre 1692 ein Raub der Flammen wurde. Eine von Dr. Dee verfertigte Übersetzung gelangte nie zum Druck und ist nur in Bruchstücken erhalten, die aus dem ursprünglichen Manuskript gerettet werden konnten. Von den noch vorhandenen lateinischen Versionen wird bekanntermaßen eine (aus dem 15. Jahrhundert) vom Britischen Museum unter strengem Verschluss gehalten, eine andere (17. Jahrhundert) liegt in der Bibliothèque Nationale in Paris. Jeweils eine weitere Ausgabe aus dem 17. Jahrhundert befindet sich in der Widener Library in Harvard, in der Bibliothek der Miskatonic University in Arkham und in der Bibliothek der Universität von Buenos Aires.

Vermutlich existieren im Verborgenen noch zahlreiche weitere Ausgaben, und eine aus dem 15. Jahrhundert ist hartnäckigen Gerüchten zufolge Teil der Sammlung eines berühmten amerikanischen Millionärs. Ein noch unbestimmteres Gerücht schreibt der Salemer Familie Pickman die Verwahrung einer griechischen Textversion aus dem 16. Jahrhundert zu; doch falls sie sich dort erhalten hatte, verschwand sie 1926 mit dem Künstler R. U. Pickman. Das Buch wird von den Behörden fast aller Länder und von sämtlichen religiösen Organisationen unterdrückt. Seine

Lektüre zeitigt grässliche Folgen. Gerüchten über dieses Buch (von dem in der breiten Öffentlichkeit verhältnismäßig wenige wissen) verdankt angeblich R. W. Chambers den Einfall zu seinem frühen Roman *Der König in Gelb.*

Chronologische Übersicht

1. Das *Al Azif* wird circa 730 n. Chr. in Damaskus von Abdul Alhazred verfasst.
2. Übersetzung ins Griechische unter dem Titel *Necronomicon* anno 950 durch Theodorus Philetas.
3. Auf Befehl des Patriarchen Michael anno 1050 verbrannt (das bezieht sich auf die griechische Textversion – die arabische ist mittlerweile verschollen).
4. Olaus Wormius übersetzt das Werk anno 1228 aus dem Griechischen ins Lateinische.
5. Die lateinischen und griechischen Ausgaben werden anno 1232 von Papst Gregor IX. unterdrückt.
6. 14. Jh.: Deutsche Frakturschrift-Ausgabe.
7. 15. Jh.: Druck der griechischen Textversion in Italien.
8. 16. Jh.: Übersetzungen der lateinischen Version ins Spanische.

Originaltitel und Copyrightangaben:

Das Necronomicon: Tatsachen über eine Erfindung
Originalbeitrag des Herausgebers.

H. P. Lovecraft: Der Hund (The Hound)
Copyright © 1924 by Popular Fiction Company for *Weird Tales.*
Aus dem Amerikanischen von Andreas Diesel und Felix F. Frey.

Frank Belknap Long: Die Weltraumfresser (The Space-Eaters)
Copyright © 1928 by Popular Fiction Company for *Weird Tales.*
Aus dem Amerikanischen von Joachim Körber.

Jeffrey Thomas: Meine Frau, der Shoggoth (I Married a Shoggoth)
Copyright © 1997 by Jeffrey Thomas.
Aus dem Amerikanischen von Fabian Dellemann.

C. A. Smith: Die Rückkehr des Hexers (The Return of the Sorcerer)
Copyright © 1931 by *The Clayton Magazines, Inc.*
Aus dem Amerikanischen von Heiko Langhans.

Frank Festa: Mortellis Bajazzo
Copyright © 1997 by Frank Festa, entnommen aus:
Wucherungen. Dunkelgraue Erzählungen.

H. P. Lovecraft: Stadt ohne Namen (The Nameless City)
Copyright © 1921 by *Wolverine Magazine.*
Aus dem Amerikanischen von A. F. Fischer.

Henry Kuttner: Der Schrecken von Salem (The Salem Horror)
Copyright © 1937 by Popular Fiction Company for *Weird Tales.*
Aus dem Amerikanischen von Usch Kiausch.

Robert Bloch: Der Gott ohne Gesicht (The Faceless God)
Copyright © 1936 by Popular Fiction Company for *Weird Tales*.
Aus dem Amerikanischen von Christian Jentzsch.

Henry Hasse: Der Hüter des Buches (The Guardian of the Book)
Copyright © 1937 by Popular Fiction Company for *Weird Tales*.
Aus dem Amerikanischen von Christian Jentzsch.

Ramsey Campbell: Das Grauen von der Brücke (The Horror from the Bridge)
Copyright © 1964 by Ramsey Campbell.
Aus dem Amerikanischen von Alexander Amberg.

Manly Wade Wellman: Das Pergament des Entsetzens (The Terrible Parchment)
Copyright © 1937 by Popular Fiction Company for *Weird Tales*.
Aus dem Amerikanischen von Christian Jentzsch.

Robert A. W. Lowndes: Settlers Mauer (Settler's Wall)
Copyright © 1942 by *Stirring Science Stories* (as ›The Long Wall‹ by Wilfried Owen Morley).
Aus dem Amerikanischen von Christian Jentzsch.

H. P. Lovecraft: Das Fest (The Festival)
Copyright © 1925 by Popular Fiction Company for *Weird Tales*.
Aus dem Amerikanischen von A. F. Fischer.

Edward Lee: Die verteufelte Valenz der Elementarteilchen (The Deviltry of Elemental Valence)
Copyright © 2000 by Lee Seymour for *Skull Full of Spurs: A Roundup of Weird Westerns*, edited by Jason Bovberg and Kirk Whitham.
Aus dem Amerikanischen von Fabian Dellemann.

H. P. Lovecraft: Geschichte des Necronomicon (A History of the Necronomicon)
 Aus dem Amerikanischen von Malte S. Sembten.

Simon: Texte entnommen aus: *Das Necronomicon. Zeugnis des wahnsinnigen Arabers/Das Buch der Zaubersprüche. Die fünfzig Namen Marduks.*

Aus dem Amerikanischen von Ingrid Meyer.

H. P. LOVECRAFT

BERGE DES WAHNSINNS

Das Meisterwerk des Cthulhu-Mythos
Illustriert und kommentiert

FESTA

Verlag Second Sight Books

Das Necronomicon
Zeugnis des wahnsinnigen Arabers

Das Buch der Zaubersprüche
Die fünfzig Namen Marduks

DAS NECRONOMICON

Das uralte berüchtigte Grimoire des „Wahnsinnigen Arabers“ In den Werken Lovecrafts erwähnt

Doppelband mit DAS BUCH DER ZAUBERSPRÜCHE (Die 50 Namen Marduks)

DIE TORE DES NECRONOMICON

Ergänzungsband zum NECRONOMICON und Schlüssel zum Durchschreiten der magischen Tore.

Dahinter warten die Götter der anderen Seite - Die großen Alten ...

SECOND SIGHT BOOKS
Ein teuflisches Lesevergnügen!
www.second-sight-books.com